金融专业
安徽省高等院校规划教材

# 金融学
## （第3版）

杨 蕾◎主编
邓道才　李德山　宋 华◎副主编

U0421766

北京师范大学出版集团
BEIJING NORMAL UNIVERSITY PUBLISHING GROUP
安徽大学出版社

图书在版编目(CIP)数据

金融学/杨蕾主编.—3版.—合肥:安徽大学出版社,2020.11(2022.12重印)
ISBN 978-7-5664-2068-8

Ⅰ.①金… Ⅱ.①杨… Ⅲ.①金融学－高等学校－教材 Ⅳ.①F830

中国版本图书馆 CIP 数据核字(2020)第 215621 号

金融学(第3版)      杨 蕾 主编
Jinrongxue

出版发行：北京师范大学出版集团
　　　　　安 徽 大 学 出 版 社
　　　　　(安徽省合肥市肥西路3号 邮编230039)
　　　　　www.bnupg.com
　　　　　www.ahupress.com.cn
印　　刷：安徽昶颉包装印务有限责任公司
经　　销：全国新华书店
开　　本：787 mm×1092 mm　1/16
印　　张：21.5
字　　数：483 千字
版　　次：2020 年 11 月第 3 版
印　　次：2022 年 12 月第 4 次印刷
定　　价：56.00 元
ISBN 978-7-5664-2068-8

策划编辑：姚　宁　龚婧瑶　　　　　装帧设计：李　军
责任编辑：姚　宁　邱　昱　　　　　美术编辑：李　军
责任校对：方　青　　　　　　　　　责任印制：陈　如　孟献辉

**版权所有　侵权必究**

反盗版、侵权举报电话：0551—65106311
外埠邮购电话：0551—65107716
本书如有印装质量问题,请与印制管理部联系调换。
印制管理部电话：0551—65106311

# 前 言

随着经济金融全球化步伐的加快,金融在经济生活中的作用也越来越重要。无论是从事经济金融的具体业务工作,还是从事经济金融的管理工作,掌握金融的基本知识、基本理论和基本运作方式都是十分必要的。"金融学"是金融学专业的核心课程,是经济学、财政学、国际贸易、会计学、财务管理等经济管理类专业的基础性课程。掌握金融知识对于学生学好经济管理类其他专业课程,具有直接的影响。

《金融学》(第2版)自2016年出版以来,主要应用于金融学、经济学等经济管理类专业本科教学,有关专家学者和部分学生在使用过程中反馈了一些有益的建议或意见;与此同时,国内外经济金融形势发生了较大的变化,为了更准确地反映金融学理论的最新成果和发展动态,构建更加科学的金融学理论基础框架,从而更好地服务于教学,特对本书进行了修订。

《金融学》(第3版)以货币、信用、金融市场、金融机构为主线,重点讲述金融学的基本原理,介绍和分析现代市场经济中的利率、汇率、货币供求、金融调控、金融创新、金融危机、金融监管和金融发展等金融理论知识。

本书的编写者均为长期从事金融学专业主干核心课程教学的教师,他们把自己的课堂教学体会和理论研究成果融会于教材编写之中,既注重对金融基本知识、基本理论的理解和把握,也注重对金融理论和实践最新发展动态的介绍和分析。在教材的结构安排和内容阐述上,本书具有系统性、基础性和新颖性等特点,力求做到夯实基础、拓展思路、联系实际、启发创新、深入浅出、易学易懂。本书适合高等学校金融学和其他经济管理类专业本科生、专科生使用。

本书的编写分工为:第一章、第二章、第十一章由杨蕾撰写;第三章、第四章由宋华撰写;第五章由朱钦撰写;第六章、第九章由李德山撰写;第七章由方晓燕撰写;第八章、第十章由文策撰写;第十二章、第十三章、第十四章由邓道才撰写。全书由杨蕾、邓道才统稿。

本书在编写的过程中,参考了国内外许多专家、学者的文献资料和研究成果,限于篇幅,不一一列举,在此一并致以衷心的感谢!同时感谢安徽大学出版社的姚宁老师,为本书的编辑出版付出了大量的辛勤劳动!由于水平有限,加之时间仓促,书中不妥及错误之处在所难免,希望得到广大读者和同行的批评指正,以期今后不断完善。

编 者

2020年7月

# 目　录

第一章　货币 ······················································································· 1
　　第一节　货币的起源 ·········································································· 2
　　第二节　货币的形态及其演变 ······························································· 5
　　第三节　货币的职能 ·········································································· 8
　　第四节　货币的度量 ········································································· 13

第二章　货币制度 ················································································ 16
　　第一节　货币制度概述 ······································································ 17
　　第二节　货币本位制度及其演变 ·························································· 20
　　第三节　中国的货币制度 ··································································· 24
　　第四节　国际货币制度 ······································································ 27

第三章　信用 ······················································································ 45
　　第一节　信用概述 ············································································ 46
　　第二节　信用形式 ············································································ 49
　　第三节　信用对经济的影响 ································································ 59

第四章　利息和利率 ············································································· 63
　　第一节　利息和利率概述 ··································································· 64
　　第二节　利率的种类 ········································································· 67
　　第三节　利率的功能 ········································································· 69
　　第四节　利率的决定及影响因素 ·························································· 71
　　第五节　中国利率市场化改革 ····························································· 80

第五章　金融市场 ················································································ 85
　　第一节　金融市场概述 ······································································ 86
　　第二节　货币市场 ············································································ 92
　　第三节　资本市场 ············································································ 99
　　第四节　外汇市场 ··········································································· 105

第五节　黄金市场 ························································· 109
　　第六节　金融衍生市场 ····················································· 112

## 第六章　金融机构 ······························································ 117
　　第一节　金融机构的类型和功能 ········································· 118
　　第二节　中国金融机构体系的构成与发展 ······························ 124
　　第三节　国际金融机构 ····················································· 133

## 第七章　商业银行 ······························································ 143
　　第一节　商业银行概述 ····················································· 144
　　第二节　商业银行组织制度 ··············································· 147
　　第三节　商业银行业务 ····················································· 151
　　第四节　商业银行经营管理 ··············································· 156

## 第八章　中央银行 ······························································ 165
　　第一节　中央银行的产生与发展 ········································· 166
　　第二节　中央银行的组织制度 ············································ 169
　　第三节　中央银行的性质与职能 ········································· 175
　　第四节　中央银行的业务 ·················································· 180

## 第九章　非银行金融机构 ····················································· 185
　　第一节　保险公司 ··························································· 186
　　第二节　证券公司 ··························································· 191
　　第三节　信托公司 ··························································· 194
　　第四节　其他非银行金融机构 ············································ 199

## 第十章　外汇和国际收支 ····················································· 204
　　第一节　外汇、汇率与汇率制度 ········································· 205
　　第二节　国际收支 ··························································· 211
　　第三节　国际储备 ··························································· 215

## 第十一章　货币供求 ··························································· 223
　　第一节　货币需求 ··························································· 224
　　第二节　货币供给 ··························································· 230
　　第三节　货币均衡 ··························································· 236
　　第四节　通货膨胀 ··························································· 239
　　第五节　通货紧缩 ··························································· 250

## 第十二章 货币政策 ... 255

第一节 货币政策概述 ... 256
第二节 货币政策目标 ... 258
第三节 货币政策工具 ... 266
第四节 货币政策中介指标 ... 276
第五节 货币政策传导机制 ... 280
第六节 货币政策效应 ... 283

## 第十三章 金融发展 ... 290

第一节 金融与经济发展的关系 ... 291
第二节 金融抑制 ... 293
第三节 金融深化 ... 297
第四节 金融创新 ... 310
第五节 金融危机 ... 315

## 第十四章 金融监管 ... 320

第一节 金融监管的内涵 ... 321
第二节 金融监管的理论基础和历史演进 ... 321
第三节 金融监管的目标和原则 ... 323
第四节 金融监管体制 ... 325
第五节 金融监管的主要内容和手段 ... 327

**主要参考文献** ... 333

# 第一章

# 货 币

**本章提要**

本章在介绍货币的起源、货币的形态及其发展演变的基础上,主要就货币的内涵理解,货币的价值尺度、流通手段、支付手段、贮藏手段、世界货币五种职能作用进行分析,并基于货币范围的不断扩展,阐述货币层次划分的依据和目的。

# 第一节 货币的起源

货币自问世至今已有五千多年的历史。从历史资料的记载中我们可以看出,货币的出现是与交换联系在一起的。但对于货币与交换究竟是怎样联系在一起及货币到底是怎样产生的,不同时期、不同的人有不同的看法,也由此产生了不同的货币起源说。

## 一、我国古代的货币起源说

### (一)先王制币说

先王制币说认为货币是圣王先贤们为了解决民间交换难题而创造出来的。

传说周景王二十一年(公元前524年)欲废小钱铸大钱,单穆公劝谏景王说:"不可。古者天灾降戾,于是乎量资币,权轻重,以振(赈)救民。"意思是古时候天灾降临,先王为了拯救百姓,便造出了货币来解决百姓交换中的难题。再如《管子》一书中所说:"汤七年旱,禹五年水,民之无粮有卖子者。汤以庄山之金铸币,而赎民之无粮卖子者;禹以历山之金铸币,而赎民之无粮卖子者。"意思是货币起源于禹、汤之时,适逢水旱灾荒,无粮充饥,卖儿鬻女,禹、汤为拯救百姓,便创造出了货币。

先王制币说在先秦时代非常盛行。后来的许多思想家,如唐朝的陆贽、杨於陵,北宋的李觏,都继承了这一观点,认为货币是圣王先贤们创造出来的。

### (二)司马迁的货币起源观

司马迁认为货币是用来进行产品交换的手段,即"维币之行,以通农商"。"农工商交易之路通,而龟币金钱刀布之币兴焉"。也就是说,货币是为了适应交换的需要而自然产生的。随着农、工、商三业的发展,流通渠道日益通畅,货币以及货币流通也应运而生,并兴盛起来。

## 二、西方的货币起源说

在马克思之前,西方关于货币起源的学说大致有以下三种。

### (一)创造发明说

创造发明说认为货币是由国家或先哲创造出来的。比如,早期的古罗马法学家鲍鲁斯(公元2—3世纪)认为,买卖起源于物物交换。早年并无货币这种东西,也没有所谓的商品与价格,每个人只是根据自己的需要,选择对自己无用的东西以交换有用的东西。但是,因为能够满足双方需要的物物交换的情况不可能经常出现,于是一种由国家赋予永久价值的事物被选择出来,作为统一的尺度以解决物物交换的困难,这就是货币。

### (二)便于交换说

便于交换说认为货币是为解决直接物物交换的困难而产生的。比如,英国经济学家亚当·斯密认为,货币是随着商品交换的发展逐渐从各种货物中分离出来的,是为了解决直接的物物交换的不便而产生的。假如有100种货物进入交换过程,那么每一种货物将会有99种相对价值,这么多价值显然不容易记忆。因此,人们自然会想到以其中一种作为共同的衡量标准,通过它来对其他的货物进行比较,从而解决直接的物物交换的困难。

### (三)保存财富说

保存财富说从货币与财富的关系说明货币产生的必要性,认为货币是为了保存财富而产生的。例如,法国经济学家西斯蒙第认为,货币本身不是财富,但是随着财富的增加,人们为了保存、交换、计量财富,产生了对货币的需要,而货币也就因此成为保存财富的一种手段和工具。

### 三、马克思的货币起源说

马克思在劳动价值理论基础上,科学地阐明了货币产生的客观必然性。他的货币起源说表明:货币是商品生产和商品交换发展的必然产物,是商品经济内在矛盾发展的必然结果,是价值形式发展的必然产物。

马克思认为货币是商品。他说:"只要理解了货币的根源在于商品本身,货币分析上的主要困难就克服了。"所以,马克思的分析首先从商品入手。

人类社会产生以后,人类要生存,就必须进行生产劳动。在人类社会产生初期的原始社会中,人们结合为一个个共同体。在共同体内,人们共同劳动、共同消费。当时,既不存在商品也不存在货币。随着社会生产力的发展,出现了社会分工和私有制,在这种情况下,劳动产品也就转化成了商品。在社会分工条件下,每个生产者的劳动都是整个社会所需要的劳动,是整个社会劳动的一部分。但因为存在着私有制,每个生产者生产什么、生产多少和怎样生产都由生产者自己决定,生产出来的产品也归生产者私人所有,所以,生产者的劳动又直接表现为私人劳动。因此,每个生产者的劳动就具有了社会劳动和私人劳动的双重属性,产生了社会劳动和私人劳动的矛盾。劳动的私人属性决定了产品归私人所有,而劳动的社会属性则决定了生产者的产品主要不是由生产者本人消费,而是要提供给其他社会成员消费,成为社会总产品的一部分,生产者的私人劳动最终要转化为社会劳动。同时,每个生产者又都需要别人的产品,需要从社会总产品中取得自己所需要的一部分。只有生产者的私人劳动转化成了社会劳动,也就是获得了社会的承认,具备了社会劳动的性质,他才有权从社会总产品中取得相应的份额;否则,生产者就无法生存下去。那么,如何解决这个矛盾呢?唯一的办法就是交换。生产者用自己生产的产品去交换别人生产的产品,产品交换出去了,就说明生产者生产产品的劳动已经成为社会总劳动的一部分,生产产品的私人劳动就转化成了社会劳动。同时,生产者也就得到了换取别人产品的权利,从社会总产品中获得自己所需要的部分。因此,在社会分工和私有制条件下,生产者生产产品的直接目的是交换,而这种为交换而生产的产品就是商品。

商品要进行交换,就要有交换比例。那么交换比例是由什么决定的呢?每种商品首先是一个有用物,即具有某种有用性,如衣服可以御寒、粮食可以充饥等,这就是商品的使用价值。然而,商品的使用价值千差万别,无法比较。能够决定商品交换比例的只能是所有商品都具有的某种共性的东西。对商品来说,这种都具有的东西就是商品的价值——凝结在商品中的一般人类劳动。但是,价值是看不见、摸不着的,商品的价值只能通过交换来体现。例如,一只羊同两把斧头相交换,羊的价值就通过斧头表现了出来,它不仅表现出一只羊和两把斧头的价值在质上是一样的,而且在量上也是相等的,在它们身上耗费了同样多的一般人类劳动。通过交换,看不见、摸不着的价值获得了实实在在的外在表现形式,这个形式就是商品的价值形式。

商品的价值是通过交换来表现的,因此,随着交换的发展,也就产生了不同的价值形式。

### (一)简单的、偶然的价值形式

在原始社会末期,虽然原始社会内部还没有出现交换行为,但是在原始公社之间出现了偶然的交换。这是因为当时生产力水平低下,可以用来交换的剩余产品还不多。随着一些偶然的交换行为的出现,价值也就偶然地被表现出来。马克思把这个阶段的价值表现形式称为"简单的、偶然的价值形式"。

### (二)扩大的价值形式

随着社会分工和私有制的产生,用于交换的物品也越来越多。一种物品不再偶然地同另一种物品相交换,而是经常地同许多种物品相交换。这时,一种物品的价值就不是偶然地被另一种物品表现出来,而是经常地表现在许多和它相交换的物品上。有多少种物品与它相交换,就会有相应多的价值表现形式。马克思把它称为"扩大的价值形式"。

在扩大的价值形式阶段,一种物品的价值由许多种不同的物品来表现,这种价值表现形式与价值的属性是矛盾的。因为价值是凝结在商品中的、无差别的一般人类劳动,它的表现形式也应该是统一的,否则就无法表现出所有物品的价值都是同质的。而在扩大的价值形式下,不同物品的价值表现形式也不同,而且随着进入交换的物品的增多,价值表现形式也在不断增加,无法表现出价值的真实性质。扩大的价值形式的这种错误,表现在实际交换行为中就是交换越来越困难。简单的、偶然的价值形式和扩大的价值形式反映的都是物物直接交换。在简单、偶然的价值形式中,由于参加交换的物品少,所以交换双方很容易就能找到交换对象;而在扩大的价值形式中,交换已经成为一种经常发生的行为,交换物品的种类也越来越多。这样,直接的物物交换就产生了很多困难。因为直接的物物交换要求交换双方不仅同时需要对方的物品,而且在量上也要取得一致,否则交换就无法完成。实际上,由于交换物品种类繁多,物品的所有者要想在市场上找到一个既能满足自己要求、又需要自己物品的人是很困难的,这就迫使参加交换的人们不得不采取一种迂回的方式来达到自己的目的。

### (三)一般价值形式

在众多参与交换的物品中,人们必然会发现有某种物品较多地参与交换,并且能够为大多数人所需要。于是,人们就先把自己的物品换成这种物品,然后再用这种物品去交换自己所需要的物品,这种物品因此成为变换的媒介。这样一来,直接的物物交换就发展为利用某种物品充当媒介的间接交换了。与此相适应,价值表现形式也发生了本质的变化,即许多物品的价值经常由一种物品来表现,马克思称之为"一般价值形式",而这个表现所有物品价值的媒介就是一般等价物。

(四)货币价值形式

随着交换的发展,在一般价值形式下,交替地发挥一般等价物作用的几种商品必然会从中分离出一种商品,经常地起一般等价物的作用。这种固定地充当一般等价物的商品就是货币。当所有商品的价值都由货币来表现时,这种价值形式就是货币形式。

从马克思对货币起源的理论分析中,我们可以看到商品的价值表现是"怎样从最简单的、最不显眼的样子一直发展到炫目的货币形式"。

## 第二节 货币的形态及其演变

货币是商品经济的产物。在商品经济的发展中,随着进入交换的商品和劳务的种类增多、数量增加,商品交换地域的扩展,交换关系的复杂化,货币的形态也经历着演变的过程。通常,人们根据币材的变化来划分货币的形态,而币材就是指充当货币的材料或物品。充当货币的材料应该具备以下性质:一是价值较高,因为如果充当货币的材料价值较高,就可以用少量的货币完成大量的交易;二是易于分割,这是指货币材料可以自由分割,并且分割后不会影响其价值,这样可以较方便地服务于价值量不等的商品交易;三是易于保存,这是指货币材料不会因为保存而减少价值,无须支付费用;四是便于携带,这样可以使货币在较大的区域内充当商品交换的媒介。但是,对某一种货币材料来说,上述的四点要求也不是任何时候都是同等重要的。

从货币的发展史来看,货币材料的演变是由最初的实物货币向代用货币、信用货币演变的过程。而且,随着人类社会的发展,货币的形态仍然在不断演进着。

### 一、实物货币

实物货币是最古老的货币形式,主要存在于古代不发达的商品经济中。顾名思义,实物货币就是以自然界中存在的或人们生产的某种物品来充当货币。历史上,充当过实物货币的物品有很多,如海贝、龟壳、皮革、米粟、牲畜、布帛、农具等。

我国最早的货币之一就是贝币。从殷周时期开始,一直到秦始皇统一中国币制后废除贝币,贝币在我国一直使用了千余年的时间。除贝币以外,谷、帛也是我国历史上影响比较大的实物货币。当时,谷主要用于零星交易,而成匹的布帛则用于大额支付。即使在钱币广泛流通之后,谷、帛的货币性也没有完全丧失,尤其是在魏晋隋唐时期。

由于实物货币种类繁多,形态不同,不易分割,不便携带、保存,并且价值不稳定,所以,实物货币并不能很好地满足交换的发展对货币的要求。

随着交换和经济的发展,有一种物品逐渐淘汰了普通的商品而成为货币商品,这就是金属。和其他物品相比,金属具有以下几种特性:一是稀缺性,这使得金属体积小、价值大,便于携带;二是质地均匀,金属既可以多次分割,也可以按不同的比例任意分割,分割后还可冶炼还原;三是不易腐蚀,便于保存,具有耐用性;四是其价值具有一定的稳定性。这些特性使得金属成为理想的币材,更适宜充当货币。

充当货币的金属商品主要是金、银、铜,而铁作为货币商品的情况比较少。这是因为,在冶炼技术发展以后,铁的价值较低,用于交易的话过于笨重,并且易锈蚀,不便保存。古希腊,公元前6世纪有使用铁钱的记载。我国宋代四川专用铁钱,有些地方铁钱、铜钱并用,后来也间断有用铁钱的,但流通范围有限。

我国是最早使用金属货币的国家,从殷商时期开始,金属货币就成为我国货币的主要形式。就金属货币本身的发展来讲,以黄金作为币材是金属货币发展史上的鼎盛时期。

金属充当币材,主要采用过两种形式:称量货币和铸币。

金属货币出现以后,最早是以金属的自然形态,也就是金属条块的形式流通。这种金属条块在使用的时候每次都要称重量,鉴定成色,所以叫作"称量货币"。称量货币在我国历史上的典型形态是白银。我国从汉代开始使用的白银一直是以"两"为计算单位,以银锭为主要形式。

白银在使用的时候,每次都要验成色、称重量,很不方便。清朝中叶以后,为了方便商品交易,各地都建立了公估局,专门负责鉴定银元宝的成色和重量。宝银经过鉴定以后,即可按批定的重量和成色流通,交易时可不必再随时称重和鉴色。但是,公估局的鉴定只在当地有效,到了外地仍要改铸成当地通行的宝银重新鉴定。后来一直到1933年,国民党政府实行"废两改元",才从法律上废除了这种落后的货币制度。

随着商品生产和商品交换的发展,一些富裕的、有名望的商人在金属条块货币上打上印记,标明重量和成色。他们这样做,相当于以自己的信誉担保货币的重量和成色。如果交易双方认为该商人的担保是可信的,那么在交易中就不需要重新鉴定重量和成色,这就大大方便了货币的流通。这种货币一般称为"私人铸币"。但是,私人铸币受私人信用的局限,其流通具有很强的区域限制。

在商品交换进一步发展并突破区域性交换范围之后,对于金属条块货币的重量、成色就要求有更具权威的证明,以促使货币流通能适应商品经济的要求。于是,为了适应交换的需要,也为了维护买卖秩序,由国家出面,按一定的成色和重量把金属条块货币铸成一定形状的行为发生了,其结果就是金属条块货币——称量货币演变成了铸币。

所谓"铸币",就是铸成一定的形状,并由国家印记证明其重量和成色的金属货币。这里国家印记包括形状、花纹、文字等。一开始,各国的铸币有各种各样的形状。比如,我国历史上铸币的形状有仿造铲形农具而铸造的布币,有仿造贝币而铸造的铜贝、银贝和金贝,还有仿造刀的形状而铸造的刀币等。后来,各国的铸币都过渡到了圆形,因为圆形最便于携带,也最不易磨损。我国最早的圆形铸币是战国中期的圜钱,而流通全国的则是秦始皇为统一中国货币而铸造的钱半两。这种铸币为圆形,中间有一方孔,一直沿用到清末。

铸币的出现是货币形态演变过程中的一次重大创新，它克服了称量货币使用时的不便，极大地便利了商品交易。

## 二、代用货币

代用货币是指代替金属货币流通，并可以随时兑换为金属货币的货币。代用货币的典型形态是可兑换的纸币。代用货币之所以产生，是因为它和金属货币相比具有一定的优点。首先，代用货币是以纸张作为材料制成的货币。使用代用货币可以免去金属货币的铸造费用。使用代用货币的费用相对于铸造金属货币的费用而言是微不足道的。其次，使用代用货币可以避免日常的磨损。金属货币在日常的流通过程中总是会发生一定的磨损，且这种磨损会使金属货币发生贬值，而使用代用货币可以有效地避免这一缺陷。最后，代用货币比金属货币更容易携带和保管。

由于代用货币具有这些特点，加之其具有随时可兑换性，代用货币迅速成为一种被大家广泛接受的支付手段。为了维持代用货币的可兑换性，代用货币的发行必然受到金属数量的制约。而金属的产量和数量是有限的，这就使得代用货币的数量不能充分满足经济发展对货币的需求。因此，到了一定的时候，货币的发行量必然要摆脱金属产量和数量的约束。而当货币的发行量不再受资源的有限性决定的时候，货币的形态就发展到了信用货币阶段。

## 三、信用货币

信用货币是以信用活动为基础产生的，能够发挥货币作用的信用工具。当今世界上几乎所有国家都采用信用货币这种货币形态。信用货币不再作为金属货币的代表物，其购买力远远大于货币币材的价值，而且不能和金属货币自由兑换。

信用货币之所以能够产生，除前文所述原由以外，还有两点原因。一是货币在发挥交换媒介的作用时，只是起着价值符号的作用。在买卖过程中，商品的交易者一般不会对货币的实际价值太关心，只要货币能购买到等价的商品就行了。因此，虽然信用货币本身没有多少价值，但它能在用于商品或劳务交换的支付中为人们所普遍接受，当然它能流通。二是受世界性的经济危机和金融危机的影响，各个主要资本主义国家于20世纪30年代先后废除了金属货币制度，所发行的代用货币不再能够兑换成金属货币，信用货币便应运而生。

信用货币的形式主要有纸币、辅币和支票性存款等。

作为信用货币形式之一的纸币，它和代用货币下的纸币之间的最大区别就是其具有不可兑换性，即不可兑换成足值的金属货币。并且，从信用货币角度所讲的纸币，一般是指由国家发行，并且依靠国家权力强制流通的货币符号。纸币本身没有价值，也不能够兑换成金属货币，如果它得不到社会的承认，就是一文不值的废纸，不能起到货币的作用。因此，纸币之所以能够成为交换媒介而为社会所普遍接受，是因为起关键作用的是国家的强制力量，以及社会公众对政府合理控制货币供应量，从而保持货币购买力稳定的信心。

纸币的前身是银行券。银行券作为一种银行票据,是银行发行的信用工具,是银行保证持有人可随时向其发行银行兑换相应的金属货币的凭证。由于银行券具有可兑换性,加之发行银行有较高的信誉,所以银行券在流通中被人们普遍接受,发挥着货币的职能。最初的时候,一般的银行都可以发行银行券。但小银行资力有限,信用活动范围有限,尤其是在金融危机时期,小银行发行的银行券往往难以履行兑换承诺。因此,银行券的发行权渐渐地集中在了一些资信能力卓著、信用活动范围广的大银行手里。到19世纪以后,又逐渐改由中央银行集中发行银行券。20世纪30年代,世界爆发经济危机以后,各国的银行券先后取消了可兑换性,转而依靠国家的强制力量保证其流通,从而使银行券纸币化,成为信用货币的重要形式。

辅币是在铸币流通时期,为了克服交易额小于铸币面值、铸币无法履行货币职能的缺陷,以贱金属铸造的不足值的货币,是为了满足小额交易和零星交易的需要。在铸币退出流通界以后,辅币仍然保留了下来,成为信用货币的一种形式。大多数的辅币由国家根据需要以贱金属铸造,也有的国家用纸张印刷辅币,前者通常被称为"硬辅币"或"硬币",而后者就被称为"纸辅币",我国称之为"角票"。

纸币、辅币(硬币和纸辅币)在日常生活中通常被称为"现金",它们构成了信用货币的重要形式。除此以外,在信用制度比较发达的国家,支票性存款也已成为信用货币的主要形式。所谓"支票性存款",就是存款人能够通过签发支票办理转账结算的活期存款。这种存款通过支票可以随时在交易双方之间进行转移,所以在商品和劳务的支付、债务的清偿中被普遍接受,发挥着货币的作用。与银行券支付相比,以开立支票的方式进行转账结算,具有快速、便捷、安全的优点,尤其是在大额交易中。也正因为如此,支票性存款成为信用货币的一种主要形式。

伴随着电子技术的迅速发展,以及金融创新的不断深化,货币的交易和支付方式也在不断更新、变化。在当代高科技迅猛发展的过程中出现的电子化、信息化的支付工具,我们称之为"电子货币"。一般来说,电子货币主要有两种形式:一种是以各种卡片,如信用卡、IC卡或芯片卡等形式存在的卡式电子货币。另一种是以计算机软件形式存在的,在网络电子支付系统中用于清算的数字化货币。在这种形式下,通过电子脉冲,能把交易方存款账户中的余额转移给系统中的其他任何一个成员,从而完成整个支付过程。

电子货币的出现,说明货币的载体已经由纸质转变为电子质,由实体转变为虚拟。电子货币本身还处在不断发展和创新的过程之中。可以肯定的是,货币形态的演变将继续进行,未来的货币将会是一种更高效的、费用更低廉的货币形态。

# 第三节 货币的职能

### 一、货币的内涵

在日常生活中,我们几乎每天都要和钱打交道。钱是货币的俗称。在这个世界上,每个国家都有自己的货币。当然,在自愿的基础上,一些国家也可以放弃自己的货币,共同使用一种区域性货币,比如欧元。

(一)对货币的通俗理解

"货币"这个词在我们的日常生活中经常被使用,关于货币的通俗定义也有很多种,其中之一就是把货币等同于现金。比如:"你带钱了吗?"这里的"钱"显然指的是现金。但仅仅把货币定义为现金,对于经济分析来说过于狭窄。因为活期存款可开支票直接用于支付,如果把货币只看成现金,那就很难把货币和人们进行的全部购买活动联系起来。

货币的另一个通俗定义是财富。比如:"他真有钱!"意味着他有大笔的现金或存款,或者股票、债券、珠宝、字画、房子、汽车等。那么,能不能把货币就定义为财富呢?实际上,货币作为一般等价物是社会财富的一般代表,但货币并不等同于社会财富,它只是社会财富的一部分。如果把货币定义为财富,那么这个概念就太宽泛了。

货币的第三个通俗定义是收入。比如:"你每个月拿多少钱?"这里的"钱"指的就是收入。但收入是一定时期内的流量,而货币是某一时点上的存量。如果把货币定义为收入,那么货币量是无法统计的。

(二)基于法律角度的货币定义

有一些学者试图从法律角度给货币下定义,即法律判定货币是什么,货币就是什么。我国古代就有类似观点。比如:《管子》中就说,金、玉、珠等,产地遥远,得之不易,故而先王确定它们为货币。

应该说,货币是什么与法律规定之间确实存在着一定的关系,因为如果一个国家的法律禁止某种物品用于支付,那么这种物品就可能不会在支付中被普遍接受,而另一种物品则可能因为法律规定其为货币而被社会公众普遍接受。另外,法律还可以进一步规定某种物品具有清偿债务的合法权利(法币),如果债权人拒绝接受它,则不能要求债务人用其他的任何物品来支付现有的债务。但是,货币的法律定义并不能满足经济分析的要求,因为法律上没有规定为货币的物品也可能在支付中被普遍接受,像可以签发支票的活期存款,已经没有人怀疑它是货币。另外,虽然国家法定的货币在流通中起作用,但法律并不能把货币创造出来。而且,即使是国家法定,也不能阻止人们拒绝接受该货币,因为对那些用国家法定货币进行支付的交易方,人们可以以拒绝出售商品或劳务的办法来阻止国家法定货币的流通。因此,对于什么是货币和什么不是货币,法律规定只能是一个重要的决定因素,但绝不是唯一的决定因素。

(三)货币金属说

货币金属说反映的是欧洲封建制度逐渐解体、资本主义进入初步发展阶段的16—17世纪重商主义者的货币本质观。重商主义者认为,货币就是商品,它必须有实际价值,金银天然就是货币,货币必然具有金属内容和实际价值,不能被其他所代替。货币是唯一的财富,货币等同于贵金属。国家和个人要想富强,就必须得到越来越多的货币。

货币金属说在资本主义原始积累时期占重要地位,因为当时是贵金属发挥货币作用的时候,而最大限度地积聚货币是新兴资产阶级实行原始积累的最重要方式。货币金属说实际上反映的是当时新兴资产阶级的一种愿望。货币金属说认为货币是商品是正确的,但它把货币等同于金属并将货币看成唯一的财富却是错误的。

### (四)货币名目说

货币名目说盛行于18世纪以后,因为当时已经出现了不足值货币的流通。货币名目说在货币理论中影响较为广泛。货币名目说是和货币金属说相对立的一种关于货币性质的学说。货币名目论者否定货币的商品性,否认货币必须具有实质价值。他们认为货币是商品价值的符号,只是观念的计算单位,是一种票券。与货币金属说相反,货币名目论者认为货币不是财富,它只是便于交换的技术工具,是换取财富的要素,是一种价值符号。因此,货币不具有商品性,没有实质价值,只是名目上的存在。虽然货币是由贵金属铸造的,但货币的价值不是货币本身所有的,而是由国家权威规定的。因此,货币不一定要用贵金属来铸造,只要有君主的印鉴,任何金属甚至非金属就一样能充当货币。

### (五)劳动价值说

马克思从劳动价值论入手,通过分析商品进而分析货币的本质,得出货币是固定地充当一般等价物的特殊商品的基本结论。

货币是随着交换的发展,逐渐从商品中蜕变而来的商品,但它不是普通的商品,而是一种特殊的商品。货币与其他普通商品的区别在于以下两点。其一,货币是衡量和表现一切商品价值的材料。货币具有同其他一切商品直接相交换的能力,从而成为一般的交换手段。其二,货币具有特殊的使用价值和一般的使用价值。普通商品只有特定的使用价值,即具有专门的某一种使用价值来满足人们某一方面的需要。而货币从它的自然属性来说,可以表现商品的价值,也可以表现所有商品的价值,拥有货币就等于拥有任何的使用价值。在整个商品世界中,货币起着一般等价物的作用。

虽然作为一般等价物,货币可以表现其他一切商品的价值,但它却不能够表现其自身的价值。货币自身的价值只能通过和其他商品的交换比例综合地表现出来。也就是说,货币本身的价值通过购买力得到表现。

## 二、货币的职能

货币随着商品经济的产生而产生,又随着商品经济的发展而发展。货币在商品经济运行中发挥着重要的职能。货币的职能是货币本质的具体表现。经济学家们对货币定义的出发点正是在于货币的职能。但是,从职能出发给货币下定义也存在着分歧。最初,在货币的职能这一问题上,古典学派的经济学家们将它主要归结为流通手段,即交换媒介是货币最基本的职能,也是货币所具有的唯一的职能。因为他们仅仅从货币与商品等价交换的表象出发,将货币等同于商品,未将货币从普通商品中分离出来。还有一些经济学家认为,只有那些作为价值贮藏手段的物品才是货币,也就是强调货币的财富贮藏职能。而马克思从货币是固定地充当一般等价物的特殊商品这一本质出发,认为货币首先是作为价值尺度和流通手段的统一。也就是说,价值尺度和流通手段是货币的两个基本职能,在此基础上,又派生了支付手段、贮藏手段和世界货币等职能。货币的这些职能都是由货币的本质决定的,是货币本质的具体反映。

(一)价值尺度

货币在表现商品或劳务的价值并衡量商品或劳务价值量大小的时候,执行价值尺度的职能。货币之所以能够发挥价值尺度的职能,是因为两方面的因素:一方面,各种各样的商品和劳务本身都包含有价值,它们之间客观上存在着价值的比较关系;另一方面,货币是充当一般等价物的特殊商品,是从普通商品中蜕变而来的。货币本身也有自己的价值,与其他商品一样,都是人类劳动的结晶。因此,货币和其他商品、劳务之间在量上就能比较,进而成为一切商品和劳务的共同价值尺度。由于货币发挥价值尺度职能,把商品的价值表现为同名的量,使它们在质上相同,在量上可以相互比较,从而克服了在物与物直接相交换的条件下,因为价值表现不统一给商品流通带来的困难。

商品价值的货币表现是价格。与商品本身的物质形态不同,商品价格只是一种观念形态。也就是说,价格可以以口头或书面形式表达出来,但是不必用相应数量的货币摆放在商品的旁边。因此,货币表现商品和劳务价值的时候,并不需要现实的货币,只需要观念上的或想象的货币。当货币执行价值尺度职能时,只是观念地发挥作用。

各种商品和劳务的价值量不同,表现为货币的数量也不同。要发挥货币的价值尺度职能,必须比较货币的不同数量。为了便于衡量和比较不同的货币量,也为了交换的方便,就需要确定货币本身的计量单位。也就是在技术上把某一标准固定下来作为货币单位,并把这一单位再划分成若干等份。这种人为规定的货币单位及其等分,就叫作"价格标准"。

最初的价格标准与衡量商品货币使用价值的重量单位是一致的。比如,英国的货币单位英镑,原来就是重一磅的银的货币单位。而我国秦朝铸造的"半两"铜钱,汉朝铸造的"五铢"铜钱,在币面上分别铸有"半两""五铢"的字样,说明货币的面值和货币的含铜量是一致的。但在后来的发展演变中,由于国家以较贱的金属代替贵金属作为币材等原因,价格标准和重量标准就逐渐地分离开了,人们不再把商品的价值说成等于多少重量的金或银,而是说成值多少"元"。于是,货币金属及其重量现在完全被一种观念单位所替代了。

需要注意的是,价值尺度与价格标准是两个完全不同的概念。首先,货币作为价值尺度,是代表一定量的社会劳动,用来衡量不同商品的价值。而货币作为价格标准,代表了一定的金属量,用来衡量货币本身的量。其次,货币的价值尺度职能是在商品交换中自发形成的,是客观的,它的形成不依赖于人的主观意志。而价格标准是人为规定的,通常由国家法律加以规定。最后,作为价值尺度的货币,它的价值随着劳动生产率的变动而变动。而价格标准则代表一定的金属重量,用来衡量货币金属本身的数量,它是不随劳动生产率的变动而变动的。因此,货币作为价格标准所起的作用和作为价值尺度是有区别的。但它们之间也有着密切的联系,即货币的价值尺度依赖价格标准来发挥作用。可以说,价格标准是为价值尺度职能服务的。

### (二)流通手段

流通手段也是货币的基本职能之一。当货币在商品交换中起媒介作用时,就执行流通手段职能。在货币出现以前,商品的交换采用的是物物直接交换的形式。商品生产者进行商品交换时,既是买者,也是卖者,即在卖出自己生产的产品的同时,也买进别人的商品。但货币出现以后,商品生产者先把商品换成货币,然后再用货币换回自己所需的商品。这样一来,商品交换方式发生了变化,商品交换过程就分离成了买、卖两个阶段,变成买、卖两个过程的统一,而货币在商品的买卖之间充当了交易的媒介。因此,通常也用商品交易的媒介来表述货币的流通手段职能。

货币执行流通手段职能时,不能是观念上的货币,必须是现实的货币。因为商品购买者不能凭借观念上的货币买到商品,而商品出售者也不会白白地售出自己的商品。因为商品交易需要现实的货币,所以在一定的商品交易规模下,就存在一个货币需求以及货币量的问题。

在流通领域中,商品处于"卖"的一极,而货币处于"买"的一极,彼此相对立。要购买商品,付出的货币必须和商品的价格总额相等。因此,商品的价格总额和流通中所需的货币量成正比例关系。但是,货币作为流通手段,在一定的时间内可以多次为不同的商品交易作媒介。在一定时间内,货币流通的次数越多,也就是货币的流通速度越快,它完成的商品交易额越多,实现的商品价格越大,流通中所需要的货币量也就越少。所以,货币流通速度和流通中所需的货币量成反比例关系。

虽然货币执行流通手段职能,要求的是现实的货币,但因为它只是交换的手段,不是目的,所以人们发现它可以用权威证明的符号来代替。这类符号有不足值的铸币,也有用纸印制的钞票。用货币符号充当交易的媒介后,如果流通中这种货币符号过多,就会发生货币的贬值,出现物价高涨的现象。

### (三)支付手段

货币的支付手段职能是指货币可以作为延期付款的手段。货币这一职能的产生与发展是和信用关系的产生、发展密切相关的。随着商品流通的发展,商品的让渡和商品价格的实现在时间上逐渐分离开来,商品生产者和交易者之间不仅有买卖关系,也产生了债权和债务关系。货币的支付手段职能最初是由商品的赊购赊销引起的。在商品以赊销方式买卖的情况下,买卖行为完成以后,经过一段时间,买者才向卖者支付货币。在此之前,卖者成为债权人,买者成为债务人。在这种以信用形式买卖商品的条件下,货币在偿还债务时,执行支付手段职能。

货币作为支付手段,一开始只在商品流通领域中起作用。后来随着商品经济的发展,货币作为支付手段,也扩展到了商品流通领域以外。比如,在财政收入和支出、银行的存款和贷款中,在支付工资以及水电等各种劳务报酬时,货币都发挥着支付手段职能。

货币作为支付手段和流通手段是不同的。作为流通手段时,货币是商品交易的媒介,等值的货币和商品同时处于交换过程的两极。而作为支付手段时,等值的货币和商品不再同时处于交换过程的两极。货币作为补充交换行为的一个环节,独立地结束商品交换的整个过程,是价值的单方面的转移。货币作为流通手段时,是先卖后买,不卖就不能买,而货币作为支付手段时,是先买后卖,不卖也能买。因此,货币作为支付手段促进了商品生产和流通的发展。但是,在这种信用方式买卖商品的条件下,债权债务交错在一起,构成一条支付链,那么,只要有一个环节出问题,不能按期支付,就会引起连锁反应,从而可能促使经济危机爆发。

### (四)贮藏手段

货币是一般等价物,是社会财富的一般代表。为了积累和保存社会财富,人们产生了贮藏货币的需要。所谓"贮藏手段",是指货币退出流通领域,被人们当作独立的价值形态和社会财富的一般代表保存起来。货币之所以能作为贮藏手段,是因为它可以在任何时候、任何地点购买到价值相等的商品和劳务。

虽然货币具有贮藏手段职能,但货币并不是唯一的价值贮藏手段。在现代经济体系中,有许多可以作为价值贮藏手段的资产,如存款、债券、股票、房地产、金银珠宝等。关于它们和货币作为价值贮藏手段孰优孰劣的问题,我们将在以后的章节中具体分析。

### (五)世界货币

当货币超越国内流通领域在国际市场上充当一般等价物时,就执行着世界货币职能。世界货币是在商品流通超越了国内流通领域的条件下,随着国际贸易的产生和发展而产生的。

世界货币的作用主要在于:其一,作为国际支付手段,用于平衡国家收支差额;其二,作为国际购买手段,用于购买国外商品;其三,作为社会财富的代表,从一国转移到另一国,如战争赔款、对外援助等。

## 第四节 货币的度量

### 一、货币范围的扩展

货币从产生以来,已经经历了多种形态。在金属货币流通条件下,金银条块和金币银币被人们认为是货币。后来,保证支付的商业票据和银行券也可以充当货币来流通。到了信用货币流通时期,人们识别货币的准则又发生了变化。不管是金银币,还是纸币,只要能够充当商品交易的媒介,能够被人们普遍接受,它就被承认为货币。按照马克思的货币理论,货币是固定地充当一般等价物的特殊商品,它必须是价值尺度和流通手段的统一。根据这一定义,只要同时具备这两种职能的物品就是货币。因此,讲到货币,我们首先想到的就是现金。而且,由于活期存款可以签发支票直接用于交易支付,因而支票性存款(活期存款)和现金的货币性是一样的。也就是说,货币不仅指现金,还包括支票性存款。

从20世纪中期开始,由于金融市场的不断完善以及金融创新的发展,货币的范围迅速从现金、支票性存款扩大到了储蓄存款、定期存款、大额存单,甚至各种有价证券等。随着信用制度的不断发展,货币的范围也在不断扩展,越来越多的资产在发挥着货币的职能,从而在一定程度上具有"货币性"。

虽然这些具有"货币性"的资产都属于货币范畴,都可以转化为现实的购买力,但它们的货币性还是不完全相同的。比如,现金和支票性存款是直接的购买手段和支付手段,可以随时转化为现实的购买力,它们的货币性是最强的。而储蓄存款、定期存款等等虽然也可以转化为现实的购买力,但要受到存款期限的限制,即使可以提前支取,也要蒙受一定的损失。因此,和现金、支票性存款相比,它们的货币性要差一些。至于各种有价证券的货币性则更差,因为它们要转化为现实的购买力,必须先在金融市场上出售,转化为现金或支票性存款。

## 二、货币层次的划分

因为各种具有货币性的资产转化为现实购买力的能力不同,所以它们对商品流通和经济活动的影响也不同。为了提高中央银行宏观金融调控的计划性和科学性,有必要对这些具有货币性的资产进行科学的分类,也就是进行货币层次的划分。

(一)货币层次划分的含义和划分依据

所谓"货币层次的划分",就是把流通中的货币量,主要按照其流动性大小划分成若干层次,并以符号代表,进行相含排列的一种方法。这里的"流动性"就是货币层次划分的依据。具体来说,就是以某种资产转化为现金或支票性存款的能力作为标准。转换的成本越低,时间越短,则流动性越强,货币层次越高;反之,则流动性越弱,货币层次越低。

(二)国际货币基金组织和一些国家的货币层次划分

各国对货币层次的划分虽然大都以流动性大小为依据,但具体到每个层次的货币内容,不同的国家也有较大的区别。

**1. 国际货币基金组织划分的货币层次**

国际货币基金组织一般把货币划分为三个层次。

$M_0$＝流通于银行体系之外的现金

$M_1$＝$M_0$＋活期存款(包括邮政汇划制度或国库接受的私人活期存款)

$M_2$＝$M_1$＋储蓄存款＋定期存款＋政府债券(包括国库券)

**2. 美国联邦储备银行对货币层次的划分**

$M_1$＝流通中的现金＋所有存款机构的支票性存款

$M_2$＝$M_1$＋所有存款机构的小额(10万美元以下)定期存款＋所有存款机构的储蓄存款＋隔夜回购协议

$M_3$＝$M_2$＋所有存款机构的大额(10万美元以上)定期存款＋定期回购协议

$L$＝$M_3$＋其他短期流动资产(包括银行承兑票据、商业票据、储蓄债券、短期政府债券等)

**3. 英国英格兰银行对货币层次的划分**

$M_1$＝现金＋私人部门持有的英镑活期存款

$M_2$＝现金＋英国居民(公共及私人部门)持有的英镑存款

$M_3$＝$M_2$＋英国居民持有的各种外币存款

**4. 日本对货币层次的划分**

$M_1$＝现金＋活期存款

$M_2$＝$M_1$＋企业定期存款

$M_1$＋CD＝$M_1$＋企业可转让存单

$M_2$＋CD＝$M_1$＋定期存款＋可转让存单

$M_3$＝$M_2$＋CD＋邮局、农协、渔协、信用组合、劳动金库的存款＋信托存款

**(三)我国的货币层次划分**

我们国家对货币层次的研究起步较晚,目前中国人民银行所公布的货币层次为:

$M_0$＝流通中的现金

$M_1$＝$M_0$＋单位活期存款＋个人持有的信用卡存款

$M_2$＝$M_1$＋城乡居民储蓄存款＋单位定期存款＋单位其他存款＋证券公司客户保证金

$M_3$＝$M_2$＋金融债券＋商业票据＋大额可转让定期存单

**(四)货币层次划分的目的**

货币层次划分的目的是把握流通中各类货币的运动规律及其在整个货币体系中的地位,并以此来确定货币流通和商品流通在结构上的依存关系和适应程度,以便中央银行拟定有效的货币政策。因此,货币层次的划分有利于经济分析、宏观经济的监测和货币政策的操作,直接关系到中央银行宏观调控能力的发挥。

## 关键术语

一般等价物 实物货币 金属货币 铸币 代用货币 信用货币 价值尺度
流通手段 支付手段 贮藏手段 货币层次的划分

## 复习思考题

1. 货币形态的发展演变主要经历了哪几个阶段?这些货币形态各自有何特点?
2. 如何科学、全面地给货币下定义?
3. 货币执行支付手段职能有何特点?
4. 什么是货币层次的划分?其划分依据是什么?

拓展阅读

# 第二章

# 货币制度

 **本章提要**

随着商品生产和交换关系的发展,不同的货币形态总是与一定的经济形态相联系,因此形成了不同的货币制度。本章主要介绍货币制度的形成原因和基本要素构成;货币本位制度的类型及其演变;中国的货币制度以及国际货币制度的发展演变和主要内容。

# 第二章 货币制度

## 第一节 货币制度概述

### 一、货币制度的内涵

货币制度简称"币制",是一个国家以法律形式确定的货币体系和货币流通的组织形式。

在货币制度产生以前,币材的种类非常繁杂,货币的发行权也很分散,货币的流通十分紊乱。这种分散、混乱的货币体系显然成为商品经济发展的一大障碍。为了创造有秩序的、稳定的货币流通体系,适应商品经济发展的需要,各个国家先后颁布法令和条例,对货币流通进行种种规定,从而形成了统一、稳定的货币制度。因此,货币制度也可以是一个国家有关货币方面的法令和条例的总和。它由国家制定,并主要通过国家法律强制保障实施。这些法令和条例反映了一个国家在不同程度上,从不同角度对货币所进行的控制。而国家的意图总是在于建立起既能符合自己的政策目标、又能由自己操控的货币制度。

### 二、货币制度的基本要素构成

#### (一)货币的种类

确定流通当中货币的种类是一国货币制度的重要内容。一般来说,流通中的货币,即通货,主要包括本位币和辅币。本位币也叫"主币",是一国的基本货币,也是法定的计价货币和结算货币。在金属货币流通时期,本位币是用国家规定的货币金属,按照国家的统一规定,由国家造币厂铸造成的铸币,是一种足值货币。在代用货币阶段,本位币是可兑换的纸币。而在信用货币阶段,本位币则由不可兑换的纸币来充当。

辅币是指本位币以下的小额的通货,主要用于小额零星的交易以及找零使用。辅币通常以贱金属铸造,称为"硬辅币";也可以用纸张印刷,称为"纸辅币"。辅币一般是不足值的货币,在金属货币流通时期以及信用货币阶段都存在。辅币可以按照国家法律规定的比价和本位币之间相互兑换。

辅币之所以是不足值的货币,是因为辅币只是本位币的一个可分部分,如果辅币按照它所包含的金属的价值流通,那么随着社会生产力的提高,铸造本位币和辅币的金属的价值就会发生变化,本位币和辅币之间固定的兑换比例就不能够保证,辅币也就失去了它作为辅助货币的作用。另外,辅币如果铸成足值货币,其币材价格一旦上升,大量的辅币就会被私自熔化,从而造成市场上辅币的不足。所以,辅币不能按其所包含的金属的价值流通。

#### (二)货币材料

规定货币材料主要是规定哪些商品可以充当本位币的材料。

一个国家在一定时期选择哪一种或哪几种商品作为币材,这是由国家通过法律机制规定的。但国家的规定也要受客观经济需要的制约。确定货币材料实际上是对已经形成的客观现实从法律上加以肯定。国家不能随心所欲地指定货币材料,否则,不仅行不通,还会造成混乱。比如,从理论上讲,任何一种商品均可被确定为货币材料。但事实上,除了贵金属,其他商品都不充分具有币材的特性。因此,在历史上,贵金属不但成为基本的本位币币材,而且一般由白银向黄金过渡。确立了不同的货币材料,也就相应地确立了不同的货币本位制度。比如,用金或银作为货币材料,就形成了金本位或银本位。而用金和银同时作为货币材料,就形成了金银复本位。

在现代的信用货币阶段,确定货币材料已经没有什么经济意义了,只是一种技术上的选择而已。

（三）货币单位

在货币材料确定下来以后,就要规定货币单位。规定货币单位包括规定货币单位的"名称"和货币单位的"值"两方面。

最初,货币单位的名称和货币材料的自然单位和重量单位是一致的,后来,由于种种原因,货币单位的名称和货币材料的自然单位和重量单位逐渐相脱离,有的虽然保持原名,但内容发生了变化。有的则完全摆脱了旧名,重新起了个名字。比如,我国唐代的"开元通宝","通宝"是钱的名称,而货币单位则叫"文"。一般而言,一国货币单位的名称往往就是这个国家货币的名称。但在我国有些特殊,我国的货币名称是"人民币",而货币单位的名称是"元",两者是不一致的。

规定货币单位的"值",在金属货币流通的条件下,就是规定货币单位所包含的货币金属的重量及成色。比如,按1934年美国法令,美元所含货币金属的量为0.88867克黄金,而按照1870年的英国铸币条例,英镑的含金量为7.97克。在信用货币流通条件下,有的国家规定货币的含金量,有的国家则规定本国货币与外国货币的固定比例。在黄金非货币化以后,确定货币单位的"值"则转变为如何维持本国货币与外国货币的比价。而这时国家主要考虑的是怎样把这一比价保持在一个合适的水平上,既不要偏低,也不要偏高。

（四）货币的发行和流通

在金属货币流通条件下,货币的发行和流通主要表现为金属货币的铸造管理。对于本位币,是通过自由铸造制度进入流通,而对于辅币,则是限制铸造。

所谓"自由铸造",是指公民可以按照法律规定,有权把国家规定的货币金属送到造币厂铸成本位币,并且数量不受限制。造币厂代为铸造本位币,不收或者只收取少量的造币费。同时,国家也允许公民把本位币熔化成金属条块。但国家对本位币的私自铸造是严格禁止的。本位币可以自由铸造,对于保持货币流通的稳定具有重要意义。一方面,本位币可以自由铸造,保持了本位币的名义价值和实际价值相一致。持有货币金属的人可以随时将其铸成本位币,而持有本位币的人可以随时将其熔化成金属条块。如此一来,本位币的价值既不会高于、也不会低于它所包含的金属量,而是与其所包含的金属价值一致。另一方面,自由铸造本位币可以自发调节货币流通量,使流通中的货币量始终适应商品流通的客观需要。当流通中货币量不足时,会有人将金属条块铸成铸币投入流通;而当流通中货币量过多时,又会有人将铸币熔化成金属条块贮藏起来。这实际上就是货币的贮藏手段职能所发挥的调节货币流通量的蓄水池作用。

限制铸造是对辅币而言。换句话说,就是辅币的铸造权由国家垄断。辅币是不足值的铸币,其名义价值高于实际价值,铸造辅币可获得一部分收入。由国家垄断铸造辅币,可以使这部分收入归国家所有,成为重要的财政收入来源;另外,还可以控制辅币的流通量,使其不超过实际需要量。

### (五)货币支付能力

以法律来规定货币的支付能力也是货币制度的重要内容,其形式有无限法偿和有限法偿两种。

无限法偿,就是指法律规定某种货币具有无限制的支付能力。不论属于何种性质的支付,即购买商品或劳务也好,结清债务也好,不管支付的数额有多大,支付的对方都不能够拒绝接受,否则将被视为违法。取得无限法偿资格的货币,一开始是在金属货币流通时期作为本位币的铸币,后来则作为可兑换的以及不可兑换的纸币。

有限法偿,就是指某种货币的法定支付能力是有限的。在每次支付中,如果超过了国家规定的限额,对方有权拒绝接受,但在国家规定的数额内,它的支付能力是受法律保护的。有限法偿主要是对辅币而言,这既是为了保护债权人的利益,也是为了防止辅币充斥市场,造成本位币从流通中消失。比如,中国1914年的《国币条例》规定,5角银币每次支付限额为20元,1角、2角银币每次支付限额在5元以内。而美国10分以上的银辅币每次支付限额为10元,铜镍铸分币每次支付限额为25分。但为了使过多的辅币能够自动流回国家手中,有限法偿规定,用辅币向国家纳税、向政府或银行兑换本位币时可以不受此限制。

### (六)货币发行准备制度

作为货币制度重要构成要素之一的货币发行准备制度,主要是指黄金准备或黄金储备,即一国所拥有的金块和金币的总额。世界上大多数国家的黄金储备都由中央银行或国库掌管。

在金属货币流通时期,金准备是一国货币稳定的坚实基础。国家利用金准备的扩大或收缩来调节金属货币流通量,保证国内货币流通的稳定。此外,金准备也作为国内支付存款、兑换银行券的准备金,以及作为国际支付的准备金。进入信用货币阶段以后,金准备只是作为国际支付的准备金,其他用途已不复存在。但是,金准备对稳定一国国内货币流通的作用仍然很重要。

## 第二节 货币本位制度及其演变

从货币制度的构成要素可以看出,货币材料的确定处于核心地位。一旦确定了货币的币材,也就确定了货币的本位制度。本节我们主要介绍货币本位制度及其演变过程,并借此认识货币制度的发展演变。

货币制度虽然从一国统一铸造铸币的时候就开始了,但每个国家都有其不同的货币制度类型,同一个国家在不同时期也有不同的货币制度类型。从历史发展过程来看,货币制度主要经历了金属货币制度和不兑现的信用货币制度两个阶段,其中金属货币制度又包括银本位制、金银复本位制和金本位制。

### 一、银本位制

银本位制是指以白银作为本位币的货币本位制度,也是一种较早的金属货币制度。它的特点是:以白银作为本位币币材;银币是本位币,是足值货币,可以自由铸造,具有无限法偿资格;辅币和其他货币可自由兑换成银币或等量的白银;白银和银币可以自由地输出和输入国境。

早在中世纪时,由于当时的商品经济不发达,商品交易主要是小额交易,而白银的价值偏低,比较适应这种交易的需要,所以很多国家都采用银本位制。后来随着经济的发展,银本位制的缺陷也暴露出来。一是社会经济的发展使大宗交易不断增加,而白银价值偏低,这就给计量、运送带来很多不便。二是由于勘探、冶炼技术的发展,白银的供给量大幅度增加,而需求有限,从而导致白银的价值发生很大波动,影响币值的稳定。因此,在19世纪70年代白银价格出现大幅度下降以后,各个国家相继放弃了银本位制,转而实行金银复本位制或金本位制。到了20世纪初的时候,资本主义各国已经普遍实行金本位制,只有少数落后国家仍采用银本位制。

我国以白银作为货币的时间比较长。银在唐宋时期已普遍流通,金、元、明时期银已作为一种主币,确立了银两制度。宣统二年(1910年)四月清政府颁布了《币制则例》,宣布实行银本位制,实际上是银元和银两并行。1935年4月,国民党政府"废两改元",颁布《银本位币铸造条例》,同年11月实行法币改革,银本位制在我国被废止。

### 二、金银复本位制

金银复本位制是指以金币和银币同时作为一国本位币的货币本位制度。在这种货币制度下,黄金和白银都可以自由铸造,金币和银币同时作为本位币,按其所包含的黄金或者白银的价值流通,都具有无限法偿的资格,金银以及金银币都可以自由地输出和输入国境。

金银复本位制是16—18世纪西欧各国流行的货币制度,也是资本主义原始积累时期典型的货币本位制度。由于黄金和白银同时充当币材,货币材料于是很充足,所以不会出现货币不足的现象。白银价值量偏小,适用于小额零星交易;黄金价值量高,适用于大宗交易。金币和银币在交易中可以相互补充,大大便利了商品流通。

金银复本位制在其运行过程中,采取过三种形式,即平行本位制、双本位制和跛行本位制。

(一)平行本位制

平行本位制是金银复本位制最初所采取的形式,它是金币和银币都按其所包含的金属的实际价值流通和相互兑换的一种复本位制。在这种币制下,金币和银币的价值由市场上金银条块的价值决定,金银币之间兑换的比价也由市场上金银条块的比价自由确定,国家不规定金银币的兑换比价。市场上金银比价变动频繁,导致金银币的兑换比价也不断变动,用金币、银币表示的商品价格也随市场金银比价的波动而波动,在一定程度上引起价格的混乱。所以,平行本位制不能很好地发挥货币的价值尺度职能,它是一种极不稳定的、不能持久的货币制度。

(二)双本位制

为了消除平行本位制所造成的金币和银币比价变动频繁以及商品价格混乱的现象,国家依据市场上金银条块的比价将金币和银币之间的兑换比价以法律形式固定下来,形成金银币兑换的法定比价,这就是所谓的"双本位制",即金银两种铸币按照国家法律规定的比价进行流通和兑换的货币制度。双本位制也是金银复本位制的主要形式。

虽然双本位制在一定程度上解决了平行本位制造成的价格混乱问题,但也产生了新的矛盾。在这种币制下,虽然国家法律规定了金银币之间兑换的比价,但并不能切断金银币和市场比价的联系。交通条件的改善,开采新矿山,以及生产力的发展等,都会引起金银条块市场比价的变化。如果金银币兑换的法定比价得不到及时调整,就会造成金银币之间的法定比价不断地和市场比价相偏离,使金银币的实际价值与名义价值相背离。于是,实际价值高于名义价值的货币(即良币)就被收藏、熔化而退出流通界,实际价值低于名义价值的货币(即劣币)则充斥市场,产生"劣币驱逐良币"现象。这种现象最初是由 16 世纪的英国铸币局局长格雷欣发现的,所以又称为"格雷欣法则"。

在"劣币驱逐良币"规律的作用下,某一时期市场上实际只有一种货币在流通,金贱则金币充斥市场,银贱则银币充斥市场,这必然造成货币流通的混乱,引起经济紊乱。

(三)跛行本位制

在复本位制末期,英、美等国为了维持银币的本位币地位,以及金银币之间兑换的法定比价,停止了银币的自由铸造,以便消除双本位制下货币流通的混乱,这就是所谓的"跛行本位制",即金币和银币都为本位币,国家规定金银币之间兑换的法定比价,但金币可以自由铸造而银币不能自由铸造。

在跛行本位制下,由于限制铸造银币,银币的价值已不再取决于它本身所包含的白银的价值,而是取决于它和金币之间兑换的法定比价,所以,跛行本位制下的银币已经演变成了金币的符号,起着辅币的作用。从严格意义上说,跛行本位制已不是金银复本位制,而是由复本位制向金币本位制过渡的一种货币制度。

### 三、金本位制

金本位制是以黄金作为本位币币材的货币制度。18世纪末19世纪初,英国首先过渡到金本位制,欧洲其他国家和美国到19世纪中期也开始实行金本位制。金本位制在其发展过程中主要经历了金币本位制、金块本位制和金汇兑本位制三种形式。其中,金币本位制是典型的金本位制,而金块本位制和金汇兑本位制则是变相的、残缺不全的金本位制。

(一)金币本位制

金币本位制具有以下特点。

**1. 金币是本位币,可以自由铸造,具有无限法偿资格**

这一特点保证了黄金在货币制度中的主导地位,同时可以自发调节货币流通量,使金币的名义价值和实际价值保持一致。

**2. 辅币和代用货币可以自由兑换金币**

辅币和代用货币可以与黄金自由兑换,确保了各种货币符号能够稳定地代表一定量的黄金进行流通,不至于出现通货的贬值,从而保证了币值的稳定,同时也节约了黄金。

**3. 黄金可以自由输出和输入国境**

这一特点保证了本国货币与外国货币之间兑换比价的相对稳定。实行金币本位制的国家之间,两国货币之间的兑换比价(即汇率)是以铸币平价(通称"平价"),即两国本位币法定含金量的比值为基础的。但是由于外汇供求关系的影响,汇率不可能与铸币平价保持一致,而是围绕铸币平价上下波动。由于金币本位制下黄金可以自由输出输入,就使得汇率的波动总是保持在一定的范围之内。其中,汇率波动的最高限是黄金输出点,即铸币平价加上黄金的国际运送费(包括运费、保险费、包装费等)。汇率波动的最低限是黄金输入点,即铸币平价减去黄金运送费。黄金运送费只占金价的很小一部分,所以汇率只能在铸币平价上下1‰的微小范围内波动,不会发生剧烈波动。因此,金币本位制下的外汇行市是比较平稳的,而这是由黄金可以自由流动所决定的。

从上述特点可以看出,金币本位制是一种相对稳定、比较健全的货币制度。这种稳定性突出表现在自发调节货币流通量、保持币值的稳定以及保证外汇行市稳定等方面。

从1816年到1914年第一次世界大战爆发,金币本位制盛行了近100年,极大地推动了资本主义经济的发展。因此,人们把这一时期称为"货币的黄金时代"。

但是,金币本位制也不是十分完善的,在其运行过程中也包含有不稳定因素。首先,金币本位制有着过于"刚性"的缺陷。在金币本位制下,货币的数量受黄金数量和产量的制约,缺乏弹性。而随着经济的发展,流通中的货币量必须适应经济运行的需要不断增长。因此,到了一定的时候,金币本位制必然无法满足经济发展对货币的需要。其次,资本主义各国经济发展的不平衡,引起世界黄金存量分配极端不均。到第一次世界大战爆发前,整个世界黄金存量的2/3都集中在英国、美国、法国、德国和俄国手中。绝大部分黄金被少数强国所占有,导致其他国家由于黄金的缺乏,很难维持金本位制。最后,第一次世界大战爆发后,为了应付战争,各国财政支出猛烈增加。为了弥补财政赤字,政府大量发行银行券,从而使银行券和黄金的兑换越来越难以实现。为了集中有限的黄金应对战争,各国政府先后宣布禁止黄金自由输出。所有这些最终导致了金本位制的崩溃。

(二)金块和金汇兑本位制

第一次世界大战后,资本主义进入相对稳定时期。一些国家试图恢复金币本位制,但由于黄金分布不平衡,各国黄金存量大幅度减少,根本无法恢复金币的流通。此外,经济发展对金币的需要不断增加与世界黄金产量有限的矛盾也越来越突出。于是,没有金币流通的、残缺不全的金本位制——金块本位制和金汇兑本位制在20世纪20年代中期先后出台。

**1. 金块本位制**

金块本位制也叫"生金本位制",是一种没有金币的铸造与流通,而是由中央银行发行以金块为准备的纸币用于流通的货币制度。在这种制度下,一国的货币单位规定有含金量,但不铸造、不流通金币,而是流通银行券。黄金集中存储于政府手中,公民可以在一定的限制条件下兑换金块。比如,英国在1925年规定,银行券的数额在1700英镑以上可以兑换金块。法国在1928年规定至少必须有215000法郎才能兑换金块。

由于国家规定的限额很高,所以对大多数人来说,这种兑换是很难实现的。但是,这种银行券和金块之间有限制的兑换有效地节省了国内的黄金,使货币量在一定程度上摆脱了黄金数量的制约。1924—1928年,英国、法国、荷兰、比利时等国实行了金块本位制。

**2. 金汇兑本位制**

金汇兑本位制也叫"虚金本位制",它具有以下特点。

(1)货币单位规定含金量,但国内没有金币流通,进入流通的是作为本位币的银行券。

(2)本国货币依附于实行金本位制国家的本位币,如英镑、美元、法郎等。国家规定本币与其所依附的外币的兑换比率,并在他国存放黄金或外汇,以便随时用来稳定本国的外汇行市。

(3)银行券不能在国内兑换成金块。本国居民可以用银行券按照法定的兑换比率兑换成在外国兑取黄金的外币汇票,然后再兑换黄金。

金汇兑本位制是一种使本国货币与黄金间接联系的货币本位制度,它既节省了一国国内的黄金,也节约了国际黄金,从而大大缓解了黄金量对货币量的制约。金汇兑本位制最早实行于经济比较落后的殖民地国家,1877年荷兰首先在爪哇实行这种制度。菲律宾、印度等国也曾实行金汇兑本位制。第一次世界大战后,德国在1924年首先实行金汇兑本位制,后来奥地利、意大利、丹麦、挪威等30多个国家也实行了金汇兑本位制。

金块本位制和金汇兑本位制都是极不稳定的货币制度,因为在这两种货币制度下都没有金币的流通,金币本位制中由金币的自由铸造所形成的自发调节货币流通量的机制已不复存在,不利于币值的稳定。金块本位制下银行券兑换黄金有数额限制,金汇兑本位制下银行券的兑换要通过和外汇的兑换来实现,都使银行券兑换黄金的能力大大下降,也从根本上动摇了银行券稳定的基础。实行金汇兑本位制的国家的货币依附于一种外币,也不利于本国货币体系的稳定。正是由于金块本位制和金汇兑本位制的脆弱性,在1929—1933年世界性经济危机的冲击下,金本位制彻底瓦解。各国在20世纪30年代纷纷放弃金本位制,转而实行不兑现的信用货币制度。

### 四、不兑现的信用货币制度

不兑现的信用货币制度是指以不兑换黄金的纸币作为本位币的货币制度,也是目前世界各国所实行的货币制度。在不兑现的信用货币制度下,黄金退出了流通,不再执行货币的职能。纸币不再规定含金量,其发行既不要金银外汇储备,也不要信用担保。现实经济中的货币由不可兑换的纸币和银行存款构成。不可兑换的纸币由中央银行发行,国家法律赋予其无限法偿的能力,体现为中央银行对纸币持有者的负债。银行存款体现了银行对存款人的负债。它们都体现着信用关系,所以都是信用货币。信用货币通过银行放款投入流通。人们从银行得到贷款后,首先是在其存款账户上增加同样数额的存款。有了存款后,人们就可以开现金支票支取现金,这样一来,不可兑换的纸币就通过贷款投入了流通。同理,有了存款后,人们也可以开转账支票把存款从一个账户转移到另一个账户里去,于是出现了存款货币的流通。因此,信用货币都是通过银行放款程序投入流通的,这和金币通过自由铸造投入流通是完全不同的。

总之,在不兑现的信用货币制度下,货币、信用领域都出现了新的现象。可以说,当代金融之所以能够发挥调节宏观经济总量、稳定物价等功能,和不兑现的信用货币制度的建立是分不开的。

## 第三节 中国的货币制度

### 一、人民币制度

#### (一)人民币制度建立之前的货币制度

在我国的人民币制度建立之前,存在两种货币制度,即国民党政府的货币制度和共产党领导的革命根据地的货币制度。

20世纪20年代,我国实行的是银两本位制,大宗交易和支付都用"银两"计价。银两不仅有虚银、实银之分,而且各地在重量、成色以及单位上都有很大差异,给流通带来了很大的不便。1933年4月,国民党政府进行"废两改元"的货币改革,规定所有交易和支付一律改用银元,以银币为本位币,银币的单位是"元",每银元含纯银 23.493448 公分,1 元等于 100 分,1 分等于 10 厘,这意味着我国开始实行统一的银本位制。但我国白银产量少,必须依靠外国的白银维持银本位制,这就使得我国的货币制度被英、法等国所控制。后来,国民党政府在 1935 年废除银本位制,实行法币制度,即以中央银行发行的钞票为法币,法币具有无限法偿资格。1 元法币与 14.5 便士或 0.2927 美元等值。国民党政府实行通货膨胀政策,到了 1948 年,法币已经贬值到无法流通的地步。

与国民党政府的货币制度同时存在的,是中国共产党领导的革命根据地的货币制度。早在第一次国内革命战争时期,中国共产党领导下的农民协会就建立了一些银行机构,发行过货币。到了第二次国内革命战争时期,各个苏维埃区也发行过各种货币,支持战争,发展生产。抗战时期,各个抗日根据地都发行了自己的货币,其中的很多货币也成为解放战争时期各个解放区流通的货币,比如"西北农民银行币""东北银行币""中州农民银行币"等。解放区的货币大多以银行券的形式发行,大部分都是不可兑换的银行券。因为当时的根据地和解放区处于被包围的状态,所以各根据地和解放区的货币发行具有分散性和不统一性。

(二)人民币制度

1948 年 12 月 1 日,中国人民银行在河北石家庄成立,并于当天发行人民币,作为全国统一的货币,这也标志着人民币制度的建立。人民币发行以后,一方面,随着全国解放,尤其是一些大中城市的解放,迅速收兑法币、金圆券等;另一方面,则在分散的解放区迅速连成一片的情况下,通过逐步收兑,统一了解放区的货币。

国家禁止外币流通与自由买卖,规定合理牌价,限期收兑。同时,加强了外汇的统一管理,规定外汇收支、国际结算由中国人民银行统一办理,从而制止了各种外币在国内市场上的流通。

对黄金、白银,国家采取"严禁计价流通,准许私人持有,适当收兑"的方针,以打击金银投机活动。金银的收售兑换由中国人民银行统一经营。这样一来,部分金银集中于国家手中,增加了储备,也让黄金和白银退出了流通领域。

采取以上做法后,到 1951 年,除台湾、香港、澳门和西藏外,人民币成为全国统一的、独立自主的、稳定的货币,人民币制度也最终确立下来。

1955 年 2 月 20 日,我国进行了改变人民币票面额的货币改革。中国人民银行自 1955 年 3 月 1 日起发行新的人民币,并以 1 元新币兑换 1 万元旧币的比率无限制、无差别地收兑旧的人民币。如此经过几年的改革,我国基本形成了比较完善的人民币制度。

人民币制度的基本内容包括:

(1)人民币是我国的唯一合法通货。一切货币收付、结算、债务清理均以人民币为统一计价单位。我国严禁外币在境内计价流通,严禁金银流通,严禁妨害人民币及其信誉。

(2)人民币的单位是"元","元"也是本位币,"角"和"分"是辅币。人民币以"¥"为符号(读音同"元")。

(3)人民币是一种纸币,是代表一定价值的货币符号。人民币没有含金量的规定,它是一种信用货币。

(4)人民币的发行坚持集中统一和经济发行的原则。所谓"集中统一",是指人民币的发行权集中于中央,由中国人民银行统一发行。所谓"经济发行",是指为了适应生产发展和商品流通的正常需要,通过信贷程序而进行的货币发行。

(5)我国实行有管理的货币制度。我国的货币发行、流通、外汇价格等,不是自发的而是有管理的。

(6)人民币是独立自主的货币。人民币的对外汇率不与任何外币保持固定比价,也不依附于任何外币,而是独立地根据我国政治、经济等方面的需要,以及国际金融的变化而制定和调整。

### 二、我国港澳台地区的货币制度

(一)香港特别行政区的货币制度

1997年7月1日,我国政府恢复对香港行使主权,香港特别行政区成立,实行"一个主权国家,两种社会制度"的管理体制。香港的货币制度在"一国两制"的总体框架下,与内地保持独立性,实行港币制度。港币与人民币在流通范围、法定地位,以及货币主管当局方面都存在着差异。按照我国目前外汇管理的规定,港币在内地被视为外币,人民币在香港也被以外币对待。

港币制度的基本内容包括以下几个方面。

(1)根据《中华人民共和国香港特别行政区基本法》,港币为香港的法定货币。港币的发行权属于香港特别行政区政府。汇丰银行、渣打银行、中国银行(中银集团)是港币发行的指定银行,港币的发行必须有百分之百的准备金。

(2)港币单位为"元",简称"港元",以符号"HK＄"表示。主币为港币元,辅币为分,主、辅币之间的兑换比率为:1港元＝100分。港币有纸币和硬币两种形式,其纸币有10元、20元、50元、100元、500元、1000元6种面值,硬币有1元、2元、5元、10元以及5分、10分、20分、50分8种面值。

(3)1983年10月17日,港英当局宣布,港币与美元挂钩,实行1美元兑换7.8港元的官定汇率,并在此基础上形成"联系汇率制"的安排。

(4)香港特别行政区不实行外汇管制,港币可以自由兑换,黄金、外汇、证券、期货市场完全放开。

(二)澳门特别行政区的货币制度

1999年12月20日,我国政府恢复对澳门行使主权,澳门特别行政区成立。澳门币也是中华人民共和国流通的货币,但在"一国两制"背景下,按照我国目前外汇管理的规定,澳门币在内地被视为外币。人民币在澳门也被以外币对待。

澳门货币制度的基本内容包括以下几个方面。

(1)澳门的法定货币是澳门元,简称"澳元"。澳门元缩写为MOP,是不兑现的具有无限法偿能力的货币。其纸币面额有10元、20元、50元、100元、500元及1000元6

种。硬币有1毫、2毫、5毫、1元、2元、5元和10元7种。

(2)澳门元的具体发行工作由获得政府授权的两家商业银行——中国银行澳门分行和大西洋银行办理。

(3)澳元与港元直接挂钩并间接与美元挂钩,实行固定汇率制。澳元的发行必须拥有完全的外币储备,主要是美元和港元。发钞银行必须按1港元兑1.03澳门元的固定汇率,向澳门金融管理局交付等值的港元换取无息负债证明书,作为发钞的法定储备。在100%的储备支持下,金管局保证澳门元对储备货币(港元)的完全兑换,澳门元与港元的联系汇率也因此确立。由于港元与美元挂钩,所以澳门元与美元间接挂钩。

澳门货币制度的特殊性表现在澳门元的流通范围狭窄,多限于日常消费的小额开支。而港元在澳门的货币流通中发挥着重要作用,是大宗交易的计价货币和交换媒介。

(三)台湾地区的货币制度

台湾地区的流通货币是新台币,其英文名称是New Taiwan Dollar,货币代号是TWD或NT＄。新台币于1949年6月15日开始发行,其基本单位是"圆",一般都写成"元"。1元=10角=100分。目前,台湾流通的硬币单位有5角、1元、5元、10元4种,纸币单位有50元、100元、500元和1000元4种。

# 第四节　国际货币制度

国际货币制度是国际货币关系稳定的基础。它是随着国际经济交往的不断发展而产生的。由于商品经济在全世界范围内的发展,所以各国之间的贸易往来、债务清算、资本移动也日趋频繁,最终都要通过货币进行结算和支付。由于各国货币在国际上不具备普遍接受性,于是产生了在国际范围内协调各国货币关系的需求。正是在这一基础上,形成了国际货币制度。而国际货币制度的演变和改革,也反映了国际政治、经济环境的变迁和各国之间在国际金融领域的诸多矛盾和利益冲突。

一、国际货币制度的内涵

国际货币制度又称"国际货币体系",是指各国政府为了解决国际经济交往中对于国际货币,即国际支付手段和国际储备资产的需要,对涉及国际货币流通的各个方面,包括国际支付原则和汇率制度、国际收支的调节机制、国际储备供应与管理等,在国际范围内作出的制度性安排。

国际货币制度比一国国内的货币制度要复杂得多。一国的货币制度是以法律形式确定下来的,因此具有强制性。国际货币制度作为一种实际存在的体系,被世界各国所承认和遵守。但一般来说,国际货币制度的规则、措施对于各国只有一定的制约性,而无强制性,这也是国际货币制度与一国国内货币制度在性质上的最大区别。

国际货币制度可以通过两种方式建立:一种方式是在国际经济往来中自发地产生

一些约定俗成、共同遵守的规则和秩序,逐渐演进而成,如历史上的国际金本位制度;另一种方式则是由各国政府通过广泛的国际协商建立起来,如第二次世界大战后建立的布雷顿森林货币制度。

## 二、国际货币制度的主要内容

国际货币制度是国际经济体系的一个组成部分,其主要功能就是建立稳定的国际货币秩序,保证货币在国际上顺利地发挥世界货币的作用,促进世界经济的发展。因此,国际货币制度主要包括以下四个方面的内容。

### (一)国际收支调节机制

国际收支是各国对外经济活动的系统记录。从世界经济的全局来看,国际收支及其调节问题是国际货币制度的最主要内容。如果国际收支调节机制失灵或不健全,则会使整个国际货币制度失去运行的基础。所以,国际货币制度的首要内容就是确立国际收支调节机制,有效地帮助和促进国际收支不平衡的国家进行调节,同时使各国在国际范围内能够公平地承担国际收支调节的责任。

### (二)汇率和汇率制度

汇率是各国货币之间的比价,它把一国的物价同世界市场价格联系了起来。虽然汇率本身只是货币的价格,但是它却可以影响其他一系列价格,尤其是一系列的相对价格。而这些价格的变动,又直接牵涉各国之间经济利益的再分配。因此,汇率和汇率制度的安排也是国际货币制度的基本内容。

### (三)国际储备体制

各国以什么作为储备的标准,不但取决于各国本身的经济状况,而且取决于国家间的协调。整个国际社会需要多少储备资产,新的储备资产如何供应和创造等,都需要由国际性的规则和制度作出妥善的安排。所以,国际储备体制也是国际货币制度的重要组成部分。

### (四)国际货币事务的协调和管理

因为国际收支的调节、汇率制度安排,以及国际储备体制牵涉不同的国家,而这些国家都有着不同的社会经济条件和特定的政策目标,所以,在国际货币制度中就产生了国际货币事务的协调和管理问题。这种管理的实质就是协调各国的国际货币活动,以及与国际货币活动相关的经济政策。国际货币事务的管理通常要通过国际货币机构和组织进行,其主要方法是制定若干可以被大家共同认可和遵守的规则、惯例或制度。

总之,一个健全、稳定的国际货币体系必须具备以下特征:其一,国际储备的增长必须具备一定的物质基础,国际储备资产的提供必须适度,既不能太多,也不能太少,太多可能会引起全球性的通货膨胀,太少则会引起全球经济的萧条;其二,各国货币的汇率必须相对稳定,否则会影响货币在国家间的顺利流通,并会增加货币流通的成本;其三,国际收支调节的方式必须有效,同时调节的成本要较小,调节的义务要对称。

### 三、国际货币制度的类型

国际货币制度可以按照储备资产的性质和汇率制度的形态划分为不同的类型。国际储备资产按其性质可以划分为实物货币和信用货币。黄金、白银是典型的实物货币，而纸币是信用货币。

根据储备资产的性质可将国际货币体系分三大类：一是纯粹的商品本位，如金币本位制；二是纯粹的信用货币本位，如不兑现的纸币本位制；三是混合货币本位，如金汇兑本位制。

国际货币制度的发展大体经历了从最初的国际金币本位制度到以美元为中心的国际金汇兑本位制，再到目前以美元为主的多元化的纸币本位制度的过程。

国际货币制度的发展也经历了多种形态的汇率制度。虽然可以简单地将其分为固定汇率和浮动汇率两大类型，但永远固定和绝对富有弹性的汇率制度从不曾有过，各国的汇率制度一般都介于两者之间。国际货币制度从汇率制度来看，主要有国际金本位制度下的固定汇率制、布雷顿森林体系下的可调整的钉住汇率制和20世纪70年代后的弹性汇率制。

### 四、国际货币制度的演变

（一）国际金本位制

**1. 国际金本位制的内涵与特点**

金本位制是以一定成色的黄金作为各国本位货币币材，并建立起流通中各种纸币与黄金间固定兑换关系的一种货币制度。国际金本位制就是金本位制的国际化，即在世界主要资本主义国家普遍实行金本位制的一种国际货币制度。

国际金本位制是人类历史上第一个国际货币制度，它是在19世纪70年代至1914年第一次世界大战前各主要资本主义国家普遍实行金本位制的情况下自发形成的。1816年英国颁布了《金本位制度法案》，规定1盎司黄金等于3镑17先令10.5便士，最先采用了金本位制度。随后，其他资本主义国家也纷纷效仿。到19世纪末期，资本主义国家普遍采用金本位制，从而形成了当时的国际货币制度。

金币本位制是金本位制的典型形式。在国际金本位制下，黄金充当各国之间的支付、结算和储备手段，并具有自由兑换、自由铸造和自由输出与输入三大特点：

（1）各国政府都规定以黄金作为本位货币，确定本国铸币的货币单位及含金量。金币具有无限法偿的权利，并能与银行券自由兑换。

（2）金币可以自由铸造、自由熔化。

（3）黄金可以在各国之间自由地输出与输入。

由于金币可以自由兑换，各种价值符号，包括辅币和银行券，就能稳定地代表一定的黄金进行流通，从而保持币值的稳定，不至于发生通货膨胀。因为金币可以自由铸造，所以金币的面值就可以和其所包含的黄金价值保持一致，金币的数量就可以自发地满足商品流通对货币的需要。黄金可以自由地在各国之间输出和输入，它能自动调节国际收支并保证外汇行市的稳定和国际金融市场的统一。所以,国际金本位制是一种比较稳定、比较健全的货币制度。

**2. 国际金本位制的作用**

国际金本位制对当时的世界经济起到了巨大的促进作用。它不但保持了汇率的稳定,促进了各国经济和对外贸易的发展,而且自动调节了各国的国际收支,促进了国际资本的流动。

**3. 国际金本位制的缺陷及解体**

虽然国际金本位制具有很多优点,但是也存在着一些问题。

首先,第一次世界大战前的国际货币体系是金字塔式的格局。英国处于金字塔的顶尖,核心国家处于上层,一般的外围国家处于最底层。英国和核心国家利用其工业强国的优势,向一般外围国家输出商品和资本,黄金流入源源不断,这就动摇了其他国家实行金本位制的物质基础。其次,国际收支逆差导致的黄金流出、货币紧缩,加剧了黄金流出国国内经济的恶化,使其经济陷入严重的萧条。再次,黄金的产量限制了金币的数量,从而制约了货币的数量,无法满足世界经济增长对货币的需要。最后,国际金本位制顺利运行的基础是各国必须遵守金本位制度下"三个自由"(即自由兑换、自由铸造和自由输出与输入)的规则。但是,国际金本位制是自发形成的,并没有一家权威性的国际金融机构对其进行监督,其组织监督体系非常松散。因此,要让各国都做到严格遵守规则是很困难的。

随着世界经济的发展,破坏国际金本位制稳定性的因素也日益增长。而第一次世界大战的爆发使得维持国际金本位制的一些必要条件遭到破坏,国际金本位制宣告结束。

**(二) 布雷顿森林体系**

**1. 布雷顿森林体系的建立**

布雷顿森林体系是第二次世界大战以后建立的以美元为中心的国际货币制度。这一制度的建立,是英美两国在国际金融领域争夺霸权的产物。

第二次世界大战使英美的实力对比发生了根本性改变。英国在战争期间遭受了巨大的创伤,经济受到严重的破坏。与此同时,美国成为世界最大的债权国和经济实力最强的国家,这也为美国战后建立以美元为中心的国际货币制度提供了良好的基础。

1942—1943年,在第二次世界大战战争双方胜负逐渐明朗的时候,英美等国开始反思两次世界大战之间的经济大萧条以及加速"二战"爆发的原因,并考虑重建战后的国际货币制度。1943年4月,英美两国从本国的利益出发,分别提出了新的国际货币制度的方案,即英国的"凯恩斯计划"和美国的"怀特计划"。

在1943年9月至1944年4月间,英美两国政府的代表团进行了激烈的争论。由于战后美国经济实力远远超过英国,最终于1944年4月发表了以"怀特计划"为主、"凯恩斯计划"为辅的《专家关于建立国际货币基金的联合声明》。同年7月,在美国新罕布什尔州的布雷顿森林镇召开了有44个国家参加的"联合国国际货币金融会议",通过了以"怀特计划"为基础的《国际货币基金组织协定》和《国际复兴开发银行协定》,总称《布雷顿森林协定》。该协定的签订标志着战后以美元为中心的国际货币制度的诞生。

**2. 布雷顿森林体系的主要内容及作用**

建立布雷顿森林体系的主要目的是通过建立一种稳定的国际货币制度来促进世界经济的持续发展。其主要内容反映在《国际货币基金组织协定》上,大致如下所述。

(1)建立一个永久性的国际金融机构。根据《布雷顿森林协定》的规定,战后应建立一个永久性的国际金融机构,即国际货币基金组织,来维持国际货币体系的运转。

(2)黄金和美元并重的国际储备体系。布雷顿森林体系以黄金为基础,以美元作为最主要的国际储备货币。美元和黄金之间以 1 盎司黄金＝35 美元的黄金官价相挂钩,各国货币和美元挂钩。

(3)可调整的钉住美元汇率制度。为了克服国际金本位制下汇率制度过于僵化和 20 世纪 30 年代自由浮动汇率制度对国际贸易和投资活动的损害,布雷顿森林体系采取了一种介于两者之间的可调整的钉住美元汇率制。这种汇率制度要求各国货币的汇率钉住美元,一般只能在平价的±1%幅度内波动,各国政府有义务维持这一汇率水平,只有在国际收支发生"根本性不平衡"时,才可以在经过国际货币基金组织统一的前提下,实行货币平价的调整。这种汇率制度结合了固定与弹性汇率的特点,在一般情况下要求稳定,但出现国际收支严重不平衡时又可修改平价。

(4)稀缺货币条款。一国国际收支持续大量顺差,国际货币基金组织可以宣布该国货币为"稀缺货币"。此时,国际货币基金组织可按逆差国的需要实行限额分配,其他成员国可以对"稀缺货币"实行临时性的兑换限制。

布雷顿森林体系对第二次世界大战后世界经济的发展起到了重要的推动作用。在布雷顿森林体系下,美元是储备货币并与黄金挂钩,既保持了储备资产价值的相对稳定,又克服了国际金本位制下黄金作为储备资产不足的弊端,使得国际储备可以随着国际贸易的增长而不断增加,满足了国际贸易结算对于支付手段的需要,促进了国际贸易的发展。各国货币实行可调整的钉住美元汇率制,汇率的波动幅度受到严格的限制,实际汇率相对稳定,从而保证了国际贸易和国际投资活动的顺利开展。而以国际货币基金组织为中心的国际金融组织,在促进国家间的货币合作和建立多边支付体系上也发挥了一定的积极作用。

**3. 布雷顿森林体系的根本缺陷及解体**

(1)布雷顿森林体系的根本缺陷。尽管布雷顿森林体系在战后世界经济的发展中起到了积极的作用,但由于这个体系在最初的设计上就存在着一些根本的缺陷,且随着世界经济的发展,这些缺陷带来的问题也越来越大,从而最终导致了布雷顿森林体系的彻底崩溃。

首先,布雷顿森林体系将一国的主权货币(美元)作为各国的储备资产并与黄金挂钩,使该体系具有内在的不稳定性。具体表现就是美元的信用保证与国际储备资产不断增长的矛盾。布雷顿森林体系要求美国必须承担两项重大责任:一是保证按 35 美元＝1 盎司黄金的官价兑换黄金,维持各国对美元的信心;二是美元作为最主要的国际储备资产(黄金增长的幅度有限),必须随世界经济增长而增加。而这两者之间是相互矛盾的:要维持人们对美元的信心,就应该控制美元的发行,稳定美元的供给;但若控制美元的供给就会影响国际储备资产的增长,从而制约国际贸易的发展。这是一个进退两难的问题,这一问题最早由美国耶鲁大学教授罗伯特·特里芬提出来,所以又被称为"特里芬难题"。

其次,汇率制度过于刚性,国际收支调节机制不健全。虽然在布雷顿森林体系下实行的是可调整的钉住美元汇率制度,但在实际的运转过程中,各个成员国政府往往不愿意变更其环保平价。而国际货币基金组织又无权主动作出调整某一成员国汇率平价的决定,它只能在成员国申请后才能调整。所以,在布雷顿森林体系下的汇率平价的调整是十分罕见的,这也造成了其汇率制度的僵硬。

最后,布雷顿森林体系下国际收支调节的责任不对称。在该体系下,逆差国所承受的经济调整的压力要比顺差国大很多。一国不可能任由其逆差扩大,往往被迫采取措施消除逆差。而顺差国为了不影响国内经济的发展,可以无限制地累积顺差。因此,消除各国国际收支不平衡的责任不得不主要由逆差国承担。但如果顺差国不采取措施消除顺差,逆差国要想消除逆差是非常困难的。

(2)布雷顿森林体系崩溃的过程。布雷顿森林体系的崩溃经历了从美元危机不断爆发到美国带领发达国家进行拯救,再到危机再爆发直至崩溃的过程。

①第一次危机的爆发及其拯救。第一次较大规模的美元危机发生在1960年。在第二次世界大战后10多年的时间里,美国由于通货膨胀的加剧,经济增长过慢,国际收支逐渐恶化,美元大量外流,所以导致国际上出现了"美元泛滥"。到了1960年,美国的对外短期债务已经超过了它的黄金储备,美元的信用发生动摇,终于引发了第一次美元危机。在危机爆发过程中,人们大量抛售美元,国际金融市场极其动荡。危机爆发后,美国要求其他的国家与美国合作来稳定国际金融市场。各主要工业国虽然同美国有些分歧,但危机的爆发会影响到国际货币体系的正常运转,关系各国的切身利益,于是各国通过金融合作的形式来稳定美元。当时所采取的主要措施有:建立"黄金总库",各国之间签订"互惠信贷协议",以及在国际货币基金组织的协调下签订"借款总安排"等。

建立"黄金总库"是1962年12月,美国、英国、前联邦德国、法国、意大利、荷兰、比利时和瑞士8国达成的协议。八国共同出资价值2.7亿美元的黄金建立黄金总库,其中,美国出50%,德、英、法、意各出9.3%,瑞、荷、比各出3.7%,并交由英格兰银行代为管理。其主要目的是维护市场上的黄金官价1盎司黄金=35美元。当金价上升时,在伦敦黄金市场上抛出黄金;当金价下跌时,就买进黄金,以此来稳定金价。

"互惠信贷协议"是以美国为首的15个国家的中央银行之间签订的双边备用信贷协定。当某一成员国的货币受到压力时,它随时可用本国的货币兑换其他国家的货币,来维护汇价以保持外汇市场的稳定。1962年,该协议签订时的总额为117.3亿美元,1973年7月其总额增加为197.8亿美元。

"借款总安排"是由原国际货币基金总裁雅可布逊提出的。他认为一旦美国因发生金融动荡而向国际货币基金组织借款时,基金组织就无法满足其要求。因为在成员国所缴纳的基金份额中,美元占绝大多数,所以基金组织与10个主要工业国(美国、英国、法国、前联邦德国、日本、加拿大、意大利、荷兰、比利时、瑞典)于1961年11月签订借款总安排协议,10个国家的出资总额为60亿美元,用于支持美元汇率稳定。

上述各项方案都是针对在布雷顿森林体系下如果发生美元危机而采取的临时救援措施。其共同点在于通过国际合作以及临时性的资金融通来解决当时的美元危机问题。由于这些措施没有从根本上解决当时布雷顿森林体系下的"特里芬难题",所以只能是治标不治本。

②第二次美元危机及拯救。第二次大规模的美元危机的爆发是在1968年。20世纪60年代,美国对越战争的扩大,使其财政金融状况更加恶化,通货膨胀加剧,美元的对外信用再次受到严峻的挑战。在1968年的美元危机高峰期间,短短的半个小时美国就流失黄金14亿美元。面对如此强大的抛售美元的投机浪潮,"黄金总库"及美国的黄金储备已经变得无能为力。于是1968年3月,美国不得不宣布黄金的市场价格与官价分离,实行"黄金双价制"。黄金双价制的实行意味着以黄金——美元为中心的布雷顿森林体系的局部崩溃。

第二次美元危机的爆发使国际社会一致认识到布雷顿森林体系本身所存在着的无法克服的矛盾。为了摆脱这一困境,经过各国的长期讨论,基金组织于1969年创立了"特别提款权"。发行特别提款权的主要目的既是对黄金的节约,又是对美元的补充,但并不是从根本上替代美元。

黄金双价制的实行及特别提款权的创立在国际货币史上具有重要的意义。黄金双价制的实行意味着由于黄金的增长速度不能满足世界经济发展的需要,在国际货币体系中人为地维持黄金与某种货币的固定比价是行不通的,这样只会带来国际货币体系的混乱。而特别提款权的创立则表示将一个非主权国家的货币作为主要的国际储备货币也是行不通的,各国之间应该加强合作,用国际通货来代替美元履行世界货币的职能。

③第三次美元危机及其拯救。1971年1月,国际货币体系再次遭受到了严峻的考验。由于短期资本的流动急剧变化且规模太大,所以平价体系再也无法维持。1971年5月和7月,美元连续发生危机,形成战后美元的第三次大危机。面对日趋严重的货币危机,美国政府一筹莫展,只得于1971年8月15日宣布实行"新经济政策",其目的是迫使前联邦德国和日本等国实行货币升值,以改善美国的国际收支状况。"新经济政策"的内容主要包括停止美元兑换黄金并征收10%的进口附加税。

美国的"新经济政策"宣布和实施后,本已动荡的国际金融市场雪上加霜。除纽约和东京外,各国的黄金和外汇市场纷纷关闭。1971年8月23日,西欧外汇市场重开,大多数国家的货币实行浮动。国际金融体系的混乱迫使10国集团经过4个月的讨价还价和磋商,于1971年12月18日达成了一项妥协方案。由于该方案是在美国华盛顿特区的史密森研究所签订的,所以又被称为"史密森协议"。其主要内容为:

第一,美元对黄金贬值7.89%,由1盎司黄金兑换35美元上升为38美元;

第二,一些国家的货币对美元升值,其中日元升值16.9%,荷兰盾和比利时法郎各升值11.6%,英镑和法国法郎各升值8.6%,意大利里拉和瑞典克朗各升值7.5%;

第三,各国货币汇率对美元的波动幅度由原来的±1%变为±2.25%;

第四,美国取消10%的进口附加税。

"史密森协议"是对即将崩溃的布雷顿森林体系所作的一种临时的修补。虽然它勉强维持了布雷顿森林体系的固定汇率制,但美元同黄金的可兑换性从此终止。由于"史密森协议"未能解决布雷顿森林体系下的一些根本问题,因而其寿命是非常短暂的。当1973年美元危机再度爆发时,历时近30年的布雷顿森林体系终于彻底崩溃。

(三)国际货币制度的改革

**1. 关于国际货币制度改革的建议**

布雷顿森林体系下美元危机的频繁爆发,迫使国际经济界对该体系进行重新审视并提出种种修改方案。具体方案有很多,主要可归纳为国际储备货币和汇率制度两大类。

(1)关于国际储备货币方面的改革方案

①恢复金本位制。此方案是由法国经济学家吕埃夫提出的。他主张将黄金价格提高2倍以上,以便美国用黄金兑换各国所持有的美元,然后各国国际收支的差额全部用黄金来结算。金价的提高将会刺激黄金的生产,从而保证全球国际储备的适度增长,不至于发生国际清偿能力短缺的问题。但这种方案在实际操作中非常困难。另外,世界黄金的储藏量有一定的限度,大部分新增黄金都流入了工业及装饰行业,充作货币用的黄金非常有限,黄金供不应求的情况越来越严重,所以,恢复国际金本位制度是不现实的。

②改组国际货币基金组织,使之成为世界性的中央银行。这一方案由美国经济学家特里芬提出。这个计划基本上是以1943年的"凯恩斯计划"为蓝本,其主要内容是:降低黄金在世界货币制度中的作用;建立世界性的中央银行,逐步集中各国的黄金储备,会员国将其持有的20%的黄金和全部的外汇存入中央银行;用一种国际货币来替代美元,克服因将一个主权国家的货币作为主要的国际储备资产所带来的困难。由于这一方案取消了美元的特权地位,所以遭到美国的强烈反对而未能实施。

③世界美元本位制。美国学者金德伯格、麦金农和德斯普鲁斯建议实行世界美元本位制,即美元与黄金脱钩,让市场来决定世界各国美元量的增长。美国在国内实行稳定的财政货币政策。一国若想增加美元的持有量,就应对美元贬值,反之,若想减少美元的持有量,则应对美元升值。该提案完全站在美国的立场上,不符合世界绝大多数国家的利益。

④多种储备体系。瑞士经济学家拉兹主张扩大国际金汇兑本位制,把前联邦德国马克、瑞士法郎等硬通货作为新的关键货币,同时各国的中央银行密切合作,以保证各种储备资产在比率上能够互相配合,使整个货币制度的发展不会因为国际收支结构的变化而遭到破坏。

(2)关于汇率制度的改革建议

①浮动汇率制。考虑到布雷顿森林体系下汇率的刚性,很多学者,比如美国的弗里德曼、索门以及约翰逊,他们主张实行浮动汇率制。浮动汇率制与固定汇率制相比具有很多优点,比如不需要以牺牲国内的经济发展为代价来保持国际收支的平衡,可以阻止

美元通货膨胀的国际传递,以及有利于自由竞争和国际贸易的发展等。

②弹性钉住汇率制。英国学者威廉姆逊建议实行弹性钉住汇率制度。这种制度介于固定汇率和浮动汇率之间,其具体形式多种多样,各国尤其是发展中国家可以根据自身的经济发展状况选择这种汇率制度。

③复合汇率制。美国学者马克鲁普和哈伯勒提议实行复合汇率制。所谓"复合汇率制"就是多种汇率制,即一国根据自己的情况选择恰当的汇率制度,具体的形式可以是固定的,也可以是浮动的,或是介于两者之间的汇率制度。

④目标汇率区。该方案最早由英国学者威廉提出,1991年美国学者克鲁格曼将其完善为一种汇率理论。其主要观点是实行目标汇率区的国家首先确定一个均衡的基础汇率,然后再确定一个可以波动的幅度,一旦实际汇率波动幅度超出最高限,一国政府就应采取各种政策(最主要是货币政策)进行干预,使其回到目标汇率区内。目标汇率区的类型多种多样,该方案的主要优点在于它兼有固定汇率和浮动汇率的优点。

**2. 国际货币制度改革的过程**

国际货币制度的改革最早可追溯到特别提款权产生的过程。自从1960年美国学者特里芬发表了《黄金和美元危机》后,货币改革问题就在学术界引起了热烈的讨论。后来,基金组织和"十国集团"于1963年开始了有关的研究。1964年8月,"十国集团"建立了以意大利代表奥索拉为首的研究小组,该小组于1965年8月提出了"建立新的储备资产的报告"。几经讨论和修改,最终于1968年4月正式通过了建立特别提款权的决议。决议通过后,对《国际货币基金协议》进行第一次修订,增加了特别提款权条款。1969年,该修正案正式生效,特别提款权也正式建立。

国际货币制度改革的第二个阶段是从1971年底"史密森协定"的签订开始,一直到基金组织协定的第二次修正案和"牙买加协议"的签订为止,历时大约4年。在此期间,布雷顿森林体系发生崩溃,国际金融形势十分动荡,国际货币体系的改革艰难曲折。"史密森协定"未能从根本上解决国际货币制度所存在的问题,因此1972年9月,基金组织决定在其理事会下成立一个"国际货币体系改革及有关问题专门委员会"(简称"二十委员会")来进一步研究国际货币制度改革及有关问题。二十国委员会针对国际清偿能力及本位货币、汇率及国际收支调节机制以及有关特别提款权的联系及发展问题进行了广泛的研究,于1974年6月向基金组织递交了《第一次改革大纲》报告。该报告分为三个部分:第一部分反映了有关国际货币体系发展的方向,第二部分列出了委员会一致同意应采取的步骤,第三部分列出了委员会讨论中尚有分歧的10个方面的问题。

《第一次改革大纲》描绘了国际货币制度的大致演进方向和为达此目的而应立即采取的具体措施,第一次正式承认了发展中国家在国际货币改革中的特殊利益,强调了布雷顿森林体系崩溃以后成员国进行国际货币合作的重要性。《第一次改革大纲》在国际货币改革史上具有重要地位。

**3. 国际货币制度改革的结果**

国际货币制度改革所取得的成果主要包括两项内容:一是特别提款权,二是牙买加协议。

(1)特别提款权。特别提款权的创立在现代国际货币史上具有极其重要的意义。在布雷顿森林体系下,美元作为最主要的国际储备货币与黄金挂钩导致了无法解决的"特里芬难题",使美元危机不断爆发。特别提款权的建立正是为了解决这一难题。

特别提款权是基金组织根据其会员国的份额分配的,可用于归还基金组织贷款和会员国政府之间进行国际收支偿付的一种账面资产,又被称为"纸黄金"。特别提款权跟一般的储备资产相比,不具备内在价值,只是一种人为的账面资产。而且,它是由基金组织按各国的份额进行分配的,只适用于基金组织及各国政府。

特别提款权刚创立时其价值是用黄金来定值的,一个特别提款权的含金量为 0.888671 克,与贬值前的 1 美元等值。1974 年,特别提款权的定值与黄金脱钩,改用一篮子 16 种货币作为定值标准。1980 年 9 月 18 日起,又改用美元、英镑、法郎、日元及前联邦德国马克进行定值,并每隔 5 年调整一次。2015 年 11 月 30 日,国际货币基金组织正式宣布人民币 2016 年 10 月 1 日加入特别提款权。2016 年 10 月 1 日,特别提款权的价值由美元、欧元、人民币、日元、英镑这 5 种货币所构成的"一篮子"货币的当期汇率确定,所占权重分别为 41.73%、30.93%、10.92%、8.33% 和 8.09%。

迄今为止,国际货币基金组织一共进行了两次约 214 亿特别提款权的分配。第一次是在 1970—1972 年,共 93.148 亿特别提款权。第二次是在 1979—1981 年,共 121.182 亿特别提款权。特别提款权在创立之初只是作为美元的补充,所以它的第一期的发行数量只有 93.148 亿特别提款权。1973 年布雷顿森林体系崩溃之后,国际上一度主张将特别提款权作为最主要的储备资产,并在 1979—1981 年进行了第二期 121.182 亿的分配工作。但是,一直到现在,特别提款权也没能替代美元成为各国最主要的储备资产,究其原因,主要在于以下几个方面。

①储备资产的性质问题。作为一种国际储备,它应具有真实的价值而不是虚拟的价值。而特别提款权仅仅是一种虚构的国际清偿能力,没有坚实的物质基础。它既不像黄金那样本身具有价值,又不像美元以一个国家的经济实力作后盾,因而不能成为最后的国际支付手段和真正的国际货币。

②美国的态度问题。特别提款权代替美元作为国际储备货币可以缓解美元的压力,但美国又想尽力保持美元的国际地位。一旦美元的压力减轻,美国就对特别提款权采取种种限制措施。这主要表现在特别提款权总共才发行两期,总份额才 214 亿特别提款权。1995 年第三次特别提款权的分配因为以美国为首的发达国家的反对而未能进行。

③分配不合理问题。特别提款权是按照会员国在基金组织中所占的份额进行分配的,很明显具有很大的不合理性。最初所有发展中国家只得到 1/4 的分配额,而美国分配的数额为 23%。

④发行数量问题。特别提款权的数量相对于各国外汇储备数量来说太少,只占 4.5%。在大量的美元未清理之前,不可能发行大量的特别提款权。

⑤使用范围问题。虽然国际货币基金组织希望扩大特别提款权的使用范围,并将其扩展到一些私人领域并用特别提款权计值来发行债券,但由于涉及货币数量及货币

政策等问题,绝大多数国家不同意使用特别提款权。

另外,特别提款权发行后引起的下列两个问题的广泛争论也是特别提款权未能成为最主要的国际储备货币的重要原因。

一是替换账户问题。替换账户是指基金组织开设一个特别提款权存款账户,各国将各自"过剩"的美元按特别提款权与美元的比价折成特别提款权后存入该账户,各国的美元储备变为特别提款权储备,而基金组织则将集中的美元投资于美国的证券,这部分美元重新回到美国。开设替换账户的主要目的是用特别提款权替代日益泛滥的美元,使其成为世界上最主要的储备资产,但最后由于美国持反对态度以及操作困难而被束之高阁。

二是"联系"问题。"联系"问题即特别提款权分配与发展相联系方案,是指基金组织把新创造的特别提款权通过一些方法重点向发展中国家转移。其方法主要包括：直接分配给需要援助的发展中国家；转拨给多边开发机构,然后由多边开发机构援助给发展中国家；仍然按基金的份额进行分配,然后发达国家把分配到的特别提款权以"自愿"的方式转赠给发展中国家。所有发展中国家和部分发达国家的经济学家都是联系制方案的积极赞成者,但联系制方案也遭到一些经济学家特别是美国经济学家的反对。由于争论太多,所以到目前为止,该方案仍未被基金组织采纳。

(2)牙买加协议。1976年1月,国际货币改革临时委员会在牙买加的首都金斯敦召开了国际货币改革会议。这次会议对各国关心的历史遗留问题进行了根本的解决并对以后国际货币制度的发展方向作了明确的说明,同时签订了《牙买加协议》。其具体内容如下所述。

①黄金的非货币化。在此之前,各国的货币都有法定的含金量,黄金与货币之间具有必然的联系。《牙买加协议》废除了黄金条款,实行"黄金非货币化",也就是使黄金与货币完全脱离联系,成为一种单纯的商品,各个会员国的中央银行可以按照市价自由进行黄金交易活动,取消了会员国之间及会员国与基金组织之间须用黄金支付的义务。在国际货币基金组织持有的黄金总额中,按市场价格出售1/6,超过官价的部分用于建立"信托基金",援助发展中国家。另外1/6按官价归还给会员国,剩余部分今后根据总投票的85%作出的决议进行处理。

②汇率的多样化。各会员国可以根据自身经济发展的状况选择多样化的汇率制度,既可以选择固定汇率制,也可以选择浮动汇率制,或者其他形式的汇率安排。但各会员国应该与基金组织合作,保证有秩序的汇率安排和促进汇率制度的稳定。基金组织要对会员国的汇率政策进行监督,缩小波动的幅度,使汇率符合各国长期经济状况,不允许会员国通过操纵汇率来阻止对国际收支进行有效的调节,或者获得不公平的竞争利益。客观上,基金组织还有权要求会员国解释他们的汇率政策,并推行适当的国内经济政策,来促进汇率体系的稳定。

③扩大特别提款权的作用。在未来的货币体系中,各会员国应以特别提款权作为最主要的储备资产,也就是把美元本位改为特别提款权本位。参加特别提款权账户的国家可以用特别提款权来偿还基金组织的借款,各会员国也可以用特别提款权来进行借贷。

④扩大会员国的份额。根据当时各国经济发展的状况重新修订份额,由原来的292亿特别提款权扩大到380亿特别提款权。另外,在增加份额的同时,各国的份额比例也有所调整,前联邦德国、日本及某些发展中国家的份额比例有所扩大,而美国的比例则略有减少。

⑤增加向发展中国家的资金融通。以出售黄金所得的收入成立"信托基金",用于援助发展中国家。同时,国际货币基金组织扩大使用贷款部分的总额,由占会员国份额的100%增加到145%,并放宽"出国波动补偿贷款"额度,由50%提高到75%。

《牙买加协议》是在保留和加强国际货币基金组织作用的前提下对布雷顿森林体系的一种改革,其改革的主要内容集中在黄金、汇率及特别提款权这三点上。根据《牙买加协议》,国际货币基金组织的执行董事会在1976年3月完成IMF的修改草案,送交理事会作书面表决。同年4月,国际货币基金组织通过了《国际货币基金协定第二次修正案》。1978年4月1日,该修正案正式生效。

(四)现行国际货币制度

自1978年4月1日《牙买加协议》生效后,国际货币体系便进入了所谓的"牙买加体系",即现行的国际货币制度阶段。

**1. 现行的国际货币制度的特点**

跟以往的体系相比,现行的国际货币制度具有一些新的特点。

(1)储备资产的多元化。自从1973年美元彻底脱离黄金以来,国际储备资产的构成就出现了分散化的趋势,形成了目前多元化的储备局面。在所有的国际储备中,外汇储备的比例接近90%,而黄金、特别提款权和国际货币基金组织会员国的储备头寸为10%。但在多元化国际储备中美元仍然是最主要的储备货币。

(2)汇率弹性化。从1973年以后,各国普遍实行弹性汇率制。国际货币基金组织根据弹性的程度将当前各国的汇率制度分为三类:第一类是钉住汇率制,其中又分为钉住单一货币和钉住一篮子货币两种;第二类是相对于某种或某组货币具有有限的灵活性的汇率,其中又分为相对一种货币的有限灵活和合作安排两种;第三类是较大灵活性的汇率,其中又分为根据一套指标调整、管理浮动和自由浮动三种。大部分发展中国家实行钉住汇率制,欠发达的发展中国家常常采用钉住单一货币,另外一些新兴的工业国通常采用管理浮动,而绝大多数的发达国家则采用自由浮动。

(3)国际收支调节方式多样化。现行国际货币制度中的国际收支调节方式跟以往相比具有多样化的特点。一国的国际收支不平衡可以通过汇率机制、利率机制、国内经济政策(主要包括货币财政政策及直接管制政策)、国际金融市场融资、国际金融机构的调节及国际货币合作等多种方式进行调节。一国可以根据自身的状况来选择成本最小、效率最高的调节方式。

**2. 现行国际货币制度的困境**

1980年以来,国际性的金融危机一轮接着一轮。1990年以后,危机的爆发更出现了加速化的趋势,1997年亚洲金融危机的影响程度已远远超过以前。深层次探求近年来金融危机爆发频繁的原因,不难发现现行的国际货币制度不完善是一个重要的因素。

现行的国际货币制度已远远滞后于世界经济的发展。

(1)国际储备体系的问题。布雷顿森林体系有关国际储备的许多缺陷和矛盾在当今并没有得到解决,而是变得更加复杂和难以管理。

首先,"特里芬难题"依然存在。布雷顿森林体系崩溃后,美元失去垄断储备货币的资格,国际储备出现了多元化趋势。但在多元化国际储备中,美元仍然是最主要的储备货币,目前美元在国际外汇储备总量中约占56%,在国际贸易结算中大约60%仍然使用美元。储备货币多元化并不能完全解决信心与清偿能力互相矛盾这一"特里芬难题",只是使其暂时缓解而已。

其次,多元化的储备货币体系更易产生金融动荡。以美元为主的多元化储备体系,不但对国际货币的稳定没有丝毫的帮助,反而使得国际储备资产的管理更加复杂,国际金融局面更容易产生动荡。在国际储备货币多元化以后,需要从过去对一种主要货币的关注转变为对多种货币的关注,并且要密切注意和研究各个主要储备货币之间的汇率变动及其发展趋势,这使得各国储备资产的管理更加复杂。另外,由于储备货币多元化,储备货币的发行国一般都是根据其国内经济的需要和货币流通状况来确定各自的经济政策,而不关心国际金融市场是否稳定。储备货币发行国所实行的多样化的甚至是相互矛盾的经济政策,必然会引起国际金融市场的动荡。

最后,多元化国际储备的发行更易泡沫化。近年来,由于金融自由化使各国金融市场紧密联系在一起,各国面临着强大的国际游资的冲击。大量的短期资金加快了国际信贷的扩张和资金的周转,使储备货币流向非储备货币发行国,而储备货币发行国又脱离本国实际经济发展的需要而滥发货币,从而形成全球国际储备的泡沫化。这种国际储备的泡沫对世界经济的发展影响巨大,很容易造成全球金融市场的动荡以及世界性的通货膨胀。

(2)国际汇率制度的问题。当前多元化的国际汇率制度的安排也存在严重的问题。

经济发展对固定汇率制的渴望与市场对浮动汇率制的要求相矛盾。任何一个渴望经济发展、国际贸易和国际投资扩大的国家,都希望有比较稳定的汇率,以便于减轻和防范汇率风险。尤其是发展中国家,由于大多数发展中国家推行外向型经济发展模式,对国际市场的依赖程度更高,因此,固定汇率制或相对稳定的联系汇率成为发展中国家理想的选择。但是,市场经济规律客观上要求任何交易的价格都应该由市场决定,或者人为确定的交易价格应能反映市场基本行情,并根据市场的变化进行适时调整。汇率的确定也应反映市场规律的要求,依外汇市场的供需变化而弹性化。这样,实际的汇率选择就变得非常困难,如果处理不好,就可能会出现金融动荡。

1996年亚洲金融危机爆发前,东南亚各国大多实行钉住美元的联系汇率制。这种制度的最大优点是汇率变动较少,对各国国际贸易和国际投资活动的开展非常有利。但长期地、人为地固定而不根据市场的实际进行调整,就会使本国货币的汇率处于高估或低估的状况,其结果必然会形成大面积的金融动荡。

弹性化的国际汇率机制使外汇市场动荡频繁,汇率风险日益加大。这主要表现在以下三个方面:第一,在弹性的汇率制度下,汇率波动频繁而急剧,因而国际贸易和国际金融市场受到严重影响;第二,弹性的汇率制度更易加剧世界性的通货膨胀,因为弹性汇率总的来说提高了世界各国的物价,使 IMF 对国际储备的控制削弱了,一些国家可以无限制地继续实行通货膨胀政策,而不必考虑国际支付问题;第三,弹性汇率的经常变动,不仅影响对外贸易和资本流动,而且使发展中国家外汇储备中的外债问题也变得复杂化。

(3)国际收支调节机制的问题。近年来,各国国际收支不平衡不断扩大。这表明,虽然在现行国际货币制度下,一国国际收支不平衡的调节方式很多,但在调节国际收支方面缺乏效率,而且布雷顿森林体系下国际收支调节责任的不对称在当今仍然存在。由于当前国际货币无序而缺乏强制力,所以国际收支不平衡调节的责任实际上都落在了逆差国或者非储备货币发行国的头上,而顺差国或储备货币发行国则可以袖手旁观。另外,储备货币发行国可以通过发行储备货币的方式来解决本国的逆差,而非储备货币发行国则必须被迫采取各种调整措施。

(4)国际货币管理机构的问题。第二次世界大战以后建立的国际货币基金组织已经明显不能适应当今世界经济发展的要求。虽说在国际货币基金组织的主持下,国际上成功地扼制住了1982年的发展中国家的债务危机,但在1990年以后的几次国际金融危机救援中,国际货币基金组织的作用可以说是微乎其微的。目前,国际货币基金组织主要存在着下列重大问题:一是受美国等少数发达国家的操纵,不能正确维护发展中国家的利益;二是发放贷款的资金严重不足;三是资金的分配极不合理;四是对国际储备的泡沫毫无办法;五是对国际游资的监控无能为力等。

**3. 现行国际货币制度发展的前景**

鉴于国际性的金融危机不断爆发,现行的国际货币制度必须改革。自1980年以来,世界各国曾多次呼吁召开世界货币会议,改革不合理的现行国际货币体制。然而,从目前情况来看,现行国际货币制度的改革十分复杂,各国间有很大的意见分歧。发展中国家主张进行根本的改革,而美国和其他的一些发达国家则主张作一些局部的调整。从目前的世界经济发展实际状况来看,国际货币制度必须全面改革,不能修修补补。但国际货币制度改革的复杂情形表明它只能是一个渐进过程,不能一蹴而就。另外,国际社会对现行国际货币制度的改革始终没有一个总体方案及长远的目标,这也是目前各国领导人和学术界急需解决的一个难题。在改革过程中,各国利益的冲突及各国经济主权的问题使现行国际货币制度的改革难上加难。国际货币金融形势在1990年以来已发生重大变化,原来的机构和规定已经过时,不能适应新的情况,需要进行全面改革。但对今后国际货币制度蓝图的设计,必须使其能够保持世界经济的繁荣和持续增长,消除广大发展中国家债务恶化及金融危机爆发的隐患,同时还要处理好金融自由化与国际金融监管等一系列问题。因此,现行国际货币制度的改革任重道远。

**五、欧洲货币一体化**

(一)货币一体化及区域货币一体化的特征

世界经济一体化的趋势从20世纪50年代末开始不断加强。在世界经济一体化的过程中,出现了货币一体化。货币一体化是指若干国家的货币当局通过政策协调、建立国际金融机构以及签订国际协议等方式,在国际货币领域加强合作的过程。但是,全球货币一体化只是远景,目前已经取得较好成效的是区域货币一体化。区域货币一体化是指一定地区内的有关国家和地区在货币金融领域中实行协调与合作,形成统一体,并最终实现一个统一的货币体系。

为了实现区域货币一体化的目标,参与合作的国家通常会组建区域性的货币联盟。区域性货币联盟主要有三点特征:一是汇率统一,即成员国之间实行固定的汇率制度,对外则逐步实现统一的汇率,但只具有这一特征的货币联盟是一种松散的联盟;二是货币统一,即发行单一的共同货币,它可以不受限制地在成员国之间使用;三是货币管理机构和货币政策统一,即建立一个中央货币机关,由这个机关保存各个成员国的国际储备,发行它们共同的货币,决定联盟内的货币政策等。具备了这两个特征的货币联盟是一种紧密的货币联盟,其货币一体化也已达到了高级阶段。

(二)欧洲货币一体化的进程

欧洲货币一体化是布雷顿森林体系崩溃之后国际上货币合作的典范,它的发展大体经历了四个阶段。

**1. 1957—1971 年的货币合作萌芽阶段**

1957 年 3 月,欧洲 6 国于罗马签订了《欧洲共同体条约》,亦称《罗马条约》。该条约涉及货币合作的内容,如在成员国国际收支面临困难时,由欧洲货币委员会提出建议并予以帮助;对成员国之间的国际资本流动制定有助于其自由流动的游戏规则;协调成员国的货币政策与汇率政策,并提出建立经济与货币联盟的设想;规定欧洲中央银行建立的程序与运作方式等。

在此阶段,欧洲货币一体化大体停留在一般的政策协调方面,实际进展不大。汇率的固定应归功于布雷顿森林体系。欧共体的一体化重点在于建立关税同盟和实施共同的农业政策。

**2. 1972—1978 年的联合浮动时期**

在 1969 年年底的海牙首脑会议上,欧共体决定起草经济与货币联盟的计划。该计划于 1971 年通过。1972 年,欧共体 6 国达成联合浮动协议,这是这一时期欧洲货币一体化的首要成果。1973 年 4 月,欧洲货币合作基金建立,主要向国际收支逆差成员国提供资金融通。1974 年创立了与一篮子货币挂钩的欧洲计算单位,用于欧共体中央银行间的清算结算和汇率机制中的定值标准。欧共体国家经济一体化程度的加深使货币合作取得了一定进展。

但是,欧洲货币一体化进程并不顺利,如英国、意大利、法国以及爱尔兰、挪威等都曾退出过联合浮动。其他一些设想,如欧洲货币合作基金向欧洲中央银行发展,也未能实现。在此期间,布雷顿森林体系崩溃、石油危机以及 20 世纪 70 年代的金融危机,都在客观上阻碍了欧洲货币一体化的进程。

**3. 1979—1998 年的欧洲货币体系时期**

欧共体 9 国首脑于 1978 年在布鲁塞尔达成协议,于 1979 年建立欧洲货币体系。

它主要包括以下三项内容：

(1)创建欧洲货币单位。它是由欧共体各国货币组成的一篮子货币。各种货币的权数取决于该成员国在集团内贸易所占的比重及其国民生产总值规模,每5年调整一次。它按照各成员国缴纳黄金和外汇换取欧洲货币单位的特殊程序发行。它的作用是：第一,作为规定各成员国货币平价网的基准；第二,作为成员国货币当局之间的清算手段和结算工具；第三,作为可干预外汇市场的新型国际储备资产。欧洲货币单位是在欧洲计算单位基础上发展起来的,它与后者的主要区别在于它不仅是计算标准,而且有贮藏手段的职能。

(2)建立汇率机制。该汇率机制要求每一个汇率机制参加国定出该国货币与欧洲货币单位之间的固定比价,也称"中心汇率"。当市场汇率偏离中心汇率2.25%时,各国中央银行要出面干预外汇市场。除了这种强制性的边际干预,汇率机制还允许成员国进行非强制性的边际内干预。这种边际内干预在汇率达到差异界线时进行。

(3)建立欧洲货币基金。它集中欧共体9国20%的黄金外汇储备,拥有远远高于原欧洲货币合作基金的实力。它可向国际收支逆差的成员国提供更多的信贷支持,曾在短期内动用500亿美元大规模地干预外汇市场,有效地维护了汇率机制的运行。

**4.1999年至今的欧盟单一货币时期**

1991年12月,欧共体成员国在荷兰马斯特里赫特签署《经济与货币联盟条约》和《政治联盟条约》,合称《欧洲联盟条约》,又称《马斯特里赫特条约》,即《马约》。《马约》的主要内容是：于1993年11月1日建立欧洲联盟,实行共同的安全和外交政策；从1999年1月1日起,开始实施欧洲单一货币计划。

欧盟的建立是人类在政治行为上的一个创举,它也表明货币的统一需要起码的政治条件。马约为单一货币规定了3个阶段的货币一体化计划。它要求成员国在1993年年底前全部加入汇率机制；在1997年建立作为欧洲中央银行前身的欧洲货币局；1999年1月1日前发行单一货币——欧元。

马约还规定了成员国加入欧洲经济与货币联盟的四条标准：第一,通货膨胀率不得高出3个表现最好国家平均水平的1.5%；第二,当年财政赤字不得超过GDP的3%,累积公债不得超过GDP的60%；第三,政府长期债券利率不得超过3个最低水平国家平均数的2%；第四,前2年未调整中心汇率且汇率保持稳定。

1999年1月1日欧元正式启动,但在2002年之前,它只是以非现金形式进行流通。2002年上半年,欧元现金进入流通。2002年7月1日,欧元区11国各自的货币退出流通。

**(三)欧元对世界经济的影响**

欧元自启动以来运行状况良好。单一货币消除了外汇风险以及为防范外汇风险所进行的套期保值成本,增强了经济透明度和市场竞争,促进了欧盟尤其是欧元区成员国之间的贸易和投资。欧洲中央银行基本达到了其稳定目标。欧洲货币联盟总体加强了财政预算约束。在金融市场上,欧元作为经济结构改变的一体化发动机和催化剂发挥了作用。事实上,欧元的启动不仅对欧盟的发展产生了积极的推动作用,还对国际货币体系和国际金融市场产生了广泛的影响。

**1. 欧元的启动使国际储备体系结构发生了重大变化**

欧元将成为可与美元相抗衡的世界主要的贸易、投资和储备货币之一。从欧元所赖以支持的经济体的相对实力及其在世界贸易中所占的份额等角度看,欧元将会成为国际货币体系内相当有竞争力的世界货币。随着欧洲一体化进程的加快和欧洲统一资本市场的形成,人们对欧元的信心将有所增强,这将大大提高欧元作为国际储备货币的地位和作用。此外,欧元流通后,世界贸易中的一部分就可能转用欧元计价和结算,从而打破美元垄断世界贸易的局面。

当然,由于欧元区自身尚存在的一些问题,再加上国际金融市场上惯性的力量不可低估,欧元在国际货币体系中作用的发挥受到一定程度的限制。可以预测,美元仍将保持在国际货币体系中的主导地位。但欧元的产生将逐渐缩小美国与欧洲国家之间现存的货币差距,欧元将逐步成为国际上最重要的储备货币、金融投资货币和贸易结算货币之一。

**2. 欧元对国际金融市场产生了重大而深远的影响**

(1)增强了欧盟平衡国际金融市场震荡的能力,有助于国际金融市场的稳定。欧盟统一货币的实行,各成员国的经济趋同,避免或减少了货币动荡对经济产生的负面影响,消除了汇率风险,免除了兑换费用,促进了成员国经济发展和创造了就业机会,从而使欧盟在国际经济格局中的地位明显增强。

(2)扩大了欧洲资本市场的市场容量和流动性。欧元实施之后,欧元区内各国债券流通范围窄、市场容量小的状况将会大为改观。

(3)加剧了银行业的竞争。货币统一和利率趋同打破了一个国家对银行业的垄断,银行在费用结构和利率水平方面的透明度和可比性的提高促进了银行业的趋同,从而导致欧盟各国银行业务的整合和并购。另外,单一货币将改变金融机构竞争优势来源,价格和产品差别竞争将逐渐取代分行网络竞争。

(4)促使欧洲现有国际金融中心格局作出调整。以德、法为主的欧元区将对英国的金融业地位形成挑战和压力。欧洲中央银行设于法兰克福,欧元的推行使其作为金融中心的地位不断提高,伦敦、苏黎世的欧洲金融中心地位将受到削弱。从长期来看,它还将对纽约的国际金融中心地位产生重大影响。

(5)欧元的诞生促进了国际金融一体化的发展。欧洲货币一体化的逐步深入,使欧盟更具实力和典型性,这种成绩不仅会吸引欧盟国家,而且会鼓励那些国情差不多、经济潜力相近的国家之间实现次地区级的货币一体化。

在看到欧元积极作用的同时,我们也应注意到欧元和欧元区还存在很多问题,并面临着多方面的挑战。比如,在统一的货币政策和汇率政策下,欧盟各国的通货膨胀率和经济增长率的差异性仍在增加,欧元的引入加剧了银行业的竞争,也导致了一系列结构性的变化;政治一体化滞后因素阻碍了金融的一体化;各国的利益不平衡等。但是,一个统一的、强大的欧洲联盟建立后,将带来巨大的政治、经济利益以及放弃联合将产生的严重后果,必将使欧盟各国有足够的动力来维持并改进欧元区成员国之间的相互合作关系,以共同维护其统一货币——欧元;欧盟的成功也必将会对其他货币联盟产生积极的示范作用。

很多学者预言,世界货币的最终统一将建立在几大区域性国际货币基础之上,并且在广泛的国际协调上和制度框架内执行世界货币的职能。因此,国际货币体系的改革进程将会和区域国际货币一体化的发展进程相交织,并最终创造出一种较完善的世界货币。这也是未来国际货币体系发展演变的趋势。

## 关键术语

货币制度  金银复本位制  劣币驱逐良币  金币本位制  金块本位制
金汇兑本位制  不兑现的信用货币制度  国际货币制度  布雷顿森林体系
特别提款权  特里芬难题

## 复习思考题

1. 什么是货币制度?货币制度的构成要素有哪些?
2. 简述本位币与辅币的区别。
3. 简述货币本位制度的演变过程。
4. 为什么金银复本位制是一种不稳定的货币制度?
5. 为什么说金块本位制和金汇兑本位制是残缺不全的、变相的金本位制?
6. 不兑现的信用货币制度有何特点?
7. 试述人民币制度的基本内容。
8. 什么是国际货币制度?其主要内容包括哪些?
9. 布雷顿森林体系的主要内容是什么?它所存在的主要问题是什么?
10. 现行的国际货币制度存在哪些问题?你认为国际货币制度的改革前景如何?

拓展阅读

# 第三章

# 信 用

**本章提要**

现代经济是信用经济。本章主要介绍信用的内涵及其特征;信用的产生和发展;商业信用、银行信用、国家信用、消费信用和其他信用形式的内涵、作用及特点;信用的经济功能及其对经济发展的影响。

## 第一节　信用概述

### 一、信用的内涵及其特征

信用内涵丰富。从其来源来看,信用最早是属于伦理学范畴的概念。信用是参与社会活动的当事人之间建立的以诚实守信为道德基础的践约行为,是一种道德约束准则。随着商品生产和交换的发展,信用被越来越多地应用到经济活动中,而信用的含义也被扩展了。

信用是指以还本付息为条件的一种借贷行为,是商品或货币不发生所有权变化的价值单方面的转移。这种借贷行为一般表现为商品或货币的所有者将商品或货币暂时转让给使用者,在约定的时间到期时,由商品或货币的使用者向其所有者如数归还并支付相应的利息。借贷过程包括两个主体:一方是商品或货币的贷出者即授信者(债权人),另一方则是商品或货币的借入者即受信者(债务人),两者形成一种债权债务关系。

信用具有以下几点特征。

(一)信用表现的是一种债权债务关系

信用关系是一种借贷行为,它包括借方和贷方两方当事人,借方是需要商品或货币的一方,而贷方是拥有商品或货币的一方。在借贷行为中,商品或货币的所有者因暂时让渡商品或货币的使用权而成为债权人,商品或货币的需求者成为债务人。这种债权债务关系是一种最基本、最普遍的经济关系,它存在于经济社会中的各个行业。

(二)信用是以还本付息为条件的借贷行为

信用不是一种无偿的借贷行为,而是有条件的借贷行为,债权人与债务人一旦确立信用关系,债务人就必须承担到期偿还本金并支付利息的义务,而债权人就拥有收回本息的权利。这是信用最基本的特征。

(三)信用是一种特殊的价值运动形式

价值运动的一般形式是通过商品的买卖来实现的。在商品的买卖过程中,买卖双方实现的是等价交换,即商品的所有者出售具有一定使用价值的商品的使用权和所有权,获得对等货币的使用权和所有权,而商品的购买者让渡货币的使用权和所有权来换回相应商品的使用权和所有权。在信用活动中,一方面,商品或货币的所有者只是暂时让渡自己商品或货币的使用权,仍保留对商品或货币的所有权;另一方面,商品或货币的所有者并没有获得相应的货币,只是和使用者签订一份契约,双方约定到期时由债务人向债权人支付本金和利息,这并不像普通商品的买卖行为已经结束,而是直到债务人偿还所欠的款项后,信用关系才真正意义上结束了。因此,在信用活动中,等价交换的只是商品或货币的使用权,是价值单方面的转移,是一种特殊的价值运动形式。

### (四)信用交易双方是以相互信任为基础,自愿签订协议

信用关系必须是在债权人与债务人彼此相互信任的条件下才能得以确立,否则信用关系是无法建立起来的,即使建立也无法长久持续下去。市场经济中的交易行为是市场交易主体基于自身利益的考虑,以自愿的意志,通过签订契约的方式进行的。签订契约的目的既在于保护自己的基本权利,又表示尊重交易对象的基本权利,而契约的最终目的是保证市场秩序的稳定。

## 二、信用的产生与发展

### (一)信用的产生

信用的产生与商品生产、商品交换以及货币经济的发展,特别是货币支付手段职能有着密切的联系。最早的信用关系产生于原始社会末期,由于生产力的不断发展,社会分工的出现,有了剩余的劳动产品,商品交换成为人们生活中的一种常见的现象。这种现象加速了原始社会的瓦解以及私有制的出现。私有制的出现使得社会贫富不均,富者越来越富,穷者越来越穷,穷者没有必要的生活资料或生产资料,只能向富者借贷,由此就产生了信用。最早的信用是以实物形态为基础的借贷行为,如牲畜、种子等。

随着商品经济的进一步发展,货币形态的借贷行为越来越频繁:一方面,某些人手中有些闲置的货币,为了使自己的货币保值、增值,他会寻求投资场所;另一方面,一些人为了生产等急需货币,这种货币余缺的存在和利益的驱使促使货币借贷行为出现。

### (二)信用的发展

**1. 高利贷信用**

高利贷信用是指以获取高额利息为目的的一种借贷活动,它是生息资本的初级形态。高利贷信用最早出现于原始社会末期,在奴隶社会和封建社会得到广泛的发展。高利贷的主要借者是小生产者,主要贷者是商人、职业军人、宗教机构和社会统治者。在自然经济占优势、货币关系不发达阶段,高利贷主要是实物形式的借贷,随着商品货币经济关系的发展,出现了货币形式以及货币实物混合形式。

高利贷信用具有信用的一般特征,如价值单方面的转移、还本付息、具有特殊的运动形式等,同时它又具有自身的特点。

(1)高利贷的利息率非常高(年利率一般在50%以上,100%以上也较常见,甚至没有最高限制)。

(2)高利贷具有非生产性。高利贷主要用于生活消费而不是用于扩大生产,因为生产所获得的利润还不够偿还高额利息,其非生产性又使生产不能快速发展,甚至破坏生产力的发展。

(3)高利贷具有保守性。虽然高利盘剥积累的大量财富是促进资本主义生产方式形成的主要因素,但它依附于小生产经济,维护旧的生产方式,破坏生产力,阻碍高利贷资本向产业资本转化,因而它是保守的、寄生的。

在资本主义生产方式的建立过程中,高利贷的高利率违背新兴资产阶级所要求的

低利率,因此,反对高额利息率、支持扩大生产的呼声愈来愈高,直到资本主义银行的出现瓦解了高利贷存在的基础,高利贷信用让位于与资本主义生产方式相适应的新的信用形式。

作为一种信用形式,高利贷在一些国家或地区仍然存在。但是,在信用领域中,高利贷已经不再占有垄断地位。

**2. 现代信用**

(1)现代信用就是借贷资本的运动。借贷资本是资本主义生产方式下的产物,是高利贷资本之后的又一种生息资本。借贷资本是指货币的所有者为了获取剩余价值而贷给职能资本家使用的货币资本。它是生息资本的现代形态。

(2)现代信用的特点。借贷资本是在资本主义生产过程中形成的,它既不同于高利贷资本,又不同于产业资本、商业资本。一方面,借贷资本在资金的来源和用途上与高利贷不同,借贷资本主要来源于资本所有者以及社会上的闲散资金,它主要用于资本主义生产过程以获得更多的利润;而高利贷资金主要来源于商人、职业军人和社会统治者等,它主要用于消费而非生产,因此不利于资本主义经济的发展。另一方面,借贷资本又具有自身的特点。其一,借贷资本是一种所有权资本。货币资本家将货币贷给职能资本家使用,货币资本家对借贷资本拥有所有权,而职能资本家对借贷资本只有使用权,到期时,职能资本家要向货币资本家还本付息。借贷资本的所有权和使用权是分离的。其二,借贷资本是一种特殊的商品资本。借贷资本与普通商品一样具有使用价值,但借贷资本在生产过程中能够增值产生利息。其三,借贷资本具有特殊的运动形式。产业资本的运动形式是:$G—W \cdots P \cdots W'—G'$;商业资本的运动形式是:$G—W—G'$;而借贷资本的运动形式是:$G—G'$。从表面上看,从货币到货币,没有发生什么变化,实际上货币资本实现了价值增值。其四,借贷资本有特殊的转让形式。当产业资本和商业资本由商品形式转化为货币形式时,要通过商品买卖实现等价交换,其所有权发生改变,而借贷资本的转让是通过借贷实现的。借贷资本的所有者是将货币的使用权暂时让渡给使用者,其所有权并未发生变化,到期后,货币使用者再将货币返还,并支付一定的利息。

无论是在发达国家还是在发展中国家,现代信用活动和债权债务关系都普遍存在。在现代经济中,信用规模十分庞大,信用关系有自身的规律性。

### 三、信用的基本要素

**1. 信用主体**

信用作为特定的经济交易行为,要有行为主体,即行为双方当事人,其中转移资产、服务的一方为授信人,接受的一方则为受信人。授信人通过授信取得一定的权利,即在一定时间内向受信人有收回一定量货币和其他资产与服务的权利,而受信人则有偿还的义务。在有关商品或货币的信用交易过程中,信用主体往往既是授信人又是受信人;而在信用贷款中,授信人和受信人则是分离的、不统一的。

**2. 信用客体**

信用作为一种经济交易行为，必定有被交易的对象，即信用客体。这种被交易的对象就是授信方的资产，它可以是有形的（如以商品或货币形式存在），也可以是无形的（如以服务形式存在）。没有这种信用客体，就不会产生经济交易，因而也不会发生信用行为。

**3. 信用流通工具**

信用关系中双方当事人的权利和义务关系，需要表现在一定的载体上（如商业票据、股票、债券等），这种载体被称为"信用流通工具"。作为载体的信用流通工具，一般具有如下几个主要特征。

(1) 返还性。商业票据和债券等信用工具，一般都载明债务的偿还期限，债权人或授信人可以按信用工具上所记载的偿还期限按时收回其债权金额。

(2) 可转让性，即流动性。可转让性是指信用工具可以在金融市场上买卖。信用工具的所有者可以随时将持有的信用工具卖出而获得现金，收回其投放在信用工具上的资金。

(3) 收益性。信用工具能定期或不定期地给其持有者带来收益。

(4) 风险性。风险性是指信用工具的本金和预期收益的安全保证程度。借贷过程中的风险主要来自两方面：一是信用风险；二是市场风险。

**4. 时间间隔**

信用行为与其他交易行为的最大不同就在于，它是在一定的时间间隔下进行的。在信用关系确立时，双方当事人约定一个到期期限，当期限已满时，债务人归还本金并支付一定的利息给债权人，信用关系也就随之而结束。若没有时间间隔，信用就没有栖身之地。正是因为存在一定的时间间隔，才使信用具有风险性。

## 第二节 信用形式

### 一、商业信用

商业信用是指工商企业在商品交易过程中以赊销、延期付款和预付货款等形式相互提供的信用。其主要形式有两种：一是以商品形态提供的商业信用，如企业之间的商品赊销等；二是以货币形态提供的商业信用，如在商品买卖过程中发生的预付定金或延期付款等。

商业信用的出现与商品生产和商品流通有着密切的联系。因为在商品经济发展过程中，总有某些企业的商品暂时卖不出去，而有些企业急需该商品却无钱购买，这就使得以延期付款形式提供的商业信用出现。企业之间通过相互提供商业信用，有利于整个社会的再生产顺利进行，商业信用也因此成为整个信用制度的基础。

(一)商业信用的特点

**1. 体现工商企业之间的信用关系**

商业信用是工商企业之间相互提供的信用,债权人与债务人都是直接参与商品生产和商品流通的工商企业。因为工商企业是社会经济中的主体,所以商业信用具有社会普遍性,是现代经济中最基本的信用形式。

**2. 与特定的商品交易相联系**

商业信用既可以商品形态提供,又可以货币形态提供,但必须与商品交易直接相联系。商业信用同时包括买卖和借贷两种性质不同的经济行为,当一家企业将自己的商品赊销给另一家时,商品的买卖行为即刻发生,而买卖双方形成的债权债务关系以货币形式一直存在到商业信用行为结束时为止。

**3. 其规模与经济繁荣程度相一致**

在经济繁荣时期,生产规模不断扩大,产业资本需求不断增加,商业信用的规模也随之扩大;相反,在经济不景气时,生产规模不断缩小,产业资本需求也在不断缩减,从而使得整个社会的商业信用规模萎缩。

(二)商业信用的局限性

**1. 其规模受企业资本量的约束**

商业信用是工商企业之间相互提供的信用,而各个企业只能对其现有的资本进行再分配。商业信用的最高限仅仅是工商企业的全部现有资本,而单个企业能够用于商业信用的也只是暂时不用于生产过程的那部分资本。因此,大额的信用需要不可能通过商业信用来满足。

**2. 严格的方向性**

商业信用与商品交易直接相联系,它受到商品流向的限制,即商业信用只能由生产某种商品的部门向需要该商品的部门提供,因而企业的很多信用需要无法通过商业信用得到满足。比如,纺织厂可以向织布厂提供商业信用,反过来却不行,即只能由上游企业向下游企业提供商业信用,而不能由下游企业向上游企业提供商业信用。

**3. 在对象上的局限性**

工商企业一般只会与自己有经济业务联系的企业建立信用关系,否则没有必要也不可能产生信用关系。

**4. 信用链条的不稳定性**

商业信用是在许多工商企业之间出现的,这就在整个社会中形成一条债务链条。一旦链条中的某家企业因经营不善等原因造成到期不能偿还欠款,就会产生连锁反应,使得整个债务链条中断,引发信用危机,这使得商业信用在管理和调节上存在局限性。

**5. 在信用能力上的局限性**

商业信用关系之所以能够确立,是因为出售商品的债权人比较确切地了解债务人的支付能力,他相信债务人到期能够偿还所欠债务。因此,两家彼此不了解的企业是不易建立商业信用关系的。

商业信用的局限性也决定了商业票据流通的局限性,即商业票据只能在一定的范围内流通,且每张商业票据的支付金额不同,支付期限也不相同。

(三)商业信用的作用

商业信用在现代经济发展过程中起着重要的作用,它是现代社会经济的基础,是银行信用的基础,同时也是整个金融业的基础。它的作用既有积极的一面,又有消极的一面,主要表现如下。

**1. 积极作用**

(1)有利于促进商品生产和流通,加速商品价值的实现过程。通过商业信用活动,卖方得以及时出售商品,从而实现商品的价值,这样可避免商品的积压和再生产过程的中断;同时,买方可在资金短缺的情况下及时购买到自己所需要的原材料等商品,使得再生产顺利进行。

(2)有利于企业间的资金融通,加速资本周转。商业信用的实质是生产经营企业向生产消费企业提供了一笔便利又快捷的融资服务,以低成本的方式缓解了生产消费企业的流动资金需求,维持了企业连续不断的生产过程,从而促进了生产的发展。商业信用有助于加速资金的周转,调节企业间的资金余缺,提高资金的经济效益和社会效益。

(3)操作灵活,信用规模适度。商业信用较之于银行信用的操作更为简单灵活,信用双方一般依据购销合同约定的条件,合同生效信用随之产生。一般情况下,销售方提供的信用规模和用户的采购资金需求量是一致的,不会造成因过度采购而引起的存货积压和浪费。

(4)有助于解决中小企业融资难的问题。商业信用与传统银行信用相比,在解决信息不对称问题上具有比较优势。企业可以通过走访客户等途径以较低的成本获取客户的信息,同时,由于对行业的特点和前景具有深刻认识,企业具有更好的风险防控能力。在信用销售过程中,买卖双方以商品授信的方式,弥补了买方企业资金的不足,形成了对银行信用的补充,能够有效缓解企业资金短缺压力,扩大生产流通规模。此外,通过信用保险、担保、保理等相关信用服务,可以优化卖方企业的信用等级,提高银行对企业的信用评价,从而改善融资条件,解决融资困难;同时,还可以通过保单质押贷款等方式,为企业提供新的融资渠道。

**2. 消极作用**

(1)容易形成债务链和引发债务危机。商业信用是工商企业相互提供的信用,整个社会中的工商企业之间形成了一张信用网,一旦某家企业由于经营管理不善等原因导致不能按期偿还所欠债务,就会引发连锁反应,使得债务链条中断,引发债务危机。2008年,美国次贷危机所引发的全球金融危机的根本原因是金融衍生产品过度发展,脱离了实体经济虚拟运行,产生泡沫。当投资银行雷曼兄弟宣布破产时,整个华尔街都为之震动,结果由于连锁效应,其他的投资银行、保险公司等金融机构很多破产倒闭,进而引发了一场全球金融危机。

(2)影响货币供给的调控和信用总量的控制。商业信用是发生在企业之间的信用活动,具有盲目性、自发性和分散性,而中央银行的调节机制对商业信用的控制能力十分有限,甚至在有些情况下,中央银行的调控措施适得其反。比如,中央银行紧缩银根时,银行信用难以获得,恰好为商业信用创造了条件,这就使得中央银行很难有效地控制货币供给和信用总量。

### 二、银行信用

银行信用是指银行和其他金融机构以货币形态的方式提供给个人、工商企业等主体的信用。其主要形式是吸收存款和发放贷款,以及开出汇票、支票、开立信用账户、发行货币等。银行信用是在商业信用的基础之上发展起来的,它克服了商业信用在信用规模、信用能力和商品流转方向上的局限性,成为现代信用经济中的主要形式。

(一)银行信用的特点

**1. 银行信用是一种间接信用**

银行信用发生在银行与企业、政府、家庭和其他机构之间。在银行信用活动中,一方面,银行以吸收存款的方式将社会上的闲置资金聚集起来,对存款人来说,银行是债务人;另一方面,银行以发放贷款的方式将聚集起来的资金贷出去,对借款人来说,银行又是债权人。所以,银行信用是一种间接信用,银行在信用过程中充当的是资金提供者与资金需求者之间的中介和桥梁。

**2. 银行信用是以货币形态提供的信用**

银行贷放出去的已不是在产业资本循环过程中的商品资本,而是从产业资本循环过程中分离出来的暂时闲置的货币资本和社会各阶层的货币收入和储蓄。银行信用所动员的资本,不是局限于产业资本循环中的资本及企业手中的资本,而是超出了这个范围,使得银行信用可以不受商品流转单方向性的限制,克服商业信用在商品流转方向上的局限性。

**3. 银行信用所利用的资本与产业资本的变动不一致**

银行信用所利用的资本是生产过程中暂时闲置的资本,且与产业资本的变动不一致。例如,当经济衰退时,会有大批产业资本不能用于生产而存入银行成为借贷资本;在经济繁荣时,生产发展加快,商品流通范围扩大,对商业信用的需求增加,对银行信用的需求也随之增加。在经济繁荣时期,由于需求增加,利息也会提高,资金供应可能紧张;在经济危机时期,由于商品生产过剩,对商业信用的需求会减少,但对银行信用的需求却有可能增加,因此,企业为支付债务、避免破产,有可能加大对银行信用的需求。

**4. 银行信用在期限上相对灵活,可长可短**

银行吸收的资金有长期闲置与短期闲置,所放贷款有长期贷款与短期贷款,且银行信用在调剂资金期限上具有灵活性,长期资金可用于发放短期贷款,吸收的短期资金也可以续短为长,发放长期贷款。

(二)商业信用与银行信用之间的关系

**1. 商业信用与银行信用的联系**

(1)商业信用始终是一切信用制度的基础。

(2)只有商业信用发展到一定阶段后银行信用才会出现,银行信用正是在商业信用广泛发展的基础上产生与发展起来的。

(3)商业信用的发展越来越依赖于银行信用,而银行信用的出现反过来又使商业信用得到进一步的完善和发展。

(4)银行信用与商业信用是并存而非替代的关系,它们之间存在密切的关系,彼此相互促进、相互影响。

**2.商业信用与银行信用的区别**

(1)两者的主体不同。商业信用是工商企业之间相互提供的与商品交易直接联系的信用,因此,商业信用的债权人与债务人都是工商企业;银行信用是银行和金融机构以货币形态提供的信用,因此,银行信用的债权人是银行和金融机构,债务人可以是个人、工商企业,也可以是政府和其他机构。

(2)两者受到商品流转方向的限制不同。商业信用一般情况下是以商品形态提供的,它受到商品使用价值流转方向的限制;而银行信用是以货币形态提供的,它不受商品流转方向的约束,克服了商业信用在商品流转方向上的限制。

(3)两者的信用期限不同。在商业信用活动中,企业在提供商业信用时,期限一般受生产周转时间的限制,期限较短,所以商业信用只能解决短期资金融资的需要,而银行信用既可以提供短期资金,又可以提供长期资金,因此,在期限上相对比较灵活。

(4)两者受到产业资本规模的约束不同。商业信用的提供是以单个企业的产业资本规模为基础的,产业资本规模越大,商业信用规模就越大,反之亦然。而银行信用能够聚集社会上的闲散资金,从而不再受个别企业资本量的限制,这就克服了商业信用在数量和规模上的局限性。

**三、国家信用**

国家信用是指一国或地区依据信用原则向国内外投资者发行债券以筹措货币资金的一种信用活动。它主要包括国内信用和国外信用。其中,国内信用是指国家通过发行债券的方式向本国居民、企业等筹集资金的一种信用形式;国外信用是指国家以债务人的身份向国外借款或发行债券的信用活动。

(一)国家信用的主要形式

国家信用的债务人一般是一国政府,债权人是居民、企业、金融机构等,国家信用的主要形式有发行公债(长期负债)、国库券(短期负债)、专项债券以及向银行透支或借款。

公债(国债)是一种长期负债,其期限一般在1年以上甚至10年或10年以上,通常用于国家大型项目投资、大规模建设。

国库券是一种短期负债,其期限以1年以下居多,一般为1个月、3个月、6个月等。

专项债券是一种指明用途的债券,如我国发行的国家重点建设债券。

向银行透支一般是临时性的,有的在年度内偿还。

借款一般期限较长,一般隔年财政收入大于支出时(包括发行公债收入)才能偿还。

在公债券、国库券、专项债券仍不能弥补财政赤字时,余下的赤字即向银行透支和借款。

（二）国债的种类

国债又称"公债",是政府举借的债务,是国家信用最主要的实现形式。它主要包括普通国债和特殊国债两种,其中,普通国债包括凭证式国债、记账式国债和无记名国债;特殊国债包括定向债券、特种国债和专项国债。

**1. 凭证式国债**

凭证式国债是一种国家储蓄债,可记名、挂失,以"凭证式国债收款凭证"记录债权,可提前兑付,不能上市流通,从购买之日起计息。

**2. 记账式国债**

记账式国债是以电脑记账的形式记录债权,通过无纸化方式发行和交易,可以记名、挂失。

**3. 无记名国债**

无记名国债是一种实物债券,以实物券的形式记录债权,不记名、不挂失,可以上市流通。

**4. 定向债券**

定向债券是指为筹集国家建设资金,加强社会保险基金的投资管理,经国务院批准由财政部采取主要向养老保险基金、待业保险(简称"两金")及其他社会保险基金定向募集的债券,又称为"特种定向债券",简称"定向债券"。

**5. 特种国债**

特种国债是指政府为了实施某种特殊政策在特定范围内或为特定用途而发行的国债。随着政府职能的扩大,政府有时为了某个特殊的社会目的而需要大量资金,为此也有可能举借国债。如我国财政部于1998年8月向四大国有独资商业银行发行了2700亿元长期特别国债,所筹集的资金全部用于补充国有独资商业银行资本金。

**6. 专项国债**

专项国债是指由中央财政特许、地方政府担保、地方负责还本付息的一种债券。例如,我国财政部于1998年9月面向四家国有独资商业银行发行1000亿元、年利率5.5％的10年期附息国债,专项用于国民经济和社会发展急需的基础设施投入。

（三）国家信用的特点

国家信用是国家的一种重要资源。国家经济等综合实力的大小、动用各类资源能力的大小以及国际责任感的高低直接影响一国的国家信用。国家信用是以政府为主体的信用活动,是政府财政体系中的一种特殊分配。

**1. 具有公共性、政策性**

国家信用充分体现并全面反映国家的宏观经济政策和重大的战略方针。它的资金投向往往是其他信用资金所难以顾及的周期长、风险大、直接经济效益差,但在国民经济发展中又具有重大作用和重要地位的项目。财政信用资金来源的稳定性和资金运用的非盈利性,使国家信用在执行贯彻国家产业政策中具有独特的优势。

**2. 安全性高，信用风险小**

在国家信用关系中，债务人是一国政府。国家信用是以国家财政为担保。与其他信用工具相比，国家债券几乎没有风险，其信誉度较高。因此，国家信用具有较高的安全性和较低的风险性。

**3. 具有财政和信用的双重性**

一国通过发行政府债券筹集资金用于经济建设和社会发展以实现国家宏观调控的目标，这体现出国家信用的财政性，同时国家是以债务人的身份发行债券的，依据信用原则到期偿还投资者本金并支付相应的利息。

**4. 用途具有专一性**

国家通过发行债券筹集资金是为了解决短期急需的国库开支，或是为了国家或地方的重点建设项目等，总之是专款专用。

（四）国家信用的作用

国家信用不同于商业信用和银行信用，它与国民经济生产和流通没有必然的联系。利用这种信用形式与国家财政和货币政策有着直接的关系，因而利用国家信用动员出来的资金被国家所掌握利用，发挥着特殊的作用。

**1. 弥补财政赤字、调节政府收支不平衡**

解决财政赤字的途径有三种：增税、从银行透支、举债。增税容易引起公众的不满，抑制投资和消费；从银行透支容易导致通货膨胀，按照我国银行法的规定，禁止财政从银行透支；举债是一种信用行为，有借有还，是解决财政赤字的好方法。

**2. 可以筹集大量建设资金**

政府利用国家信用负债获得的资金应该主要用于加快公共基础设施的建设，从而有利于改善投资环境，创造更多的投资机会。

**3. 成为国家实施财政政策、进行宏观经济调控的一种重要手段与措施**

政府可以主动利用国家信用，在总量上调节总需求，还可以通过有选择地支出安排和优惠政策等调节社会总需求的结构。

（五）国家信用与银行信用的关系

**1. 两者之间的区别**

（1）国家信用主要是指国家利用信用原则向社会公开发行债券以筹措资金的信用活动，是一种直接融资方式；而银行信用主要是通过吸收存款和发放贷款的方式进行的信用活动，是一种间接融资方式。因此，利用国家信用发行国债筹资比银行吸收社会资金更具主动性、稳定性。

（2）一国政府发行债券主要用于生产建设、弥补财政赤字以及为保障经济社会顺利发展并促进社会公平而向社会公众提供更多的公共物品服务，并实现社会的和谐与安宁。国家信用资金更多的是投入资金规模大、周期长、直接效益差等社会性项目中，具有公共性和服务性，这一点是银行信用所无法实现的，因此，国家信用的政策性大于营利性；而银行等金融机构作为企业更多的是从经济效益方面考虑，它的目的主要还是获得更多的利润,因此,银行信用的营利性大于政策性。

**2. 两者之间的联系**

(1)中央银行是国家的银行,无论其表现形式如何,都是管理全国金融机构的国家机构,是制定和贯彻国家货币政策的综合部门,是国家信用的提供者,并代理国库执行国库出纳职能。银行等金融机构是国家债券的主要投资者和承销者。

(2)国家信用依赖银行信用的支持,中央银行把买卖国债作为调节货币供应量的主要手段。公开市场业务是中央银行货币政策之一,也是货币管理当局调节宏观经济最常用、最主要的手段。当一国政府要刺激经济增长时,通常会要求中央银行实施宽松的货币政策,即在市场上公开购买债券并投入社会。

### 四、消费信用

消费信用是指工商企业、银行和其他金融机构以商品形态或货币形态向消费者提供的用于满足其消费需求的信用形式。在现代经济生活中,消费信用得到迅速的发展,它解决了消费者暂时无支付能力的困难,满足了消费者提前消费的愿望,在刺激了人们消费的同时又促进了商品的销售。

(一)消费信用的形式

**1. 赊销**

赊销是指零售商直接以延期付款的方式向消费者提供的一种短期信用形式。信用卡业务就属于此类信用形式。

**2. 分期付款**

分期付款是指零售商对消费者购买高档耐用消费品所提供的一种中期信用形式。分期付款是目前最常见的消费信用,其具体做法是:消费者与销售方签订合同,消费者首先支付一部分货款,其余的货款由消费者分期付清。在日常生活中,我们购买汽车、住房都可以采用分期付款方式,它有利于缓解人们的经济压力和促进商品的销售。

**3. 消费信贷**

消费信贷是指银行及其他金融机构采用信用贷款和抵押贷款的方式向消费者提供的一种中长期信用形式,主要用于购买耐用消费品、汽车、住房以及支付旅游费用等。

(二)消费信用的作用

消费信用在现代市场经济中发挥着越来越重要的作用,它既有积极作用,又有消极作用。

**1. 扩大了需求,促进了经济的发展**

消费信用通过赊销、分期付款以及消费信贷的方式,实现了消费者提前消费的愿望,这不仅有利于促进商品的销售,增加销售者的收入,还有利于刺激人们的消费需求,从而拉动社会经济的发展。此外,企业通过赊销方式等向顾客提供信用,对于促进新技术的应用、新产品的推销以及产品的更新换代也有不可低估的作用。

**2. 导致商品的生产和消费脱节,增加了经济链条的不稳定因素**

消费信用虽然促进了商品经济的发展,但它实际上是以未来消费需求的萎缩获得现在消费需求的扩大,这就使得一部分消费者在未来的一段时间将负担承重的债务,造成生产和消费的脱节。同时,消费信用的过度发展会推动通货膨胀,增加经济发展的不稳定性。

(三)消费信用发展的制约因素

虽然消费信用在现代市场经济中发展迅猛,但依然存在一些制约因素,主要表现如下。

**1. 总供给的能力与水平**

总供给的水平影响消费信用的规模。一般来说,总供给的水平越高,消费信用的规模越大;总供给的水平越低,消费信用的规模越小。

**2. 居民的实际收入和生活水平**

居民的实际收入和生活水平对消费信用有制约作用,若居民的实际收入较低,偿还能力不高,则一味地发展消费信用会导致风险加大。

**3. 资金供求关系**

资金的供求影响消费信用的规模。若资金供给小于需求,则消费信用的规模就越大;若资金供给大于需求,则消费信用的规模就越小。

**4. 消费观念和文化程度**

消费观念和文化程度制约着消费信用方式的普及程度和消费总量。在我国,受传统文化的影响,消费信贷起步较晚,规模也较小,但近年来发展很快,主要体现在住房贷款、汽车贷款的增长上。

### 五、其他信用形式

(一)股份信用

股份信用是股份公司以发行股票的方式筹集资金所体现的一种信用形式。股票筹资体现的是一种财产所有权关系而非债权债务关系。股份公司的存在是以信用关系普遍发展为前提条件的,随着经济发展,信用发展水平也越来越高,投资者已不再满足于存款利息,他们将资金更多地投资于收益较高的股票和债券等。股份公司就利用信用集中社会资金,通过发行股票将各种闲置的资金聚集起来用于需要巨额资金的领域,使融资方式由通过银行的间接融资变为发行股票的直接投资。

(二)国际信用

国际信用也叫"国际信贷",是指国家(或地区)间发生的一种借贷行为,它是国际经济关系的重要组成部分,对国际经济贸易关系有重要的影响。国际信用的主要类型包括国际商业信用、国际银行信用、政府间信用和国际金融机构信用等。

国际商业信用是指出口商以延期付款的方式向进口方提供的信用,包括来料加工和补偿贸易。

国际银行信用是进出口双方银行为进出口商提供的信用,可分为出口信贷和进口信贷。出口信贷是由出口方银行提供贷款,解决出口方资金周转需要。进口信贷分为两种:一种是由进口方银行提供贷款,解决买方资金需要,以支付本国进口商购买所需要的商品或技术等;另一种是由本国进口商向国外银行申请贷款,如果进口商是中小企业,往往还要由进口方银行出面取得这种贷款。不管是出口信贷还是进口信贷,其提供的金额一般只占该项进出口贸易总额的85%,这是因为国际贸易中一般要求进口商预付15%的定金。

政府间信用是指国与国之间相互提供的信用,一般由政府和财政部出面进行借贷。这种借贷利率较低,期限较长,条件较优惠,具有友好往来性质,通常用于非生产性支出,个别附带政治条件。

国际金融机构信用是指世界性或地区性国际金融机构为其成员国所提供的信用。全球性国际金融组织包括国际货币基金组织、国际复兴开发银行(世界银行)及其下属的国际开发协会、国际金融公司。区域性金融机构主要有亚洲开发银行、阿拉伯货币组织、泛美开发银行、非洲开发银行等。

### (三)民间信用

民间信用主要是指非官方的在民间组织内的个人之间进行的以货币或实物形式所提供的直接借贷关系。民间信用一般采取利息面议、直接成交的方式,通常没有担保,有时会有非官方的契约。

当前我国的民间信用发展迅速,已逐渐成为一种越来越重要的信用形式。民间信用的主客体是独立从事商品生产经营活动的个体、组织及一般家庭个人消费者。它的特点有:能方便、灵活地满足借贷双方的需要;时间一般较短,活动空间有限;利率较高、具有较大的弹性;具有较大的自发性和风险性。

民间信用对经济金融的影响是多方面的,对解决中小企业和民营企业的生产经营资金不足起到了重要的支撑作用。它的存在和发展打破了单一银行融资方式,拓展了中小企业和民营企业的融资渠道。但是,由于民间信用融资存在盲目性、自发性和分散性,对其必须适当地进行管理,采取积极措施加以引导,使其逐步合法化、规范化。

## 六、直接融资与间接融资

### (一)直接融资

直接融资是资金供求双方通过特定的金融工具直接形成的债权债务关系或所有权关系,是一种没有金融中介机构介入的融资方式。直接融资的工具主要是商业票据、股票、债券等。直接融资与直接信用的差异主要在于借贷的对象,直接融资的借贷对象仅限于货币资金。

直接融资的优势主要在于:资金供求双方直接联系,根据各自需求实现资金融通;资金需求方直接接受社会监督,有利于提高资金的使用效益;通过发行股票债券筹集的资金具有稳定性、长期性等特点。其劣势在于:资金供求双方在资金数量、期限、利率等方面受到限制比间接融资受到的限制多;对于资金供给者来说,直接融资的风险由于缺乏中介的缓冲,比间接融资的风险大。

### (二)间接融资

间接融资中的资金供求双方不构成直接的债权债务关系,而是分别与中介机构发生债权债务关系,是一种通过金融中介机构进行的资金融通方式。金融中介机构在间接融资中同时扮演债权人和债务人的双重角色。典型的间接融资是银行的存贷款业务。

间接融资的优势主要在于:解决资金供求双方相互不了解等信息不对称等问题;多样化的融资工具可以灵活方便地满足资金供需双方的融资需求,突破资金融通在数量、期限等方面的限制;融资风险有金融机构缓冲,安全性较高。其劣势在于:隔断了资金供求双方的直接联系,在一定程度上降低了资金使用效率。

## 第三节 信用对经济的影响

### 一、现代经济是信用经济

债权债务关系的普遍存在已经成为现代经济的一个重要特征,无论是发展中国家还是发达国家,信用已经渗透到经济生活的方方面面,无论是政府、企业还是家庭,处在现代经济中的各类经济主体都不能摆脱无所不在的信用关系。因此,现代经济又可以称为"信用经济"。

信用经济是指以信用为纽带进行生产、分配、交换、消费的经济活动,其主要经济交易方式是建立在诚信原则基础上的信用交易。人类社会交易方式经历了物物交换、以货币为媒介的交换和靠信用完成交易三个发展阶段,以此划分经济时期,社会经济发展经历了自然经济、货币经济和信用经济三个阶段。因此,信用经济是商品经济发展到一定阶段即高度发达的市场经济后所产生的一种经济现象。

信用经济的产生和发展推动了市场经济的迅速发展。经济的市场化程度越高,信用经济就越发达,信用对经济的影响则越大。

### 二、信用的经济功能和信用与经济增长

(一)信用的经济功能

**1. 信用是维护市场关系的基本准则**

随着市场经济的不断发展和信用制度的逐步完善,市场交易方式逐步发生变化,先后经历了三个阶段:实物交易阶段、货币交易阶段和信用交易阶段。交易方式的演变提高了效率,降低了成本。在现代经济中,之所以信用交易优于货币交易,货币交易又优于实物交易,就是因为交易成本在逐渐降低。

由此看来,信用交易是市场经济高度发达和完善的表现。目前,西方国家90%的交易方式都采用信用交易。如果信用交易的一方不守信用,交换关系和市场秩序就会遭到破坏,不仅信用交易无法进行,而且实物交易与货币交易也会受到影响,经济活动就难以健康发展。因此,信用是维护市场关系的基本准则。

**2. 促进资金再分配，提高资金使用效率**

信用是促进资金再分配的最灵活的方式。借助信用可以把闲置的资金和社会分散的货币集中起来，转化为借贷资本，在市场规律的作用下，使资金得到充分利用。

在信用活动中，价值规律的作用得到充分发挥，那些具有发展和增长潜力的产业往往容易获得信用的支持。同时，通过竞争机制，信用还会使资金从利润率较低的部门向利润率较高的部门转移，在促使各部门实现利润平均化的过程中，提高了整个国民经济的资金使用效率。

**3. 加速资金周转，节约流通费用**

通过信用可以集中社会闲置资金并投放到生产活动中，这有利于加速整个社会资金的周转，同时，利用信用还能够节约大量的流通费用，增加生产资金投入。这是因为：其一，利用信用工具代替现金，节省了与现金流通有关的费用；其二，在发达的信用制度下，资金集中于银行和其他金融机构，可以减少整个社会的现金保管、现金出纳以及簿记登录等流通费用；其三，信用能加速商品价值的实现，这有助于减少商品储存和保管费用的支出。此外，各种债权债务关系还可以利用非现金结算方式来处理，不仅可以节约流通费用，还可以缩短流通时间，增加资金在生产领域发挥作用的时间，从而有利于扩大生产和增加利润。

**4. 调节经济结构**

信用调节经济的功能主要表现为国家利用货币和信用制度来制定各项金融政策和金融法规，利用各种管理杠杆来改变信用的规模及其运动趋势。金融机构通过各种金融业务，有效地集中和输出货币资金，形成了一个良性循环、不断增加的过程，能够为社会生产力的发展提供巨大的推动力。

国家借助信用的调节功能既能抑制通货膨胀，也能防止经济衰退和通货紧缩，刺激有效需求，促进资本市场平稳发展。国家利用信用杠杆还能引导资金的流向，通过资金流向的变化来实现经济结构的调整，使国民经济结构更合理，经济发展更具持续性。

**5. 影响国际收支平衡**

政府相关部门可以调节本国国际信用的方向和规模，促进国际收支平衡，保证对外经济协调稳定的发展。例如，在其他政策措施的配合下，国家可以利用国家间的政府信用，通过国际金融市场，调节国际资本流入或国内资本流出，从而达到影响国际收支的目的。

**（二）信用与经济增长**

**1. 信用活动推动了经济的增长**

信用是资本集中的有力杠杆。国家通过信用动员闲置资金，将消费资金转化为生产资金，直接投入生产领域，扩大社会投资规模，增加社会就业机会，促进经济增长；国家借助信用可以加速资本集中和积累，因为信用可以使零星资本合并为一个规模庞大的资本，也可以使个别资本通过合并其他资本来增加资本规模。现代兼并收购活动很多都是利用信用方式来进行并完成资本集中的。资本集中与积聚有利于大工业的发展和生产社会化程度的提高，从而推动了经济增长。

**2. 现代信用过度扩张会阻碍经济的发展**

信用在发展的过程中也存在一些问题,如信用风险和经济泡沫,严重的可能会阻碍经济的发展。

在现代社会,信用关系已经成为最普遍、最基本的经济关系。社会各个主体之间债权债务交错,形成了错综复杂的债权债务链条,这个链条上只要有一个环节断裂,就会引发连锁反应,进而引发信用危机,对整个社会的信用体系造成很大的危害。而过度依靠信用会造成虚假需求,推动虚假繁荣,使经济过度扩张,当经济扩张到信用制度再也无法支撑的时候,泡沫破灭,将会引发金融市场混乱动荡,产生金融危机,甚至引发经济危机,美国次贷危机引发全球金融危机是典型的例子。当然,信用发展不一定必然会引发经济危机,关键是信用活动要建立在真实的社会再生产基础上,控制信用过度膨胀和投机,只有这样才有可能避免经济危机。

### 三、我国的征信体系

**(一)征信的概念**

征信是指专业化的机构依法采集、调查、保存、整理提供企业和个人的信用信息,并对其资信状况进行评价,以此来满足从事信用活动的机构在信用交易中对信用信息的需要,解决借贷市场信息不对称的问题。征信活动主要有四种形式:个人信用调查、企业资信调查、资信评级和商业市场调查。征信活动具有独立性、信息性、公正性、时效性等特点。

**(二)征信体系**

征信体系是指企业和个人信用信息的征集、共享和报告制度,其主要作用是通过提高信贷市场信息共享程度来降低贷款机构收集信息的成本,提高信贷市场效率,防范金融风险,促进经济增长。征信体系主要是为借贷市场服务,同时也服务于商品交易市场和劳动力市场,它是建立有效信用体系极为关键的环节。信用体系是一个全方位的体系,涉及信用主体的身份识别、信用记录共享和失信惩戒机制等各个环节,而征信作为一个提供信用信息服务的产业,仅涉及前两个方面。如果将信用体系看作一个大系统,那么征信体系就只是其中的一个子系统。

**(三)征信体系的构成**

征信体系主要包括以下内容。

**1. 征信立法体系**

征信立法体系主要负责征信行业法律法规的制定和执行,既包括与征信相关的基础法律体系,也包括征信专业法律体系,这是整个征信体系建设的基础和依据。

**2. 征信监管体系**

由于征信活动与社会经济活动及国家经济信息安全等均有密切联系,其重要作用和机构活动的特殊性使得政府必须对其实施严格的监管。征信监管体系主要由政府专设的监管机构和行业自律组织构成,负责对整个征信服务行业的管理和监督。

**3. 征信机构**

征信机构是指依法设立的专门从事征信业务即信用信息服务的机构。它可以是一个独立的法人，也可以是某独立法人的专业部门，包括信用信息登记机构（有公共和私营，私营信用信息登记公司在国际上也被称为征信局）、信用调查公司、信用评分公司、信用评级公司。

**4. 失信惩戒机制**

失信惩戒机制是社会征信体系中最重要的部分之一，也是征信体系的坚强后盾和保障。它的作用在于通过经济手段和道德谴责手段，惩罚市场经济活动中的失信者，维护健康有序的市场经济秩序，将有严重经济失信行为的企业和个人从市场的主流中剔除，同时使政策向诚实守信的企业和个人倾斜，间接降低守信企业获取资金和技术的门槛。

除了上述四个主要部分，社会征信体系还包括征信行业的标准化建设以及市场培育和人才的培养等。

## 关键术语

信用　借贷资本　商业信用　银行信用　国家信用　消费信用　民间信用　股份信用　直接融资　间接融资

## 复习思考题

1. 信用的特征有哪些？信用是如何产生和发展的？
2. 信用的主要形式有哪些？各种信用形式有哪些特点？
3. 简述商业信用的局限性及其作用。
4. 简述商业信用与银行信用的区别和联系。
5. 简述银行信用与国家信用的关系。
6. 简述国家信用的作用。
7. 为什么说现代经济是信用经济？
8. 简述信用的经济功能及对现代经济的影响。

拓展阅读

# 第四章

# 利息和利率

**本章提要**

本章主要介绍利息的内涵与本质,利息率及其计算方法,利率体系的构成,利率的宏观调节和微观调节功能,利率决定理论以及影响利率水平变化的因素,利率管理体制的类型及主要内容,我国利率市场化改革的进展和方向。

## 第一节 利息和利率概述

### 一、利息的内涵与本质

**（一）利息的内涵**

17世纪英国古典政治经济学家威廉·配第在《赋税论》中指出："假如一个人在不论自己如何需要，在到期之前却得不到要求偿还的条件下，出借自己的货币，则他对自己所受到的不方便可以索取补偿，这是不成问题的。这种补偿，我们通常叫作利息。"

18世纪法国重农主义经济学家杜尔阁也认为索取利息是正确的，他在《关于财富形成和分配的考察》中指出："对贷款人来说，只要货币是他自己的，他就有权要求利息；而这种权利是与财产所有权分不开的。"

现代西方经济学对于利息的看法就是沿袭着这样的思路。其基本的观点是把利息理解为投资人让渡资本使用权而索要的补偿，该补偿即为在信用关系中债务人支付给债权人的或债权人向债务人索取的报酬。因此，一般来说，利息是指在信用关系中债务人支付给债权人或者债权人向债务人索取的报酬。

**（二）利息的本质**

利息随着信用行为的产生而产生，只要有信用关系存在，利息就必然存在。在一定意义上，利息还是信用存在和发展的必要条件。

**1. 西方经济学家对利息本质的认识**

关于利息的本质和来源，虽然西方经济学家有多种说法，但他们大多从某个侧面入手观察利息，解释利息的性质。17世纪，英国经济学家威廉·配第和约翰·洛克都提出了"利息报酬说"，前者认为利息是贷者因暂时放弃货币的使用权而获得的报酬，后者认为利息是贷款人因承担风险而获得的报酬；法国政治经济学家巴蒂斯特·萨伊提出了"资本生产力论"，认为资本具有生产力，利息是资本生产力的产物；英国新古典政治经济学家纳骚·西尼尔提出了"节欲论"，认为利息是借贷资本家节欲的报酬；当代西方经济学界最有影响的约翰·梅纳德·凯恩斯提出了"流动性偏好说"，认为利息是放弃货币流动性偏好的报酬。总之，在西方经济学家看来，利息是对放弃货币的机会成本的补偿。

在现实生活中，利息被人们看作收益的一般形态，导致了收益的资本化。

**2. 马克思对利息本质的认识**

马克思认为利息实质是利润的一部分，是剩余价值的转化形式，这与西方其他经济学家的认识有根本的不同。

（1）利息产生的内在前提。马克思认为货币本身并不能创造货币，不会自行增值，只有当职能资本家用货币购买到生产资料和劳动力之后,才能在生产过程中通过雇佣工人的劳动,创造出剩余价值。货币资本家凭借其对资本的所有权,与职能资本家共同瓜分剩余价值。因此,资本所有权与资本使用权的分离是利息产生的内在前提。

(2)利息产生的外在条件。再生产过程的特点导致资金盈余者和资金短缺者共同存在,这就是利息产生的外在条件。

(3)利息在本质上是剩余价值的转化形式。当货币被资本家占有,用来充当剥削雇佣工人的剩余价值的手段时,它就成为资本。货币执行资本的职能,获得一种追加的使用价值,即生产平均利润的能力。资本家追求剩余价值的利益驱使,利润又转化为平均利润。平均利润分割成利息和企业主收入,分别归不同的资本家所有。因此,利息在本质上与利润一样,是剩余价值的转化形式,反映了借贷资本家和职能资本家共同剥削工人的关系。

## 二、利息率及其计算

### (一)利息率

利息率,简称"利率",是指在一定时期内利息额和本金额的比率,即利率＝利息/本金。一般情况下,利息率的最高界限为平均利润率,最低界限为零。它是经济学中一个非常重要的经济变量,在现实生活中,利率的变动对经济和人们的行为都会产生很大影响。

利率用公式表示为:

$$i = \Delta P / P \times 100\%$$

其中,$i$ 代表利率,$\Delta P$ 代表利息额,$P$ 代表本金。例如,一笔贷款 1 年期的利息收益为 50 万元,本金额为 1000 万元,那么利率为 $50/1000 \times 100\% = 5\%$。

### (二)利息的计算

**1. 单利**

单利是完全按照本金和借贷期限计算利息,所得利息不再计入本金再次计算利息,用公式表示为:

$$I = P \cdot i \cdot n$$
$$F = P + I = P \cdot (1 + i \cdot n)$$

其中,$F$ 为本金和利息之和,简称"本利和";$I$ 是利息额;$P$ 是本金;$i$ 是利率;$n$ 是期限。例如,一笔为期 5 年,年利率为 6% 的 10 万元贷款,利息总额为:

$$100000 \times 6\% \times 5 = 30000(元)$$

本利和为:

$$100000 \times (1 + 6\% \times 5) = 130000(元)$$

**2. 复利**

复利与单利相对应,它是指按照本金计算利息,所得利息计入本金再次计算利息,逐期累计,即为"利滚利"。例如,按年计息,第一年按本金计息;第一年末所得的利息并入本金,第二年则按第一年的本利和计息;第二年末的利息并入本金,第三年则按第二年的本利和计息;如此类推,直至信用契约期满。复利用公式表示为:

$$F = P \cdot (1+i)^n$$
$$I = F - P = P \cdot [(1+i)^n - 1]$$

例如,某人在银行存款 100 万元,3 年期,年利率为 3‰,在复利计息的情况下,到期时能得到的本利和为:

$$F = P \cdot (1+i)^n = 100 \times (1+3\%)^3 = 109.27 (万元)$$

其利息为:

$$I = F - P = 109.27 - 100 = 9.27 (万元)$$

单利计息手续较复利简单,但复利获得的利息多于单利获得的利息,同时复利不仅考虑了本金的时间价值,还考虑了利息的时间价值,这样有利于增强人们的资金时间价值意识。

### 3. 贴现利息的计算

前面所说的借贷资金的本利和,通常也称为"终值"。根据终值求现值的过程被称为"贴现",即把未来某一时点的资金值,折算成现在某一时点的资金值。

现值和终值也分为单利和复利两种。单利和复利终值的计算公式都是单利本利和与复利本利和的计算公式。现值计算是终值计算的逆运算,因此,单利现值与复利现值的计算公式如下:

单利现值计算公式为:

$$P = F/(1+ni)$$

复利现值计算公式为:

$$P = F/(1+i)^n$$

这两个公式叫作"贴现值公式",计算出来的本金为现值。比如,5 年后期望取得一笔 10 万元的货币,假如年利率不变,为 6%,则现在应有的本金是多少?

若采用单利计算,则现在应有的本金是:$P = 10/(1+5 \times 6\%) = 7.6923(万元)$

若采用复利计算,则现在应有的本金是:$P = 10/(1+6\%)^5 = 7.4726(万元)$

现值概念是经济学、公司财务学的基础之一,对现值的计算是大部分资产定价模型(包括期权定价模型)的一部分。现值概念在管理会计学、投资学、金融、保险、精算、资产评估、资信评估、价值评估、管理咨询等许多学科和领域中也得到了极为广泛的运用。

### 4. 收益率的计算

从理论研究的角度看,收益率与利率无实质性区别,而在实际生活中,由于种种原因,两者往往出现差别。

例如,为了对不同期限的投资项目收益率进行比较,往往需要将不到 1 年期的利率转化为年利率,还需要换算。在西方的一些国家,要把月利率用年利率来表示,习惯的做法是以 12 乘以月率,这样换算出来的结果也被称为"利率"。显然,这样换算是极不精确的。设 y 代表年利率,$r_m$ 代表月利率,精确的年利率换算应该引入复利概念,其计算公式应为:

$$y=(1+r_m)^{12}-1$$

为了区别于习惯的年度利率的称谓,如此求出的 y 则称为"年度的收益率"。

再如,无息债券之类,本身没有规定利率,要是根据拍卖成交价逆算出收益的大小,叫"收益率"理所当然。

对于票面标明利率的债券,在二级债券市场上的交易中,价格波动使持有者的收益大小与票面利率有别,从而有个计算到期收益率的问题。

债券的到期收益率是指到债券还本时为止,分期支付的利息和最后归还的本金折合成现值的累计(债券现金流的当期价值)与债券的当前市场价格相等时所决定的利率。设每年付息,期终还本,还有 n 年到期的国债券,其面值为 P,按票面利率每期支付的利息为 C,当前的市场价格为 $P_m$,到期收益率为 y,则 y 可以根据以下公式算出近似值。

$$P_m=C/(1+y)+C/(1+y)^2+\cdots+C/(1+y)^{n-1}+(C+P)/(1+y)^n$$

上述公式可以简化为: $P_m=C[1-(1+y)^{-n}]/y+P/(1+y)^n$

到期收益率相当于投资人按照当前市场价格购买债券并且一直持有到期满时可以获得的年平均收益率。它的存在使不同期限从而有不同现金流状态的债券收益具有可比性。

## 第二节 利率的种类

利率是由借贷工具交易所形成的资金的使用价格。现实生活中的利率都是以某种具体形式存在的,不同类型和期限的借贷工具交易会形成不同类型的利率,从而形成一个庞大的利率体系。在这个体系中,按照不同标准可将利率划分出多种类型。

### 一、短期利率和长期利率

从借贷期限角度看,利率可分为短期利率和长期利率。一般来说,1 年以下的信用行为,通常叫作"短期信用",相应的利率就是短期利率,也称为"货币市场利率";1 年以上的信用行为通常称为"中长期信用",相应的利率就是中长期利率,也称为"资本市场利率"。

短期利率对货币市场资金供求状况最为敏感,变动十分频繁,而长期利率不同于短期利率的重要特点是由于期限长,不确定因素增多,风险较大,利率中风险溢价的成分也较大,从而利率较高。

### 二、年利率、月利率和日利率

从计息时间角度看,利率又包括年利率、月利率和日利率。

年利率是指以年为单位计算利息,通常用百分之几表示,如年利率为 5%;月利率是指以月为单位计算利息,通常用千分之几表示,如月利率为 5‰;日利率是指以日为单位

计算利息,通常用万分之几表示,如日利率为5‰。三者之间的换算公式为:

年利率＝12×月利率＝365×日利率

### 三、固定利率和浮动利率

从借贷双方的计息方式看,利率可分为固定利率和浮动利率。固定利率是指在整个借贷期限内,利率不因市场资金供求状况或其他因素的变化而变化。这种利率适合用于短期借贷,因为在短期内利率相对比较稳定,这会使借贷双方受到的利率风险较小,同时固定利率有利于计算成本和收益。

浮动利率是指在中央银行确定的基准利率基础之上,利率随市场资金供求状况或其他因素的变化而进行相应的调整。这种利率适合用于长期借贷,因为在长期借贷过程中借贷双方为了避免利率波动给自己带来损失,他们都会选择浮动利率。例如,一家企业同某银行签订一笔贷款协议,期限为5年,采用固定贷款利率,利率为6%。在未来5年内,若市场利率水平上升,高于6%,则银行承担利率变化风险;若市场利率水平下降,小于6%,则企业承担利率变化风险。因此,对于中长期借款,借款双方一般选择浮动利率。

我国人民币借贷长期实行固定利率,20世纪80年代以来不断进行利率管理体制的改革,确立了有管理的浮动利率体制,即"允许各大商业银行等金融机构在中央银行规定的基准利率基础上可以上下波动利率"。近年来,我国部分长期国家债券和金融债券也采取浮动利率,如随着1年期银行存款利率加一定利差的浮动利率。

### 四、名义利率和实际利率

从是否包含通货膨胀因素的角度看,利率可分为名义利率和实际利率。名义利率是指没有剔除通货膨胀因素的利率,实际利率则是指剔除通货膨胀因素后的利率。实际利率又可以理解为在物价不变、货币购买力也不变的条件下的利率。

如果以R表示实际利率,r表示名义利率,p表示借贷期间的通货膨胀率,则实际利率的计算有以下两种方式:

$$R=(r-p)/(1+p)$$

或:

$$R=r-p$$

前一种计算方式比较精确,多用于核算实际成本、实际收益;而后一种计算方式比较直观,多用于估算成本、收益及理论阐释。运用这两种方式计算的结果有一定的差异。

### 五、市场利率、官定利率和公定利率

从利率的形成和确定看,利率可分为市场利率、官定利率和公定利率。

市场利率是指由资金市场上供求关系决定的利率,它因受到资金市场上的供求变化影响而经常变化。在市场机制发挥作用的情况下,由于自由竞争,信贷资金的供求会

逐渐趋于平衡,经济学家将这种状态的市场利率称为"均衡利率"。一般情况下,市场利率会有一定的波动。

官定利率是指一国政府或货币管理当局(通常是中央银行)根据本国经济的发展所确定的利率。官定利率的制定一般要求国内所有的金融机构都必须执行。它是国家实施宏观经济调控的一种重要手段。

公定利率是指由一国或地区的行业协会或民间金融组织确定的利率。通常情况下,公会或金融组织中的会员都会遵守公定利率,若某一家金融机构违反公定利率擅自提高或降低利率就会受到公会或金融组织的惩罚,因此,在金融行业协会比较健全的国家,公定利率一般会得到较好的执行。

### 六、即期利率和远期利率

从借贷合约是否立即执行的角度看,利率可分为即期利率和远期利率。

即期利率是指从目前时点开始计算的未来一定期限的利率水平。如果目前投资的 100 万元,年末得到 110 万元,则意味着 1 年期的即期利率为 $(110-100)/100\times100\%=10\%$。

远期利率指在当前确定的未来两个时点之间的利率水平。如果一份远期协议规定,贷款人同意在 1 年后向借款人提供 1 年期的贷款 100 万元,到期借款人归还 110 万元,那么这个 $(110-100)/100\times100\%=10\%$ 的年利率就是一种远期利率,即 1 年之后的年利率。

### 七、基准利率和市场其他利率

按所处的地位不同,利率可分为基准利率和市场其他利率。基准利率是指在市场存在多种利率的条件下起基础作用的利率,当它发生变动时,将会影响其他利率的变化。在西方国家,基准利率一般是指银行间同业拆借利率,如伦敦同业拆借利率(Libor),它的变动将影响市场上其他利率如存款利率、贷款利率、国债利率的变化。我国为进一步推动利率市场化,借鉴国际经验,建立了中国货币市场基准利率——上海银行间同业拆放利率。

除了以上的分类,利率的种类还有国债利率、公司债券利率和一级市场利率、二级市场利率等。

## 第三节　利率的功能

在现代经济中,作为资金价格的利率发挥着极其重要的作用,无论是对宏观经济还是对微观经济,利率都具有直接或间接的调节功能。在西方国家,利率是国家调节经济的重要杠杆,是各国中央银行调节货币供应量、实现宏观经济目标的重要工具,它对宏观经济运行和微观经济运行都有着极其重要的影响。

## 一、利率的宏观调节功能

### (一)调节社会资金积聚

在市场经济条件下,制约一国经济发展的一个重要因素是资金短缺,对于发展中国家,这表现得更为明显。在整个经济运行中,无论是个人还是企业总有一部分资金暂时闲置,与此同时,又总有一些企业或个人面临资金短缺的局面。但市场经济条件下资金闲置者和资金短缺者经济利益的不一致,使得资金的运用不能无偿取得,必须有偿使用,而这种有偿手段就是利率。有了利率的存在,就可以使资金闲置者主动让渡闲置资金,从而使社会能积聚资金。利率越高,利息收入越多,人们就越愿意将闲置资金进行储蓄或投资,社会聚集资金的规模就越大;相反,利率越低,利息收入越少,人们就越愿意消费,全社会聚集资金的规模就无法扩大。

### (二)调节投资

利率对投资的规模和结构都具有调节作用。职能资本家进行投资,单纯依靠自有资本是不够的,还要有大量借贷资本。因此,利率的高低直接影响职能资本家投资规模的大小。利率低,投资成本小,有利于职能资本家扩大投资规模;利率高,投资成本大,抑制职能资本家的投资规模。因此,利率的升降与社会投资规模的大小成反方向变化。利率是资本的"价格",不但可以调节投资的规模,而且可以引导资本的流向,这为国家调节投资结构提供了必要的手段。国家为支持和发展某些具有发展前途的新兴产业和重点部门,可对其实行较低的利率政策,从而使这些新兴产业和有关部门获得利率较低的货币资本,促其发展;反之,对那些生产工艺落后、科技含量低、产品无销路或销路不畅、市场份额占有率低的部门或企业,可实行较高的利率政策,限制其生产规模,促使其调整产品结构,提高产品质量,使其升级换代,增加市场竞争力。

### (三)调整信贷规模

中央银行的贷款利率、再贴现率作用于中央银行对商业银行和其他金融机构的信用规模,当中央银行提高贷款利率和再贴现率时,有利于缩小信用规模,反之则有利于扩大信用规模。商业银行的贷款利率、贴现率作用于商业银行对顾客的信用规模,当商业银行降低贷款利率、贴现率时,有利于扩大信用规模,反之则有利于缩小信用规模。

### (四)调节国际收支

当国际收支不平衡时,国家可以通过利率杠杆来调节。当国际收支逆差比较严重时,国家可以将本国的利率水平调到高于其他国家的程度,这样不仅可以阻止本国资金流向利率较高的其他国家,还可以吸引外资流入本国。但是,若国际收支逆差发生在国内经济衰退时期,则不宜采用调节利率水平的做法,而只能通过调节利率结构来调节国际收支。

## 二、利率的微观调节功能

### (一)利率对家庭和个人的影响

**1. 影响家庭和个人的金融资产投资**

在金融商品多样化的条件下,个人可选择的金融资产的种类越来越多,如银行存款、国库券、金融债券、企业债券、投资基金、股票等。人们在选择金融资产以及合理搭配各种金融资产时,首先应考虑利率对其的影响。各种资产的收益和利率密切相关,利率作为计算收益的基本标准和尺度,在个人选择金融资产时起着不可替代的作用。

**2. 影响家庭(个人)的储蓄和消费**

对于家庭(个人)来说,其收入主要来自三个方面,即工资薪金收入、投资利得收入和偶然性收入。与个人或家庭收入相对应的是个人或家庭的消费或储蓄,消费是个人或家庭即期的支出,储蓄则是未来的支出。在收入总额中,有多少用于即期支出,有多少用于未来支出,通常取决于利率水平的高低。利率水平高,则边际储蓄倾向上升,人们会将更多的货币用于储蓄以获取较高的利息收益;反之,利率水平低,则边际消费倾向上升,人们将更愿意把货币收入用于消费而不是用于储蓄。

### (二)利率对企业的影响

**1. 激励企业提高资金使用效率**

虽然从整个信用关系角度看,利息是企业创造利润的一部分,但是从企业内部来看,资金作为一种生产要素,其使用成本也必须作为要素成本进入企业产品成本。在产品销售价格和其他要素成本一定的情况下,利率是促进企业节约资金、降低产品成本和提高经营效益的重要因素。

**2. 是企业折现未来收益的参考**

在金融市场上,企业通常可以采取发行股票、发行债券、向银行借款等方式筹集资金。企业从事生产经营是为了获得未来收益,但有时企业需要衡量所获得的未来收益的现在价值,就需要折现,即衡量未来一定量的价值等于多少现在的价值。利率就是企业进行未来收益折现的重要参考指标。

# 第四节 利率的决定及影响因素

## 一、利率决定理论

利率水平是如何决定的,哪些因素会使利率发生变化?国外经济学家在研究这个课题的过程中产生了几种主要的利率决定理论:马克思利率决定理论、古典学派的储蓄投资理论、凯恩斯的流动性偏好理论、新古典学派的可贷资金理论和IS—LM框架下的利率决定理论。

(一)马克思的利率决定理论

总体上来看,马克思的利率决定理论是以剩余价值在不同资本家之间的分割作为起点的。马克思认为,利息是借贷资本家从职能资本家那里分割来的一部分剩余价值,而利润是剩余价值的最终转化形式,利息的这种性质就决定了利息量的多少只能在利润总额的限度内,利率取决于平均利润率。其具体内容为:利率的变化范围介于零与平均利润率之间,且利率的大小取决于两个因素,一个是利润率,另一个是总利润在借款人与贷款人之间进行分配的比例。因为利润率决定利率,所以利率具有如下特点:一是随着技术的发展和资本有机构成的提高,平均利润率有下降的趋势,因而导致受其影响的平均利率也有同方向变化的趋势;二是平均利润率虽有下降的趋势,但是一个缓慢的过程,就一个阶段来考察,每一个国家的平均利润率是相对稳定的量,因而平均利率也具有相对稳定性;三是由于利息率的高低取决于两类资本家对利润分割的结果,因而利率的决定具有很大的偶然性,无法找到一种具体的决定规律。

(二)西方主要的利率决定理论

西方经济学家认为,利率主要取决于市场供求均衡,而影响市场供求变化的因素很多。利率决定理论主要研究影响市场供求的各个要素及其在利率决定中的作用方式。在此,我们介绍几种西方主要的利率决定理论。

**1. 古典学派的储蓄投资理论**

以马歇尔为首的西方经济学家认为,利率是由储蓄与投资等非货币的实际因素所决定的。该理论强调利率取决于储蓄与投资的均衡点,即储蓄与投资相等时的利率水平,又称为"均衡利率"。其分析结果如图4-1所示。

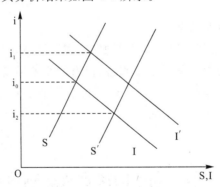

图4-1 储蓄、投资与利率之间的关系

在图4-1中,横轴代表储蓄、投资;纵轴代表利率;S与S'为储蓄曲线,也就是资本供给曲线,该曲线向上倾斜,表明随着利率的提高,储蓄将增加,资本供给将增加,即储蓄与利率之间是正相关的;I与I'为投资曲线,也就是资本需求曲线,该曲线向下倾斜,表明随着利率的提高,投资将减少,资本需求将降低,即投资与利率之间是负相关的。

储蓄曲线与投资曲线的交点所确定的利率 $i_0$ 为均衡利率,在该点上,储蓄与投资相等,即资本供给与资本需求相等。如果有些因素引起投资倾向提高,则I曲线向右平移到 I′，并与曲线 S 的交点所确定的利率 $i_1$ 即为新的均衡利率。如果有些因素引起储蓄倾向提高，则 S 曲线向右平移到 S′，并与 I 曲线的交点所确定的利率 $i_2$ 即为新的均衡利率。

**2. 凯恩斯的流动性偏好理论**

凯恩斯认为，人们对收入有两种选择：一是在总收入中确定消费与储蓄的比例，即现在消费还是未来消费的选择；二是在储蓄总量确定后，具体储蓄形式的选择，即流动偏好的选择。

该理论认为，利率不是由储蓄和投资相互作用决定的，而是由货币市场的货币供求决定的。货币供给是外生变量，由中央银行决定。货币需求是内生变量，取决于人们的流动性偏好。所谓"流动性偏好"，是指货币具有使用上的灵活性，人们宁肯牺牲利息收入而储存不生息的货币来保持财富的心理倾向。流动性偏好（货币需求）＝交易动机＋谨慎动机＋投机动机。"交易动机"是指人们需要货币是为了进行正常的交易活动，出于该动机的货币需求量主要取决于收入，收入越高，交易数量越大。谨慎动机即预防动机，是指人们为了预防意外支出而持有一部分货币的动机，这一货币需求大体上也是收入的增函数。这两种动机所产生的货币需求与收入成正比例关系。投机动机是指人们为了抓住有利时机购买有价证券而持有的一部分货币的动机，该动机与利率呈反方向变动，即利率越高，有价证券价格越低，货币需求会减少，反之亦然。因此，货币需求公式为：

$$L = L_1 + L_2 = L_1(Y) + L_2(i), dL_1/dY > 0, dL_2/di < 0$$

其中，$L_1$ 表示交易动机与谨慎动机的货币需求，是收入 Y 的递增函数；$L_2$ 表示投机动机的货币需求，是利率 i 的递减函数。货币供给 $M = M_1 + M_2$，$M_1$ 表示用于满足 $L_1$ 的货币供应量，$M_2$ 表示用于满足 $L_2$ 的货币供应量。货币供给是某一时期一个国家的货币总量，是由货币当局控制的。利率决定于货币的供求关系，是人们保持货币的欲望与现有货币数量间的均衡价格，即当货币供给与货币需求相等 M＝L 时，利率便达到了均衡水平，如图 4-2 所示。

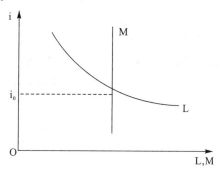

**图 4-2　流动性偏好利率理论**

在图 4-2 中，横轴代表货币量；纵轴代表利率；L 为货币需求曲线，该曲线向下倾斜，表明随着利率的提高，货币需求将减少；M 为货币供给曲线，该曲线完全无弹性，表明货币供给不受利率影响。

流动性偏好理论虽然纠正了古典学派忽视货币因素的缺陷,但完全不考虑投资与储蓄等实际因素是不合适的。

**3. 新古典学派的可贷资金理论**

新古典学派的可贷资金理论是为修正凯恩斯的"流动性偏好"利率理论而提出的,实际上可看作古典学派利率理论与凯恩斯流动性偏好理论的综合。可贷资金理论综合了前两种利率决定理论,认为利率是由可贷资金的供求决定的,供给包括总储蓄和银行新增的货币量,需求包括总投资和新增的货币需求量,利率的决定取决于商品市场和货币市场的共同均衡。

"可贷资金模型"的代表人物是英国的罗伯逊与瑞典的俄林。按照可贷资金理论,可贷资金的需求与供给均包括两个方面:一是可贷资金的需求来自某一期间投资流量和该期间人们希望保有的货币金额;二是可贷资金的供给来自于同一期间的储蓄流量和该期间货币供给量的变动。用公式表示为:

$$D_L = I + \Delta M^D$$
$$S_L = S + \Delta M^S$$

其中,$D_L$ 为可贷资金的需求,$S_L$ 为可贷资金的供给,$\Delta M^D$ 为该时期内货币需求的改变量,$\Delta M^S$ 为该时期内货币供应的改变量。具体如图4-3所示。

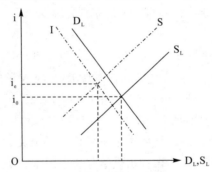

图 4-3 新古典学派的可贷资金理论

在图4-3中,横轴代表可贷资金量;纵轴代表利率;$D_L$ 为可贷资金的需求曲线,该曲线向下倾斜,表明随着利率的提高,可贷资金的需求量将减少;$S_L$ 为可贷资金的供给,该曲线向上倾斜,表明随着利率的提高,可贷资金的供给量将增加。

如图4-3所示,可贷资金供给与利率成正相关关系,而可贷资金需求与利率成负相关关系。就总体来说,均衡条件为:

$$I + \Delta M^D = S + \Delta M^S$$

但是,可贷资金理论最大的缺陷是未考虑商品市场和货币市场各自的均衡,因而该理论还是不够完善的。

**4. IS－LM 框架下的利率决定理论**

"IS－LM"模型即"希克斯－汉森"模型,该理论认为,在实际生活中,如果不考虑收入因素,利率水平很难确定。总收入取决于总供求相等的有效需求,有效需求取决于消费支出和投资支出,由于消费倾向在短期是稳定的,有效需求主要取决于投资总量,投资量又取决于资本边际效率与利率的比较。若资本边际效率为一定,则投资取决于利率,利率取决于货币供求。货币需求由货币的交易需求和投机需求构成,货币交易需求取决于收入水平,投机需求取决于利率水平。由此可见,收入和利率之间存在着相互决定的关系,两者必须是同时决定的。

IS 曲线是商品市场均衡时利率和收入相互影响的曲线。因为 Y＝S＋C＝I＋C,所以 I＝S 是商品市场的均衡条件,这里 C 表示消费,Y 表示收入。利率决定收入的曲线如图 4-4 所示:

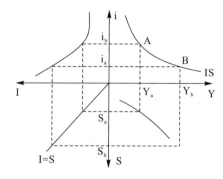

**图 4-4　IS－LM 模型中 IS 曲线的决定**

在图 4-4 中,第一象限表示的是利率—收入平面图,第二象限是投资—利率平面图,第三象限是投资—储蓄平面图,第四象限是收入—储蓄平面图。根据几何意义,我们可以得出第一象限的利率—收入曲线即为 IS 曲线。它的意义是商品市场均衡的情况下各种利率和收入的组合,即表示在一定的收入水平和利率水平下,投资和储蓄均衡的点的轨迹。

LM 是在货币市场均衡时反映利率与收入的对应关系的曲线。货币需求包括交易需求、谨慎需求和投机需求,即

$$L=L_1+L_2=L_1(Y)+L_2(i)$$

当货币供给等于需求时:

$$M=L_1+L_2$$

这里 M 为货币供给,并假设货币供给量不变,可以推导出满足货币市场均衡时的国民收入和利率的对应关系,如图 4-5 所示。

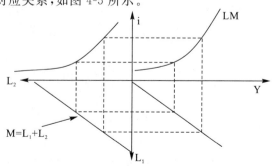

**图 4-5　IS－LM 模型中 LM 曲线的决定**

在图 4-5 中,第一象限代表的是收入—利率平面图,第二象限是投机动机货币量—利率平面图,第三象限是投机动机货币量—交易谨慎动机货币量平面图,第四象限是收入—交易谨慎动机货币量平面图。同样,根据第二、三、四象限中的三条曲线,可以得到第一象限的利率—收入曲线即为模型中的 LM 曲线,它表示在货币均衡的条件下,收入对利率的作用。从图 4-5 中可以看出,LM 是一条向右上方倾斜的曲线,之所以向右上方倾斜,是因为当收入增加时,$L_1$ 将增加,而 M 在一定的情况下,$L_2$ 必将下降,而利率 i 与 $L_2$ 是递减函数关系,因此利率 i 将上升。

市场均衡利率是由商品市场与货币市场同时达到均衡时决定的,如图 4-6 所示。

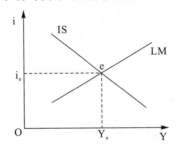

**图 4-6　IS-LM 框架下的利率决定理论**

整个经济的社会经济均衡点在 IS 曲线与 LM 曲线的交点处获得,因此,在商品市场上,要决定收入必须先决定利率,否则投资水平无法确定;而利率是在货币市场上决定的。在货币市场上,若不先确定一特定的收入水平,则利率无法确定,而收入水平又是在商品市场上决定的。因此,利率的决定又依赖于商品市场。在商品市场与货币市场相互作用同时达到均衡时所确定的利率与收入是唯一的,被称为"均衡利率"和"均衡收入"。

IS-LM 模型是揭示利率决定的比较系统的理论,该模型既克服了古典学派利率理论只考虑商品市场均衡的缺陷,又克服了凯恩斯学派利率理论只考虑货币市场的缺陷,同时还克服了新古典学派利率理论不能同时兼顾商品市场和货币市场各自均衡的缺陷,是分析利率变动趋势的一个较好工具。

**二、利率的风险结构理论**

利率的风险结构是指相同期限的金融资产因风险差异而产生的不同利率之间的关系。影响利率大小的风险因素,主要有信用风险、流动性风险和税收等。

**(一)信用风险**

信用风险,又称为"违约风险",是指债务人未能依约偿还本金或利息,使债权人遭受损失的风险。

违约风险愈高,债权人所要求的利率愈高。债券的信用评级愈高,表示债券的违约风险愈低,因此利率也就愈低。我们把某种有违约风险的债券与无违约风险的债券之间的利率差额称为"违约风险贴水"或"违约风险溢价"。国债没有风险,可以看成是无违约风险的债券。

### (二)流动性风险

流动性风险通常有两层含义:一种是从金融资产的可变现度来度量的风险,具体表现为金融机构为了履行支付合约,将金融资产迅速变现为现金的便捷性,常用的度量指标有流动性缺口、资产负债率、流动比率等;另一种是将金融资产按照市场价格或与之相近的价格进行买卖而不遭受损失成功变现的能力。后一种定义更符合流动性的本意。资产的流动性越大,越受人们的欢迎。有一些债券的还本付息可能不成问题,但缺乏流动性。这会影响到人们对这些债券的需求,因为人们总是偏好于流动性较高的资产,以便在必要的时候将它迅速变现。因此,在其他条件相同的情况下,流动性越高的债券利率将越低。

### (三)税收差异因素

相同期限债券之间的利率差异,除了受债券的信用风险、流动性因素影响外,还要受到税收因素的影响,因为债券持有人真正关心的是债券的税后实际利率。如果不同种类债券利息收入的税率不同,这种差异就必然要反映到税前利率上来。通常,享受免税待遇越高,利率就越低。

自20世纪40年代以来,美国联邦政府债券的利率一直比美国许多州和地方政府发行的政府债券的利率要高,因为根据美国税法的规定,市政债券的利息收入可以免交联邦所得税。

政府债券的利息收入可以免税,公司债券的利息收入则要交纳一定比例的所得税。因此,在期限和风险相同的条件下,公司债券的利率要高于政府债券利率。

### 三、利率的期限结构理论

相同风险、流动性、税收待遇的债券,由于离到期日的时间不同,其利率也可能不同,不同期限债券之间的关系称为"利率的期限结构"。利率期限结构理论要研究的是长短期利率存在差异的原因。

为了分析债券利率的期限结构,不同的分析者给出了不同的理论。其中,比较著名的是市场预期理论、市场分割理论和流动性报酬理论。

### (一)市场预期理论

利率期限结构的预期理论首先由欧文·费雪于1896年提出,是最古老的期限结构理论。该理论认为,长期债券的现期利率是短期债券的预期利率的函数,长期利率与短期利率之间的关系取决于现期短期利率与未来预期短期利率之间的关系。

如果预期的未来短期债券利率与现期短期债券利率相等,那么长期债券的利率就与短期债券的利率相等,收益率曲线就是一条水平线;如果预期的未来短期债券利率上升,那么长期债券的利率必然高于现期短期债券的利率,收益率曲线就是向上倾斜的曲线;如果预期的短期债券利率下降,则债券的期限越长,利率越低,收益率曲线就向下倾斜。

这一理论最主要的缺陷首先是严格地假定人们对未来短期债券的利率具有确定的

预期;其次,该理论还假定,资金在长期资金市场和短期资金市场之间的流动是完全自由的。这两个假定都过于理想化,与金融市场的实际差距太远。

### (二)市场分割理论

市场分割理论是由卡伯特森于1957年提出来的。该理论认为,因为各种期限的证券市场是彼此分割、相互独立的,所以不同期限的债券是相互独立的,不能相互替代。债券的购买者对债券期限具有强烈的偏好。如果一种债券的期限恰好与投资者心目中的持有期相吻合,他们就会有对这种期限债券的强烈偏好。投资者特别偏好于某种期限,因而只关心他们所喜欢的期限的债券的预期收益率,并依此决定是否购买债券。因此,各种期限的证券利率是由各个相互独立的市场的投融资者的偏好决定的。

### (三)流动性报酬理论

希克思首先提出了不同期限债券的风险程度与利率结构的关系,较为完整地建立了流动性报酬理论。

根据流动性报酬理论,不同期限的债券之间存在一定的替代性,这意味着一种债券的预期收益确实可以影响不同期限债券的收益。但是,不同期限的债券并非是完全可替代的,因为投资者对不同期限的债券具有不同的偏好。远期利率除了包括预期信息之外,还包括风险因素,它可能是对流动性的补偿。影响短期债券被扣除补偿的因素包括不同期限债券的可获得程度及投资者对流动性的偏好程度。在债券定价中,流动性偏好导致了价格的差别。

这一理论假定,大多数投资者偏好持有短期证券。为了吸引投资者持有期限较长的债券,必须向他们支付流动性补偿,而且流动性补偿随着时间的延长而增加,因此,实际观察到的收益率曲线总是要比预期假说所预计的高。这一理论还假定投资者是风险厌恶者,他只有在获得补偿后才会进行风险投资,即使投资者预期短期利率保持不变,收益曲线也是向上倾斜的。

### 四、影响利率变化的主要因素

利率是现代金融体系中核心指标之一,各种经济活动都与利率有一定的关系。影响利率变动的因素主要有以下几个方面。

### (一)平均利润率

利息是利润的一部分,因此,利润率是决定利率的基本因素。当资本量一定时,利润率越高,职能资本家获得的利润越多,支付给借贷资本家的利息总额就越多。而各产业、各行业之间的利润率是有差别的。随着技术的发展和资本有机构成的不断提高,资本总会从利润率低的部门转移到利润率高的部门,造成各种商品的供求比例发生变化,引起它们的市场价格上下波动,从而使各部门的利润率平均化,形成平均利润率。通常利率是介于零与平均利润率之间的。若利率小于零,则借贷资本家宁愿将资本保存在手中也不愿贷出去;若利率高于平均利润率,则职能资本家无利可图便不愿去借款了。

### (二)借贷资本的供求状况和竞争程度

在利润率一定时,利率水平取决于市场借贷资本的供求状况和竞争程度。一般来说,在其他因素不变的条件下,当借贷资本供不应求时,竞争越激烈,利率就会越高;反之,当借贷资本供过于求时,利率就会下降。由此我们可以把利率看作资本的价格。它同一般商品一样也遵循市场竞争规律,受供求关系变动的影响。

### (三)预期的通货膨胀率

在现代信用货币流通的市场经济中,尤其是在纸币的流通条件下,通货膨胀成为一种普遍的经济现象。如何预防和抑制通货膨胀成为人们生活中的一个关键问题。投资者在决定投资何种金融资产时,都会考虑到未来物价预期变动的补偿,以避免自己因货币实际价值的变动而发生损失。所以,当预期通货膨胀率上升时,利率会相应提高;当预期通货膨胀率下降时,利率水平也会有所下降。

### (四)借款期限的长短

利率随借贷期限的长短不同而不同。通常,借贷期限愈长,利率愈高,反之则愈低。从存款方面看,存款期限愈长,资金就愈稳定,银行愈能有效地加以运用,利润也愈多,银行可以也应该付给存款人更高的利息。从贷款方面看,贷款期限愈长,所冒风险就愈大,银行受到的机会成本损失也就愈大,银行理应按更高的利率收取更多的利息。

### (五)利率的风险结构

在金融市场上,期限相同的不同债券的利率一般不同,而且相互之间的利差也不稳定。例如,10年期国债的利率要低于10年期企业债券的利率,不同企业发行的10年期债券的利率也各不相同。我们把期限相同的金融资产因风险差异而导致的不同利率称为"利率的风险结构"。导致风险结构的原因主要有违约风险、流动性风险和税收因素,除此之外,债券附有的可赎回与可转换条款等也会对其产生影响,如可赎回条款会降低债券的价格,提高债券的收益率,可转换条款会提高债券的价格,降低债券的收益率。

### (六)经济周期

在经济发展不同时期,社会再生产规模也会不同,这也使得利率水平呈现变动的趋势。当经济繁荣时,生产迅速发展,生产规模不断扩大,利润不断增加,对借贷资本需求增大,利率会急剧上升。相反,当经济萧条时,因为企业信心不足,不愿增加生产投资和扩大生产规模,所以对借贷资本的需求量也会减少,借贷资本大量闲置,导致利率下降。

### (七)国家经济政策

利率成为世界各国调节经济的一种重要杠杆。因此,利率就不可能完全由市场借贷资金的供求状况决定,而必须受到国家的调控。各国政府都会根据本国经济发展状况和经济政策目标,通过中央银行制定合适的利率水平调节资金的供求关系、经济发展速度以及经济结构。当一国政府要实施宽松的经济政策时,就会适当降低利率水平以起到促进经济发展的作用;反之,当一国政府要实施紧缩的经济政策时,就会适当调高利率以起到紧缩的作用。

### (八)国际利率水平

在经济全球化的背景下,世界各国之间的联系越来越密切。国际利率水平的变化也会影响国内利率水平。在开放经济条件下,资本可以自由流动。当国内利率水平高于国际利率水平时,国外的货币资金尤其是游资就会流向国内,增加货币市场的资金供给,导致国内利率水平降低;反之,当国内利率水平低于国际利率水平时,一些国内资金就会流向国外,导致国内货币市场的货币供应减少,引起利率上升。此外,利率对一国汇率水平也有一定的影响,进而影响本国的对外贸易。

## 第五节 中国利率市场化改革

### 一、利率市场化的内涵

利率市场化是指中央银行将利率的决定权交给市场,由市场主体自主决定利率,而央行只控制基准利率,从而形成多样化的利率体系和市场竞争机制。它是由市场供求来决定的,包括利率决定、利率传导、利率结构和利率管理的市场化。实际上,它就是将利率的决策权交给金融机构,由金融机构根据资金状况和对金融市场动向的判断来自主调节利率水平,最终形成以中央银行基准利率为基础,以货币市场利率为中介,由市场供求决定金融机构存贷款利率的市场利率体系和利率形成机制。

实现利率市场化是中国金融体制改革的重要环节,有着多方面的意义。其一,有助于利率反映并覆盖借款人的风险。利率市场化可以使得商业银行根据不同的违约风险来确定贷款利率水平,有利于鼓励商业银行为中小企业和民营企业提供更多的金融服务。其二,有利于疏通货币政策的传导渠道。为实现利率市场化这一目标,需要不断完善中央银行利率体系,进一步理顺货币政策传导机制,逐步将利率作为宏观调控的重要经济杠杆之一。其三,有助于协调直接投资与间接投资之间的关系。利率市场化之后,为优化我国直接融资和间接融资的结构提供了前提条件。

### 二、我国的利率体系

我国在金融市场发展以前,曾长期实行官定利率与民间利率并存的双轨利率体系。官定利率就是由中国人民银行制定并公布执行的人民币存贷款利率。

自改革开放以来,我国的利率体系随着金融市场的发展和金融机构体系的改革而朝着多元化、多层次的方向发展。从利率的结构看,我国现行的利率体系是以中央银行利率为基础、金融机构利率为主体和市场利率并存的利率体系。

**1. 中央银行利率**

中央银行利率是中央银行对金融机构制定的各种存贷款利率。其中,存款利率一般包括金融机构在中央银行的法定存款准备金利率和一般存款利率;贷款利率包括中央银行对金融机构的再贷款利率和再贴现利率。中央银行利率是国家管理金融活动、反映利率政策意图、调节经济的工具。中央银行利率是整个利率体系中的主导利率,对商业银行利率和市场利率具有调节作用,决定并影响利率水平。因此,人们把中央银行的再贴现率称为"基准利率"。

**2. 金融机构利率**

金融机构利率是金融机构对企业单位和个人的各种存贷款利率。其中,存款利率一般包括企业单位存款利率、城乡居民储蓄存款利率;贷款利率包括短期贷款利率、中长期贷款利率、贴现贷款利率和优惠贷款利率。金融机构利率反映金融市场的资金价格水平,直接作用于社会经济、金融活动,作用范围广泛。它是实现中央银行货币政策的重要环节。

**3. 市场利率**

市场利率主要包括短期资金市场利率、长期资金市场利率和一般私人借贷利率等。短期资金市场利率包括同业拆借利率和票据市场利率等;长期资金市场利率主要包括各类有价证券利率和收益率等;一般私人借贷利率是指民间各种私人借贷利率。市场利率是我国市场经济、金融正常运行的重要机制,在市场筹融资中发挥着重要作用。市场利率的变动反映了市场资金供求、物价变化和融资风险,是国家制定利率政策的重要依据。

### 三、我国利率市场化的改革进程

自改革开放以来,我国利率市场化改革是双轨制推进,即一方面放松利率管制,推动金融机构自主定价,实现"贷款利率管下限、存款利率管上限"的阶段性改革目标,另一方面发展和完善市场利率体系,初步建立以 SHIBOR 为代表的短期基准利率和以国债收益率曲线为代表的中长期基准利率体系。随着利率市场化改革的推进,中央银行不断完善调控理念和方式,利率已经成为调节经济运行的主要手段之一。

我国利率市场化改革进程的顺序是:先放开银行间利率后放开客户利率;先放开外币利率后放开本币利率;在存贷款利率上,先放开贷款利率,后放开存款利率;在存款利率方面,先放开大额存款利率,后放开小额存款利率。这是我国利率改革的基本框架。具体来说,主要包括以下几个方面的内容。

**1. 放开银行间同业拆借利率**

20 世纪 80 年代,随着拨改贷的推进,专业银行逐步恢复,中国人民银行专门行使中央银行职能,金融机构呈现多元化发展,机构间资金余缺调剂的需求推动同业拆借市场迅速发展,资金批发市场初具规模。当时金融机构体制改革尚未到位,在投资饥渴的需求刺激下,这一市场曾经出现乱拆借的现象,市场区域分割和不透明也加大了管理部门监测市场的难度,导致高风险拆借行为盛行。为此,拆借利率一度实行上限管理。1996年 6 月 1 日,为实现利率市场,中国人民银行放开了银行间同业拆借利率,实现由拆借双方根据市场资金供求自主确定拆借利率,此举被视为利率市场化的突破口。

**2. 放开银行间债券市场利率**

拆借利率市场化形成了相对独立于原有存贷款管制利率体系的市场利率,一方面为市场注入了创新的原动力,推动了金融机构间市场的迅速发展,另一方面为资金批发市场利率的市场化提供了一个先例。1997 年 6 月 16 日,银行间债券市场正式启动,同时中国人民银行放开了债券市场债券回购和现券交易利率;1998年9月,放开了政策性银行金融债券市场化发行利率;1999年9月,国债在银行间债券市场利率招标发行,从而实现了银行间市场利率、国债和政策性金融债发行利率的市场化。

### 3. 推进境内外币利率市场化

2000年9月21日,中国人民银行宣布开始改革我国外币存贷款利率管理体制,放开外币贷款利率,300万美元以上的大额外币存款利率由金融机构和客户协商确定,小额外币存款利率由银行业协会统一制定,各金融机构统一执行;2002年3月,中国人民银行统一了中、外资金融机构外币利率管理政策,实现了中外资金融机构在外币利率政策上的公平待遇;2003年7月,放开了英镑、瑞士法郎和加拿大元的外币小额存款利率管理,由商业银行自主确定;2003年11月,放开了小额外币存款利率下限,对美元、日元、港币、欧元小额存款利率实行上限管理,商业银行可以根据国际金融市场利率变化,在不超过上限的前提下自主确定利率。

### 4. 推进贷款利率市场化

1998年,中国人民银行改革了贴现利率生成机制,贴现利率和转贴现利率在再贴现利率的基础上加点生成,在不超过同期贷款利率(含浮动)的前提下由商业银行自定;同年,将金融机构对小企业的贷款利率浮动幅度由10%提高到20%,农村信用社的贷款利率最高上浮幅度由40%提高到50%;1999年,允许县以下金融机构贷款利率最高可上浮30%,将对小企业贷款利率的最高可上浮30%的规定扩大到所有中型企业;2004年1月1日,将商业银行、城市信用社贷款利率的浮动区间扩大到基准利率的0.9~1.7倍,农村信用社贷款利率的浮动区间扩大到基准利率的0.9~2倍,贷款利率浮动区间不再根据企业所有制性质、规模大小分别制定;2004年10月,贷款上浮取消封顶,下浮的幅度为基准利率的0.9倍;2006年8月,贷款利率浮动范围扩大至基准利率的0.85倍;2008年5月汶川特大地震发生后,为支持灾后重建,人民银行于当年10月进一步提升了金融机构住房抵押贷款的自主定价权,将商业性个人住房贷款利率下限调整为基准利率的0.7倍;2012年6月,贷款利率浮动区间的下限调整为基准利率的0.8倍;同年7月,再次将贷款利率浮动区间的下限调整为基准利率的0.7倍;2013年7月20日起,全面放开金融机构贷款利率管制,取消金融机构贷款利率0.7倍的下限,由金融机构根据商业原则自主确定贷款利率水平,并取消票据贴现利率管制,改变贴现利率在再贴现利率基础上加点确定的方式,由金融机构自主确定,对农村信用社贷款利率不再设立上限。自此,我国全面放开了金融机构贷款利率管制。

### 5. 推进存款利率市场化

1999年10月,中国人民银行批准中资商业银行法人对中资保险公司法人试办由双方协商确定利率的大额定期存款(最低起存金额3000万元,期限在5年以上不含5年),进行了存款利率改革的初步尝试;2003年11月,商业银行、农村信用社可以开办邮政储蓄协议存款(最低起存金额3000万元,期限降为3年以上不含3年);2004年,允许银行的存款利率都可以下浮,下不设底;2012年6月,存款利率浮动区间的上限调整为基准利率的1.1倍;2014年11月调整为基准利率的1.2倍;2015年3月调整为基准利率的1.3倍；同年5月进一步调整为基准利率的1.5倍；2015年6月，中国人民银行宣布推出大额存单产品，商业银行、政策性银行、农村合作金融机构等可面向非金融机构投资人发行记账式大额存款凭证，并以市场化的方式确定利率。

### 四、我国利率市场化改革的制约因素

中国银行同业拆借市场利率、债券回购利率、票据市场转贴现利率、国债与政策性金融债券发行利率和二级市场的利率都已经完全实现了市场化。但是，还有一部分金融资产的利率还是在中央银行的控制下，因此，我国的利率市场化改革还存在一定的制约因素。

**1. 金融市场发展不完善**

市场利率是金融市场资金供求状况决定的均衡利率，其形成的基本前提是具有一个充分竞争、交易活跃、结构合理和信息通畅的金融市场。而我国金融市场的建立时间不长，许多方面与成熟金融市场相比有较大差距。

**2. 商业银行管理机制建设滞后**

利率市场化的过程就是金融产品定价的市场化，是各家商业银行逐步适应自行掌握金融产品定价权的过程。从目前来看，这个过程比较缓慢且步履艰难。

**3. 企业对利率缺乏敏感性**

资金在我国仍是一种稀缺的金融资源。利率要成为金融资源配置的有效杠杆，贷款企业必须对利率具有一定的敏感性。

**4. 社会信用缺失**

利率市场化是一种市场化行为，而市场有其自身缺陷，社会信用缺失会放大市场机制的缺陷。目前，我国的信用约束机制不强，信用基础十分脆弱，整个社会的信用意识非常淡薄。

**5. 金融监管机制不健全**

管制利率能否顺利转变成市场利率，并将利率放开后对国内经济运行的冲击降到最低限度，关键在于建立一种适应市场利率的有效监管机制。

### 关键术语

利率　利息　单利　复利　利率体系　固定利率　浮动利率　名义利率
实际利率　市场利率　基准利率　利率管制　利率市场化

### 复习思考题

1. 什么是利息和利率？
2. 简述利率体系及其构成。
3. 试述利率的经济功能。
4. 试述古典学派的储蓄投资理论。
5. 试述凯恩斯的流动偏好理论。

6. 试述新古典学派的可贷资金理论。

7. 试述 IS—LM 框架下的利率决定理论。

8. 试述我国利率市场化改革的进程、制约因素及改进措施。

拓展阅读

# 第五章

# 金融市场

**本章提要**

本章在介绍金融市场的内涵、金融市场的基本要素、金融市场的类型和金融市场的功能的基础上,重点介绍了金融市场中的货币市场、资本市场、外汇市场、黄金市场和金融衍生市场等主要子市场的构成、功能作用和特点。

# 第一节　金融市场概述

在现代经济中,市场是对社会资源进行最优配置的主要方式,大致可分为三类,即产品市场、要素市场和金融市场。金融市场是整个市场体系的枢纽。

## 一、金融市场的内涵

金融市场是指以金融资产为交易工具而形成的供求关系和交易机制的总和,是资金供求双方运用各种金融工具、通过各种途径实现货币借贷和资金融通的交易活动的总称。

金融市场是货币资金融通的市场,在金融市场上交易的对象是货币资金。金融市场的参与者是货币资金的供应者和需求者,他们通过金融资产的交易实现货币资金的融通,而金融资产的价格反映了金融资产之间的供求关系,是金融市场收益和风险的分配过程,这是金融市场运行的核心机制。

金融资产亦称为"金融工具"或"金融证券",是指一切代表未来收益或资产合法要求权的凭证。金融资产可分为基础性金融资产和衍生性金融资产,前者包括债券和股票等,后者包括远期、期货、期权和互换等。

金融市场与其他要素市场和产品市场具有本质上的不同:在其他要素市场和产品市场上,交易双方是一种单纯的买卖关系,其交易对象就是实物商品;而在金融市场上,交易者之间形成的是一种借贷关系或委托代理关系,是以信用为基础的资金的使用权和所有权的暂时分离或有条件的让渡。

## 二、金融市场的主体

金融市场的主体是指金融市场的交易者。金融市场的主体有政府部门、工商企业、居民个人、存款性金融机构、非存款性金融机构和中央银行。它们参与金融交易的动机主要是筹措货币资金、投资、套期保值、套利、投机以及调控宏观经济。

### (一)政府部门

中央政府与地方政府通常是资金的需求者,他们通过发行财政部债券或地方政府债券来筹集资金。政府部门发行的债券统称为"公债",因发行主体不同,又可分为中央政府债券和地方政府债券。政府部门通过发行债券筹措的资金可用于各项开支,既可满足政府的流动性需要,也可用于弥补财政赤字、投资建设项目、弥补战争费用或实施某种特殊政策。在现代市场经济的条件下,政府债券已成为政府筹措资金、扩大公共开支的重要手段。更为重要的是,政府利用金融资产作为实施财政政策的重要工具,通过发行国债来影响投资、消费和就业率,从而实现对宏观经济的调控。

政府部门同时也可能是资金的供应者。不少国家政府也是国际金融市场上的积极参加者,如中东的主要石油出口国家。不论是发展中国家还是发达国家,其政府部门都是金融市场上的经济行为主体之一。

(二)工商企业

工商企业是金融市场的重要主体,不仅是庞大的资金需求者,还是金融市场上的资金供应者。但在总体上,企业部门是资金净需求者。

企业首先是资金需求者,绝大多数企业需要在金融市场上筹措资金。例如,企业通过发行股票、债券等方式来筹集长期资金,满足扩大经营规模、投资新项目的需要,改善财务结构,提高财务杠杆效用,而股权融资则能完善公司治理结构;通过货币市场筹集短期资金,满足企业的流动性需要。因此,企业会根据自身对资金的需求,同时从筹资成本的高低、风险大小、筹资的便利程度等方面进行综合评估,选择最合适的筹资方式。

企业在生产经营活动中必然会出现短暂的闲置资金,为了使其保值或获得盈利,以使资金发挥更大效益,会选择投资短期政府债券、金融债券和其他企业债券,也可选择股票投资达到参股控股目的。

(三)居民个人

居民是金融市场上主要的资金供应者。居民以个人或家庭的名义投资金融资产,成为金融市场主要的投资主体。居民随着收入水平的提高,会用更多的收入投资于金融资产,如购买国债、企业债券、股票、基金、保险、黄金、外汇等,这些都是向金融市场提供资金。总的来说,居民投资的特点是资金量较少、抗风险的能力较弱。

(四)存款性金融机构

存款性金融机构是指通过吸收各种存款来获得资金,并以贷款或投资等形式来运用资金的机构。它们是金融市场的重要中介,也是套期保值和套利的重要主体。商业银行、储蓄机构、信用合作社等是典型的存款性金融机构。

**1. 商业银行**

商业银行是金融体系中最重要的金融机构。它在金融市场中是一个重要的资金供应者。商业银行通过吸收活期存款和定期存款等业务,把闲散在居民手中的货币集中起来,形成巨额社会资本,投放到生产和流通部门,扩大了社会资本的总体规模,促进了生产和流通的发展。除以上传统的存款业务之外,金融机构为使货币资金保值增值、保持流动性,以及为满足中央银行宏观调控的需要,往往是金融市场上最活跃的投资主体。由于受到金融监管的约束,商业银行通常只能投资于政府债券和投资级的企业债券,而不能允许投资于股票和投机级债券。一般情况下,商业银行首先选择短期国债并以它作为主要的超额储备资产,其次选择中长期政府债券,也有部分国家允许商业银行少量持有公司股票。除此以外,商业银行还是同业拆借市场上大的资金拆出者。

在金融市场上,商业银行是存款性金融机构中最主要的资金需求者。因为商业银行经营的货币商品是借贷资本,所以保证本金安全是商业银行的首要职责,此外商业银行还要保持资产有足够的流动性,在运动中实现增值,为银行带来利润。即商业银行要保证银行经营的安全性、流动性和盈利性三个原则。

一般而言,商业银行对金融市场的资金需求有以下渠道:直接向中央银行借款或再贴现、回购协议、大额定期存单、银行间同业拆借以及发行金融债券等方式。

**2. 储蓄机构**

西方的储蓄机构在金融市场中主要是资金供应。它是指专门吸收居民储蓄存款，并发放不动产抵押贷款、投资国债或其他证券的金融机构。与商业银行相比，储蓄机构的资产业务期限长，抵押贷款比重高。政府也常对其进行政策支持。

**3. 信用合作社**

信用合作社在金融市场中主要是资金供应者。信用合作社是一种互助合作性质的金融组织，它是由某些具有共同利益的人组成的、采取会员制的组织，如农村信用合作社、城市手工业者的信用合作社等，其资金运用主要是对会员提供短期贷款、消费信贷、票据贴现等，也有一部分用于证券投资、同业拆借和转存款。

（五）非存款性金融机构

非存款性金融机构的资金来源和存款性金融机构吸收公众存款不一样，它主要是通过发行证券或以契约性的方式聚集社会闲散资金。非存款性金融机构一般包括保险公司、养老基金、投资银行、投资基金。

保险公司的资金来源以收取保费为主，是一种比较稳定的资金来源，主要业务支出是保险赔偿金，较有规律。保险公司的投资活动注重安全性和收益性，对流动性的要求不高，可进行股票、国债、地方政府债、企业债券的投资。

投资银行是经主管部门依法批准设立在金融市场经营证券业务的金融机构，既是证券市场的中介机构，又是金融市场的重要参与主体。作为筹资者，投资银行可以以金融机构的身份进入货币市场融入短期资金，也可以公开发行债券、股票筹措中长期资金。作为投资者，投资银行可以以参股或控股的方式投资于其他金融机构或企业，但更常见的是以自营业务的形式投资于股票和债券。

证券投资基金是一种利益共享、风险共担的集合投资方式，即通过发行基金份额集中投资者的资金，由托管人托管，由基金管理人管理和运用资金从事股票、债券等金融资产的投资并将投资收益按基金投资者的投资比例进行分配，它是一种间接投资方式。证券投资基金是金融市场上的主要机构投资者，证券投资基金有时也需要对外融资，但通常是通过货币市场融进短期资金以补充流动性不足。证券投资基金的资金实力雄厚、信息灵通、分析能力和操作能力强，它们的投资活动在金融市场上影响很大。

各类社会基金包括养老基金、企业年金、社会公益基金等，它们都是金融市场上长期稳定的机构投资者。这类基金的投资目的主要是自身资产的保值增值，注重安全性和收益性，主要选择国债、地方政府债、信用级别高的公司债和绩优公司的股票进行投资。

（六）中央银行

中央银行是金融市场的特殊主体。作为一国的金融管理当局，中央银行参与金融市场交易目的是执行货币政策、调控货币供应，为国家的宏观经济目标服务。中央银行以公开市场业务的方式参与金融市场交易，在货币市场通过买卖政府债券投放或回笼基础货币，以影响货币供应量和市场利率。

一些国家的中央银行还接受政府委托,代理政府债券的还本付息;接受外国中央银行的委托,在金融市场买卖证券,参与金融市场的活动。

### 三、金融市场的客体——金融工具

金融工具也称为"信用工具""融资工具",是指金融市场上交易的对象或标的物,是具有票面价值、代表财产所有权或债权,并借以取得一定收入的证书。不同的金融工具反映着不同的融资关系和性质,适应不同的融资需要。

#### (一)金融工具的特征

**1. 期限性**

期限性是指金融工具一般有约定的偿还期,即规定发行人到期必须履行还本付息的义务。一是有明确的偿还期限,如债券,一般有明确的还本付息期限,以满足不同筹资者和投资者对融资期限和收益率的不同要求。债券的期限性具有约束力,是对融资双方权益的保护。二是偿还期限无限,如股票,永远不偿还本金。三是偿还期为零,如即期金融工具,见票即付款。

**2. 收益性**

收益性是指持有金融工具可以获得一定的报酬和金融工具本身的价值增值。金融资产的收益性包括定期支付的利息、股利和价格变动产生的价差收益。衡量收益水平的指标是收益率,即净收入和本金的比率。影响收益水平的主要因素是金融工具的票面利率、股息率、市场利率、金融工具的期限及价格水平等。

**3. 流动性**

流动性是指金融工具在短时间内变现的能力。金融工具的流动性通过承兑、贴现、再贴现、买卖交易而实现。影响金融工具流动性的因素主要有金融工具的期限、金融工具的交易成本、发行人的资信水平、金融市场的完善程度和投机性等。

**4. 风险性**

风险性是指金融工具的持有人不能实现预期收益,甚至连本金也遭受损失的可能性。风险性反映了未来经济状况的不确定性。金融工具的风险分为系统性风险和非系统性风险两部分,系统性风险难以分散和规避,非系统性风险可以通过选择工具品种和资产多样化予以回避。金融工具的风险大小取决于发行人的资信水平、经营能力和盈利能力,还受宏观经济状况、金融市场完善程度等因素的影响。

金融工具的各特征之间存在一定的联系;金融工具的收益性与期限性、风险性成正比,与流动性成反比;金融工具的期限性与流动性成反比;金融工具的风险性与流动性成反比。

金融工具各特征之间的关系并非一成不变,在一个相对完善的市场中,期限、风险、流动性相似的金融工具在价格机制的作用下,收益率会趋向平均水平,促使金融市场实现均衡。

## (二)金融工具的种类

**1. 按金融工具的期限不同,可分为货币市场工具与资本市场工具**

货币市场工具是期限在一年以内的金融工具,主要有商业票据、短期政府债券、银行承兑汇票、可转让大额定期存单、回购协议等。这类金融工具期限短、流动性强、风险小。资本市场工具是期限在一年以上的金融工具,主要包括股票、公司债券及中长期政府债券等。资本市场工具期限长、风险大、流动性较弱。

**2. 按金融工具发行人的性质及融资方法不同,可分为直接融资工具与间接融资工具**

货币市场工具、政府债券、公司债券、股票等是通过直接融资市场发行的,属于直接融资工具。银行存单、人寿保险单等是由金融机构发行的,属于间接金融工具。

**3. 按金融工具的性质不同,可分为债务凭证和所有权凭证**

债务凭证是发行人依法定程序发行并约定在一定期限内还本付息的有价证券。而所有权凭证反映了持有人对公司的所有权关系,如公司股票。

**4. 按金融工具的市场属性不同,可分为基础性金融工具和衍生金融工具**

股票、债券、外汇、基金等属于基础性金融工具。衍生金融工具是指由原生性金融商品或基础性金融工具创造出的新型金融工具,是在20世纪70年代全球金融创新浪潮中的高科技产品,一般表现为一些合约,这些合约的价值由其交易的金融资产的价格决定。衍生金融工具包括远期合约、期货合约、期权合约、互换协议等。

## 四、金融市场的类型

金融市场的分类方法较多,按不同的标准有不同的分类。按金融资产的种类划分,金融市场可分为货币市场、资本市场、外汇市场、黄金市场和衍生金融工具市场。

### (一)货币市场

货币市场是以期限在一年以内的金融资产为交易工具的短期资金融通市场。它的主要功能是保持金融资产的流动性,以便随时转换成现实的货币,应付即时支付的需要。货币市场包括同业拆借市场、回购协议市场、商业票据市场、银行承兑汇票市场、大面额可转让存单市场、短期政府债券市场等。货币市场一般没有正式的组织,所有交易特别是二级市场的交易几乎都是通过电讯方式进行的。货币市场的特征是市场交易量大、流动性强。

### (二)资本市场

资本市场是以期限在一年以上的金融资产为交易工具的中长期资金融通市场。资本市场的主要功能是满足供求双方对中长期资金融通的需求,实现储蓄向投资的转化,优化资源配置。资本市场又可分为股票市场、债券市场、投资基金市场等。

### (三)外汇市场

外汇市场是进行外汇交易的市场。外汇市场的主要功能是进行国际结算与支付、清偿国际债权债务、调剂国际资金余缺、实现国际资本流动以及规避汇率波动风险。随着国际经济联系日益密切,外汇市场已是金融市场不可或缺的重要组成部分。

### (四)黄金市场

黄金市场主要是指集中进行黄金交易的市场。由于黄金仍是重要的国际储备资产,在国际结算中占据着重要的地位,因此,黄金市场仍被看作金融市场的组成部分。

### (五)衍生金融工具市场

衍生金融工具市场是以金融衍生工具为交易对象的市场。衍生金融工具市场的主要功能是转移、分散现货金融资产面临的利率、汇率、股价变动的风险,达到为现货金融资产保值的目的。金融衍生工具市场可细分为金融期货市场、金融期权市场、金融远期市场和金融互换市场,是现代金融市场中最具发展前景的市场。

此外,按中介特征,可将金融市场分为直接金融市场和间接金融市场;按市场的功能或交易层次,可将金融市场分为初级市场、二级市场、第三市场和第四市场;按成交与定价的方式,可将金融市场分为公开市场与议价市场;按有无固定场所,可将金融市场分为有形市场与无形市场;按地域,可将金融市场分为国内金融市场与国际金融市场。

## 五、金融市场的功能

### (一)资金聚敛与融通功能

资金聚敛与融通功能是金融市场最主要、最基本的功能。资金聚敛功能是指金融市场具有聚集众多分散的小额资金成为可以投入社会再生产的资金的能力。在社会经济运行中,各经济主体必然会出现货币资金的盈余和不足,因而有相互融通货币资金的需要,资金聚敛功能为资金供求双方相互融通资金提供了基础。资金供应者可以通过购买金融资产将过剩资金融通给资金短缺的筹资者,而资金需求者可以通过出售金融资产筹集资金。同时,各经济主体对货币资金的供求在时间长短、数额大小、收益性、风险性、流动性、融资方式上又各不相同,金融市场创造和提供的多样化的金融工具能满足各方的需求,从而能最大限度地融通资金,实现资金效益最大化。

### (二)资源配置功能

资源配置功能是指金融市场通过将资源从低效率利用的部门转移到高效率的部门,来实现社会资源的合理配置和有效利用。

在现代经济条件下,社会资源有效配置的前提条件是货币资金的有效配置,是通过金融市场的内在约束机制来实现的。通常货币资金总是流向最有发展潜力、能为投资者带来最大利益的地区、部门和企业,而筹资者力求将资金投向有良好效益的项目,同时又要加强内部管理,节约资金使用,这样才能实现资源优化配置,使有限的资源得到合理利用。

### (三)价格发现功能

在现代经济社会中,金融市场通过价格对所有的市场参与主体所从事的各种交易进行协调。金融市场上买卖双方的相互作用决定了金融资产的交易价格,金融资产价格协调着市场参与各方的投融资决策。金融资产价格上升,会使投资者减少资产的购买,增加资产的出售,同时,金融资产价格上升,收益率下降,会导致企业扩大融资规模;

反之,金融资产价格下降,会刺激居民的投资,抑制企业的融资规模。金融市场通过价格的波动引导资金在金融市场间的分配,这就是价格发现功能。利率市场化程度越高的国家,价格的确定也越合理;金融市场套利机制的存在,也是市场价格形成的基础。因此,合理的价格体系能使金融市场健康持续地发展。

(四)经济调节功能

金融市场是政府实现宏观经济政策的重要场所。货币政策是政府重要的宏观经济政策,金融市场不仅为公开市场业务、利率政策等货币政策工具的实施提供市场条件,还为货币政策的传递提供市场机制。中央银行可以通过公开市场操作来调节货币资金的供应量,影响经济的发展规模和速度,又可以通过货币资金的流动和配置来影响经济结构和布局,同时还能借助利率、汇率、金融资产价格的变动促进社会经济效率的提高,从而达到调节整个宏观经济运行的目的。此外,财政政策的实施也离不开金融市场,政府通过国债的发行与运用对各经济主体的行为加以引导和调节。

(五)综合反映功能

金融市场历来被称为国民经济的"晴雨表"和"气象台",是反映经济运行状况的指示器。利率、汇率、基础货币和货币供应量、金融资产的发行量和交易量、金融资产的价格水平和价格指数等既能反映一国宏观经济的运行状况,又能反映企业、行业的状况,还能反映政府宏观经济政策的变化以及国际政治经济环境的变化。金融市场有大量专门人员长期从事商情研究和分析,能了解企业的发展动态。金融市场有着广泛而及时地收集和传播信息的通讯网络,使人们可以及时了解世界经济发展变化情况,金融指标的变化成为人们作出决策的重要依据。

# 第二节 货币市场

货币市场是指在一年期以内(包括一年期)的短期金融工具发行和交易所形成的供求关系及其运行机制的总和。货币市场是一个无形的市场,具有交易规模大、流动性强、风险小和收益低的特征。货币市场的活动主要是为了保持资金的流动性,同时也为中央银行实施货币政策提供操作手段。

## 一、同业拆借市场

同业拆借市场是指金融机构之间进行短期资金融通活动的市场。拆借双方通过在拆借市场上的交易,形成一种短期资金的借贷关系。同业拆借不但能弥补或调剂资金头寸,而且已发展成为各金融机构特别是各商业银行弥补资金流动性不足和充分、有效运用资金,减少资金闲置的市场。同业拆借市场交易活动的特点是交易量大、期限短、无担保、成交方便快捷。这些特点使同业拆借市场的交易能够敏感地反映短期资金供求关系,并影响整个货币市场的利率,因此,同业拆借市场是货币市场最重要的组成部分。

同业拆借市场最早产生于美国,法定存款准备金制度的建立与发展是同业拆借市场产生的根本原因。在20世纪30年代经济大危机之后,西方各国普遍强化了中央银行的作用。随着存款准备金制度逐步被其他国家所采用,以及这些国家的金融监管当局加强对商业银行流动性的管理,同业拆借市场在越来越多的国家得以形成和迅速地发展。

(一)同业拆借市场的参与者

**1. 商业银行**

同业拆借市场的参与者主要是商业银行,它既可以作为主要的资金供给者,也可以作为主要的资金需求者。商业银行由于资产和负债的规模大,因而需要缴纳的存款准备金较多,资产流动性及支付准备金也较多。当商业银行的现金储备不足以支付法定存款准备金,或者超额准备金不足以应付流动性需要时,商业银行可以通过向同业拆借市场借入短期资金,以弥补法定存款准备金的不足和补充必要的超额准备;反之,若商业银行存在过多的超额准备金,则可以通过同业拆借市场贷出多余的资金,获得一定的收益。因为大的商业银行资金实力强、信誉好,所以很容易获得资金融通。拆借市场的存在对于商业银行保持良好的资产负债结构、降低经营风险、保持资产流动性有着重要作用。

**2. 非银行金融机构**

非银行金融机构也是同业拆借市场的重要参与者,如互助储蓄银行、储蓄贷款银行、证券商、基金管理公司、保险公司、信托投资公司等。这些机构在同业拆借市场上大多数以贷款人的身份出现。但他们也有资金拆入的需求,如证券商的短期拆入。

**3. 国外银行的代理机构和分支机构**

随着国外银行的进入,同业拆借市场的参与者越来越呈现多样化的趋势,国外银行在本国开设的代理机构和分支机构也成为同业拆借市场的参与者之一。

**4. 交易中介机构**

交易中介机构是同业拆借市场重要的参与者。它们通过给拆借交易的双方充当媒介,获得一定的手续费。交易中介机构又可以分为两类:一类是专门从事拆借市场及其他货币市场子市场中介业务的专业性中介机构;另一类则是非专门从事拆借市场中介业务的兼营机构,多由大的商业银行担当,这些中介机构在有的国家被称为"融资公司",有的被称为"拆借经纪商"或"经纪商"。

(二)同业拆借市场的分类

同业拆借市场按有无中介机构参加可分为直接拆借和间接拆借。直接拆借是指拆借双方直接洽谈,拆借利率由交易双方协商确定;间接拆借是指拆借双方通过货币市场中介机构拆出或拆入资金,拆借利率根据借贷资金的供求关系通过中介机构公开竞价或从中撮合而确定。

(三)同业拆借市场的期限和利率

同业拆借市场的拆借期限一般很短,以1~2天最为常见,最短的期限为1天,又称为"隔夜拆借"。另外还有拆借期限比较长的,如7天、14天、28天等,也有1个月、2个月、3个月的,最长的可以达到1年,被称为"期限拆借"。期限拆借大多1~2周,一般不超过1个月。

同业拆借利率是金融机构融入资金的价格,是货币市场的核心利率。它能够及时、有效、准确地反映货币市场的资金供求关系,对货币市场上其他金融工具的利率具有重要的引导作用。例如,美国联邦基金利率、伦敦银行同业拆借利率(LIBOR)、新加坡银行同业拆借利率(SIBOR)、香港银行同业拆借利率(HIBOR)和上海银行间同业拆放利率(SHIBOR)。

其中,上海银行间同业拆放利率是以位于上海的全国银行间同业拆借中心为技术平台计算、发布并命名,由信用等级较高的银行组成报价团自主报出的人民币同业拆出利率计算确定的算术平均利率,是单利、无担保、批发性利率。目前,对社会公布的SHIBOR品种包括隔夜、1周、2周、1个月、3个月、6个月、9个月及1年。

### 二、回购市场

(一)回购市场的内涵

回购市场是通过回购协议来进行短期资金借贷所形成的市场。回购协议是指证券资产的卖方在出售证券的同时,和证券资产的买方签订协议,约定在一定期限后按约定价格购回所卖证券,从而获取即时可用资金的一种交易行为。回购协议的实质是一种以证券资产作抵押的资金融通。回购协议可分为正回购和逆回购:正回购(融资)是指以持有的证券作质押,取得一定期限内的资金使用权,到期按约定的条件购回证券并支付一定的利息;逆回购(融券)是指以获得证券质押权为条件融出资金,到期归还对方质押证券并收回融出资金,取得一定的利息收入。

(二)回购市场的参与者

回购市场的参与者包括商业银行、非银行金融机构、企业、政府和中央银行。商业银行和非银行金融机构是回购市场上的主要参与者,它们既是资金需求者,也是资金供应者,企业和政府主要是资金供应者。中央银行参与回购交易并非为了获得收益,而是通过回购市场进行公开市场操作,从而有效实施货币政策。

(三)回购市场的证券品种

在证券的回购交易中,可以作为回购协议标的物的主要有政府债券、公司债券、金融债券、大额可转让存单和商业票据等。

(四)回购市场的期限

回购协议的期限是短期的,具体的期限从1天到数月不等,如1天、7天、14天、21天、1个月、2个月、3个月和6个月等。其中,1天的回购协议被称为"隔夜回购",超过1天的回购协议则统称为"期限回购"。

(五)回购市场利率的决定

在回购交易中,约定的回购价格与售出价格之间的差额就是借款者应支付的利息,它取决于回购利率的水平。证券回购利率与证券本身的年利率无关,由交易双方协商决定。一般而言,回购市场利率水平的高低由以下几个因素决定:回购证券的质地;回购期限的长短;交割的条件;货币市场其他子市场的利率水平等。

(六)回购市场的风险

**1. 信用风险**

信用风险是指交易双方有可能违约,不履行回购协议中的购回或卖出义务,而使对方遭受损失的可能性。为减少信用风险,回购交易一般要设置保证金,并根据证券抵押品的市值随时作调整。

**2. 证券清算风险**

在回购交易中,证券的交付一般不采用实物交付的方式,可能会出现抵押证券并未实际交付或无足额抵押证券的行为,从而加剧融资风险。为避免这种风险,目前国际通行的做法是要求第三方机构充当保管人,一般由在市场上信誉较高的金融机构来承担。

### 三、商业票据市场

(一)商业票据的内涵

商业票据是由财务状况良好、信用等级很高的大公司,以贴现方式出售给投资者的一种短期无担保承诺凭证,其发行目的是筹措资金。商业票据市场就是以商业票据为交易对象的市场。

商业票据是货币市场上历史最悠久的工具,最早可以追溯到19世纪初。从20世纪60年代开始,商业票据市场进入了一个快速发展阶段,规模迅速扩大,许多大公司和金融机构都加入到商业票据市场中。

(二)商业票据市场的要素

**1. 发行者**

商业票据的发行主体主要包括金融公司和非金融公司。非金融公司发行的商业票据比金融公司少,但这些大公司往往都具有很好的信誉与知名度。

**2. 投资者**

商业票据的投资者主要有中央银行、商业银行、保险公司、基金组织、投资公司、非金融公司、政府和个人。由于商业票据面值较大,个人投资者参与较少,因而个人既可以直接从商业票据发行者、交易商手中购买,也可以通过购买商业票据的基金份额来投资。

**3. 商业票据的发行方式**

商业票据的发行方式可以分为直接发行与间接发行。直接发行就是发行者通过自己的渠道出售,间接发行就是通过票据交易商销售。票据交易商主要帮助一些规模虽大但仍无力直接销售的公司发行商业票据以从中获得一定的收益。

**4. 商业票据的面额和期限**

商业票据的面额一般都很大,以美国为例,商业票据的面额大多在100000美元以上,只有少数为25000美元或50000美元,因此,商业票据的发行规模也十分巨大。商业票据是短期金融工具,美国商业票据期限一般不超过270天,欧洲的稍长些。市场上未到期的商业票据平均期限在 30 天以内,而大多数商业票据的期限在 20 天到 40 天之间。

#### 5. 商业票据的发行成本

商业票据的发行成本主要由两大部分组成:利息成本与非利息成本。

(1)利息成本:由于商业票据是贴现发行的,因而商业票据总的利息成本就是其面值与发行价格之间的差额。

(2)非利息成本:主要是在发行和销售商业票据过程中所支付的费用。它包括:承销费,即支付给承销机构的佣金;保证费,即支付给为发行者提供信用保证的金融机构的费用;信用额度支持费,即发行者必须在银行账号中保留一定金额的无息资金;信用评级费,即发行者支付给为其评级的信用评级机构的费用。

#### 6. 商业票据的信用评级

信用评级对于商业票据的发行有重要作用。一方面,信用评级高的票据风险小,投资者会非常欢迎;另一方面,信用评级高会降低发行人的成本。以美国为例,其商业评级机构主要有四家:穆迪投资服务公司、标准普尔公司、德莱·费尔普斯信用评级公司和费奇投资公司。商业票据的发行人必须获得两个评级,美国证券交易委员会认可两种合格的商业票据:一级票据和二级票据。一般说来,要想成为一级票据,必须有两家评级机构对所发行的票据给予"1"的评级;成为二级票据则必须有一家机构给予等级"1"的评级,至少还有一家给予等级"2"的评级。二级票据为中等票据,货币市场基金不能投资此类票据。

### 四、银行承兑汇票市场

#### (一)银行承兑汇票的原理

银行承兑汇票市场是指以银行承兑汇票作为交易对象的市场。

汇票是出票人签发的委托付款人在见票时或指定日期无条件支付一定金额给收款人或持票人的票据。在商品交易活动中,售货人为向购货人收取货款而签发汇票,当付款人在该汇票上注明"承兑"字样并签章后,该汇票就成为承兑汇票。如果付款人是购货人,则该汇票就称为"商业承兑汇票";若付款人是商业银行,则称其为"银行承兑汇票"。银行一旦作出"承兑"的承诺,就表明该银行已成为这笔商品交易所产生的债务关系的最终付款人,实际上是承兑银行将自己的信用借给了商品的买方,因此,买方必须向承兑银行支付一定的手续费。汇票持有人既可以将银行承兑汇票持有到期,也可以提前到任何商业银行贴现,或是直接到银行承兑汇票二级市场上出售。

在国际贸易中,银行承兑汇票能发挥更大的作用,当一笔国际贸易发生时,由于交易双方的不了解,一方面是出口商担心进口商不付款,另一方面则是进口商担心出口商不发货,这时便需要银行的信用作保证。一般来说,进口商先要求本国银行开具信用证,并交给出口商,作为进口商信用的保证,收到信用证的出口商就可以开始发货,并同时将发货证明凭单和开具的汇票一起交给信用证开证行,若是即期付款的交易,则开证行见票即付,若是远期付款的交易,则开证行在汇票上注明"承兑"字样,并签章。

## (二)银行承兑汇票的市场交易

### 1. 初级市场

银行承兑票的初级市场就是银行承兑汇票的发行市场,由出票和承兑两个环节构成,两者缺一不可。

出票是指出票人签发票据并将其交付给收款人的票据行为。出票人一方面要按照法定格式做成票据,另一方面要将所出的汇票交给收款人。

承兑是指汇票付款人承诺在汇票到期日支付汇票金额的行为。付款人一经承兑,承兑人就是汇票的主债务人。汇票的承兑一般分为三个步骤:提示承兑、承兑及交还票据。

### 2. 二级市场

银行承兑汇票的二级市场就是不断流通转让的市场。银行承兑汇票的交易既包括简单的买卖转让关系,也包括对银行承兑汇票进行贴现、转贴现和再贴现。银行承兑汇票的贴现、转贴现和再贴现等票据转让行为,都必须经过背书程序。

背书是以将票据权利转让给他人为目的的票据行为。背书的最终结果是被背书人获得汇票的相应权利。背书人是汇票的债务人,他要承担其后手所持汇票承兑和付款的责任,并证明前手签字的真实性和背书的连续性,以证明票据权利的正当性。若汇票遭到拒绝付款,则汇票持有人可以向背书人追索款项。

贴现是汇票持有人为取得现款将未到期的银行承兑汇票到银行或其他可贴现机构折价转让的票据转让行为。

转贴现是办理贴现业务的银行或其他贴现机构将其贴现收进的未到期票据再向其他的银行或贴现机构进行贴现的票据转让行为,这也是金融机构之间的一种资金融通方式。转贴现一方面可以解决提供贴现的银行或其他贴现机构短期资金不足的问题;另一方面也可以使其他有闲置资金的银行或贴现机构获得一定收益。

再贴现是持有未到期票据的商业银行或其他贴现机构将票据转让给中央银行的行为,它也是中央银行和商业银行与其他贴现机构之间进行资金融通的一种形式。中央银行通常将再贴现作为实施货币政策的一个有力工具。通过对再贴现率进行调整,中央银行可以有效控制商业银行和其他贴现机构的票据再贴现,从而控制了它们以再贴现方式的融资行为,进而控制货币供应量,以实现货币政策目标。

## (三)银行承兑汇票的成本

由于银行承兑汇票持有人通常都在汇票到期前就将其转让,它的成本主要是贴现转让所付的贴息,若是向银行或其他可贴现机构进行贴现,则成本除了贴息外,还有少量手续费支出。与银行贷款比较,借款人利用银行承兑汇票较传统银行贷款的利息成本及非利息成本之和低;与发行商业票据比较,借款人运用银行承兑汇票比发行商业票据筹资有利。

## 五、短期政府债券市场

短期政府债券是政府部门以债务人身份承担到期偿付本息责任的期限在一年以内

的债务凭证。短期政府债券主要是中央政府债券,即我们通常所说的国库券。短期政府债券具有流动性强、违约风险小、面额小和收入免税等特点。

(一)短期政府债券的发行市场

短期政府债券的发行人是财政部。短期政府债券通常采用贴现方式发行,即投资者以低于面值的价格购得短期政府债券,到期时按面额偿还。投资者的收益是证券的购买价与证券面额之间的差额。短期政府债券的发行目的一是满足政府部门短期资金周转的需要;二是为中央银行的公开市场业务提供可操作的工具。

短期政府债券一般采取公开招标发行的方式,投资者可以用两种方式来参加投标。

**1. 竞争性投标**

竞标者报出认购国库券的数量和价格(拍卖中长期国债时通常报出收益率),所有竞标根据价格从高到低(或收益率从低到高)排队。竞争性招标的方式又分为两种。

(1)荷兰式招标。"荷兰式招标"的特点是"单一价格"。在投标过程中,各中标机构会按照全场的最高中标利率(或最低中标价格)来认购当期国债。

(2)美国式招标。"美国式招标"的特点是"多种价格"。在投标过程中,各中标机构按各自申报的中标价格承销当期国债,全场加权平均中标利率为当期国债的票面利率。

**2. 非竞争性投标**

由参加投标的投资者报出认购数量,并同意以全场中标的平均竞价购买。

(二)短期政府债券的流通市场

短期政府债券的流通市场主要是进行短期政府债券交易的场所,能实现短期政府债券的流动性。

**1. 短期政府债券的交易**

在流通市场上,短期政府债券的交易是在投资者之间进行的短期政府债券买卖转让行为。

(1)国库券是个人投资者理想的投资对象,尤其是稳健型投资者的重点选择。

(2)国库券是商业银行理想的二级储备,一方面可以获得稳定的投资收益,另一方面可以满足其流动性需要。

(3)国库券是中央银行进行公开市场操作的重要工具。

**2. 短期政府债券收益率的计算**

由于采取贴现发行,因而短期政府债券的收益是面值与实际购买价格之间的差额。短期政府债券收益率有以下三种计算方法。

(1)银行贴现收益率。

$$Y_{BD} = \frac{F-P}{F} \times \frac{360}{t} \times 100\%$$

(2)真实年收益率。

$$Y_E = [1+(\frac{F-P}{P})]^{365/t} - 1$$

(3)债券等价收益率。

$$Y_{BE} = \frac{F-P}{P} \times \frac{365}{t} \times 100\%$$

其中,P 表示国库券价格,F 表示国库券面值,t 表示距到期日的天数。

## 第三节　资本市场

一、股票市场

股票是有价证券的一种主要形式,是指股份有限公司签发的用以证明投资者向公司提供资本的权益合同。股票是一种权利的证明,代表着股东对公司的所有权。股东可以分享公司的经济利益,同时也要承担公司经营失败的风险。

(一)股票的种类

股票按照股东所享有的权益不同,可分为普通股票和优先股票。

**1. 普通股**

普通股是股票中最普遍的一种形式,是股份公司最重要的股份,是在优先股要求权得到满足之后才参与公司利润和资产分配的股票合同,它代表着最终的剩余索取权。普通股票的股利分配随公司经营业绩的变化而变化,具有较大的风险。普通股股东主要享有以下权利。

(1)公司盈余分配权和最终的剩余索取权。普通股股东有权在优先股股利分配之后从公司的净利润中分取红利,股利随公司的经营业绩而定。当公司破产或清算时,公司资产在满足了债权人的清偿权利以及优先股票股东的索取权后还有剩余的,普通股票股东有索取剩余资产的权利。

(2)新股优先认购权。当公司增发普通股票时,现有普通股票股东有权按原来的持股比例,以较低的优先认股价格购买一定数量的新股,原股东若不愿意购买新股,则可以出售转让优先认股权。

(3)公司经营管理决策参与权。普通股票股东有权出席或委托代理人出席股东大会;有权选举或被选举为公司董事和监事;有权对公司的重大经营决策进行投票表决。普通股票股东的参与权主要通过投票表决来实现。

**2. 优先股**

优先股是指在盈余分配上或是在剩余财产分配权上较普通股优先的股票,能够在普通股之前收取固定股息。优先股股东通常没有投票权,从而不能参与公司的经营决策,只有在直接关系优先股票股东利益的表决时,才能行使表决权。

优先股按不同标准可以划分为不同类型。按剩余索取权是不是股息和红利的复合分为参与优先股和非参与优先股;按剩余索取权是否可以跨时期累积分为累计优先股和非累计优先股;按公司规定将来是否可以转换为普通股分为可转换优先股和不可转换优先股;按公司规定在一定时间内股东是否可以要求公司以一定价格收回分为可赎回优先股和不可赎回优先股。

### (二)股票发行市场

股票发行市场又称为"股票一级市场",是指公司直接或通过中介机构向投资者出售新发行的股票的市场。它一方面为资金需求者提供了筹资的渠道,另一方面为资金供应者提供了投资的渠道。

新发行的股票包括初次发行和增资发行的股票,初次发行(IPO)是公司第一次向投资者出售的原始股票,后者是在原始股的基础上增加新的份额。

**1. 股票发行方式**

(1)公募发行和私募发行。公募发行是指面向市场上大量的非特定的投资者公开发行股票的方式。私募发行是指只向少数特定的投资者发行股票的方式,其对象主要有个人投资者和机构投资者两类,前者一般为使用发行公司产品的用户或本公司的职工,后者一般为大的金融机构或与发行者有密切业务往来关系的公司。

公募发行和私募发行各有优劣,公募发行是股票发行中最常见、最基本的发行方式。在成熟的证券市场上,随着大量机构投资者的出现,私募发行也呈逐年增长的趋势。

(2)直接发行和间接发行。直接发行是指发行人不通过中介机构直接向投资者发行股票的方式。这种方式可以节省发行费用,程序比较简单,但缺点是社会影响小、风险大。间接发行是指发行人委托证券中介机构代理发行股票的方式。这种发行方式筹资时间短、风险小,但要支付一定的发行费用。一般情况下,股票发行都采用间接发行的方式。

(3)包销、代销和备用包销。包销发行是指证券承销商以低于发行定价的价格将发行人拟发行的股票全部买进,按市场价出售给投资者的一种发行方式。证券承销商承担股票发行的全部风险。股票买卖差价扣除发行费用就是证券承销商的利润。代销发行是指证券承销商尽可能多地销售股票,但不保证能够完成预定的销售额。未销售完的股票交还给发行人,证券承销商只获得中介费用,不承担股票无法销售完的风险。备用包销发行是指证券承销商先履行代销的职责,如果销售期满尚有未销售完的股票,则承销商按照低于发行价的价格全部买进。

**2. 股票发行价格**

(1)股票发行价格的种类

①平价发行。它是以股票面额作为发行价格来发行股票。平价发行的方式较为简单,缺点是发行人筹集的资金量较少,多在证券市场不发达的国家或地区实行。

②溢价发行。它是以高于股票面额的价格发行,高于面额的部分称为"溢价",计入股份公司的资本公积金。溢价发行可以使发行人筹集到较多的资金。

③折价发行。它是指按照股票面额打一定的折扣作为股票的发行价格。采用折价发行的国家不多。

(2)股票发行定价

①协商定价。它是指发行人和主承销商通过协商来确定承销的价格和公开发行的价格,并报证券监管部门批准,承销价格和发行价格的差额就是承销商的报酬;也可以

只协商公开发行价格并报证券监管部门批准,然后承销商按发行总额的一定比例收取承销费用。

②询价方式。它是指发行人及其主承销商应当通过初步询价确定发行价格区间,这个价格区间是由询价对象(机构投资者)各自报出的意愿认购价格,再在发行价格区间内通过累计投标询价确定发行价格。2006年,中国证监会发布了《证券发行与承销管理办法》,规定首次公开发行股票,应当通过向特定机构投资者询价的方式确定股票发行价格,这是我国股票发行制度的重大改革。

(三)股票流通市场

股票流通市场也称为股票"二级市场",是投资者之间买卖已发行股票的场所。这一市场为股票创造了流动性,即能够迅速脱手股票换取现值。

**1. 证券交易所**

证券交易所是依据国家有关法律经证券管理部门批准的,为证券的集中交易提供固定场所和有关设施,并制定各项规则以形成公正合理的价格和有条不紊的秩序的正式组织。通过证券交易所进行的股票交易的组织方式也称为"场内交易市场"。

(1)证券交易所的组织形式。

①会员制证券交易所。它是以会员协会形式设立的不以营利为目的的社团法人,主要由证券商组成。

②公司制证券交易所。它是以股份有限公司形式设立的并以营利为目的的公司法人,一般是由金融机构以及各类公营、民营公司共同出资建立的。

公司制证券交易所因为有明显的优势,正成为目前世界上流行的一种趋势。我国上海和深圳的证券交易所均实行会员制。

(2)证券交易所的上市制度。股票上市就是某种股票在证券交易所挂牌交易的资格。股票上市可以增强股票的流动性,扩大公司的知名度,推动上市公司建立完善的治理结构,有利于公司进一步融资。

各国制定的股票上市标准虽有所不同,但基本上要包括以下几方面内容:股票发行要达到一定的规模;满足股票持有分布的要求,私募股票通常因无法满足这个标准而不能上市;发行人的经营状况良好等。

股票上市以后,如果不能满足证券交易所规定的上市的条件,则交易所可以取消其上市资格,这被称为"终止上市"或"摘牌"。

(3)证券交易所的会员制度。为了保证证券交易有序、顺利地进行,各国的证交所都对能进入证交所交易的会员作了资格限制。各国确定会员资格的标准各不相同,但主要包括会员申请者的背景、能力、财力、从事证券业务的学识及经验、信誉状况等。

在美国,证券交易所会员包括佣金经纪人、交易所自营商、交易所经纪人、零股经纪人和特种经纪人。

(4)证券交易所的交易制度。为使股票在证券交易所内进行正常的交易,投资者必须委托证券经纪人在交易所内代为买卖股票。为保证股票交易的公开、公平、公正并高效有序进行,证券交易所制定了交易原则和交易制度。证券交易必须遵循价格优先和时间优先原则。价格优先原则是指价格最高的买方报价与价格最低的卖方报价优先于其他一切报价而成交。时间优先原则是指在买或卖的报价相同时,按报价先后顺序依次成交,而先后顺序按证券交易所主机接受申报的时间确定。

根据价格决定的特点,证券交易制度可以分为做市商交易制度和竞价交易制度。

做市商交易制度也称为"报价驱动制度",是指证券交易的价格均由做市商决定,买卖双方并不直接成交,做市商的利润主要来自买卖差价。

竞价交易制度也称为"委托驱动制度",是指买卖双方直接交易或通过经纪人将证券买卖委托送达证券交易所,由交易所撮合成交。按证券交易在时间上是否连续,竞价交易制度又可分为间断性竞价交易制度和连续竞价交易制度。间断性竞价交易制度又称为"集合竞价"。

目前,世界上大多数证券交易所都是实行混合的交易制度。

对于大宗交易,各个证券交易所都实行了较特殊的交易制度,其中最常见的是拍卖和标购。

我国的上海和深圳证券交易所采取开盘价由集合竞价产生,交易日的其他价格由连续竞价方式产生。集合竞价过程中没有成交的委托,自动进入连续竞价过程。

**2. 场外交易市场**

场外交易市场是相对于证券交易所而言的,凡是在证券交易所以外的股票交易活动都可以称为"场外交易",场外交易市场也称为"柜台交易"。

场外交易市场的特征为:是一个分散的、没有固定交易场所的无形市场;主要交易未能在证券交易所上市的股票;交易价格是通过协商达成的;市场管理较为松散,没有统一的章程,不易管理和监督,其交易效率也不及交易所。

**3. 第三市场**

第三市场是指在场外专门对已在证券交易所挂牌交易的股票进行交易的市场,它区别于一般意义的柜台交易。

**4. 第四市场**

第四市场是指大的机构投资者(或有实力的个人)绕开通常的经纪人,彼此之间利用电子通信网络直接进行证券交易的市场。

## 二、债券市场

债券是政府、公司或金融机构向投资者筹措资金时提供的债权债务凭证。它要求发行人按约定的时间和方式向投资者支付利息和偿还本金。

债券发行者与投资者之间是一种债权债务关系,债券发行人即债务人,投资者(或债券持有人)即债权人,债券的本质是债的证明书,具有法律效力。债券具有流动性、偿还性、安全性和收益性等特征。

**(一)债券的种类**

**1. 按发行主体划分**

(1)政府债券。政府债券是指各级政府发行的债券,它以政府的信誉作保证,因而通常无需抵押品,其风险在各种投资工具中是最小的。它包括中央政府债券、政府机构债券和地方政府债券。

(2)公司债券。公司债券是指股份公司为筹措营运资本而发行的债券,公司发行债券主要是为了经营的需要。公司债券的风险要大于政府债券和金融债券。

(3)金融债券。金融债券是指银行或非银行金融机构为补充附属资本而发行的债券。在西方国家,由于金融机构大多属于股份公司组织,故金融债券可纳入公司债券的范围。金融债券比公司债券具有更高的流动性、安全性和收益性。

**2. 按债券的利率是否固定划分**

(1)固定利率债券。固定利率债券是指在偿还期内利率固定不变的债券。

(2)浮动利率债券。浮动利率债券是指利率可以定期变动的债券。这种债券的利率与市场利率挂钩,一般高于市场利率一定百分点。当市场利率上升时,债券的利率也相应上浮;反之,当市场利率下降时,债券利率就相应下调。

**3. 按利息的支付方式划分**

(1)附息债券。附息债券是指在券面上附有各项息票的中长期债券。息票上标明利息额、支付利息的期限和债券号码等内容。息票到期时用以领取本期利息。

(2)一次还本付息债券。一次还本付息债券是指不设息票、不分期付息,在到期时将本期和多期利息一并支付给投资者的债券。我国发行的中期国债多为一次还本付息债券。

(3)贴现债券。贴现债券是指在券面上不附息票,发行时按规定的折扣率(贴现率),以低于债券面值的价格发行,到期时按债券面值兑付而不另付利息的债券,其发行价与面值的差额即为当付的利息。短期国债的发行常采用贴现方式。

**4. 按内含选择权划分**

(1)可赎回债券。它是指公司债券附加提早赎回和以新偿旧条款,允许发行公司选择于到期日之前购回全部或部分债券。当市场利率下降时,发行公司可以赎回债券,转而以较低利率发行新债筹资。

(2)偿还基金债券。它要求发行公司每年从盈利中提存一定比例存入信托基金,定期偿还本金,即从债券持有人手中购回一定量的债券。这种债券与可赎回债券相反,其选择权在债券持有人一方。

(3)可转换债券。它是指由公司发行的投资者在一定时期内可选择一定条件转换成公司股票的公司债券,通常称作"可转换债券"或"可转债"。这种债券兼具债权和股权双重属性。

(4)带认股权证的债券。它是指公司债券可把认股权证作为合同的一部分附带发行。附认股权证债券允许债券持有人按债券发行时规定的条件购买发行人的普通股票。另外,这种认股权证可以转让。

**(二)债券评级**

信用评级是指信用评级机构对于公开发行的债券的违约风险进行度量,并按照其违约风险的大小对其信用质量进行级别的评定,以供投资者参考。违约风险是指发行者不能按时偿还本息,也称为"信用风险"。债券违约风险的大小与投资者的利益密切相关,也直接影响着发行者的筹资能力和成本。为了较客观地估计不同债券的违约风险,通常需要由评估机构进行评级。目前,最著名的两大评估机构是标准·普尔(Standard & Poor's)公司和穆迪(Moody's)投资者服务公司。

进行债券信用评级的最主要原因有两点。一是方便投资者进行债券投资决策。对广大投资者尤其是中小投资者来说,由于受到时间、知识等相关信息的限制无法对众多债券进行分析和选择,因而需要专业机构对拟发行债券的违约风险进行客观、公正和权威的评定,以方便投资者作出决策。二是减少发行人的筹资成本。一般来说,资信等级越高的债券越容易得到投资者的信任,能够以较低的利率出售;而资信等级低的债券,风险较大,只能以较高的利率发行。

标准·普尔公司和穆迪投资服务公司负责评级的债券很广泛,包括地方政府债券、公司债券、外国债券等。由于它们占有详尽的资料,采用先进科学的分析技术,又有丰富的实践经验和大量专门人才,因而它们所作出的信用评级具有很高的权威性。标准·普尔公司信用等级标准从高到低可划分为:AAA级、AA级、A级、BBB级、BB级、B级、CCC级、CC级、C级和D级。穆迪投资服务公司信用等级标准从高到低可划分为:Aaa级、Aa级、A级、Baa级、Ba级、B级、Caa级、Ca级和C级。属于前四个级别债券信誉高、风险小,是"投资级债券",第五级开始的债券被认为还本付息具有明显的投机特征,是"投机级债券"。

### 三、证券投资基金市场

证券投资基金是指通过发行基金券(基金股份或收益凭证),将投资者分散的资金集中起来,由专业管理人员分散投资于股票、债券或其他金融资产,并将投资收益按出资比例分配给基金持有者的一种投资制度。

(一)证券投资基金的特点

**1. 能扩大经营规模,提高收益**

证券投资基金将众多投资者的小额资金集中起来,可以发挥资金的规模优势,显著地降低交易成本,使中小投资者能实现较高的收益。

**2. 能分散投资,化解风险**

最优投资组合的基本原理就是:一个充分分散化的证券组合,其总风险总是低于单个证券的风险。证券投资基金可以通过有效组合,最大限度地降低证券组合的非系统性风险,达到为投资者规避风险、增加收益的目的。

**3. 能实现高效率的专家管理**

证券投资基金由专业的基金管理人进行投资管理。基金管理人比一般的中小投资者在信息、经验、时间、研究能力和投资技巧等方面更具有优势,因此,基金投资者能享受到专业化的投资管理和服务所带来的好处。

**4. 监管严格,信息披露透明**

投资基金有着规范的管理措施,各国的法律、法规都对基金实行严格的监管,同时要求有充分的信息披露制度,从而有效地保护了基金持有人的利益。

**5. 有高度专业化的服务**

证券投资基金从发行、交易、申购赎回、收益分配和再投资都由专门的机构负责办理,基金财产则由独立于基金管理人的基金托管人负责保管。两者分离,相互制衡,从而保护了基金投资者的利益。

(二)证券投资基金的种类

**1. 按组织形式可分为公司型基金和契约型基金**

公司型基金是指依据公司法成立的,以营利为目的的股份有限公司形式的基金,通过发行基金股份来筹集资金。契约型基金是指依据一定的信托契约组织起来的基金,通过发行受益凭证来筹集资金。

**2. 按基金规模是否固定可分为封闭式基金和开放式基金**

封闭式基金是指经核准的基金份额总额在基金合同期限内固定不变,且规定封闭期限,在期限内,基金份额持有人不得申请赎回的基金。开放式基金是指基金份额总额不固定、基金份额可以随时申购或者赎回的基金。

此外,按投资目标不同,可分为收入型基金、成长型基金和平衡型基金;按地域不同,可分为国内基金、国家基金、区域基金和国际基金;按投资对象细分,基金又大致分为股票基金、债券基金、货币市场基金等。

(三)证券投资基金的设立、募集

设立基金首先需要发起人,发起人可以是一个机构,也可以是由多个机构共同组成。基金的设立申请一旦获主管机关批准,发起人就可发表基金招募说明书,着手发行基金股份或受益凭证。

(四)证券投资基金的运作与投资

按照国际惯例,基金在发行结束一段时间内,通常为3~4个月,就应安排基金证券的交易事宜。投资基金的一个重要特征是分散投资,通过有效的组合来降低风险。因此,基金的投资就是投资组合的实现,不同种类的投资基金根据各自的投资对象和目标,确定和构建不同的"证券组合"。

# 第四节 外汇市场

## 一、外汇市场概述

(一)外汇与汇率

外汇的含义有动态和静态之分。动态意义上的外汇是指一国货币兑换为另一种货币的运动过程,是对国际债权债务关系进行结算的行为。外汇的静态含义又有广义和狭义之分。狭义上的静态外汇是指以外币表示的、可直接用于国际结算的支付手段。广义上的静态外汇是指一切用外币表示的资产。我国的《外汇管理条例》规定,外汇是指:外国货币,包括钞票、铸币等;外币支付凭证,包括票据、银行存款凭证、邮政储蓄凭证等;外币有价证券,包括政府债券、公司债券、股票等;特别提款权;其他外汇资产。

汇率就是两种不同货币之间的折算比价,也就是以一国货币表示的另一国货币的价格,也称为"汇价""外汇牌价"或"外汇行市"。汇率的标价方式主要有以下两种。

**1. 直接标价法**

直接标价法是指以一定单位(1个或100、10000等)的外国货币作为标准,折算成若干数量的本国货币来表示汇率的方法。也就是说,直接标价法是用本币对外币进行标价的,一定单位的外国货币折算的本国货币的数额增大,说明外国货币币值上升或本国货币币值下降,称为"外币升值"或"本币贬值"。在直接标价法下,外币的数额固定不变,而本币的数额会随两国货币相对价值的变化而变化,外币币值的上升或下跌的方向和汇率值的增加或减少的方向正好相同。

**2. 间接标价法**

间接标价法是指以一定单位的本国货币为标准,折算成若干数额的外国货币来表示汇率的方法。也就是说,间接标价法是用外币对本币进行标价的,本币的数额固定不变,而外币的数额会随两国货币相对价值的变化而变化。一定单位的本国货币折算的外国货币数量增多,称为"外币贬值"或"本币升值"。在间接标价法下,外币币值的上升或下跌的方向和汇率值的增加或减少的方向相反。

(二)外汇市场的特点

外汇市场是指专门进行外汇买卖、调剂外汇供应的市场,它是国际金融市场的基础。外汇市场并不一定要有具体的交易场所,是一个由现代通讯设施与计算机网络系统联结起来的外汇买卖系统。

在外汇市场上,外汇买卖有两种类型:一类是本币与外币之间的买卖,即需要外汇者用本币购买外汇,或持有外汇者卖出外汇换取本币;另一类是不同币种的外汇之间的买卖。随着新的交易工具和交易方式的不断涌现,外汇市场呈现以下特点。

**1. 全球外汇市场已在时间和空间上联成一个国际性外汇大市场**

目前,国际外汇市场迅速发展,它们遍布于世界各大洲的不同国家和地区,如伦敦、东京、纽约、法兰克福、新加坡、中国香港等地的外汇市场。因为这些外汇交易中心的地理位置属于不同的时区,所以当一个市场收市时,另一个市场开市。例如,上午7:30和8:30(格林尼治时间),法兰克福和伦敦外汇市场分别开市,它们分别在下午15:30和16:30收市,这时纽约、芝加哥、旧金山市场又相继开市,到它们收市时,悉尼外汇市场和亚洲的东京、中国香港、新加坡等市场却仍在运转,从而使外汇市场交易24小时连续不断地进行。

**2. 汇率波动剧烈、外汇市场动荡不安**

尤其是进入20世纪80年代以来,世界经济发展不平衡加剧以及国际资本流动进一步趋向自由化,再加上投机外汇交易的推波助澜使汇率更加不稳定。汇率剧烈波动给各国的外经贸活动带来了巨大的汇率风险,加剧了贸易和投资收益的不确定性。

**3. 现代通讯设备和计算机的大量运用,使各个外汇市场汇率趋向一致**

20世纪70年代以后,科技革命进一步发展,现代通讯手段及计算机的运用将各个金融中心联结成了一个统一的网络系统。位于不同国家或地区的外汇交易参与者利用这些通讯网络,可以及时方便地了解到各地的行情变化,迅速对其作出反应。在交易者的套汇活动的推动下,一个市场汇率的涨落会立即引起其他市场汇率的变化,各个市场的汇率差异越来越小,传统的在不同市场之间低买高卖某种外汇而获利的套汇活动大大减少,各个外汇市场的汇率趋向一致。

**4. 外汇金融工具不断创新**

实行浮动汇率制导致汇率波动频繁,外汇风险增大,因而各种防范汇率风险的金融创新工具不断出现。例如,利率掉期、货币互换、货币期货交易、货币期权交易等。新的外汇交易工具和交易方式不断涌现使外汇市场上的交易活动更加复杂。

**5. 宏观经济变量对外汇市场的影响作用日趋显著**

一国的国民收入、就业量、物价指数和利率水平等宏观经济变量对外汇市场的交易总量及外汇汇率有着重要的影响,同时外汇交易与本国货币汇率对国内宏观经济变量也产生着重大的作用。而且,外汇市场还会受别国经济盛衰的影响。更准确地说,外汇市场受到国内外宏观经济变量的相对水平的影响。

**6. 政府对外汇市场的联合干预不断加强**

20世纪80年代以来,由于经济全球化的发展,一国外汇市场汇率的变动往往波及全球,尤其是近年来国际金融危机的频繁爆发和危机程度的不断加深,仅靠一国中央银行干预外汇市场就显得势单力薄,因此,多国的联合干预成为一种趋势。

(三)外汇市场的构成

外汇市场由主体和客体构成。客体即为外汇市场的交易对象,主要包括各种可自由交换的外国货币、外币有价证券及支付凭证等;主体即为外汇市场的参与者,主要包括外汇银行、顾客、中央银行、外汇交易商及外汇经纪商。

**1. 外汇银行**

外汇银行又称为"外汇指定银行",是由中央银行或货币当局指定或授权,可以经营外汇业务的商业银行或其他金融机构,外汇银行是外汇市场上最重要的参与者。

外汇银行可分为三种类型:专营或兼营外汇业务的本国商业银行;在本国的外国商业银行分行及本国与外国的合资银行;其他经营外汇买卖业务的本国金融机构。

外汇银行在两个层次上从事外汇业务活动:第一个层次是零售业务,第二个层次是批发业务。外汇银行是外汇买卖、资金融通的媒介,它既充当外汇供求的核心机构,又通过与中央银行、其他外汇银行之间的交易,来调节自身在外汇市场中的供求状态。

**2. 外汇经纪人**

外汇经纪人是指专门在外汇银行之间、外汇银行和其他外汇市场参加者之间,为买卖双方撮合外汇交易而赚取佣金的中间商。银行同业间市场上的外汇交易主要是通过外汇经纪人完成的。外汇经纪人一般与银行联系较紧密,熟悉市场行情,能够最大限度地降低交易成本,帮助客户增加收益或减少损失,提高外汇交易的效率。

**3. 外汇银行的顾客**

外汇银行的顾客是指通过银行和外汇经纪人进行外汇买卖活动的机构或个人。他们是外汇市场上的主要供求者,其在外汇市场上的作用和地位仅次于外汇银行。其中,最重要的参与者是跨国公司,还有就是从事国际贸易的进出口商,他们参与外汇交易的主要目的是套期保值、规避外汇风险,获得汇率变动带来的收益等。其他金融机构,包括养老基金组织、社保基金组织在内的各种金融机构,它们参与外汇交易的主要目的是投资、套汇、投机、保值等。另外还有个人,包括跨境旅游者、汇出或收入侨汇者、出国留学生和个人外汇投资者等。

**4. 中央银行及其他官方机构**

各国中央银行是外汇市场的重要参与者,作为本国货币政策的制定者和实施者,其目的是稳定市场,将汇率控制在某一期望水平或幅度内。各国的中央银行都持有相当数量的外汇余额作为国际储备的重要构成部分,并承担着维持本国货币金融稳定的职责,因此,中央银行通过买入和卖出外汇对外汇市场进行干预,以便能把本国货币的汇率稳定在一个所希望的水平上或幅度内,从而实现本国货币金融政策的意图。中央银行干预外汇市场的范围与频率在很大程度上取决于该国政府实行什么样的汇率制度。

## 二、外汇市场的交易方式

外汇市场上的各种交易可按不同的标准划分为不同的种类,其主要的外汇交易方式有以下几种。

### (一)即期外汇交易

即期外汇交易又称为"现汇买卖",是指交易双方按当时外汇市场的价格成交。即期外汇交易有广义和狭义之分。广义的即期交易是指在外汇买卖成交后,交易双方于2个交易日内办理交割手续的一种外汇交易。狭义的即期交易是指在外汇买卖成交后第2个交易日交割的外汇交易。在国际外汇市场上,除非特别指定交割日期,否则都视为即期交易。

即期外汇交易是外汇市场上最常用的一种交易方式,占据了外汇交易总额的大部分。由于交割时间短,所受的外汇风险较小。

即期交易的汇率是即期汇率,或称为"现汇汇率"。即期外汇交易通常采用以美元为中心的报价方法,即以某个货币对美元的买进或卖出的形式进行报价。

### (二)远期外汇交易

远期外汇交易又称为"期汇交易",是指外汇买卖双方在成交时,双方先签订合同,规定买卖外汇的数量、汇率和未来交割外汇的时间,到了规定的交割日期买卖双方再按合同进行货币交割清算的外汇交易。

合同约定的清算时间就是交割日期,可以是在即期交割日(即成交第2个营业日)之后的任何一个时间。在远期外汇市场中,远期交易的期限有1个月、3个月、6个月和

1年等几种,其中 3 个月最为普遍。远期交易很少超过 1 年,因为期限越长,交易的不确定性越大。

远期汇率是在即期汇率的基础上,加、减远期升、贴水点形成的,其标价方法有两种:一种是直接标出远期汇率的实际价格;另一种是报出远期汇率与即期汇率的差价,即远期差价,也称为"远期汇水"。升水是远期汇率高于即期汇率的差额,贴水是远期汇率低于即期汇率的差额。就两种货币而言,一种货币的升水必然是另一种货币的贴水。

远期外汇交易具有套期保值和投机获利的作用。

(三)掉期交易

掉期交易是指外汇交易者在买进或卖出一定数额的即期外汇或远期外汇的同时,卖出或买入同样数额的该币种的远期外汇或即期外汇。掉期交易实际上是指将货币相同、金额相同,而方向相反、交割期限不同的两笔或两笔以上的外汇交易结合起来进行掉期交易的形式。

掉期交易的目的在于保值,防范汇率风险。

(四)套汇交易

套汇交易就是套汇者利用不同地点、不同货币在外汇市场上汇率不一致的机会,在汇率低的市场上大量买进该货币,同时在汇率高的市场上卖出以谋取市场间差价的行为。套汇交易又可分为直接套汇和间接套汇。

(五)套利交易

套利交易又称为"利息套汇",是指外汇交易者利用两国利率之差,将货币投资于利率高的国家。它分为两种形式:一是未抵补套利,二是抵补套利。

### 三、外汇市场的功能

外汇市场作为目前世界上规模最大、营业时间最长的国际性市场,它的存在与发展对各国经济发展、国际经济交往具有十分重要的意义。外汇市场的作用或功能主要表现为:一是实现购买力国际转移;二是调节外汇供求,提供资金融通便利;三是提供外汇保值和投机的场所。

## 第五节 黄金市场

黄金是国际经济往来的重要结算工具,作为国际贸易的最后支付手段,黄金在国际经济交往中执行世界货币的职能。同时,黄金也是金融市场上保值、增值的重要投资工具。

### 一、黄金市场的内涵

黄金市场是集中进行黄金买卖交易和金币兑换的场所,有系统的组织管理机构,有固定的交易场所或专门的交易网络,包括金商与金商之间的黄金一级市场和金商与一般投资者之间的黄金二级市场。

黄金市场是国际金融市场的一个组成部分,在国际金融体系中发挥着重要的作用。黄金市场一般需按照有关的法律制度,经所在地政府的批准或认可才能设立和运行。目前,全世界有40多个可以自由买卖黄金的国际市场,主要分布在发达国家的中心城市,其中伦敦、苏黎世、纽约、芝加哥和中国香港是世界五大著名的黄金市场。

### 二、黄金市场的类型

在各个成熟的黄金市场中,为黄金交易提供服务的机构和场所其实不尽相同,具体又可分为有固定交易场所的有形市场和没有固定交易场所的无形市场。无形市场中以伦敦黄金交易市场和苏黎世黄金市场为代表,称为"欧式黄金市场"。有形市场分为两种:一是美式黄金市场,主要在商品交易所内进行黄金买卖业务,以美国的纽约商品交易所和芝加哥商品交易所为代表;二是亚式黄金市场,在专设的黄金交易所里进行交易,以香港金银业贸易场和新加坡黄金交易所为代表。

#### (一)欧式黄金市场

欧式黄金市场没有固定的场所,在同业间利用电讯工具联系交易活动,以现货交易为主。伦敦黄金市场虽然也开办了黄金期货业务,但它仍然是一个典型的现货市场,它与苏黎世黄金市场在世界黄金市场中所起的作用尤为突出。

#### (二)美式黄金市场

美式黄金交易市场实际上建立在典型的期货市场的基础上,主要交易方式是黄金的衍生品交易,即将黄金作为金融衍生品的基础工具,开发出黄金期货、期权交易。期货交易所作为一个非营利机构本身不参与交易,只是提供场地、设备用时制定有关规则,确保交易公平、公正地进行,对交易进行严格的监控。

#### (三)亚式黄金市场

亚式黄金交易市场一般有专门的黄金交易场所,同时进行黄金的期货和现货交易。交易实行会员制,只有达到一定要求的公司和银行才能成为会员,并对会员的数量和配额有极为严格的限制。虽然交易场内的会员数量较少,但是信誉极高。

### 三、黄金市场的构成要素

#### (一)黄金市场的交易主体

国际黄金市场参与交易的主体,包括国际金商、银行、对冲基金等金融机构、各种法人机构以及私人投资者。

国际金商是对黄金市场影响最大的市场参与者。国际金商与世界各地的黄金供应者和需求者都有密切的联系,因而对黄金的定价起着举足轻重的作用。

商业银行可以分为做经纪业务的商业银行和做自营业务的商业银行。前者仅仅代理客户买卖和结算,只是充当供求双方的经纪人,后者相当于自营商。

对冲基金、各种法人机构和个人投资者,既包括各大金矿、黄金生产商、黄金制品商、首饰行以及私人购金收藏者等,也包括专门从事黄金买卖的投资公司、个人投资者等。

### (二)中介机构

中介机构又称为"经纪行",是专门从事代理非交易所会员进行黄金交易,并收取佣金的经纪代理机构。例如,在纽约、芝加哥、香港等黄金市场里,有很多经纪公司,他们本身并不拥有黄金,只是派出场内代表在交易厅里代理客户黄金买卖,以收取客户的佣金为目的。

### (三)监管机构

随着黄金市场的不断发展,为保证市场的公正和公平,保护买卖双方的利益,杜绝市场上操纵市价等非法交易行为,各国都建立了各种形式的黄金市场监管体系,如美国的商品期货交易委员会。

### (四)行业自律组织

具有代表性的行业自律组织有世界黄金协会和伦敦黄金市场协会。

## 四、黄金市场的交易方式

### (一)黄金现货交易

黄金现货交易是指交易双方在黄金买卖成交后即期交割的方式,又称为"实物黄金交易"。现货交易的标的物一般以标金为主。标金是按规定的形状、规格、成色、重量等要素精炼加工成的标准化条状金,即俗称"金条"。标金是黄金市场最主要的交易品种。

伦敦黄金市场的黄金现货交易价格是世界黄金行市的"晴雨表",分为定价交易和报价交易,其他国际黄金市场参照伦敦市场的定价水平,再根据本市场供求情况决定金价。定价交易是指提供客户单一的交易价,即无买卖差价,客户可按所提供的价格自由买卖,金商只提取少量的佣金。报价交易是指由买卖双方协商达成的交易,存在买卖差价。报价交易的价格水平很大程度上受定价交易的影响。在黄金市场上,现货交易需要支付金商一定比例的手续费,如伦敦市场的手续费通常为0.25%。

### (二)黄金期货交易

黄金期货合约是买卖双方在交易所签订的在未来某一确定的时间按成交时确定的价格购买或出售黄金的标准化协议。黄金期货合约的要素主要包括保证金、合约单位、交割月份、最小变动价位、最高交易限量、交割方式等。办理交割的日期一般为3个月、6个月、1年。黄金期货交易就是指交易双方签订黄金期货合约并于成交后在未来规定日期交割的方式。黄金期货交易一般并不真正交收现货,绝大多数的合约在到期日前已经对冲平仓了。

目前,在世界主要的黄金期货交易所里,黄金期货交易的单位都是100盎司的精炼黄金,其成色不得低于99.5%。

黄金期货交易可分为保值交易和投机交易两种类型。保值交易是指为了规避黄金价格变动带来的风险,买卖黄金期货,从而实现套期保值。投机交易是指利用金价的波动,通过预测金价未来的涨跌趋势进行买空或卖空,从而赚取投机利润。

黄金期货的价格与现货的价格相差不多,差价主要由利率和供求关系决定。黄金期货的交易价格一般以黄金现货价格为依据,再加上一定的升水或贴水而定。升水或贴水的幅度取决于市场交易者对未来黄金现货价格的预期。

此外,黄金期货交易还要收取各种费用,一般都通过经纪人成交。

### (三)黄金远期交易

黄金远期交易是指黄金交易的双方约定在未来某一交易日,按照双方事先商定的价格,交易一定量的黄金实物。

与期货交易不同,远期合同到期时,买卖双方要确实履行付款交货的义务。目前,世界上的黄金远期交易多数在场外交易市场上进行,是黄金生产者参与黄金市场交易的主要渠道。

黄金远期价格的计算是以所交易对象的即期价格及相应的货币在欧洲市场的利率和其到期日为基础的。

### (四)黄金期权交易

黄金期权是指赋予它的持有者在到期日之前或到期日当天,以一定的价格买入或卖出一定数量黄金的权利的合约。期权按购买者权力的不同可以分为买入(看涨)期权和卖出(看跌)期权。期权的买方要支付一定的保证金即期权费,而期权的卖方在收取买方的期权费后必须履行合约。

黄金期权交易分为黄金现货期权与黄金期货期权交易两大类。黄金现货期权交易主要包括金块(金条)现货期权交易、金矿权益期权交易与黄金、白银指数期权交易。黄金期货期权交易是以黄金期货合约为标的物的标准化的黄金期权合约,是一种二级金融衍生工具。与黄金期货交易相比,黄金期货期权交易具有风险有限、收益无限的特点。

与黄金期货相同,黄金期权也具有套期保值和投机获利两大功能。

### (五)黄金互换交易

黄金互换交易是指在一定的期限内交易双方同时买入和卖出价值相当的黄金资产的一种交易。

黄金互换交易的交易双方一般是作为卖方的黄金生产者和作为买方的商业银行,双方签订黄金互换协议。黄金互换交易同黄金期货、期权交易一样,也是黄金生产者回避市场价格波动风险的重要手段。

## 第六节 金融衍生市场

金融衍生工具产生于 20 世纪 70 年代,在 20 世纪末迅猛发展,是金融市场最重要的创新和发展之一。随着金融衍生工具市场规模的不断扩大,现代国际金融市场体系已经形成货币市场、资本市场和金融衍生工具市场三足鼎立的格局。金融衍生工具就是指其价值依赖于基本标的资产价格的金融工具,如远期、期货、期权和互换。

## 一、金融远期市场

金融远期合约是指双方约定在未来的某一确定时间,按约定的价格买卖一定数量的金融资产的协定。其中,在将来买入标的物的一方称为"多方",在未来卖出标的物的一方称为"空方"。合约中约定的价格称为"交割价格"。远期合约是适应规避现货交易风险的需要而产生的。金融远期市场就是金融远期合约交易的场所。

### (一)金融远期合约的特点

金融远期合约是非标准化合约,灵活性大,可以在金融机构之间或金融机构与客户之间进行交易,也可以在场外市场交易。在签署远期合约之前,双方可以就交割地点、交割时间、交割价格、合约规模、基础金融工具等细节进行谈判,以便尽量满足双方的需要。

金融远期合约由于缺乏固定、集中的交易场所,难以形成统一的市场价格,流动性较差,市场效率低、违约风险较高。

### (二)金融远期合约的种类

**1. 远期利率协议**

远期利率协议是买卖双方同意从未来某一商定的时期开始在某一特定时期内按协议利率借贷一笔数额确定、以具体货币表示的名义本金的协议。远期利率协议的买方是名义借款人,其签订远期利率协议的目的主要是规避利率上升(下降)的风险;远期利率协议的卖方是名义贷款人,其签订远期利率协议的目的是规避利率下降的风险。

远期利率协议的功能主要为:通过固定将来实际交付的利率而避免了市场利率变动风险;为银行提供了一种管理利率风险的工具,但不必改变其资产负债结构;简便、灵活、不需支付保证金;虽存在信用风险和流动性风险,但这种风险又是有限的。

**2. 远期外汇合约**

远期外汇合约是指双方约定在将来某一时间按约定的远期汇率买卖一定金额的某种外汇的合约。远期汇率是指两种货币在未来某一日期交割的买卖价格。

**3. 远期股票合约**

远期股票合约是指在将来某一特定日期按特定价格交付一定数量单个股票或"一揽子"股票的协议。

## 二、金融期货市场

金融期货合约是指协议双方同意在约定的将来某个日期按约定的条件(包括价格、交割地点、交割方式)买入或卖出一定标准数量的某种金融工具的标准化协议。合约中规定的价格就是期货价格。专门进行金融期货合约交易的场所就是金融期货市场。

### (一)金融期货合约的特点

第一,金融期货交易所设立了每日结算制度。期货合约每天在交易所进行结算,而非到期一次性结算。

第二，金融期货交易所设立了保证金制度。买卖双方在交易之前都必须在经纪公司开立专门的保证金账户，交易者在交易之前必须存入一定数量的保证金，因而违约风险小。

第三，金融期货合约的合约规模、交割日期、交割地点等都是标准化的。

第四，金融期货合约采取对冲交易以结束其期货头寸（即平仓），而无须进行最后的实物交割。

第五，金融期货合约采取公开竞价方式决定买卖价格，可以形成高效率的交易市场，具有公开、公正、公平的特点。

（二）金融期货合约的种类

**1. 利率期货**

利率期货是指标的资产价格依赖于利率水平的期货合约，协议双方同意在约定的将来某个日期按约定条件买卖一定数量的与利率及其有关的金融工具的标准化协议。例如，长短期国债、政府住宅抵押证券、欧洲美元期货等。

**2. 股价指数期货**

股价指数期货合约的标的物是股票价格指数，是指协议双方同意在将来某一时期按约定价格买卖股票价格指数的标准化合约。

**3. 外汇期货**

外汇期货的标的物是外汇，是指协议双方同意在未来某一时期，按约定价格（汇率）买卖一定数量的某种外汇的标准化协议。

（三）金融期货市场的功能

**1. 规避风险功能**

规避风险是金融期货市场的首要功能。交易者通过购买相关的金融期货合约，在金融期货市场上建立与其现货市场相反的头寸，并根据市场的不同情况采取在期货合约到期前对冲平仓或到期履约交割的方式，达到其规避风险的目的。

**2. 价格发现功能**

金融期货市场的价格发现功能是指金融期货市场能够提供各种金融商品的未来有效价格信息。在金融期货市场上，期货交易价格的确定能够在相当程度上反映出交易者对金融商品价格走势的预期和金融商品的供求状况。金融期货市场具有交易成本低、流动性强、市场集中、信息及时透明等优势，因此，期货市场的定价效率通常高于现货市场。期货价格不仅对该市场的各类交易者产生了直接的指引作用，还为金融期货市场以外的其他相关市场提供了有用的参考信息，从而有助于减少信息搜寻成本，提高交易效率，实现公平合理、机会均等的竞争。

### 三、金融互换市场

金融互换合约是约定两个或两个以上当事人按照商定条件，在约定的时间内交换一系列现金流的合约。金融互换的种类一般有以下几种。

（一）利率互换

利率互换是指双方在未来一定时期内根据同种货币的同样的名义本金交换现金流，其中一方的现金流根据浮动利率计算出来，而另一方的现金流根据固定利率计算出来。双方进行利率互换的主要原因是双方在固定利率和浮动利率市场上具有比较优势。利率互换不需要交换本金，只要交换利息差额，因而信用风险很小。

（二）货币互换

货币互换是将一种货币的本金和固定利息与另一货币的等价本金和固定利息进行交换。货币互换的主要原因是双方在各自国家中的金融市场上具有比较优势。货币互换涉及本金互换，因此，当汇率变动很大时，双方就将面临一定的信用风险。当然，这种风险仍比单纯的贷款风险小得多。

（三）其他互换

互换实际上是现金流的交换，由于计算或确定现金流的方法很多，互换的种类就很多。其他互换的品种主要有：交叉货币利率互换、增长型互换、减少型互换和滑道型互换、基点互换、可延长互换和可赎回互换、零息互换、后期确定互换、差额互换、远期互换、互换期权和股票互换等。

### 四、金融期权

金融期权是指它的持有者有权在规定期限内按双方约定的价格购买或出售一定数量某种金融资产（称为标的金融资产）的合约。

（一）金融期权的种类

金融期权按期权购买者的权利划分，可分为看涨期权和看跌期权；按期权购买者执行期权的时限划分，可分为欧式期权和美式期权；按照期权的标的资产划分，可分为利率期权、货币期权（或称外汇期权）、股价指数期权、股票期权以及金融期货期权。

（二）金融期权的交易

金融期权交易不仅有正规的交易所，还有一个规模庞大的场外交易市场。交易所交易的是标准化的期权，场外交易的则是非标准化的期权。

由于有效期（交割月份）不同，同一种标的资产可以有好几个期权品种。此外，同一标的资产还可以规定不同的协议价格而使期权有更多的品种，同一标的资产、相同期限、相同协议价格的期权还分为看涨期权和看跌期权两大类，因此，期权品种远比期货品种多得多。

### 五、我国金融衍生市场的发展现状

2006年9月8日，经国务院同意，中国证监会批准，中国金融期货交易所在上海成立，注册资本金为5亿人民币，中国金融期货交易所的成立，对于深化资本市场改革，完善资本市场体系，发挥资本市场功能，具有重要的战略意义。

2010年4月16日,股指期货正式上市,境内首个金融期货品种沪深300股指期货在中金所挂牌交易,沪深300股指期货是以沪深300指数作为标的物的期货品种,指数样本覆盖了沪深市场六成左右的市值,具有良好的市场代表性。

2013年9月6日,国债期货正式上市,我国金融期货市场又有了新的突破。

2015年3月20日,证监会批准中金所开展上证50和中证500股指期货交易,合约正式交易时间为4月16日。

此外,为了贯彻落实《国务院关于进一步促进资本市场健康发展》(国发[2014]17号)的有关要求,规范股票期权市场秩序,2014年年底,中国证监会发布了《股票期权交易试点管理办法(征求意见稿)》,这标志着我国金融衍生市场进入了突飞猛进的发展时期。此后,中金所于2019年12月推出沪深300股指期权交易,进一步丰富了金融衍生产品的种类。

## 关键术语

金融市场　货币市场　资本市场　证券交易所　场外交易市场　股票　债券
证券投资基金　外汇　外汇市场　黄金市场　金融衍生工具

## 复习思考题

1. 什么是金融市场?金融市场具有哪些功能?
2. 金融工具有哪些特征?它们之间有什么关系?
3. 简述货币市场与资本市场的区别。
4. 简述普通股与优先股的异同。
5. 什么是证券投资基金?证券投资基金具有哪些特点?
6. 试述外汇市场的交易方式。
7. 试述黄金市场的交易方式。
8. 什么是金融期货合约?试简述金融期货市场的功能。

拓展阅读

# 第六章

# 金融机构

 **本章提要**

　　金融机构是指专门从事各种金融活动的组织，它是金融市场上的重要参与者。本章主要介绍金融机构的类型和功能；西方发达国家金融机构体系的一般构成；我国金融机构体系的建立与发展；我国现行的金融机构体系；主要国际金融机构的宗旨、组织机构及其业务活动。

## 第一节 金融机构的类型和功能

### 一、金融机构的内涵及特征

(一)金融机构的内涵

随着金融产业的发展和金融机构的多样化,现代金融机构涵盖的范围越来越广泛。在间接融资领域中,与资金余缺双方进行金融交易的机构主要是各种类型的银行。在直接融资领域中,为筹资者和投资者牵线搭桥或提供某种服务的机构有证券公司、基金公司及证券交易所等。信托、保险、金融租赁等中介机构也是重要的金融机构。金融机构种类繁多,要给各种不同的金融机构下一个定义非常困难。

我们日常中所说的金融机构有狭义和广义之分。狭义的金融机构仅指那些通过参与或服务金融市场交易而获取收益的金融中介,如银行、证券公司等。广义的金融机构则不仅包括所有专门从事金融活动的组织,还包括金融市场的监管者以及国际金融机构。

(二)金融机构的特征

金融机构是一种特殊的经济组织,与一般经济组织相比,其特殊性主要体现在以下几个方面。

第一,经营对象特殊。金融机构的经营对象不是普通的商品或服务,而是货币资金。

第二,经营内容特殊。金融机构的经营内容是与货币资金相联系的各种货币的收付、借贷、投资等金融业务。

第三,经营原则特殊。金融机构在经营中必须兼顾安全性、流动性和营利性。

第四,经营风险种类多、影响程度大。金融机构在经营中面临信用风险、流动性风险、利率风险、汇率风险等,这一系列风险所带来的后果往往超过对金融机构自身的影响,有可能对整个金融体系的稳健运行构成威胁,严重的甚至会诱发社会或政治危机。

第五,金融机构的自有资本比例低,负债率高。

### 二、金融机构的类型

在一定的历史时期和社会经济条件下,各种不同的金融机构相互协作、相互联系,构成具有整体功能的金融机构体系。一国的金融机构体系是金融体系的基础。按照不同的标准,金融机构可划分为不同的类型。

(一)按照金融机构所处的地位,可划分为管理性金融机构与经营性金融机构

管理性金融机构是指依照国家法律授权,专门从事金融调控和金融监督管理的金

融机构,如中央银行等;经营性金融机构是指从事具体金融业务经营活动的金融机构,如商业银行等。

(二)按照是否能够接受公众存款,可划分为存款性金融机构与非存款性金融机构

存款性金融机构主要以吸收存款的形式向公众举债而获得资金,如商业银行、储蓄机构、信用合作社等;非存款性金融机构则不得吸收公众的储蓄存款,如证券公司、保险公司、信托公司等。

(三)按照是否担负国家政策性融资任务,可划分为政策性金融机构与商业性金融机构

政策性金融机构,是指由政府投资创办、按照政府意图与计划从事金融活动的机构。这类金融机构的建立旨在支持政府发展经济,促进社会全面进步,如各种政策性银行、政策性保险公司等。商业性金融机构则是不承担国家的政策性融资任务,自主经营,自负盈亏,以利润为其主要经营目标的金融机构,如各类商业银行、信托公司、商业性保险公司等。

(四)按照金融机构创造支付手段的能力,可划分为银行与非银行金融机构

银行按职能不同又分为中央银行、商业银行、专业银行、政策性银行。非银行金融机构包括保险公司、证券公司、信托公司、基金管理公司、租赁公司、财务公司、金融资产管理公司等。

此外,金融机构还可以按资本来源的国别属性不同,划分为内资金融机构、外商独资金融机构和合资金融机构;按照所属的国家不同,可划分为本国金融机构、外国金融机构和国际金融机构;按资产、资本和营业额的大小,可划分为大型、中型、小型金融机构等。

随着金融创新不断发展,各种金融机构业务不断交叉重叠,这使得原有的各种金融机构的差异日趋缩小,界限日趋模糊,从而使得有些金融机构很难用某种方法把它们划为某一类。

### 三、金融机构的功能

(一)融通资金

融通资金是金融机构的基本功能。金融机构以吸收存款或发行金融工具的方式汇集各种期限和数量的资金,通过信贷等方式投向需要资金的社会各部门,使融资双方的融资交易得以顺利进行。金融机构充当专业的资金融通媒介促进了资金从盈余者向资金短缺者的流动以及储蓄向投资的转化。

(二)降低融资交易成本

信息不对称所引致的巨大的交易成本限制了信用活动的发展,阻碍了金融市场正常功能的发挥。然而,金融机构的存在,特别是银行的存在可以更好地解决信息不对称问题,从而可以大大降低融资过程中的信息收集成本、信息加工成本及监督成本。同

时,金融机构的规模经营和专业化运作也是降低交易成本的一个重要因素。

### (三)降低与转移风险

金融机构能够将风险较高的资产转变为风险较低的资产。例如,投资公司将投资者投入的资金通过证券组合投资,便可分散并降低风险;商业银行将贷款分散,也同样分散和减少了信贷的风险。

### (四)提供支付工具

金融机构可以提供支票、信用卡和资金电子划拨等支付方式。这些支付方式减少了交易费用,加快了货币周转,促进了社会经济的发展。目前,商业银行是提供支付结算最主要的金融机构。

### (五)提供便利的金融服务

金融机构能够为各融资部门提供专业性的辅助与支持性服务。例如,金融机构代表客户交易金融资产,提供金融经纪服务;利用业务分销和支付优势,提供承销服务;提供担保、咨询、保管、财务顾问以及信托等其他金融服务。

## 四、西方发达国家的金融机构体系

世界各国由于具体的经济状况和金融发展程度有所不同,其金融机构体系也因此有所区别。一般而言,西方发达国家的金融机构体系比较相似,大多是以中央银行为核心、以存款货币银行为主体、多种金融机构同时并存的金融机构体系。

### (一)中央银行

中央银行作为领导与管理全国货币金融的货币当局,代表国家发行货币,制定和执行货币政策,实施金融宏观调控,维护金融体系的安全运行。中央银行是一国金融体系的核心,具有特殊的地位和功能。多数西方国家实行单一的中央银行制度。美国实行的是二元的中央银行制度,即建立中央和地方两级相对独立的中央银行机构,分别行使金融管理权。欧盟成员国实行的是跨国的中央银行制度。关于中央银行制度以及中央银行的性质、职能和业务等问题将在第八章作专门介绍。

### (二)存款货币银行

存款货币银行是指能够创造存款货币的金融机构。西方国家传统上称之为"商业银行"或"存款银行",它是西方各国金融机构体系中的骨干力量,以其机构数量多、业务渗透面广和资产总额大,始终居于其他金融机构所不能代替的重要地位。早期商业银行主要从事短期工商业贷款的发放,第二次世界大战以后,随着银行业竞争的加剧,商业银行的业务范围有所扩大,特别是长期贷款和投资业务所占比重增加。当前,世界上大多数国家的商业银行都开始向全能型银行转变,它们不仅经营存款、放款业务,还为顾客提供多种金融服务,被形象地称为"金融百货公司"。有关商业银行的详细内容将在第七章作专门介绍。

### (三)专业银行

专业银行是指有特定经营范围和提供专门性金融服务的银行。专业银行的存在是社会分工在金融领域中的表现。随着社会分工的不断发展,要求银行必须具有某一方面的专门知识和专门服务技能,从而促使各式各样的专业银行不断出现。

专业银行具有以下特点:一是专门性,即专业银行的服务对象通常是某一特定的地区、部门或专业领域,并具有一定的垄断性;二是政策性,即专业银行的设置往往体现了政府支持和鼓励某一地区、部门或领域发展的政策导向;三是行政性,即专业银行的建立往往有官方背景,有的专业银行本身就是国家银行或代理国家银行。

西方国家的专业银行种类甚多,这里介绍其中主要的几种。

**1. 投资银行**

投资银行是专门对工商企业办理投资和长期信贷业务的银行。投资银行的具体名称在世界各国相差很大,欧洲大陆及美国等国家通用"投资银行"的名称,英国称之为"商人银行",法国称之为"实业银行",在日本则叫"证券公司"。此外,与这种银行性质相同的还有其他各种各样的形式和名称,如长期信贷银行、金融公司、持股公司、投资公司等。尽管投资银行也叫"银行",但它们所从事的业务与传统的商业银行有很大区别。

投资银行作为证券发行公司和证券投资者的中介,其具体的业务主要有:承销证券的发行;经纪业务,即以经纪人身份代理客户进行证券交易;自营业务,即以自有资金进行证券直接投资;收费的银行业务,即从事并购顾问、资产管理、证券经济研究和其他形式的金融咨询活动。此外,有些投资银行也兼营中长期贷款,黄金、外汇买卖及租赁业务等。因为西方投资银行业正处于日新月异的变化中,所以如何界定投资银行的问题变得越来越复杂。

投资银行的资金来源主要靠发行自己的股票和债券。投资银行一般不得吸收存款,即使在一些国家准许其吸收存款,也主要是吸收定期存款。此外,投资银行虽然也可从其他金融机构获取借款,但这并不构成其主要的资金来源。

**2. 储蓄银行**

储蓄银行是指专门办理居民储蓄,并以储蓄存款为主要资金来源的专业银行。储蓄银行的名称在各国有所不同,有的甚至不以银行相称,但功能基本相同。在美国称之为"互助储蓄银行、信贷协会、储蓄贷款协会"等,英国称之为"信托储蓄银行",日本称之为"储蓄银行"。

西方国家的储蓄银行既有私营的,也有公营的,有些国家的储蓄银行绝大部分是公营的。许多国家对储蓄银行有专门的法规加以约束,限定它们所聚集资金的投向,旨在保护小额储蓄人的利益。

储蓄银行的服务对象主要是居民消费者,其资金来源主要是居民储蓄存款。储蓄存款的金额虽然比较零星分散,但存款期限较长,流动性较小,存款余额较为稳定,因此,储蓄银行的资金主要用于长期信贷和长期投资,如发放不动产抵押贷款,投资政府债券、公司债券等。有些国家明文规定储蓄银行必须投资于政府债券的比例。在过去,储蓄银行的业务活动受到诸多限制,如不能经营支票存款,不能经营一般工商贷款等。但随着金融管制的放松,储蓄银行的业务范围不断扩大,有些储蓄银行已经经营过去只有商业银行才能经营的许多业务。

### 3. 不动产抵押银行

不动产抵押银行是指专门经营以土地、房屋等不动产为抵押的长期贷款的专业银行。不动产抵押银行在各国有不同的名称，如法国的房地产信贷银行，美国的联邦全国抵押贷款协会、联邦住宅抵押贷款公司，德国的私人抵押银行和公营抵押银行等均属于此类银行。

抵押银行的资金主要不是靠吸收存款，而是靠发行不动产抵押证券来筹集。贷款业务大体可分为两类：一类是以土地为抵押的长期贷款，贷款对象主要是土地所有者或购买土地的农场主；另一类是以城市不动产为抵押的长期贷款，贷款对象主要是房屋所有者或经营建筑业的资本家。此外，这类银行也收受股票、债券和黄金等作为贷款的抵押品。

### 4. 农业银行

农业银行是指在政府指导和资助下，专门经营农业信贷的专业银行。由于农业受自然条件影响大，农户分散，对资金需求数额小、期限长，利息负担能力有限，抵押品集中管理困难，大多数借款人只凭个人信誉，故农业信贷风险大、期限长、收益低，因此，一般商业银行和其他金融机构不愿经营农业信贷。为此，西方许多国家专门设立以支持和促进农业发展为主要职责的农业银行，以满足政策性融资需要。例如，美国的联邦土地银行、合作银行；法国的土地信贷银行、农业信贷银行；德国的农业抵押银行；日本的农林渔业金融公库等。

农业银行的资金来源主要有政府拨款、发行债券或股票、吸收存款以及出资团体根据有关法规的缴纳款等。农业银行的贷款业务范围很广，几乎包括农业生产过程中的一切资金需要，从土地购买、建造建筑物，到农业机器设备、化肥、种子、农药的购买等，无所不包。由于农业贷款风险大、期限长、收益低，大多数西方国家对农业银行贷款给予贴息或税收优待。农业银行一般都是官方或半官方的金融机构。

### 5. 进出口银行

进出口银行是指专门经营对外贸易信用的专门银行，一般为政府的金融机构，如日本的输出入银行、美国的进出口银行等。有些国家的进出口银行属于半官方性质，如法国的对外贸易银行就是由法兰西银行与一些商业银行共同出资组建的。由于进出口银行在经营原则、贷款利率等方面都带有浓厚的官方色彩，因而本质上是一种政策性银行。

创建进出口银行的目的是推动本国进出口贸易，特别是大型机电设备的出口贸易；增强本国的出口竞争能力；加强国际金融合作，广泛吸引国际资本；搜集国际市场信息。同时，进出口银行往往也是执行本国政府对外援助的一个金融中介。

进出口银行的主要业务是提供各种出口信贷。出口信贷通常有两种方式：一种是卖方信贷，即出口商所在地银行对出口商提供的信贷；另一种是买方信贷，即出口商所在地银行给国外进口商或进口商银行提供贷款，以购买本国设备。

### 6. 开发银行

开发银行是指专门为经济社会发展中的开发性投资提供中长期贷款的专业银行。

开发性投资具有投资量大、见效慢、周期长、风险大等特点,如新产业的开发、新经济区的基础建设,以及全国性公共设施的建设等都属于这类投资。一般商业银行不愿意承担这类贷款,因而许多国家开办或创办开发银行来承担这类业务。"二战"后设立的德国复兴信贷银行、日本开发银行、墨西哥国家金融开发银行等都属于这类银行。开发银行多为国家或政府创办,不以盈利为目的。

(四)非银行金融机构

**1. 保险公司**

保险公司是指依法成立的、专门经营各种保险业务的经济组织。保险具有分散风险和组织经济补偿两个基本功能,在现代社会中还有融通资金的功能。保险最初起源于海洋运输,如今西方国家的保险业十分发达,各类保险公司是许多国家最重要的非银行金融机构。在西方国家,几乎是无人不保险、无物不保险、无事不保险。

保险公司的资金来源主要是保费收入。在保险业发达的国家,由于保费收入稳定,且保费收入与赔付支出之间存在时滞,因而形成大量稳定的长期资金,这部分稳定的货币资金是西方国家金融市场长期资本的重要来源。保险公司的资金主要用于收益较高的长期证券投资,如公司债券和股票、市政债券、政府公债,也用于发放不动产抵押贷款、保单贷款等。

**2. 养老或退休基金会**

养老或退休基金会是一种向参加养老金计划者以年金形式提供退休收入的金融机构。它们提供退休年金的资金一方面来自雇主的缴款以及雇员工资一定比例的扣除,另一方面来自积聚资金的投资收益。

这类基金会是在第二次世界大战后迅速发展起来的,目前普遍存在于西方各国。西方国家政府关于要求建立养老金计划的立法以及纳税优惠都对这类基金会的建立和发展起了推动作用。20世纪80年代以前,该类基金运营简单,即主要用于购买国债和存在银行生息。80年代以后,由于西方国家的人口老龄化问题越来越突出,完全依靠增加企业和个人负担来筹集足够的养老基金越来越困难,因而养老基金运营开始转向股市,即越来越多的养老基金投向企业股票和债券,并依靠独立的投资经理人来管理和监督资金的运营。自20世纪90年代初以来,养老基金运营开始走向国际化,即养老基金投向海外证券市场的比例不断上升,这是因为海外投资回报率比国内市场要高。

**3. 共同投资基金**

共同投资基金是一种利益共享、风险共担的金融投资机构或工具。共同投资基金运作方式是通过发行基金证券,集中投资者的资金交给专业性投资机构投资于多种有价证券,投资者按投资的比例分享其收益并承担相应的风险。其优势是:投资组合、分散风险、专家理财、规模经济。共同投资基金所具有的独特优势使其在西方国家发展十分迅速。

共同投资基金有许多不同的称谓,如美国称之为"共同基金""互助基金""互惠基金""投资公司",英国称之为"单位信托基金",日本称之为"证券投资信托基金"等等。

**4. 信用合作社**

信用合作社是指在西方国家普遍存在的一种互助合作性金融组织。其经营宗旨是:为社员提供低息信贷,帮助经济力量薄弱的人解决资金困难。其经营原则是:社员入社、退社自愿;社员缴纳一定数额的股金并承担相应的责任;实行民主管理,每个社员都具有平等权利,并只有一个投票权。信用合作社主要有农村信用合作社、城市手工业者信用合作社、住宅信用合作社、储蓄信用合作社等。

信用合作社一般规模不大,它们的资金来源于合作社成员缴纳的股金、吸收的存款及向外借款;贷款主要用于解决其成员的资金需要。起初,信用合作社主要向社员发放短期生产贷款和消费贷款;现在,一些资金充裕的信用合作社也开始为生产设备更新、技术改进等提供中长期贷款,并逐步采取了以不动产或有价证券为担保的抵押贷款方式。

除以上所述外,在西方金融机构体系中,非银行的金融机构还包括财务公司、租赁公司等。财务公司又称为"金融公司",是以支持小企业和消费者贷款为主的金融机构,但其范围不断扩大,几乎与投资银行无异。租赁公司是通过融物形式起到融资作用的金融机构。

## 第二节 中国金融机构体系的构成与发展

### 一、旧中国的金融机构

#### (一)现代银行的出现和初步发展

鸦片战争后,一些外商银行纷纷进入我国开展金融业务。我国境内第一家真正意义上的银行是1845年英国丽如银行在广州开设的分行。中国民族资本自办的第一家银行是1897年5月27日在上海设立的中国通商银行,它的成立标志着中国现代银行业的产生。之后,中国的民族资本银行数量逐步增加。1905年,官商合办的户部银行在北京成立,它是中国最早的中央银行,1908年改称为"大清银行",1912年改组为"中国银行"。

#### (二)国民党统治区的金融机构体系

国民党统治区的金融机构体系主要由官僚资本银行、官商合办的银行、民族资本兴办的私营银行、外资银行和在广大农村存在的有高利贷性质的金融机构组成。其中,官僚资本把持的"四行两局一库"居于垄断地位。"四行"是指中央银行(1928年)、中国银行(1912年)、交通银行(1908年)和中国农民银行(1935年),"两局"是指中央信托局(1935年)和邮政储金汇业局(1930年),"一库"是指中央合作金库(1946年)。民族资本银行著名的有:"南三行""北四行""小四行"。"南三行"是指浙江兴业银行、浙江实业银行和上海商业储蓄银行;"北四行"是指盐业银行、金城银行、中南银行及大陆银行;"小四行"是指中国通商银行、四明银行、中国实业银行和中国国货银行。

### （三）解放区的金融机构

与国民党统治区金融体系对立的是中国共产党领导下的解放区金融体系。在抗日战争和解放战争时期，解放区各根据地相继建立了银行，这些银行主要有陕甘宁边区银行、晋察冀边区银行、西北农民银行、关东银行、北海银行、东北银行等。这些银行都发行了地区性货币，如陕甘宁边币、晋察冀边币、西北农民币等，除发行货币外，银行还办理存款、贷款业务。解放区的金融机构为抗日战争和解放战争的胜利作出了重要贡献。

## 二、新中国金融机构体系的建立

新中国金融机构体系的建立是通过组建中国人民银行、合并解放区银行、没收官僚资本银行、改造私人银行与钱庄，以及建立农业信用社等途径实现的。

### （一）组建中国人民银行，合并解放区银行

1948年12月1日在合并解放区华北银行、北海银行和西北农民银行的基础上，组建中国人民银行，并发行全国统一的人民币。之后，其他解放区银行也相继并入中国人民银行，并成为其在各地的分支机构。中国人民银行的建立标志着新中国金融体系的诞生。

### （二）没收官僚资本银行，改造私人银行与钱庄

解放战争胜利后，中国人民银行接管了官僚资本银行及其他金融机构，将交通银行和中国银行根据它们过去的业务经营特点分别改组为专门银行，其中，交通银行改组为长期投资银行，中国银行改组为外汇专业银行。同时，取消了在华外商银行的一切特权，并禁止外国货币在国内流通，对民族资本银行采取改造措施，1952年12月，将所有的私人银行和钱庄改造成统一的公私合营银行，1955年，将公私合营银行分别与中国人民银行有关机构合并。

### （三）建立农村信用合作社

建立和发展农村信用合作组织是新中国金融机构体系的一个特点。为了改造农村中旧的信用关系，支持农业生产和解决农民生产、生活困难，按照农民自愿和平等互利的原则，在全国农村普遍建立了集体性的农村信用合作社。

综上所述，在解放初期，我国建立起以中国人民银行为核心和骨干，并保存几家专业银行和其他金融机构的体系格局。在当时特定的历史条件下，这种体系格局有利于国民经济的迅速恢复，并有力地支持了国有经济的发展。

## 三、我国金融机构体系的演变

### （一）"大一统"的金融机构体系

1953年，我国开始大规模有计划地发展国民经济，按照苏联模式实行高度集中的计划管理体制及相应的管理方法。与此相适应，对金融机构也按照当时苏联的模式进行了改造，并建立起一个高度集中的金融机构体系，简称为"大一统"的金融机构体系，这个体系一直延续到20世纪70年代末改革开放前。

在"大一统"金融机构体系下,金融机构高度集中,一些专业银行和其他金融机构都集中合并到中国人民银行。中国人民银行既是金融行政管理机关,承担金融宏观管理任务,又是具体经营专业银行各种业务的经济实体,中国人民银行几乎垄断了全国所有的金融业务。中国人民银行以外的金融机构尽管存在,但其影响甚微。中国人民建设银行只是财政部领导下专门办理财政基建拨款的一个机构,并不经营一般存贷款业务。中国银行虽然一直独立存在,但它仅是经办中国人民银行规定的对外业务,并一度成为中国人民银行办理国际金融业务的一个部门。中国农业银行几起几落,后又合并于中国人民银行。中国人民保险公司于1959年转交中国人民银行国外局,专营少量国外业务。农村信用合作社虽然大量存在,但实际上是中国人民银行在农村的基层机构。

"大一统"金融机构体系是高度集中的计划经济管理体制的必然产物。在当时的历史条件下,它曾发挥了一定的历史作用;有利于国家集中有限的资金,用于关系国民经济全局的重点工程项目的建设,有力地支持了我国工业体系的建立。但是,随着我国国民经济的迅速发展,这种"大一统"的金融机构体系不能适应经济快速发展的需要。

(二)1979年以来,我国金融机构体系的改革

十一届三中全会以后,我国进入了改革开放的新时期。为了适应我国经济体制改革,我国的金融机构体系也发生了深刻的变化。

**1. 恢复和建立专业银行,并在此基础上逐步将其改造为大型商业银行**

1979年2月,为适应首先开始于农村的经济体制改革,振兴农村金融事业,加快农业的发展,我国再次恢复中国农业银行。1979年3月,专营外汇业务的中国银行从中国人民银行中分设出来,完全独立经营。1979年,中国人民建设银行也从财政部分设出来,并于1983年进一步明确其为经济实体,是全国性的金融组织,除仍执行拨款任务外,同时开展一般银行业务。1984年1月,中国工商银行成立,承办原中国人民银行办理的工商信贷业务和城镇储蓄业务。

随着社会主义市场经济的全面铺开,专业银行体制暴露出了明显的局限性及不适应性。其中,一个最大问题是政策性信贷与商业性信贷混营。1994年,我国正式启动了国家专业银行向国有商业银行转轨的改革,设立三家政策性银行,承担原来由国家专业银行办理的政策性金融业务,推动国家专业银行向真正的国有商业银行转化。

**2. 建立中央银行体制**

1979年以后,尽管我国先后恢复了几大专业银行,但是,并没有建立起中央银行体制。中国人民银行依然保持原来"大一统"银行的特点和职能,它一方面执行中央银行的功能,另一方面办理商业银行的一些业务,在实践中越来越突出地表明这种金融体制与经济形势发展不相适应。为此,1983年9月17日,国务院作出决定,中国人民银行专门行使中央银行职能。1984年1月1日,中国工商银行的成立标志着中国人民银行完全摆脱具体银行业务,中央银行体制正式建立,这是我国金融机构体系变革的重大转折。

**3. 组建政策性银行**

尽管在改革开放初期就已经提出国家专业银行要进行企业化改革,实行商业化经

营,但由于这些专业银行既从事政策性信贷业务,又从事商业性信贷业务,既难以办成真正的商业银行,又不利于进行金融宏观调控。1993年11月,中共十四届三中全会提出要"建立政策性银行,实行政策性业务与商业性业务分离"之后,1994年,我国相继成立了专门办理政策性信贷业务的国家开发银行、中国进出口银行和中国农业发展银行三家政策性银行。

**4. 在国有商业银行之外组建其他商业银行**

在经济体制改革过程中,为充分满足经济运行对多样化金融业务的需要,更好地发挥金融在国民经济中的作用,我国先后恢复和建立了一些其他类型的商业银行。交通银行于1986年7月重组成以公有制为主的股份制全国性综合银行,之后相继成立了中信实业银行、招商银行、深圳发展银行等多家股份制银行。1995年,在城市信用社的基础上组建城市合作银行。

**5. 建立并完善多种非银行金融机构**

在金融机构体系改革过程中,我国恢复、建立了一大批非银行金融机构。1979年,恢复了中国人民保险公司。1979年10月,成立了中国国际信托投资公司。1987年9月,第一家专业证券公司——深圳特区证券公司成立。1979年,河南驻马店成立了第一家城市信用合作社。1987年,第一家企业集团财务公司成立。1999年,先后建立了四家金融资产管理公司,专门处置四大国有商业银行剥离的部分不良资产。

**6. 引进大批外资金融机构**

同时,对外开放提出了外资、侨资、台资在特区设立银行和外国银行在华设立分支机构的问题,我国于1980年开始允许外国金融机构设立驻华办事处。特区的外资、侨资、合资银行从1981年开始设立。入世后,我国按照承诺取消了对外资银行的地域限制,允许其在中国境内所有城市设立分支机构。

**四、我国现行的金融机构体系**

**(一)管理性金融机构**

**1. 中国人民银行**

中国人民银行是我国的中央银行,它在国务院领导下,制定和执行货币政策,防范和化解金融风险,维护金融稳定。它是我国金融体系的核心。

中国人民银行根据履行职责的需要设立分支机构,是中央银行的派出机构,并实行集中统一领导。目前,中国人民银行的分支机构按经济区在沈阳、天津、上海、南京、济南、武汉、兰州、成都、西安设置九个大区分行和北京、重庆两家直属总行的营业管理部;在地区和一些城市设置中心支行;在县设支行。这些分支机构在辖区内履行中央银行的有关职责。

2005年8月,中国人民银行上海总部成立。上海总部作为总行的有机组成部分,在总行的领导和授权下开展工作,主要承担部分中央银行业务的具体操作职责,同时履行一定的管理职能。上海总部是中国人民银行总行公开市场操作的平台、金融市场运行监测的平台、对外交往的重要窗口和一部分金融服务与研究和开发业务的中心。

### 2. 中国银行保险监督管理委员会

中国银行保险监督管理委员会简称"中国银保监会"或"银保监会",它是国务院直属事业单位,成立于2018年4月。其主要职责是依照法律法规统一监督管理银行业和保险业,维护银行业和保险业合法、稳健运行,防范和化解金融风险,保护金融消费者合法权益,维护金融稳定。中国银保监会根据履行职责的需要设立派出机构,对派出机构实行垂直领导。

在分业监管背景下,我国于1998年11月成立了中国保险监督管理委员会,于2003年4月成立了中国银行业监督管理委员会,它们根据国务院授权履行监督管理职能,是国务院直属事业单位。中国保监会负责监管全国保险市场,中国银监会履行原由中国人民银行履行的监管职责,负责对全国银行业金融机构及其业务活动监督管理。

为了深化金融监管体制改革,解决监管职责不清晰、交叉监管和监管空白等问题,强化综合监管,优化监管资源配置,更好统筹金融机构监管,国家决定将中国银行业监督管理委员会和中国保险监督管理委员会的职责整合,组建中国银行保险监督管理委员会,不再保留中国银行业监督管理委员会、中国保险监督管理委员会;将中国银行业监督管理委员会和中国保险监督管理委员会拟订银行业、保险业重要法律法规草案和审慎监管基本制度的职责划入中国人民银行。

### 3. 中国证券监督管理委员会

中国证券监督管理委员会简称"中国证监会",是国务院直属事业单位,是全国证券、期货市场的监管部门,依照法律、法规和国务院授权,统一监督管理全国证券期货市场,维护证券期货市场秩序,保障其合法运行。中国证监会在全国各省、自治区、直辖市和计划单列市设立36个证券监管局,以及上海、深圳证券监管专员办事处。

改革开放以来很长一段时期,我国证券机构和证券市场主要由中国人民银行负责监管。为适应我国证券市场发展的需要,1992年10月,国务院证券委员会和中国证监会成立。国务院证券委员会是国家对证券市场进行统一宏观管理的主管机构。中国证监会是国务院证券委员会的执行机构,依据法律、法规对证券市场进行监管。1995年3月,国务院确定中国证监会为国务院直属事业单位,是国务院证券委员会的监管执行机构,依据法律、法规的规定,对证券、期货市场进行监管。1997年11月,国家决定将原来由中国人民银行监管的证券经营机构划归中国证监会统一监管。1998年4月,国务院证券委与中国证监会合并组成国务院直属正部级事业单位,专司全国证券、期货市场的监管职能。

## (二)商业银行

### 1. 国有大型商业银行

国有大型商业银行包括:中国工商银行、中国农业银行、中国银行、中国建设银行、交通银行、中国邮政储蓄银行。这六家大型商业银行无论是在人员、机构网点数上,还是在资产规模及市场份额上,均在我国金融体系中处于举足轻重的地位,在世界大银行的排名中也处于前列位置。

中国工商银行、中国农业银行、中国银行和中国建设银行是在1979年以后陆续恢复、分设的。这四家银行原来是国家专业银行,分工明确。随着金融改革的不断深化,四家银行的传统分工逐步被打破。1994年,这些专业银行的政策性业务被划分出去,开始专营商业性业务,成为国有商业银行。1999年,四家国有商业银行的不良资产被剥离,为国有商业银行建立现代商业银行经营体制创造了条件。之后,国家通过向国有商业银行注资、剥离不良资产、引进战略投资者等方式,完成了国有商业银行股份制改造并上市。

交通银行始建于1908年,是中国历史最悠久的银行之一。1986年,国务院批准重新组建交通银行。1987年4月1日,重新组建后的交通银行正式对外营业,成为中国第一家全国性的国有股份制商业银行。

中国邮政储蓄银行于2007年3月挂牌成立,是在改革邮政储蓄管理体制的基础上组建的国有商业银行。中国邮政储蓄银行承继原国家邮政局、中国邮政集团公司经营的邮政金融业务及由此而形成的资产和负债。2012年1月,中国邮政储蓄银行整体改制为股份有限公司。

**2. 股份制商业银行**

随着金融体制改革的不断深化,我国陆续组建和设立了一批股份制商业银行。1987年4月,招商银行在深圳蛇口成立,成为国内第一家完全由企业法人持股的股份制商业银行,随后陆续成立的股份制商业银行有中信银行、平安银行、兴业银行、广发银行、中国光大银行、华夏银行、上海浦东发展银行、中国民生银行、恒丰银行、浙商银行、渤海银行等。

**3. 城市商业银行**

城市商业银行是由城市企业、居民和地方财政投资入股组成的地方性商业银行。它的前身是城市信用合作社。我国原来有约5000家城市信用合作社,为规避风险,形成规模,1995年国务院决定,在城市信用社的基础上,通过吸收地方财政与企业入股组建城市合作银行,依照商业银行经营原则为地方经济发展及中小企业发展服务。1998年,这些城市合作银行更名为"城市商业银行"。

**4. 农村商业银行**

农村商业银行是由农村信用社改制组建的,它是县域地区重要的法人银行机构,是银行业支持"三农"和小微企业的主力军。农村商业银行不仅专注服务本地、服务县域、服务社区,还专注服务"三农"和小微企业。

**5. 村镇银行**

村镇银行是指经监管机构依据有关法律、法规批准,由境内外金融机构、境内非金融机构企业法人、境内自然人出资,在农村地区设立的主要为当地农民、农业和农村经济发展提供金融服务的银行业金融机构。村镇银行的主发起人必须是符合条件的银行业金融机构,服务"三农"是村镇银行的宗旨。自2006年启动村镇银行试点工作以来,村镇银行在丰富金融机构体系、填补"三农"和小微"最后一公里"金融服务等方面发挥了积极作用。

**6. 民营银行**

民营银行是指由民营资本控股,采用市场化机制运营的银行。党的十八届三中全会提出,在加强监管的前提下允许具备条件的民间资本依法发起设立中小型银行等金融机构。2014年7月,银监会启动民营银行试点工作,深圳前海微众银行、温州民商银行、天津金城银行、上海华瑞银行和浙江网商银行成为我国首批试点的民营银行。2015年6月,《关于促进民营银行发展的指导意见》出台后,民营银行组建由试点转为常态化。

(三)政策性银行与国家开发银行

政策性银行是指由政府投资设立,以贯彻国家产业政策和区域发展政策为目的,具有特殊的融资渠道,不以营利为目的,专门经营政策性金融业务的银行。由于它专门从事某一特定领域的金融活动,故也称为"政策性专业银行"。

政策性银行与商业银行相比,有其特殊性:一是政策性银行的资本金多由政府财政拨付;二是政策性银行在经营时主要考虑国家的整体利益、社会效益,不以盈利为目标,但也必须考虑盈亏,力争保本微利;三是政策性银行有其特定的资金来源,主要依靠发行金融债券或向中央银行举债,一般不面向公众吸收存款;四是政策性银行有特定的业务领域,不与商业银行竞争。

1994年,我国先后组建了三家政策性银行,即国家开发银行、中国进出口银行、中国农业发展银行,均直属国务院领导。三家政策性银行的组建实现了我国政策性金融与商业性金融相分离,解决了原来我国专业银行身兼二任的问题。

中国农业发展银行的主要任务是以国家信用为基础,以市场为依托,筹集支农资金,支持"三农"事业发展,发挥国家战略支撑作用。中国进出口银行是支持中国对外经济贸易投资发展与国际经济合作的国有政策性银行,它依托国家信用支持,积极发挥在稳增长、调结构、支持外贸发展、实施"走出去"战略等方面的重要作用,加大对重点领域和薄弱环节的支持力度,促进经济社会持续健康发展。

国家开发银行成立于1994年3月,是直属国务院领导的政策性金融机构。2008年12月,国家开发银行整体改制为国家开发银行股份有限公司;2015年3月,国务院明确国家开发银行定位为开发性金融机构;2017年4月,国家开发银行股份有限公司名称变更为"国家开发银行"。开发性金融是政策性金融的深化和发展,国家开发银行以服务国家重大中长期发展发展战略为宗旨,以国家信用为依托,以市场运作为基本模式,以保本微利为经营原则,以中长期投融资为载体,对经济社会重点领域和薄弱环节提供金融支持,促进经济社会持续健康发展。

(四)非银行金融机构

**1. 保险公司**

1979年,国内保险业务恢复后,中国保险市场一直由中国人民保险公司一统天下。1988年5月,平安保险公司在深圳蛇口成立。1991年,交通银行在其保险部的基础上组建中国太平洋保险公司。1994年10月,天安保险股份有限公司在上海成立。1995

年1月,大众保险股份有限公司成立。1996年,新华人寿保险股份有限公司、泰康人寿保险股份有限公司、华泰财产保险股份有限公司、永安财产保险股份有限公司、华安财产保险股份有限公司等多家股份制保险公司相继成立。

1996年,为了适应保险业快速发展和防范风险的需要,建立了保险分业经营体制,对产险、寿险实行专业化经营。中国人民保险公司、平安保险公司、中国太平洋保险公司等综合性保险公司相继完成了产寿险分业经营体制改革。同时,为了提升保险业服务经济社会的能力与水平,对农业保险、健康保险、养老保险等业务领域探索实行专业化经营,专业性的保险公司开始逐渐成立。

自改革开放以来,我国保险公司的发展十分迅速,初步形成了控股(集团)公司、股份制公司、相互公司、政策性公司、专业性公司、外资公司等多种组织形式、多种所有制成分并存,公平竞争、共同发展的市场格局。

**2. 证券公司**

20世纪80年代后,随着证券发行的增多和投资者队伍的扩大,对证券流通与发行的中介需求日增,由此催生了最初的证券中介业务和第一批证券经营机构。1984年,工商银行上海信托投资公司代理发行公司股票;1987年,我国第一家专业性证券公司——深圳特区证券公司成立。之后,各省陆续组建了一批证券公司,信托投资公司、财务公司、保险公司、中小商业银行以及财政系统陆续设立了证券营业网点。这些机构的出现形成了证券公司的雏形,在我国证券市场的早期探索试验中扮演了重要角色。

1990年12月19日和1991年7月3日,上海、深圳证券交易所先后正式营业,各证券经营机构的业务开始转入集中交易市场。1998年12月,我国《证券法》出台,依据《证券法》的规定,我国实行证券业和保险业、银行业、信托业分业经营、分业管理。同时,证券公司实行分类管理,分为经纪类和综合类证券公司。按照分业经营的要求,证券经营机构进行了一次大的调整,各类兼营机构逐步退出了证券中介领域,原有业务与网点整合转型为证券公司。

2006年1月1日新修订的《证券法》实施,进一步完善了证券公司设立制度,对股东特别是大股东的资格作出规定;对证券公司实行按业务分类监管,不再将证券公司分为综合类和经纪类;建立以净资本为核心的监管指标体系;确立证券公司高级管理人员任职资格管理制度;增加对证券公司及其股东、董事、监事、高级管理人员的监管措施,明确法律责任。

**3. 信托公司**

信托公司是指依法设立的主要经营信托业务的金融机构。信托是指委托人基于对受托人的信任,将其财产权委托给受托人,由受托人按委托人的意愿以自己的名义,为受益人的利益或者特定目的进行管理或者处分的行为即"受人之托、代人理财"。

1979年10月,国内第一家信托机构——中国国际信托投资公司宣告成立,此后,从中央银行到各专业银行及行业主管部门、地方政府纷纷办起各种形式的信托投资公司,到1988年达到最高峰时共有1000多家,总资产达到6000多亿元,占到当时金融总资产的10%。

为了保证金融信托业的健康发展和规范经营,在中国信托业发展过程中,全行业先后经历了5次清理整顿。经过第5次清理整顿,全国的信托公司由1999年以前的239家减少到几十家,信托公司混乱无序的状态得到有效控制。通过整顿,化解了信托业违规运作积累的巨大金融风险,按照信托的本质还信托公司"受人之托、代人理财"的本来面目,使信托投资公司获得了一个健康发展的空间。

**4. 金融资产管理公司**

金融资产管理公司是经国务院决定设立的收购国有独资商业银行不良贷款,管理和处置因收购国有独资商业银行不良贷款形成的资产的国有独资非银行金融机构。金融资产管理公司以最大限度保全资产、减少损失为主要经营目标,依法独立承担民事责任。

由于经济环境变化、金融法制不健全、金融监管薄弱、管理混乱、社会信用观念淡薄,四家国有独资商业银行在过去几十年中积累了大量不良贷款。为了彻底解决国有独资商业银行的历史遗留问题,化解历年积累的信贷风险,建立一个健康和可持续发展的银行体系,巩固和增强国际、国内对中国经济及金融体系的信心,借鉴国际经验,国务院于1999年批准组建了四家金融资产管理公司,即中国华融资产管理公司、中国长城资产管理公司、中国东方资产管理公司、中国信达资产管理公司,分别接收和处置从中国工商银行、中国农业银行、中国银行、中国建设银行剥离出来的不良资产。中国信达资产管理公司于1999年4月成立,其他三家于1999年10月分别成立。2007年,四大金融资产管理公司开始商业化运作,不再局限于只对应收购上述几家银行的不良资产。

**5. 企业集团财务公司**

我国的企业集团财务公司是指以加强企业集团资金集中管理和提高企业集团资金使用效率为目的,为企业集团成员单位提供财务管理服务的非银行金融机构。财务公司是依托大型企业集团而成立的,它的注册资本金主要从成员单位中募集,也可以吸收成员单位以外的合格的机构投资者的股份。1987年,我国第一家企业集团财务公司——东风汽车工业财务公司成立。此后,一些大型企业集团也相继建立了财务公司。

**6. 农村信用合作社**

农村信用合作社是由农民自愿入股组成,由入股社员民主管理,主要为入股社员服务的具有法人资格的合作金融机构。农村信用合作社实行自主经营、独立核算、自负盈亏。农村信用合作社入股组成农村信用合作联社,农村信用合作联社主要为入股的农村信用合作社提供服务,同时对农村信用社实行管理、监督和协调。目前,全国许多地方已经把农村信用社改组为农村商业银行。

**7. 金融租赁公司**

金融租赁公司是经中国银监会批准,以经营融资租赁业务为主的非银行金融机构。融资租赁是指出租人根据承租人对租赁物和供货人的选择或认可,将其从供货人处取得的租赁物按合同约定出租给承租人占有、使用,向承租人收取租金的交易活动。

20世纪70年代末,随着我国经济体制改革的进展,租赁业在我国逐渐兴起。我国第一家租赁公司——中国东方租赁公司于1981年2月成立。同年7月,中国租赁公司成立,这是国内第一家股份制租赁公司。

**8. 汽车金融公司**

汽车金融公司是指经批准设立的,为境内汽车购买者及销售者提供金融服务的非银行金融机构。我国第一家由国家金融机构和国内外汽车生产厂商合资成立的汽车金融公司——东风标致雪铁龙汽车金融有限公司2006年8月23日在北京宣告成立。

**9. 消费金融公司**

消费金融公司是指不吸收公众存款,以小额、分散为原则,为居民个人提供消费信贷的非银行金融机构。包括个人耐用消费品贷款及一般用途个人消费贷款等。2010年国内首批四家消费金融公司相继获批成立。消费金融公司提供的消费信贷具有金额小、期限短、无需抵押担保等特点。

我国的金融机构除了以上这些外,还有基金管理公司、货币经纪公司、贷款公司、农村资金互助社、外资金融机构等。

## 第三节　国际金融机构

国际金融机构是指根据国际性条约的授权,从事国际金融经营和管理等活动而又具有超国家性质的金融组织。最早出现的国际金融机构是1930年5月在瑞士巴塞尔设立的国际清算银行。当前,较为重要的全球性国际金融机构有国际货币基金组织、世界银行等。区域性国际金融机构中较为重要的有亚洲开发银行、欧洲投资银行、泛美开发银行、非洲开发银行等。

**一、国际货币基金组织**

国际货币基金组织(International Monetary Fund,IMF)是根据1944年7月通过的《国际货币基金协定》而建立的政府间国际金融机构。它于1945年12月27日正式成立,1947年3月开始运作。我国曾是国际货币基金组织的创始国之一,在国际货币基金组织的合法席位于1980年4月得以恢复。

(一)国际货币基金组织的宗旨

根据《国际货币基金协定》第一条的规定,国际货币基金组织的宗旨如下。

第一,建立一个永久性的国际货币机构,通过成员国就国际货币问题进行磋商与协作,以促进国际货币合作。

第二,促进国际贸易的扩大与平衡发展,以提高和维持高水平就业和实际收入水平,开发成员国的生产资源。

第三,促进汇率稳定,维持成员国之间有秩序的外汇安排,避免竞争性货币贬值。

第四,协助建立成员国之间经常性交易的多边支付制度,并设法消除妨碍国际贸易发展的外汇管制。

第五,在有充分保障的条件下,向成员国提供临时性的资金融通,使其增强信心并纠正国际收支的失衡,而不必采取有损于本国或国际经济繁荣的措施。

第六,根据以上目标,缩短成员国国际收支失衡的时间,并减轻失衡的程度。

(二)国际货币基金组织的组织机构

理事会是国际货币基金组织的最高权力机构,由成员国各派一名理事和副理事组成,任期为5年。理事通常由各成员国政府的财政部长或中央银行行长担任,有投票表决权。

执行董事会是国际货币基金组织负责处理日常业务工作的常设机构。目前,执行董事会由24位执行董事组成。

总裁是基金组织的负责人,负责基金组织的日常管理工作,同时兼任执行董事会主席,由执行董事会遴选,任期为5年。

(三)国际货币基金组织成员国的份额与投票权

国际货币基金组织的成员国必须向基金组织存入一笔认缴款,该笔认缴款称为"份额"。成员国认缴份额的25%以特别提款权或美元、欧元、日元、英镑等主要货币支付;份额的75%以成员国的本国货币缴纳,但存放于成员国本国的中央银行,在基金组织需要时可以随时动用。一国的份额主要由其相对于其他成员国的经济地位决定,即综合考虑成员国国内生产总值、经常账户交易和官方储备的规模等多方面因素。份额在成员国与基金组织的关系中极为重要,它不仅决定成员国的投票权,还与特别提款权的分派和成员国的借款权有着直接联系。

基金组织对于议决事项均采取份额投票制,每个国家的投票权是其"基本投票权"和以份额为基础的投票权之和。基金组织每个成员国都有250张基本票,每10万特别提款权的份额再增加一票。根据IMF规定,基金组织重大事项的表决需要获得85%以上的多数票才能通过,美国实际上拥有了一票否决权。

(四)国际货币基金组织的资金来源

国际货币基金组织的资金来源主要有:一是成员国缴纳的基金份额,这是国际货币基金组织最主要的资金来源;二是向成员国借款;三是信托基金,基金组织于1976年1月决定将其所持有黄金的1/6按市价出售,以获得利润中的一部分,作为建立"信托基金"的资金来源,对低收入国家的优惠贷款和债务减免来自基金组织管理的信托基金;四是基金组织创设的特别提款权。特别提款权(Special Drawing Right,SDR)是国际货币基金组织创设的一种国际储备资产和记账单位,亦称为"纸黄金"(Paper Gold)。它是基金组织分配给成员国的一种使用资金的权利。成员国在发生国际收支逆差时,可用它向基金组织指定的其他成员国换取外汇,以偿付国际收支逆差或偿还基金组织的贷款,还可与黄金、自由兑换货币一样充当国际储备。

(五)国际货币基金组织的贷款业务

发放贷款是国际货币基金组织最主要的业务活动。

**1. 国际货币基金贷款的种类**

国际货币基金提供的贷款种类是不断演化的,以满足成员国的需要,每类贷款的期限、还款安排及贷款条件各不相同。目前存在的贷款种类主要有以下几种。

(1)备用安排(1952年设立)。备用安排又称为"普通贷款",是国际货币基金最基本、最早设立的一种贷款,是为成员国短期国际收支困难而提供的中期支持,要求借款成员国采取政策使人们相信其国际收支困难将在合理的期间内得到解决。累计使用若超过份额的25%,则受制于更加严格的条件(称为高信贷分档贷款条件);年度贷款限额不超过份额的200%,累计贷款不超过份额的600%。

(2)灵活信贷额度。这是国际货币基金组织2009年设立的一种新的贷款机制,是信贷档的灵活工具。针对所有国际收支需要,无论是潜在需要还是实际需要,都实行严格的资格标准,要求借款国具有良好的宏观经济基本面、完善的政策以及良好的政策执行记录。

(3)中期贷款(1974年设立)。中期贷款是为解决较长期的国际收支困难的结构改革提供较长期的援助支持。与中期安排相关的结构性政策包括要求改善经济运行,如税收和金融部门改革、国有企业私有化,以及采取措施增强劳动力市场的弹性等。中期贷款的年度贷款限额不超过份额的200%,累计贷款不超过份额的600%。

(4)紧急援助。紧急援助建立于1962年,用于向由于自然灾害而面临国际收支困难的成员国迅速提供中期援助。1995年,这一形式的援助得到扩展,包括成员国为克服与内乱或国际武装冲突的后果有关的国际收支困难提供迅速的中期援助。

(5)低收入成员国的贷款。它包括1999年设立的减贫与增长贷款和2005年设立的外生冲击贷款。减贫与增长贷款用于帮助面临长期国际收支问题的最贫困成员国,目的是实现持续的、能减轻贫困的增长,它是一种优惠贷款。外生冲击贷款是为应付外生冲击(如商品价格变化、自然灾害和邻国事件导致的贸易混乱)导致的暂时性国际收支困难而提供的短期援助,它适用于符合减贫与增长贷款条件但没有减贫与增长贷款规划的低收入国家。

**2.国际货币基金组织贷款的特点**

(1)贷款对象。限于成员国政府机构。它只与成员国的财政部、中央银行、外汇平准基金组织或其他类似的财政机构往来。

(2)贷款条件。国际货币基金的贷款是有政策条件的。当一国向基金组织借款时,政府必须作出加强经济和金融政策的承诺,以确保基金组织的贷款用于解决借款国的经济困难,并保证该国将能够迅速偿还。

(3)贷款用途。国际货币基金对成员国的贷款主要是帮助其解决国际收支问题,用于贸易和非贸易的经常项目支付。近年来也增设了支持成员国为解决国际收支困难而进行的经济结构调整与经济改革的贷款。与世界银行等开发机构不同,国际货币基金不为特定项目或活动提供融资。

(4)贷款规模。一国可以从基金组织借到的数额因贷款类别的不同而有差别,以该国在基金组织份额的一定倍数表示。为满足超常的国际收支需求,基金组织还可以超限额贷款。

(5)贷款收费。基金组织对非优惠贷款收取与市场有关的利率,称为"基本收费率"。基本收费率以特别提款权利率为基础。大规模的贷款带有利率加价,称为"附加费"。

(6)贷款方式。成员国向国际货币基金组织借款和还款分别采用"购买"和"购回"的方式。即当贷款申请经基金组织批准后,成员国须以本国货币从基金组织购买外汇。在还款时,再用外汇购回本国货币。

**(六)国际货币基金组织的其他业务活动**

国际货币基金组织的活动除了向成员国提供贷款,还有监督与提供技术援助和培训。基金组织负责监督国际货币体系并对成员国的汇率政策实行严格监督,它通过跟踪世界各地的经济和金融情况并从国际和国内的角度检查成员国的政策是否适当,行使其监督职能。基金组织应成员国的请求提供技术援助和培训,协助成员国加强宏观经济和金融部门政策的设计和实施,提高政府机构制定和实施经济政策的能力。基金组织通过援助工作补充和增强基金组织的监督与贷款活动,通过培训协助成员国掌握技术专长。

**二、世界银行集团**

世界银行集团(World Bank Group)是若干全球性金融机构的总称。它由国际复兴开发银行(International Bank for Reconstruction and Development,IBRD)、国际开发协会(International Development Association,IDA)、国际金融公司(International Finance Corporation,IFC)、多边投资担保机构(Multinational Investment Guarantee Agency,MIGA)和国际投资争端处理中心(International Center for Settlement of Investment of Investment Disputes,ICSID)等五个机构组成。

"世界银行"最初为国际复兴开发银行的简称,因为它是世界银行集团中成立最早的机构。现在世界银行统指国际复兴开发银行和国际开发协会,它们是世界银行集团的主体。世界银行是向全世界发展中国家提供金融和技术援助的重要机构,其使命是实现持久减贫,通过提供资源、共享知识、建立能力以及培育公共和私营部门合作,帮助人们实现自助。在实现共同目标中,两家机构虽发挥着不同作用,但相互协作,国际复兴开发银行旨在减少中等收入国家和信誉良好的较贫困国家的贫困人口,而国际开发协会则注重支持世界最贫困国家。

**(一)国际复兴开发银行**

国际复兴开发银行是根据《国际复兴开发银行协定》成立的政府间国际金融机构,由联合国的会员国以认股的方式组成。它成立于1945年12月27日,1946年6月25日正式开始营业。总部设在美国的华盛顿,按照规定,只有参加国际货币基金组织的国家,才能申请加入世界银行。中国是该行的创始国之一,1980年5月中国在该行的合法席位得以恢复。

**1. 组织机构**

理事会是世界银行的最高权力机构,由各成员国选派理事和副理事各一名,任期为

5年,可以连任,一般而言,理事为成员国的财政部长或发展部长。副理事没有投票权,只有理事缺席时,副理事才有投票权。

执行董事会是由理事会授权,负责世界银行的日常业务,由24名执行董事组成。执行董事会选举产生执行董事会主席1人,并兼任世界银行行长。行长是世界银行办事机构的首脑,一般情况下行长无投票权,只有在执行董事会表决中双方票数相等时,才可以投起决定作用的一票。

**2. 宗旨**

按照《国际复兴开发银行协定》的规定,世界银行的宗旨如下。

(1)通过投资帮助会员国境内生产事业的复兴和建设,包括受战争破坏的经济恢复,以及鼓励发展中国家增加生产设施与资源开发。

(2)以担保或参加私人贷款及其他私人投资的方式,促进外国私人投资;或利用银行的资本和筹集的资金,为生产事业提供资金,以补充私人投资的不足。

(3)利用鼓励私人投资和以发展会员国生产资源的方式,促进国际贸易长期均衡的增长,并维持国际收支平衡,以协助会员国提高生产力、群众生活水平和改善劳动条件。

(4)就银行发放的贷款或担保的贷款和通过其他渠道的国际性贷款作出安排,以便使迫切需要建设的项目能够得到优先实施。

(5)在执行国际投资业务时,必须适当地照顾到会员国境内的工商业状况,特别是在战后的几年内,应协助恢复经济的发展。

世界银行在成立之初主要资助西欧国家恢复被战争破坏了的经济,但在1948年后,欧洲各国开始主要依赖美国的"马歇尔计划"来恢复战后的经济,世界银行于是主要转向向发展中国家提供中长期贷款与投资,促进发展中国家经济和社会发展。

**3. 贷款业务**

向成员国尤其是发展中国家提供贷款是世界银行最主要的业务。

(1)贷款的原则

第一,世界银行只向成员国政府,或经成员国政府、中央银行担保的公私机构提供贷款。

第二,成员国确实不能以合理的条件从其他方面取得资金来源时,世界银行才考虑提供贷款。

第三,贷款只发放给有偿还能力,且能有效运用资金的成员国,世界银行严格审查贷款国的还债能力。

第四,贷款一般用于世界银行审定、批准的特定项目,重点是交通、公用工程、农业建设和教育建设等基础设施项目。只有在特殊情况下,世界银行才考虑发放非项目贷款。

第五,贷款必须专款专用,并接受世界银行的监督。世界银行不仅在使用款项方面,而且在工程的进度、物资的保管、工程管理等方面都可进行监督。

第六,世界银行的贷款,一般只提供项目所需的外汇资金,约占项目总投资额的30%～40%,个别项目也可提高到50%。借款国必须匹配足配套资金。

(2)贷款的特点

第一,贷款期限较长。按借款国人均国民生产总值,将借款国分为4组,每组期限不一。第一组为15年,第二组为17年,第三、四组是最贫穷的成员国,期限为20年。

第二,贷款利率参照资本市场利率而定,一般低于市场利率,现采用浮动利率计息,每半年调整一次。另外,世界银行对贷款收取的杂费很少,只对签约后未支用的贷款额收取0.75%的承诺费。

第三,借款国要承担汇率变动的风险。

第四,贷款必须如期归还,不得拖欠或改变还款日期。

第五,贷款手续严密,从提出项目、选定、评定,到取得贷款,一般要1年到2年时间。

除了发放贷款之外,世界银行的其他主要活动包括:紧急援助、赠款、分析与咨询服务、提供技术援助和人员培训等。

(二)国际开发协会

国际开发协会是一个专门从事对欠发达国家提供长期无息贷款的国际金融组织。在1959年10月IMF和世界银行年会上,通过了建立专门资助最不发达国家的国际开发协会的决议,1960年9月24日正式成立了国际开发协会,并于1961年开始营业。国际开发协会是世界银行的附属机构,世界银行的成员国均可成为开发协会的成员国。该协会总部设在华盛顿。中国于1980年5月恢复在国际开发协会的席位。

国际开发协会的主要活动是向欠发达的发展中国家的公共工程和发展项目提供比世界银行贷款条件更优惠的长期贷款。由于国际开发协会的贷款基本上是免息的,故称为"软贷款",而条件较为严格的世界银行贷款,则称为"硬贷款"。国际开发协会的贷款具有期限长、免利息、信贷偿还压力小的特点。

(三)国际金融公司

国际金融公司的建立是由于IMF和世界银行的贷款对象主要是成员国政府,而私人企业的贷款必须由政府机构担保,从而在一定程度上限制了世界银行业务活动的扩展。因此,1951年3月,美国国际开发咨询局建议在世界银行下设国际金融公司;1956年7月24日,国际金融公司正式成立,它是世界银行的附属机构,是专门对成员国私人企业提供贷款的国际金融公司。按照规定,只有世界银行的成员国,才能申请加入国际金融公司。其总部设在华盛顿。

国际金融公司的宗旨是:配合世界银行的业务活动,通过向成员国特别是其中的发展中国家的重点私人企业提供无须政府担保的贷款或投资,鼓励国际私人资本流向发展中国家,以及支持当地资金市场的发展,以推动这些国家的私人企业的成长,促进其经济发展。

国际金融公司对成员国的私人企业提供无须政府担保的融资,也通过向政府和企业提供技术援助和咨询,来促进发展中国家私营部门的可持续投资,从而帮助发展中国家减少贫困,改善人民生活。国际金融公司是世界上为发展中国家的私营企业提供股本金和贷款最多的多边金融机构。

（四）多边投资担保机构

多边投资担保机构于 1988 年 6 月成立，它是世界银行的附属机构。中国是其创始会员国。多边投资担保机构的宗旨是：为发展中国家的外国私人投资者提供政治风险和非商业风险的担保，包括征收风险、货币转移限制、违约、战争和内乱风险担保，并向成员国政府提供投资促进服务，加强成员国吸引外资的能力，从而推动外商直接投资流入发展中国家。

（五）国际投资争端处理中心

国际投资争端处理中心是一个专为解决政府与外国私人投资者之间争端提供便利而设立的机构。其办公地点设在美国首都华盛顿的世界银行内。中国于 1993 年 1 月正式成为其缔约国。国际投资争端解决中心的宗旨和任务是：制定调解或仲裁投资争端规则，受理调解或仲裁投资纠纷的请求，处理投资争端等问题，为解决会员国和外国投资者之间争端提供便利，促进投资者与东道国之间的互相信任，增加发达国家投资者向发展中国家进行投资的信心，从而鼓励国际私人资本向发展中国家流动。

### 三、国际清算银行

国际清算银行(Bank for International Settlement, BIS)是根据 1930 年 1 月海牙会议通过的《国际清算银行公约》，于同年 5 月 17 日由英国、法国、意大利、德国、比利时、日本 6 国的中央银行，以及代表美国银行界利益的三家大银行（摩根银行、纽约花旗银行和芝加哥花旗银行）共同出资组成的银行集团联合组织。它是世界上最早的国际金融机构，总行设在瑞士的巴塞尔。世界上绝大多数国家的中央银行都与该行建立了业务关系，1996 年 9 月，中国人民银行正式成为国际清算银行的成员。

国际清算银行最初创办的目的是处理第一次世界大战后德国的赔偿支付及其有关的清算等业务问题。第二次世界大战后，它成为经济合作与发展组织成员国之间的结算代理机构，该行的宗旨也逐渐转变为促进各国中央银行之间的合作，为国际金融业务提供便利，并接受委托或作为代理人办理国际清算业务等。

国际清算银行与国际货币基金组织等其他金融机构在性质、业务和体制等方面均不相同，它不是政府间的金融决策机构，也不是发展援助机构，实际上只是西方中央银行的银行。在业务上，该银行目前具有国际金融机构和商业银行的双重性质。国际清算银行的宗旨是：促进中央银行之间的合作并向它们提供更多的国际金融业务的便利；在国际金融清算业务方面充当受托人或代理人。

### 四、区域性国际金融机构

（一）亚洲开发银行

亚洲开发银行(Asian Development Bank, ADB)成立于 1966 年 11 月，并于同年 12 月开始营业，总部设在菲律宾首都马尼拉。亚行初建立时有 34 个成员国，目前其成员不断增加,凡是亚洲及远东经济委员会的会员或准会员,亚太地区其他国家以及该地区以外的联合国及所属机构的成员,均可参加亚行。该行是亚洲、太平洋地区以及西方发达国家政府出资开办的多边官方金融机构。1986年3月10日,中国正式成为亚洲开发银行的成员国。

亚洲开发银行的宗旨是:为亚太地区的经济发展筹集官方及私人资金,向其成员国特别是本地区的发展中国家提供贷款,促进公私资本对本地区成员国的投资,对成员国的经济发展计划提供技术援助,帮助各成员国之间协调其在经济、贸易和发展方面的政策,与联合国及相关国际机构进行合作,以促进亚太地区的经济发展与合作。

亚洲开发银行的主要业务活动是:向成员国的政府及其所属机构、境内公私企业以及与发展本地区有关的国际性或地区性组织提供贷款和技术援助,同时也参与某些股权投资。

### (二)亚洲基础设施投资银行(Asian Infrastructure Investment Bank,AIIB)

亚洲基础设施投资银行(简称"亚投行")是一个政府间性质的亚洲区域多边开发机构,重点支持基础设施建设,其成立宗旨是推动亚洲区域的建设互联互通化和经济一体化的进程,并且加强中国及其他亚洲国家和地区的合作。总部设在北京。

2014年10月24日,包括中国、印度、新加坡等在内21个首批意向创始成员国的财长和授权代表在北京签约,共同决定成立亚洲基础设施投资银行。2015年6月29日,《亚洲基础设施投资银行协定》签署仪式在北京举行,亚投行57个意向创始成员国财长或授权代表出席了签署仪式。2015年12月25日,亚洲基础设施投资银行正式成立。

亚投行法定资本1000亿美元。中国初始认缴资本目标为500亿美元左右,中国出资50%,为最大股东,各意向创始成员同意将以国内生产总值(GDP)衡量的经济权重作为各国股份分配的基础。亚洲基础设施投资银行的主要业务是援助亚太地区国家的基础设施建设。在全面投入运营后,亚洲基础设施投资银行将运用一系列支持方式为亚洲各国的基础设施项目提供融资支持——包括贷款、股权投资以及提供担保等,以振兴包括交通、能源、电信、农业和城市发展在内的各个行业投资。

### (三)泛美开发银行

泛美开发银行(Inter-American Development Bank,IADB)成立于1960年10月,行址设在美国华盛顿。该银行的成员国最初仅为美洲国家,20世纪70年代后一些欧洲国家和亚洲国家也参加了该银行,成为成员国。

泛美开发银行的宗旨是:动员美洲内外的资金向成员国政府及公、私团体的经济、社会发展项目提供贷款或对成员国提供技术援助,以促进拉美国家的经济发展和经济合作。

泛美开发银行的主要业务是向成员国提供贷款。该行的贷款分为普通业务贷款和特种业务基金贷款。前者贷款的对象是成员国政府和公、私机构的经济项目,贷款条件和期限仅具有较少的优惠性质,还款须用贷款的货币偿还;后者的贷款条件、期限和还款方式均较为优惠,可全部或部分用本币偿还。

### (四)非洲开发银行

非洲开发银行(African Development Bank,AFDB)成立于1964年9月,总部设在

科特迪瓦的经济中心阿比让。2002年,因科特迪瓦政局不稳,临时搬迁至突尼斯至今。非洲开发银行是非洲最大的地区性政府间开发金融机构。

非洲开发银行的宗旨是:向非洲成员国提供资金支持和技术援助,充分利用本大陆的人力和自然资源,为成员国的经济和社会发展服务;协助非洲大陆制定发展的总体规划,协调各国的发展计划,以期达到非洲经济一体化的目标。

非洲开发银行向成员国提供的贷款包括普通贷款和特别贷款两种。普通贷款业务包括用该行普通资本基金提供的贷款和担保贷款业务;特别贷款业务是用该行规定专门用途的"特别基金"开展的贷款业务。后一类贷款的条件非常优惠,贷款期限长,免收利息,只收取少量手续费。该行贷款利率每半年调整一次。贷款主要用于公用事业、农业、交通运输业、教育、卫生及社会其他部门。此外,银行还为开发规划或项目建设的筹资和实施提供技术援助。

### (五)欧洲投资银行

欧洲投资银行(European Investment Bank,EIB)于1958年1月1日成立,1959年正式开业,总行设在卢森堡。欧洲投资银行是欧洲经济共同体各国政府间的一个金融机构。该行的宗旨是利用国际资本市场和共同体内部资金,促进共同体的平衡和稳定发展。

欧洲投资银行不以营利为目的,其业务活动主要是向经济不发达的成员国和地区,针对其地区发展、能源开发、兴建公共设施和改造老企业等项目提供长期贷款和担保。从1964年起,其贷款对象扩大到与欧共体有较密切联系或有合作协定的共同体外的国家,但贷款兴建的项目须对共同体有特殊意义,并须经该行总裁委员会特别批准。欧洲投资银行的贷款主要包括两种形式:一是普通贷款,即运用法定资本和借入资金办理的贷款,主要向共同体成员国政府和私人企业发放,贷款期限长,可达20年;二是特别贷款,即向共同体以外的国家和地区提供的优惠贷款,主要根据共同体的援助计划,向同欧洲保持较密切联系的非洲国家及其他发展中国家提供,贷款收取较低利息或不计利息。

### 关键术语

金融机构　中央银行　商业银行　专业银行　政策性银行　证券公司　保险公司　信托公司　金融租赁公司　财务公司　投资银行　国际货币基金组织　世界银行　国际清算银行

### 复习思考题

1. 如何理解金融机构在经济中的主要功能?
2. 西方发达国家金融机构体系一般是如何构成的?
3. 我国当前金融机构体系是如何构成的?
4. 投资银行与商业银行有何差异?
5. 什么是专业银行?西方金融体系中的专业银行有哪些特点?

6. 什么是政策性银行？政策性银行有哪些特征？
7. 国际货币基金组织的主要宗旨是什么？
8. 世界银行的主要宗旨是什么？

拓展阅读

# 第七章

# 商业银行

**本章提要**

本章主要介绍商业银行的产生和发展；商业银行的性质、职能；商业银行组织制度；商业银行业务，即银行负债业务、资产业务、中间业务和表外业务；商业银行的经营原则和商业银行管理的基本理论及方法。

## 第一节 商业银行概述

### 一、商业银行的起源和发展

(一)商业银行的起源

在英文中,"银行"(bank)这个词来源于意大利语"板凳"(banca 或者 banco)。早在古希腊时期,地中海地区城邦林立,各个城邦大都发行自己的货币,而且重量、成色各不一样。由于贸易的发展,经常需要在不同的货币之间进行兑换,就出现了专事货币兑换的商人。这些人起初只是兑换货币,后来又增加了新的业务,就是替有钱人保管金银。别人把金银存放在他的保险柜,他给人开张收据,并收取一定的保管费。这些专门提供货币保管、鉴定、兑换、汇兑服务的行业就叫"货币兑换业"或"货币经营业"。

随着经营规模的扩大,虽然每天都有人存、有人取,但在他们的保险柜里,总有些金银处于闲置状态,极少出现保险柜被提空的情况。当他们把那部分闲置的金银利用起来,借给那些急于用钱的人,并以提供服务和支付利息为条件,吸收存款来扩大贷款业务时,即拉开了古老的货币经营业向银行业演变的序幕。1171年成立的威尼斯银行被人们看作世界第一家以"银行"为名的银行和第一家具有近代意义的银行。

(二)商业银行产生的两条途径

在中世纪欧洲的地中海沿岸,高利贷性质的银行业已有相当程度的发展。在西欧进入资本主义之初,银行的高利贷性质仍然十分显著,这显然不能适应资本主义工商企业发展的需要。体现资本主义生产关系的现代商业银行,是通过两条途径产生的:一条是旧的高利贷性质的银行为了适应新条件、新要求,转变成资本主义的银行;另一条是根据资本主义原则,组建新型的股份制银行。起主导作用的是后一条途径。1694 年,在英国政府支持下,由私人创办的英格兰银行是最早出现的股份制银行,它的贴现率一开始就定为 4.5%~6%,大大低于早期银行业的贷款利率。英格兰银行的成立标志着现代银行制度的建立,也意味着高利贷在信用领域垄断地位的动摇。至于各资本主义国家纷纷建立起规模巨大的股份制银行,则是在 18 世纪末到 19 世纪初之间。进入 20 世纪以后,特别是"二战"以后,商业银行更是得到了迅猛的发展。20 世纪 70 年代以来,商业银行又出现了全能化、电子化、国际化的发展趋势。

(三)商业银行发展的两种模式

尽管世界各国经济发展水平不同,商业银行产生与发展的条件不同,但商业银行的发展基本上是以下两种模式。

**1. 英国式的商业银行**

英、美等国商业银行的贷款业务至今仍以短期自偿性商业贷款为主。这种模式是在英国资本市场发达、银行资金来源多为活期存款、企业资本原始积累较丰富等条件下形成的。其优点是能够较好地保持银行的安全性和清偿力；缺点是银行业务的发展受到了一定的限制。

**2. 德国式的商业银行**

这一模式的主要特点是：商业银行不仅提供短期商业性贷款，还提供长期贷款，甚至可以投资于企业股票与债券，参与企业的决策与发展，为企业的兼并与重组提供财务咨询、财务支持等投资银行服务。因为德国作为资本主义的后起之秀，资本市场欠发达，所以银行对于当时的工商企业来说，既是短期资金的供应者，又是长期资金的主要供应者，甚至还是企业的股东。这一模式的优点是有利于银行开展全面的业务经营活动，为企业提供全方位的金融服务；缺点是会加大银行的经营风险，因而对银行的经营管理提出了更高的要求。至今，不但德国、瑞士、奥地利等少数欧洲国家坚持这一模式，而且美国、日本等国的商业银行也有向综合银行发展的趋势。

**二、商业银行的内涵和性质**

（一）商业银行的内涵

商业银行在其发展的初期，主要业务是吸收短期存款，发放短期的自偿性商业贷款。如今看来，商业银行的业务已远远超出了传统的范围。

世界各国都有商业银行。在美国，商业银行分为在联邦注册的国民银行和在各州注册的州银行；在英国，商业银行分为存款银行、商人银行和贴现银行；在日本，商业银行则分为城市银行和地方银行。显然，被归入商业银行之列的并不一定要有商业银行的名称，这说明商业银行是一个抽象化的一般概念，是对具有一定特质的银行机构的总称。

我国《商业银行法》的颁布为我们准确理解商业银行的概念提供了法律依据。《商业银行法》第2条明确规定："本法所称的商业银行是指依照本法和《中华人民共和国公司法》设立的吸收公众存款、发放贷款、办理结算等业务的企业法人。"对这一条的理解，应着重把握以下三点。

第一，商业银行是企业法人。这表明，商业银行是拥有自己的名称和独立财产，能够以自己的名义从事民事活动，享受权利，承担义务和责任的独立民事主体，其从事经营活动以营利为目的。

第二，商业银行是吸收公众存款、发放贷款、办理结算等金融业务的企业法人。根据《商业银行法》的规定，商业银行可以经营的业务远不止吸收公众存款、发放贷款、办理结算，在定义中将三者突出，一则表明它们是商业银行的基本业务，二则暗示了商业银行创造派生存款的特殊功能。

第三，商业银行是依据《商业银行法》和《公司法》设立的。在我国现行体制下，城市信用合作社和农村信用合作社以经营存款、贷款、结算业务为主，因而也具有一定的创造派生存款的职能，但它们不同于商业银行，不以《商业银行法》为其设立依据。

### (二)商业银行的性质

**1. 商业银行是具有现代企业基本特征的企业**

商业银行具有业务经营所需的自有资金;以盈利为目的,自主经营、独立核算、自负盈亏;经营目标是最大限度地追求利润。

**2. 商业银行是一种特殊的企业**

(1)商业银行的经营对象和内容具有特殊性。一般工商企业经营的是物质产品和劳务,从事商品生产和流通;而商业银行以金融资产和负债为经营对象,经营的是特殊的商品——货币和货币资本,经营的内容包括货币收付、借贷以及各种与货币运动有关的或者与之联系的金融服务。

(2)商业银行对整个社会经济的影响性以及受社会经济的影响具有特殊性。通常,商业银行对整个社会经济的影响要远远大于任何一个企业,同时,商业银行受整个社会经济的影响也较任何一个具体企业更为明显。

(3)商业银行的责任具有特殊性。一般工商企业只以盈利为目标,只对股东和使用自己产品的客户负责;商业银行除了对股东和客户负责,还必须对整个社会负责。

**3. 商业银行是一种特殊的金融企业**

商业银行既有别于国家的中央银行,又有别于专业银行(指西方指定专门经营范围和提供专门性金融服务的银行)和其他非银行金融机构。中央银行是国家的金融管理当局和金融体系的核心,是货币发行银行,是国家的银行和银行的银行,即中央银行不会从事面向工商企业和个人的存贷款业务,中央银行的工作是发行货币,管理商业银行系统,向国家提供金融服务,它是货币政策的制定和执行者。专业银行和各种非银行金融机构只限于办理某一方面或几种特定的金融业务,业务经营具有明显的局限性。总之,从商业银行的起源和发展历史看,商业银行的性质可以归纳为以追求利润为目标,以经营金融资产和负债为对象,综合性、多功能的金融企业。

不过,对商业银行与其他金融机构之间的界限,也不能作过于绝对的理解。例如,在一些实行全能银行制度的国家,银行不仅从事存款、贷款、结算业务,还广泛经营投资业务;在美国,一些原非商业银行的金融机构,现在也被获准为客户开立与支票活期存款账户类似的交易账户。一些西方学者指出,随着金融自由化运动的不断推进,商业银行与其他金融机构之间的分界正日益模糊。

### 三、商业银行的职能

#### (一)信用中介职能

商业银行以负债业务集中社会闲散资金,转而以资产业务加以运用,沟通了资金供求,促进了资金的融通。商业银行的信用中介职能克服了直接融资在数量和期限上难以达成一致的困难,扩大了资金融通的规模和范围,促进了闲置资金向生产建设资金、储蓄向投资、货币向资本的转化。商业银行按市场原则所从事的信贷活动,强化了市场对资源的优化配置作用。信用中介职能是商业银行最基本和最主要的职能。

### (二)支付中介职能

向社会提供有效率的支付机制,是商业银行的又一大基本职能。商业银行基于支票活期存款账户,以转账方式为客户提供的收付服务,减少了现金使用,节约了流通费用,加速了资金周转,保障了交易安全,促进了商品流转。同时,支付服务也为商业银行带来了巨额的、廉价的信贷资金来源(因为商业银行一般不得对支票活期存款支付利息),为其履行信用中介职能创造了条件。在各国现行的金融体制下,只有商业银行才能够吸收支票活期存款和办理转账结算(有少数例外),因此,支付中介职能是商业银行独有的职能。

### (三)信用创造职能

商业银行在信用中介职能和支付中介职能的基础上,衍生出信用创造职能。商业银行对所吸收的存款,在缴存法定准备金和留足备付金之后,可将其余部分用于贷款和投资。贷款与投资在转账结算和票据流通的基础上,又会转化为银行系统新的存款。这个过程周而复始,即在整个银行系统创造出若干倍于原始存款的派生存款。商业银行的信用创造功能具有积极的作用,但如果失控,就会导致通货膨胀,影响国民经济的健康发展。一般而言,信用创造是商业银行独有的职能,因此,商业银行也就成为了中央银行信用调控的重点。

### (四)金融服务功能

随着金融市场竞争的加剧,表外业务日益受到商业银行的重视,并已成为其新的利润增长点。所谓"表外业务",是指金融机构不动用资金,不计入资产负债表,凭借其机构网络、卓越信用、信息优势、专业技能等,以收取佣金或手续费为目的,向客户提供金融服务的业务,如代收代付款项、提供信用证服务、发行信用卡、出租保管箱、提供信息咨询和投资策划等。商业银行将表内和表外业务有机结合起来,健全了业务功能,方便了客户,扩大了利润来源,增强了竞争实力。

## 第二节 商业银行组织制度

商业银行组织制度是指有关商业银行外部存在形式和内部职能设置的规则和惯例。它是商业银行内部管理制度的重要内容和人力资源管理的出发点,也是实现经营目标和长期竞争战略的基本保障。

### 一、外部组织形式

商业银行外部组织形式可分为分支银行制、单一银行制、银行控股公司制、连锁银行制和代理银行制五种。

#### (一)分支银行制

分支银行制是在总行或总管理处之外,广设国内外分支机构的银行体制。在这种体制下,虽然商业银行的家数不多,但各家银行却往往有着庞大的分支机构网络。这种体制又可细分为总行制和总管理处制。前者,总行除领导、管理分支机构外,本身也对外营业;后者,总管理处专司领导、管理分支机构之责,本身不对外开展业务。其优点有:其一,经营规模大,有利于展开竞争,并获得规模效益;其二,分支遍布各地,易于吸收存款,调剂、转移和充分利用资金,便于分散和降低风险;其三,银行数目少,便于国家直接控制。其缺点有:其一,如果总行没有完善的通信手段和成本控制方法,会导致银行的经济效益下降;其二,如果分支银行的职员经常调动,就会失去与其服务对象的联系,而如果不经常调动,又会形成本位主义。分支银行制起源于英国,现为世界多数国家所采行。我国按照《商业银行法》的规定也实行分支银行制。

### (二)单一银行制

单一银行制又称为"独家银行制",是只能以单个机构从事经营,不准设立分支机构的银行体制。其优点有:其一,限制银行间吞并和金融垄断,缓和竞争的激烈程度;其二,有利于协调银行和地方政府的相互关系,使商业银行更适合本地区的需要;其三,银行的自主性较强,灵活性大;其四,管理层次少,调控传导快。其缺点有:其一,限制了竞争,不利于银行的发展和提高经营效率;其二,金融创新不如其他类型的银行;其三,单一银行与经济外向型发展相矛盾,人为形成了资本的迂回流动。美国从19世纪末开始实行严格的单元银行制,据称是出于对权力集中的恐惧和对自由竞争的遵从,但近数十年来,美国许多州已不同程度放松了对银行开设分支机构的限制。1994年9月,美国国会通过了《1994年里格—尼乐银行跨州经营及设立分行效率法》,允许银行在其注册地以外的州直接开设一家分行。目前,美国银行平均拥有的分支机构数仍然很低,因而与分支银行制的区别依然存在。

### (三)银行控股公司制

银行控股公司又称为"银行持股公司",一般是专为控制或收购两家或两家以上银行的股份而成立的公司。从法律上看是由控股公司拥有银行,但实际上控股公司往往是由银行建立并由银行操纵的组织。大银行通过控股公司把许多小银行,甚至把一些企业置于自己的控制之下。其优点有:其一,控股公司制是一种金融改革,能使许多银行摆脱州政府关于设立分支机构的限制;其二,可以扩大经营范围,实现业务多样化和地区分散化,便于更好地进行风险和收益管理;其三,控股公司的股票更为畅销,可以降低融资成本;其四,控股公司的设施集中,可以节省开支。其缺点有:易于形成垄断,不利于竞争。银行控股公司制流行于美国,旨在规避对银行设立分支机构的种种限制。近年来,我国银行控股公司发展迅速,成为银行业规避分业经营限制的桥梁。但至今为止,我国尚无一部法律对其进行专门的监管,庞大的集团公司管理体系使内部管理和风险控制难度加大;系统内关联交易问题严重;资本金重复计算导致金融控股公司的资本杠杆比例过高,影响集团公司的财务安全。这些风险如果得不到有效控制,就会危及我国经济与金融的稳定。

### (四)连锁银行制

连锁银行制是某个人或某个集团,通过购买若干银行一定数量的股份,将它们置于自己控制之下的一种银行体制。与银行控股公司制不同,连锁银行制无须成立股权公司,各家银行在法律上保持独立,但实际上受控于同一个人或集团。连锁银行制在美国中西部较为发达,但重要性远不及银行控股公司制。

(五)代理银行制

代理银行制也称为"往来银行制",是指银行相互间签订代理协议,委托对方银行代办指定业务的一种组织形式。被委托的银行为委托行的代理行,相互间的关系则为代理行关系。一般地说,银行代理关系是相互的,因而互为对方代理行。

二、内部组织结构

大多数商业银行都是按《公司法》组建的,它们的组织结构大致相仿。它们的组织结构一般可分为四个系统,即决策系统、执行系统、监督系统和管理系统。其特点是:产权清晰、权责明确;权力机构、执行机构和监督机构相互分离、相互制衡。

(一)决策系统

商业银行的决策系统主要由股东大会和董事会组成。

股东大会是股份制商业银行的最高权力机构。股本招募中购买银行发行的优先股票的投资者成为银行的优先股东,购买银行发行的普通股票的投资者成为银行的普通股东。股东大会的主要内容和权限包括:选举和更换董事、监事并决定有关的报酬事项;审议批准银行各项经营管理方针和对各种重大议案进行表决;修改公司章程等。

董事会是由股东大会选举产生的决策机构。董事会代表股东大会执行股东大会的决议,对股东大会负责。商业银行董事会主要具有以下一些重要权力:确定银行的经营决策,董事会一般不直接参与银行的日常工作,但银行经营的重大问题要与董事商议,由董事会作出决策;董事会有权任免银行管理人员,选择熟悉银行业务的高级管理人员来具体管理银行;设立各种委员会或附属机构,如执行委员会、贷款委员会、考评委员会等,通过其对银行的经营管理活动进行组织、指挥和监督。

(二)执行系统

商业银行的执行系统由总经理(行长)和副总经理(副行长)及其领导的各业务部门组成。

**1. 总经理(行长)**

行长是商业银行的行政主管,是银行内部的行政首脑,由董事会委任或聘任,代表银行从事日常业务活动,并对具体业务负责。其职责是执行董事会的决定,主持银行日常业务活动;经董事会授权对外签订合同或处理业务;提名高级管理职员报请董事会批准;定期向董事会报告业务情况;向董事会提交年度报告;招聘或解雇银行职员等。

**2. 职能部门**

职能部门是商业银行以行长(或总经理)为中心的经营管理体系中执行日常业务的机构。一般来说,职能部门可分为直接式业务部和参谋式职能部两大类。直接式业务部的职责是经办各项银行业务,直接向客户提供服务,如投资部、放款部、存款部等。参谋式职能部门的职责是实施内部管理，帮助各业务部门开展工作，为业务管理人员提供意见、咨询等，如会计部、人事部、教育培训部等。

**3. 分支机构**

分支机构是商业银行业务经营的基层单位，其首脑是分支行行长。各商业银行的分支机构按照不同地区、不同时期的业务需要，还设有职能部门和业务部门，以完成上级下达的经营指标和任务。

**4. 总稽核**

总稽核负责银行日常营业账务项目及操作方法的核对工作，其主要任务是持续地对银行的各项工作进行检查，以确定银行会计、信贷及其他业务是否符合金融当局的有关规定，是否按照董事会的方针、纪律和程序办事，目的在于防止篡改账目、挪用公款和浪费，以确保资金安全。总稽核是董事会的直接代表，通常定期向董事会汇报工作，指出发现的各种问题并提出可行性意见和建议。

（三）监督系统

商业银行的监督系统由监事会和稽核部门组成。监事会由股东大会选举产生，代表股东大会对商业银行的业务经营和内部管理进行监督。商业银行的稽核部门是董事会或管理层领导下的一个部门，其职责是维护银行资产的完整和资金的有效营运，对银行的管理与经营服务质量进行独立的评估。

（四）管理系统

商业银行的管理系统由以下五个方面组成。

**1. 全面管理**

全面管理是由董事长、行长（或总经理）负责。其主要内容包括确立银行目标、计划和经营业务预测，制定政策，指导和控制及评价分支机构及银行的管理和业务工作。

**2. 财务管理**

财务管理的主要内容包括处理资本金来源和成本，管理银行现金，制定费用预算，进行审计和财务控制，进行税收和风险管理。

**3. 人事管理**

人事管理的主要内容包括招募雇员，培训职工，进行工作和工资评审，处理劳资关系。

**4. 经营管理**

经营管理的主要内容包括根据计划和目标安排组织各种银行业务，分析经营过程，保证经营活动安全。

**5. 市场营销管理**

市场营销管理的主要内容包括分析消费者行为和市场情况，确定市场营销战略，开展广告宣传、促销和公共关系，制定银行服务价格，开发产品和服务项目。

## 第三节　商业银行业务

### 一、负债业务

#### (一)负债业务的内涵

负债业务是商业银行筹集资金、借以形成资金来源的业务。商业银行不同于一般企业,除了经营对象、经营手段不同,在财务杠杆上也存在着很大的不同。一般来说,企业的财务杠杆作用较小,即权益资本占总资产的比例较高,平均为34%,即1∶3;而商业银行则不同,银行资产的绝大部分主要是靠商业银行的负债来支撑的。

#### (二)商业银行的主要负债

商业银行负债主要由存款和借入资金两部分组成。

**1. 存款类负债**

存款是各类组织机构(包括企事业单位、机关、团体)和个人存入商业银行或非银行金融机构账户上的货币资金。它是商业银行最主要的资金来源,一般占总资金来源的70%以上,因此,吸收存款成为商业银行最重要的负债业务。各国商业银行存款按其性质和支取方式划分为活期存款、定期存款和储蓄存款三种类型。

(1)活期存款。活期存款是相对于定期存款而言的,是不需预先通知可随时提取或支付的存款。活期存款构成了商业银行的重要资金来源,也是商业银行创造信用的重要条件,但成本较高。商业银行只向客户免费或低费提供服务,一般不支付或较少支付利息。

(2)定期存款。定期存款是相对于活期存款而言的,是一种由存户预先约定期限的存款。定期存款占银行存款比重较高。因为定期存款期限固定而且比较长,所以为商业银行提供了稳定的资金来源,对商业银行长期放款与投资具有重要意义。

(3)储蓄存款。储蓄存款是个人为积蓄货币和取得利息收入而开立的存款账户,储蓄存款又可分为活期和定期。储蓄存款的活期存款又称为"活期储蓄存款",存取无一定期限,只凭存折便可提现。存折一般不能转让流通,存户不能透支款项。

随着客户的动机和需求的变化,银行应不断进行存款品种的创新。通常存款产品的创新通过其构成要素的不同组合就可以实现。例如,美国银行存款产品的构成要素一般包括:期限、开户起点要求、日均余额/联合余额、优惠(减免账户管理费、免费签发若干次支票、利率优惠等)、惩罚(收账户管理费、降低利率)等。这些基本要素不同的排列组合就形成了美国银行市场上多种多样的存款产品。换言之,对这几种要素进行重新组合,赋予不同的内容就是对存款产品的创新。美国银行一直以来都努力围绕着存款产品的流动性和收益性进行创新,自20世纪60年代起,就推出了一系列迎合客户的存款品种。

**2. 借款类负债**

商业银行的负债除存款负债外，还通过各种其他负债方式借入资金。借入资金是商业银行一种持久地增加资金来源的手段。

(1) 同业借款。商业银行借入资金的重要途径是向其他银行借款，即同业借款。同业借款主要包括同业拆借、转贴现和转抵押。同业拆借是银行及其他金融机构之间短期或临时性资金的融通。当商业银行在其经营过程中出现临时性资金不足，资金周转发生暂时性困难时，可向其他银行临时拆借一笔款项。这笔资金是其他银行在运营过程中产生的临时性盈余，拆入行能利用的时间较短，但可以维持其资金的正常周转，避免或减少出售资产而发生的损失，实现其流动性的需要。

在西方国家，中央银行对商业银行的存款准备金不支付利息，同时，商业银行对一部分活期存款也不支付利息，这就更加刺激了商业银行将闲置的资金头寸投放到同业拆借市场以获取盈利。我国对银行间同业拆借的资金用途有着严格的规定，拆入的资金只能用于解决调度头寸过程中的临时资金困难，而不能把拆借资金用于弥补信贷缺口，长期进行占用，更不能把拆借资金用于固定资产投资。

(2) 中央银行借款。中央银行是银行的银行，执行着最后贷款人的职能。因此，商业银行必要时可向中央银行借款。一般来说，商业银行向中央银行借款的主要目的在于摆脱本身资金周转的困境，而非获利。商业银行向中央银行借款的途径主要有两条：一是再贴现，二是再贷款。再贴现是商业银行把已对客户贴现但尚未到期的票据请示中央银行予以贴现、融入资金。再贴现是商业银行从中央银行借入资金的主要途径，但商业银行并不过分依赖中央银行的再贴现。

(3) 证券回购。随着银行持有政府短期债券的规模越来越大，作为流动性强、安全性高的优质资产，商业银行可以用签订回购协议的方式融资。回购协议的一方暂时出售这些资产，同时约定在未来的某一日以协商的价格购回这些资产。回购协议可以是隔夜回购，也可以是较长时期。利用回购协议进行资金融通，不但可以使银行充分利用这些优质资产，而且因回购协议利率较低，如果银行以此融资用于收益较高的投资，则会带来更高的盈利。但是，回购协议并不是绝对安全的，有时也会发生违约风险。

(4) 国际金融市场借款。商业银行除了在国内金融市场上取得借款，还经常从国际金融市场借款以弥补自己资金的不足。商业银行国际金融市场借款最典型的是欧洲货币存款市场。当银行所接受的存款货币不是母国货币时，该存款就叫"欧洲货币存款"。欧洲货币市场最早起源于欧洲，目前已经突破欧洲范围，遍及世界各地。银行从国际金融市场融资既可以通过专门的机构进行，也可以通过自己的海外分支机构完成。

(5) 发行中长期金融债券。商业银行组织资金的另一重要形式是通过金融市场发行债券筹借资金。以发行债券的方式借入资金对商业银行有很多的好处。首先，债券不是存款，不需交纳准备金，因而发行债券得到的实际可用资金大于同等数额的存款。其次，债券把银行负债凭证标准化，适宜推销，能有效地提高银行的资金组织能力。最后，银行与债券购买人之间是债权债务的买卖关系，银行除到期必须还本付息外，对债券购买人不承担任何责任和义务。

## 二、资产业务

### (一)资产业务的内涵

商业银行的资产业务是指商业银行将通过负债业务所积聚起来的货币资金加以应用的业务。资产是商业银行获得收入的主要来源。银行资产规模是衡量一家商业银行实力和地位的重要标志,其质量好坏是银行前景的重要预测指标。银行资产管理不善是导致银行倒闭、破产的重要原因之一。因此,银行资产管理在整个银行管理中处于非常重要的地位。

### (二)商业银行资产的构成

**1. 现金资产**

商业银行的现金资产由库存现金、法定准备金、在中央银行存款、存放同业和在途资金等项目组成。

**2. 贷款**

贷款又称为"放款",是银行将货币资金的使用权以一定条件为前提转让给客户,并约期归还的资产运用方式。国际上商业银行贷款资产占总资产的比率为60%左右。

**3. 证券投资**

证券投资是指银行购买有价证券的经营行为。因为各国法律对商业银行证券投资业务的管制程度不同,所以证券投资资产占总资产的比重也相差悬殊,低的占10%左右,高的达25%～30%。

**4. 固定资产**

固定资产是商业银行拥有的房地产和设备。一般来说,各国商业银行的自用固定资产占银行全部资产的比率约为0.5%～2%。

在商业银行资产中,贷款和投资是盈利性资产,并占有绝对比重,构成商业银行的主要资产业务。

### (三)贷款业务

**1. 贷款的种类**

贷款按不同的标准可作如下分类。

(1)按贷款是否有担保,可分为信用贷款和担保贷款。

(2)按贷款期限是否,可分为定期贷款和活期贷款。

(3)按还款方式,可分为一次性偿还的贷款和分期偿还的贷款。

(4)按风险程度,可分为正常贷款、关注贷款、次级贷款、可疑贷款和损失贷款。次级、可疑、损失贷款通称为"不良贷款"。

**2. 贷款业务的一般过程**

贷款业务的一般过程有:贷款申请;受理与调查;风险评价;贷款审批;合同签订;贷款发放;贷款支付;贷后管理;回收与处置。

**3. 贷款的原则**

西方国家的商业银行为了确保贷款的安全与盈利,非常重视对借款客户信用状况的审查,并在多年的实际操作中逐渐形成了系统的衡量标准,这就是通常所说的贷款审查"6C"原则,即品德、才能、资本、担保品、经营环境和事业的连续性。

**4. 贷款证券化**

贷款证券化是资产证券化的一种,是商业银行以贷款为抵押发行证券筹资的创新业务,可使贷款资产转变成可转让证券。

### (四)证券投资业务

证券投资是银行资产业务的重要组成部分。商业银行作为经营货币资金的特殊企业,其证券投资的目标有三个:一是提高盈利性,证券投资收益是商业银行投资业务的首要目标;二是降低风险性,降低风险是银行经营的一个重要原则,而要降低风险,就要实行资产分散化;三是补充流动性,商业银行保持一定比例的高度流动性资产是保证其资产业务安全的重要前提。投资与贷款相比,具有较强的主动性、独立性,不像贷款那样有时迫于客观因素或人为的影响。而且,由于投资证券的流动性较强,即变现能力较强,加上购买证券时银行不是唯一债权人,因而风险较小。

按照我国《商业银行法》的规定,商业银行不得从事境内信托投资和股票业务。因此,目前商业银行的证券投资业务对象主要是政府债券和中央银行、政策性银行发行的金融债券等,且规模都不大。

## 三、中间业务和表外业务

### (一)传统的中间业务

中间业务是指银行不需动用自己的资金,代理客户承办支付和其他委托事项而收取手续费的业务。中间业务主要有以下内容。

**1. 支付结算类中间业务**

支付结算类中间业务是指由商业银行为客户办理因债权债务关系引起的与货币支付、资金划拨有关的收费业务。结算业务借助的主要结算工具包括银行汇票、商业汇票、银行本票和支票。结算方式主要包括以下三种。

(1)汇款业务是由付款人委托银行将款项汇给外地某收款人的一种结算方式。汇款结算分为电汇、信汇和票汇三种形式。

(2)托收业务是指债权人或售货人为向外地债务人或购货人收取款项而向其开出汇票,并委托银行代为收取的一种结算方式。

(3)信用证业务是由银行根据申请人的要求和指示,向收益人开立载有一定金额、在一定期限内凭规定的单据在指定地点付款的书面保证文件。其他支付结算业务包括利用现代支付系统实现的资金划拨、清算,利用银行内外部网络实现的转账等。

**2. 银行卡业务**

银行卡是由经授权的金融机构(主要指商业银行)向社会发行的具有消费信用、转账结算、存取现金等全部或部分功能的信用支付工具。银行卡业务的分类方式一般包括以下几类。依据清偿方式不同,银行卡可分为贷记卡业务、准贷记卡业务和借记卡业务,借记卡可进一步分为转账卡、专用卡和储值卡。依据结算的币种不同,银行卡可分为人民币卡业务和外币卡业务。按使用对象不同,银行卡可以分为单位卡和个人卡。按载体材料的不同,银行卡可以分为磁性卡和智能卡(IC卡)。按使用对象的信誉等级不同,银行卡可分为金卡和普通卡。按流通范围,银行卡还可分为国际卡和地区卡。其他分类方式包括商业银行与盈利性机构、非盈利性机构合作发行联名卡、认同卡。

**3. 代理类中间业务**

代理类中间业务是指商业银行接受客户委托,代为办理客户指定的经济事务、提供金融服务并收取一定费用的业务,包括代理政策性银行业务、代理中国人民银行业务、代理商业银行业务、代收代付业务、代理证券业务、代理保险业务、代理其他银行银行卡收单业务等。

**4. 咨询顾问类业务**

咨询顾问类业务是指商业银行依靠自身在信息、人才、信誉等方面的优势,收集和整理有关信息,并通过对这些信息以及银行和客户资金运动的记录和分析,形成系统的资料和方案提供给客户,以满足其业务经营管理或发展需要的服务活动。例如,企业信息咨询业务、资产管理顾问业务、财务顾问业务和现金管理业务等。

(二)新型的表外业务

表外业务是指那些虽未列入资产负债表,但同表内资产业务和负债业务关系密切,并在一定条件下会转为表内资产业务和负债业务的经营活动。表外业务主要包括担保类业务、承诺类业务和金融衍生交易类业务三大类。

**1. 担保类业务**

担保类业务是指商业银行为客户债务清偿能力提供担保,承担客户违约风险的业务,主要包括银行承兑汇票、备用信用证、各类保函等。

(1)银行承兑汇票。它是指由收款人或付款人(或承兑申请人)签发,并由承兑申请人向开户银行申请,经银行审查同意承兑的商业汇票。

(2)备用信用证。它是指开证行应借款人要求,以放款人作为信用证的收益人而开具的一种特殊信用证,以保证在借款人破产或不能及时履行义务的情况下,由开证行向收益人及时支付本利。

(3)各类保函业务。它包括投标保函、承包保函、还款担保函、借款保函等。

(4)其他担保业务。

**2. 承诺类业务**

承诺类业务是指商业银行在未来某一日期按照事前约定的条件向客户提供约定信用的业务,主要指贷款承诺,包括可撤销承诺和不可撤销承诺两种。

(1)可撤销承诺附有客户在取得贷款前必须履行的特定条款,在银行承诺期内,客户如没有履行条款,则银行可撤销该项承诺。可撤销承诺包括透支额度等。

(2)不可撤销承诺是银行不经客户允许不得随意取消的贷款承诺,具有法律约束力,包括备用信用额度、回购协议、票据发行便利等。

**3. 金融衍生交易类业务**

金融衍生交易类业务是指商业银行为满足客户保值或自身风险管理等方面的需要,利用各种金融工具进行的资金交易活动。金融工具主要包括如下。

(1)远期合约是指交易双方约定在未来某个特定时间以约定价格买卖约定数量的资产,包括利率远期合约和远期外汇合约。

(2)金融期货是指以金融工具或金融指标为标的的期货合约。

(3)金融互换是指交易双方基于自己的比较利益,对各自的现金流量进行交换,一般分为利率互换和货币互换。

(4)金融期权是指期权的买方支付给卖方一笔权利金,获得一种权利,可于期权的存续期内或到期日当天,以执行价格与期权卖方进行约定数量的特定标的的交易。按交易标的不同,金融期权可分为股票指数期权、外汇期权、利率期权、期货期权、债券期权等。

## 第四节 商业银行经营管理

### 一、商业银行的经营原则

商业银行作为一个特殊的金融企业,它具有一般企业的基本特征,即追求利润的最大化。商业银行合理的盈利水平,不仅是商业银行本身发展的内在动力,还是商业银行在竞争中立于不败之地的激励机制。尽管各国商业银行在制度上存在一定的差异,但是在业务经营上,各国商业银行通常都遵循盈利性、流动性和安全性原则。

(一)盈利性原则

盈利性原则是指商业银行作为一个经营企业,追求最大限度的盈利。盈利性既是评价商业银行经营水平的最核心指标,也是商业银行最终效益的体现。影响商业银行盈利性指标的因素主要有存贷款规模、资产结构、自有资金比例和资金自给率水平、资金管理体制和经营效率等。

坚持贯彻盈利性原则对商业银行的业务经营有着十分重要的意义。其一,只有保持理想的盈利水平,商业银行才能充实资本和扩大经营规模,并以此增强银行经营实力,提高银行的竞争力。其二,只有保持理想的盈利水平,商业银行才能增强信誉。银行有理想的盈利水平,说明银行经营管理有方,可以提高客户对银行的信任度,以吸收更多的存款,增加资金来源,抵御一定的经营风险。其三,只有保持理想的盈利水平,商业银行才能保持和提高竞争力。当今的竞争是人才的竞争。只有盈利不断增加,银行才有条件利用高薪和优厚的福利待遇吸引更多的优秀人才;同时,只有保持丰厚的盈利水平,银行才有能力经常性地进行技术改造,更新设备,努力提高工作效率,增强其竞争力。其四,银行保持理想的盈利水平,不仅有利于银行本身的发展,还有利于银行宏观经济活动的进行,这是因为商业银行旨在提高盈利的各项措施,最终会反映到宏观的经济规模和速度、经济结构以及经济效益上来,还会反映到市场利率总水平和物价总水平上来。

(二)流动性原则

流动性原则是指商业银行能够随时应付客户提现和满足客户借贷的能力。流动性在这里有两层意思,即资产的流动性和负债的流动性。资产的流动性是指银行资产在不受损失的前提下随时变现的能力,负债的流动性是指银行能经常以合理的成本吸收各种存款和其他所需资金的能力。一般情况下,我们所说的流动性是指前者,即资产的变现能力。银行要满足客户提取存款等方面的要求,在安排资金运用时,一方面要使资产具有较高的流动性;另一方面必须力求负债业务结构合理,并保持较强的融资能力。

影响商业银行流动性的主要因素有客户的平均存款规模、资金的自给水平、清算资金的变化规律、贷款经营方针、银行资产质量以及资金管理体制等。流动性是实现安全性和盈利性的重要保证。作为一种特殊的金融企业,商业银行保持适当的流动性是非常必要的,其原因有以下几点。

第一,作为资金来源的客户存款和银行的其他借入资金要求银行能够保证随时提取和按期归还,这主要靠流动性资产的变现能力。

第二,企业、家庭和政府在不同时期产生的多种贷款需求,也需要及时组织资金来源加以满足。

第三,银行资金的运动不规则性和不确定性需要资产的流动性和负债的流动性来保证。

第四,在银行业激烈的竞争中,投资风险也难以预料,经营目标不能保证能够完全实现,需要一定的流动性作为预防措施。在银行的业务经营过程中,流动性的高低非常重要。事实上,过高的资产流动性会使银行失去盈利机会甚至出现亏损;过低的流动性可能会导致银行出现信用危机、客户流失、资金来源丧失,甚至会因为挤兑导致银行倒闭。

因此,作为商业银行关键是要保持适度的流动性。这种"度"是商业银行业务经营的生命线,是商业银行成败的关键。而这种"度"既没有绝对的数量之限,又要在动态的管理中保持,这就要求银行经营管理者及时果断地把握时机和作出决策。当流动性不足时,要及时补充和提高;当流动性过高时,要尽快安排资金运用,提高资金的盈利能力。

(三)安全性原则

安全性原则是指银行的资产、收益、信誉以及所有经营生存发展的条件免遭损失的可靠程度。安全性的反面就是风险性,商业银行的经营安全性原则就是尽可能地避免和减少风险。影响商业银行安全性原则的主要因素有客户的平均贷款规模、贷款的平均期限、贷款方式、贷款对象的行业和地区分布以及贷款管理体制等。

商业银行坚持安全性原则的主要意义在于以下三点。

第一,风险是商业银行面临的永恒课题。银行业的经营活动可归纳为两个方面:一是对银行的债权人要按期还本付息;二是对银行的债务者要求按期还本付息。这种信用活动的可靠程度是银行经营活动的关键。在银行经营活动中,存在着多种风险,如信用风险、市场风险、政治风险等,这些风险直接影响银行本息的按时收回,必然会削弱甚至丧失银行的清偿能力,危及银行本身的安全。因此,银行管理者在风险问题上必须严格遵循安全性原则,尽力避免风险、减少风险和分散风险。

第二,商业银行的资本结构决定其是否存在有潜伏的危机。与一般工商企业经营不同,银行自有资本所占比重很小,远远不能满足资金的运用需求,它主要依靠吸收客户存款或对外借款用于贷款或投资,因而负债经营成为商业银行的基本特点。若银行经营不善或发生亏损,则要用银行自有资本来冲销或弥补,倒闭的可能性是随时存在的。

第三,坚持稳定经营方针是商业银行开展业务所必需的。一方面,银行坚持安全经营有助于减少资产的损失,增强预期收益的可靠性。不顾一切地一味追求利润最大化,其效果往往适得其反。事实上,银行只有在安全的前提下营运资产,才能增加收益。另一方面,只有坚持安全稳健的银行,才可以在公众中树立良好的形象。因为一家银行能否立足于世的关键就是银行的信誉,而信誉主要来自于银行的安全,所以要维持公众的信心,稳定金融秩序,有赖于银行的安全经营。由此可见,安全性原则不仅是银行盈利的客观前提,还是银行生存和发展的基础;不仅是银行经营管理本身的要求,还是社会发展和安定的需要。

(四)"三性"的关系

商业银行的流动性、安全性和盈利性目标不是完全并立、同等重要的,处于不同经营阶段和资产负债规模与状况的银行,其每年的经营管理目标和重点是不同的。流动性和安全性较差的银行,工作的重点自然是提高银行的流动性和安全性;反之,银行则将盈利性放在工作第一位。

通常来讲,商业银行的流动性是其生存的前提,银行丧失流动性必然会发生存款挤提,银行随时可能倒闭;安全性是银行盈利的保障,银行丧失安全性还照样能持续盈利的可能性是没有的,银行只有保持流动性和安全性才能盈利。

但是,银行的"三性"目标之间又是存在矛盾的。例如,盈利性与流动性和安全性之间就存在着对立关系,盈利高的资产往往期限长、流动性较差,且商业风险也大,而流动性、安全性较好的资产其盈利性就相对较弱。而流动性和安全性目标之间则存在统一性,一般流动性好的资产,安全性也较高,同样安全性较差的资产,流动性也不强。

不过,商业银行的"三性"目标是可以协调统一的。既然商业银行最终的经营目标是取得最大盈利,那么商业银行经营管理的基本内容就是要让银行的盈利增长建立在一个流动性适度、风险程度可以接受的基础之上,然后利用多年的盈利积累为商业银行进一步降低经营风险、稳健经营、提高安全性和流动性创造有利条件。

**二、商业银行经营管理理论及其演变**

商业银行自产生以来,其经营管理理论随着经济、金融环境的变化而不断演变,大致经历了资产管理理论、负债管理理论和资产负债综合管理理论三个阶段。

(一)资产管理理论

20世纪60年代以前,金融市场不发达,金融工具单调,金融机构以商业银行为主。这时,商业银行有稳定的资金来源,且资金来源渠道稳定,并主要来自活期存款。因此,银行经营管理的重点放在资产业务上。

资产管理理论认为,银行资金来源的规模和结构是银行无法控制的外生变量,银行应主要通过对资产规模、结构和层次的管理来保持适当的流动性,实现其经营管理目标。资产管理理论是最早出现的系统指导银行管理的重要理论,随着历史的发展其经历了以下几个发展阶段。

**1. 商业性贷款理论**

商业性贷款理论认为,商业银行的资金来源主要是流动性很强的活期存款,因此,其资产业务应主要集中于短期自偿性贷款,而短期自偿性贷款主要是指短期的工、商业流动资金贷款。强调贷款的自动清偿,又称为"自动清偿理论";强调贷款以商业行为为基础,并以真实商业票据作抵押,又称为"真实票据论"。商业贷款理论的局限性有:没有认识到活期存款余额具有相对稳定性;忽视了贷款需求的多样性;忽视了贷款清偿的外部条件。

**2. 资产转移理论**

资产转移理论认为,银行流动性的强弱取决于其资产的迅速变现能力,因此,保持资产流动性的最好方法是持有可转换的资产。最典型的可转换资产是政府发行的短期债券。

**3. 预期收入理论**

预期收入理论认为,银行资产的流动性取决于借款人的预期收入,而不是贷款的期限长短。该理论主张扩大公共项目开支,进行大型基础建设项目,鼓励消费信用。

资产管理理论强调银行经营管理的重点是资产业务,强调流动性为先的管理理念。在20世纪60年代以前的100多年里,商业银行在金融业地位的巩固起到了重要作用。

(二)负债管理理论

负债管理理论的兴起与20世纪五六十年代的经济、金融环境的变化相适应。西方各国战后经济稳定增长,银行金融机构与银行业、金融市场迅速发展,非银行金融机构与银行业在资金来源的渠道和数量上展开激烈的争夺。20世纪30年代的经济大危机之后,各国都加强了金融管制,制定银行法,对利率实施管制。金融创新为商业银行扩大资金来源提供了可能性。1961年,美国花旗银行率先发行了大额可转让定期存单,随后又出现了诸如回购协议等多种创新的融资工具,为银行主动型负债创造了条件。西方各国存款保险制度的建立和发展也激发了银行的冒险精神和进取意识。在这种背景和经济条件下,20世纪六七十年代负债管理理论盛行一时。

负债管理理论主张以负债的方法来保证银行流动性的需要,使银行的流动性与盈利性的矛盾得到协调。该理论认为,银行对于负债并非完全被动、无能为力,而是完全能够也应该采取主动的,可以主动到市场争取资金,扩大负债,只有有了更多的负债,才能有更多的资产的获利。同时,负债管理理论也增大了银行的经营风险,增加了银行的经营成本,不利于银行的稳健经营。

商业银行的负债管理活动可以分为两类。一类是合理利用现在的负债渠道,完善银行的负债结构,降低负债风险和负债成本。目前,商业银行可选择的主动性负债渠道主要有：同业拆借、发行大额可转让存单、通过证券回购协议向大企业借款、从国际货币市场借款、向中央银行借款,以及发行金融债券等。另一类是积极进行金融创新,在法规所允许的范围内,尝试新的负债。

(三)资产负债管理理论

资产负债管理理论产生于20世纪70年代后期,当时市场利率大幅上升,使得负债管理在负债成本提高和经营风险增加等方面的缺陷越来越明显。单纯的负债管理已经不能满足银行经营管理的需要。各国金融管制的放松使得银行吸收存款的压力减少,因此,商业银行由单纯的偏重资产或负债管理转向资产负债综合管理。

资产负债管理理论认为,商业银行单靠资金管理或单靠负债管理都难以达到流动性、安全性、盈利性的均衡。银行应对资产负债方面业务进行全方位、多层次的管理,保证资产负债结构调整的及时性、灵活性,以此保证流动性供给能力。资产负债综合管理理论既吸收了资产管理理论和负债管理理论的精华,又克服了其缺陷,从资产、负债平衡的角度去协调银行安全性、流动性、盈利性之间的矛盾,使银行经营更为科学。

资产和负债管理理论是以资产负债表各科目之间的"对称原则"为基础来缓和盈利性、安全性和流动性的矛盾。所谓"对称性原则",主要是指资产项目的利率、期限与负债项目的利率、期限要对称,以此为原则不断调整资产结构和负债结构,在保证安全和充分流动的前提下,追求利润的最大化。

### 三、商业银行资本管理

(一)现代商业银行资本金的内涵

商业银行作为一种金融企业,和一般的工商企业一样,其存在和发展也必须拥有一定数量的自有资本。国际上通常把商业银行资本定义为"银行股东或投资者为赚取利润而投入银行的可供银行长久或较长时间使用的资金以及保留在银行中的收益"。

为区分起见,通常把产权资本称为"一级资本"或"核心资本",把债务性质的资本称为"二级资本"或"附属资本"。简而言之,一般公司企业的资本具有单一资本的色彩,而商业银行的资本却具有双重资本的特征,这不仅是一种约定俗成的国别规定,还是一种国际规范,因为1987年7月通过的《巴塞尔协议》统一了国际银行的资本标准,正式确立了商业银行资本的双重性。之所以在世界范围内商业银行普遍实行双重资本,是因为双重资本比较灵活,既不冲淡股东权益,又有利于发挥财务杠杆效应,当债务资本比产权资本便宜时,则可降低资本成本。当然,这种资本规定的双重性,使商业银行资本管理复杂化,但也为商业银行更好地发挥资本的作用、进行资本的最优组合提供了机会。

（二）商业银行资本金的作用

自有资本是商业银行可独立运用的最可靠、最稳定的资金来源。虽然自有资本一般只占银行资金来源的极小比重,一般不超过10%,即使是《巴塞尔协议》所规定的资本充足标准,银行资本金也仅仅是不得少于风险资产的8%,但它却起着极为重要的作用。

**1. 补损功能**

资本金是一种减震器。在管理层注意到银行的问题并恢复银行的盈利性之前,资本通过吸纳财务和经营损失,减少了银行破产的风险。

**2. 营业功能**

在存款流入之前,资本金为银行注册、组建和经营提供了所需资金。一家新银行需要启动资金来购买土地、盖新楼或租场地、装备设施,甚至聘请职员。

**3. 扩张功能**

资本金为银行的增长和新业务、新计划及新设施的发展提供资金。当银行成长时,它需要额外的资本,用来支持其增长并且承担提供新业务和建新设施的风险。大部分银行最终的规模超过了创始时的水平,资本的注入使银行在更多的地区开展业务,建立新的分支机构来满足扩大了的市场和为客户提供便利的服务。另外,资本作为规范银行增长的因素,有助于保证银行实现长期可持续的增长。管理当局和金融市场要求银行资本的增长大致和贷款及其风险资产的增长一致。因此,随着银行风险的增加,银行资本吸纳损失的能力也会增加,银行的贷款和存款如果扩大得太快,市场和管理机构会给出信号,要求它放慢速度或者增加资本。

**4. 保护功能**

资本金增强了公众对银行的信心,消除了债权人(包括存款人)对银行财务能力的疑虑。银行必须有足够的资本,才能使借款人相信银行在经济衰退时也能满足其信贷需求。

（三）现代商业银行资本金的构成

商业银行发展到当代,其资本金的构成与过去相比发生了很大的变化,并且,由于不同的股东或投资人将资金投入银行的动机和目的总是各不相同的,加之各国(甚至一个国家在不同的时期)的金融财会制度不尽相同,商业银行的资本构成呈现多样化状态。尽管如此,从资本金的特性出发,一般可以将现代商业银行资本金的构成归结为普通资本、优先资本和其他资本三个部分。

**1. 普通资本**

普通资本也称为"普通股权",一般由普通股、资本盈余、未分配利润和资本储备金四个部分组成。普通资本对银行收益和资产分配的要求权,在存款、借款、债务性资本和优先股之后，因而是一种剩余的或者说是最后的要求权益。

普通股是一种权利证书。作为商业银行普通股的股东具有影响或控制银行的权利，即有资格参加股东大会，行使投票表决权和选举权；有权制定或修改银行章程，任免银行董事，决定银行经营方针和策略等；普通股股东还享受分配权，包括处置银行税后利润的红利分配权及银行倒闭破产时剩余资产和收入的分配请求权等。因而，投资于银行的目的是控制银行和获得分红，普通股股东是银行利益的主要代表，当然也是银行责任的主要承担者。

资本盈余是指商业银行发售普通股或增资扩股时，由于股票的市场价格高于票面价格而得到的溢价部分，故又称为"资本溢价"。因为资本账户是按核定金额记账的，超出的金额本能记入资本账户，这就需另设资本盈余账户加以反映。

未分配利润又叫"留存收益"，是商业银行的税后净利润减去分配给股东的股息和红利之后的余额。这是商业银行增加自有资本金的重要来源，它可使银行不发行股票就增加资本量，节约发行费，集中控制权；并且，银行股东不必为留存银行收益缴纳个人所得税。

股本储备金是商业银行从盈余中专门提留出来的用于应付意外事件或预料中突发事件的准备金。如法律诉讼裁决清偿的准备，未来股息支付的准备，股票和债务回购的准备等。

**2. 优先资本**

优先资本是指在收益分配和资产清偿上优先于普通资本的那部分资本，主要有优先股本和债务资本两类。

优先股本是指对商业银行的收益和资产的分配权优先于普通股的股票，其持有者所能获得的股息是固定的优先股本和债务资本的主要区别，原因在于优先股票代表对银行的所有权，并具有先于普通股但后于债务资本的要求权。优先股既可以是永久性的，也可以是有一定期限的或是可累积的，通常有纯粹的优先股和可转换为普通股的优先股两种形式。

债务资本是指将来时间支付固定利息的可供银行在较长时间内使用的计息债务。其主要形式是资本期票、资本债券及可转换债券。资本期票是指期限较短的银行借据，有大小不同的发行额度；而资本债券则是期限较长，发行额较大的债务证券；可转换债券是按事先订好的合同在一定时间内转换为普通股的债券。银行发行可转换债券的优点一是转换为普通股可能带来的利益，增加了债券对投资人的吸引力，可以较容易筹集到资本金；二是当银行需要发行股票而股价较低时，出售可转换债券可变相提高股票价格。

**3. 其他资本**

其他资本是指除普通资本和优先资本之外可以计入商业银行资本金范畴的部分。主要有贷款损失准备金、投资损失准备金和非公开储备等。它们是商业银行按一定比例从税前利润中提取的，其中贷款损失准备金是银行为应付呆账损失而事先提留的，投资准备金是为应付所持证券本金的拒付和价格的下跌所造成的损失而专门提存的。

### (四)商业银行资本金的筹集

银行资本内部筹集的方法主要是增加各种准备金和收益留存。商业银行资本的外部筹集则可采用发行普通股、发行优先股、发行资本票据和债券以及股票与债券互换的办法。

### 四、商业银行风险管理

#### (一)商业银行经营所面临的风险

自从商业银行产生,风险就与之相伴、形影不离。商业银行是经营货币的金融中介组织,与一般工商企业的最大不同就在于银行利用客户的存款和其他借入款作为主要的营运资金,自有资本占比低这一特点决定了商业银行本身具有较强的内在风险的特性。随着现代商业银行的不断发展,银行所面临的风险对象和性质早已超越了最初的内涵。根据诱发风险的原因,可以把商业银行经营面临的风险分为信用风险、市场风险、操作风险、流动性风险、国家风险、声誉风险、法律风险、合规风险和战略风险等。尽管风险对象和性质发生了很大的变化,但总体上都可以纳入系统性风险和非系统性风险的范畴。当然,无论如何划分风险的种类,有一点是肯定的,即风险存在于银行业务的每一个环节,商业银行提供金融服务的过程也就是承担和控制风险的过程。

#### (二)商业银行风险管理的演变

商业银行风险管理是银行业务发展和人们对金融风险认识不断加深的产物。最初,商业银行的风险管理主要偏重于资产业务的风险管理,强调保持银行资产的流动性,这主要是与当时商业银行业务以资产业务(如贷款等)为主有关。

20世纪60年代以后,商业银行风险管理的重点转向负债风险管理方面,强调通过使用借入资金来保持或增加资产规模和收益,既为银行扩大业务创造了条件,但也加大了银行经营的不确定性。

20世纪70年代末,国际市场利率剧烈波动,单一的资产风险管理或负债风险管理已不再适用,资产负债风险管理理论应运而生,突出强调对资产业务、负债业务的协调管理,通过偿还期对称、经营目标互相替代和资产分散实现总量平衡和风险控制。

20世纪80年代之后,银行风险管理理念和技术有了新的提升,人们对风险的认识更加深入。特别是银行业竞争的加剧、存贷利差变窄、衍生金融工具被广泛使用,市场环境的这些变化都显现出原有资产负债风险管理理论存在的局限性。在这种情况下,表外风险管理理论、金融工程学等一系列思想、技术逐渐应用于商业银行风险管理,进一步扩大了商业银行业务的范围,在风险管理方法上更多地应用数学、信息学、工程学等,深化了风险管理作为一门管理科学的内涵。1988年,《巴塞尔协议》正式出台并不断完善,标志着西方商业银行风险管理和金融监管理论的进一步完善和统一,也意味着国际银行界相对完整的风险管理原则体系基本形成。

20世纪80年代至今是国际银行业风险管理模式和内容获得巨大发展的时期,回顾银行风险管理理论和实践的发展历程,商业银行风险管理的理论与实践成果几乎都凝结在《巴塞尔协议》当中。因此,对于商业银行风险管理来说,《巴塞尔协议》的诞生和完善是国际银行界风险管理革命性的成果,实施资本协议是指导银行改善风险管理的重要举措。2004年6月26日,巴塞尔新资本协议也即《巴塞尔协议Ⅱ》推出立即得到全球银行业的积极响应,我国2007年年初发布《中国银行业实施新资本协议的指导意见》,明确了实施新资本协议的基本方向和时间表,香港地区于2007年1月1日开始实施新资本协议,欧洲、美国、澳大利亚和新加坡于2008年1月1日开始实施新资本协议。2008年爆发了次贷危机,这次席卷全球的次贷危机真正考验了巴塞尔新资本协议,在危机中也得到了不断的修订和完善。2010年9月12日,由27个国家银行业监管部门和中央银行高级代表组成的巴塞尔银行监管委员会就《巴塞尔协议Ⅱ》的内容达成一致,全球银行业正式步入巴塞尔协议Ⅲ时代。实施巴塞尔协议从形式上讲是一种合规要求,但实质是风险管理的重大变革,是在银行风险管理史上具有里程碑意义的飞跃。

## 关键术语

商业银行　总分行制　单一银行制　中间业务　表外业务　商业性贷款理论
资产转移理论　预期收入理论　负债管理理论　商业银行资本金

## 复习思考题

1. 商业银行有哪些外部组织形式?
2. 简述商业银行的性质和职能。
3. 商业银行的负债和资产主要有哪些类型?
4. 什么是中间业务?简述商业银行中间业务的类型。
5. 商业银行为什么要坚持盈利性、安全性和流动性原则?
6. 商业银行的经营管理理论是如何发展和演变的?
7. 简述商业银行资产负债管理的方法。
8. 简述《巴塞尔新资本协议》关于商业银行风险管理的新理念。

拓展阅读

# 第八章

# 中央银行

 **本章提要**

　　本章主要介绍中央银行产生和发展的过程;中央银行的组织制度,包括中央银行的制度形式和制度结构;中央银行的性质及其职能;中央银行的主要业务,包括资产业务、负债业务及其他业务。

# 第一节 中央银行的产生与发展

## 一、中央银行的产生

中央银行的产生是社会经济发展的客观需要。在银行产生、演进的历史过程中,中央银行的产生晚于商业银行,是从商业银行中分离出来的更高一级的银行。中央银行产生至今只有300多年的历史,但其产生和发展却经历了一个相当长的历史过程。从1656年最早的瑞典国家银行的建立,到1913年美国联邦储备银行体系的最终形成,是一个漫长、曲折的过程。

(一)中央银行产生的历史背景

**1. 商品经济的快速发展和商业银行的普遍建立**

18世纪初,资产阶级工业革命的兴起极大地释放了社会生产力,资本主义的经济关系、生产方式发生了重大的变化。商品经济、商品流通的迅速扩大也带来了货币信用业务的迅速扩大,货币经营业越来越普遍。资本主义银行业随着资本主义工业的发展、扩大而迅速地建立起来,并渗透到社会经济生活的各个方面。以资本主义发展最早的英国为例,1776年有银行150家,到1814年则发展到940家,增加了5倍多。仅在1781年至1861年的80年中,美国各地就新建了2500家银行,这为中央银行的产生提供了重要的历史条件。

**2. 银行信用的日益集中**

伴随着商业银行的普遍建立,银行信用也日益集中化。一些小银行由于资力有限、信用度不高,在竞争中不断衰落和改组,被大银行兼并或控制。以英国为例,私人银行从1826年的554家减少为1842年的310家;同时,股份制大银行也在一天天地增加,从1827年到1842年,英国的股份银行由6家发展到118家。这些为中央银行的产生提供了直接的历史条件,因为最初的中央银行主要就是从这些大银行中产生的。

**3. 由信用危机引发的经济危机频繁发生**

以英国为例,经济危机的爆发点主要表现在信用危机上。从1825年到1826年,有140家银行倒闭,发生了严重的信用危机。这使得各国政府开始从货币制度上寻找原因,从货币信用方面寻求防止危机发生的方法,这些方法里最根本的就是政府要对货币发行权进行控制。原来每家商业银行都能发行自己的银行券,后来由政府支持某家银行对发行权进行垄断,这样就产生了中央银行。

(二)中央银行产生的客观经济原因

在银行发展史上,有相当长的一段时间没有专门的发行银行,更没有中央银行。中央银行会在金融经济发展中应运而生,有其深刻的经济背景和内在原因。下面就分析一下促其产生的具体原因。

**1. 统一货币发行权的客观需要**

在银行业形成的初期,商业银行都有发行银行券的权力,谁发行、谁承兑,经营平稳。但银行券分散发行的制度存在诸多弊端,为经济危机的爆发埋下了隐患。分散发行的银行券得不到可靠的保证,一些小银行无法保证自己发行的银行券按时兑取,从而引起社会的动荡不安。银行券流通存在地域限制,由于资力、信用和分支机构的限制,一般商业银行发行的银行券只能在局部地区流通,于是,商品市场的统一性、流通区域的无限性与银行券流通区域的限制性就发生了矛盾。因此,客观上要求国家有一个资力雄厚并具有权威的银行机构,发行能在全国流通的货币并保证能随时兑现,这是中央银行产生的最基本、最主要的原因。中央银行从一开始就具备了"发行的银行"职能。

**2. 保证政府融资的需要**

在民主国家,中央银行并非天生就有,而是依政府授权成立的。因此,正如杰斐逊(Jefferson)所指出的那样,中央银行是政府基于管制的需要而同意成立的。在资本主义制度确立的过程中,政府的职能作用越来越突出,这需要有巨大的货币财富作后盾。由于政府与货币信用体系之间没有直接的联系,加上对资金需求过大,而当时银行的规模较小,如在英国,当时政府为了筹划费用,还不得不向高利贷求借。这就在客观上要求政府建立受其直接控制的银行以便满足自己在资金上的需求,于是中央银行作为"政府的银行"的职能就产生了。

**3. 保证银行支付能力的需要**

商业银行在经济发展过程中,必然会遇到某些临时性资金不足的情况,且有时会因支付能力的不足而导致破产,严重时可能会危及整个金融体系的安全和稳定。因此,客观上要求建立一个实力强大、信用卓著并能随时提供有效支付手段的机构,把商业银行的准备金集中起来,以"最后贷款人"的身份向陷入资金周转困难的银行提供贷款,以避免银行倒闭及由此引发的经济危机。这就使中央银行具备了"银行的银行"职能。

**4. 统一票据交换和清算的需要**

银行间资金结算的方式最初是由各家银行自行轧差的。随着银行机构的不断增加及银行业务的不断扩大,银行每天收受的票据也是越来越多,银行之间的债权债务关系也日益复杂。自行轧差即便是在同城进行已不可能,更何况是异地结算。虽然当时有些城市已由若干银行联合建立了票据交换所,但不能为更多的银行所利用。于是,成立一个全国统一的、有权威的、公正的票据交换和清算中心已成为金融业发展的必然趋势,而这个中心只能由中央银行来承担。这就增加了中央银行"银行的银行"职能的内容。

**5. 对金融业进行监督管理的需要**

金融业是一个较为特殊的行业,它存在着严重的信息不对称和很高的风险,它的稳定运行直接关系一国经济的健康发展。随着金融业的发展和相互间竞争的日渐加剧,政府需要对金融市场进行必要的监督和管理。由于金融业的监督管理技术性很强,这个专门从事金融业管理、监督及协调的职能机构必须要有一定的技术能力和操作手段,还要在业务上与银行建立密切联系,以便制定的各项政策和规定能够通过业务活动得到贯彻实施。中央银行最适合代替政府执行这种职能。于是,中央银行的"管理金融的银行"职能就产生了。

在资本主义从自由竞争阶段向垄断阶段的转变时期,中央银行制度还很不健全,人们对金融业监督管理的意识还很淡薄,因此,在20世纪20年代以前,中央银行对金融业的监督管理是比较松懈的。1929—1933年,资本主义世界爆发了人类历史上规模最大的经济危机。在危机中,首先受到冲击的是金融业,大批的银行破产倒闭,货币制度崩溃,国家信用瓦解。在经济危机中及经济危机后,人们痛定思痛,政府开始重新审视本国金融业的安全防范机制,各国对金融业的监督管理意识明显加强。同时,政府对金融业进行监督和管理必须依靠专门的机构来实施,因而将金融业的经营活动置于中央银行的严格监督管理之下无疑是政府对金融业宏观调控的最好方式。为此,美国、法国、比利时、瑞士等国家,在20世纪30年代至40年代相继通过新的法律,在银行业准入、贷款限制、经营范围、业务范围、存款保险、资本充足率等方面加强了中央银行的监督管理职能,为金融业的稳定和发展提供了有效的保障。

### 二、中央银行制度的形成和发展

中央银行产生和发展大致可以划分为初创、普遍推行和制度强化三个阶段。

#### (一)中央银行制度的初创阶段

如果从1656年最早设立的瑞典国家银行算起,到1913年美国建立联邦银行储备体系为止,中央银行初创时期经历了257年的曲折历程。在初创时期成立的中央银行中,具有典型意义的是瑞典国家银行、英格兰银行和美国联邦储备体系。

**1. 瑞典国家银行**

瑞典国家银行是世界上最早执行部分中央银行职能的银行。其前身是瑞典里克斯银行,最先享受发钞特权,由国家经营。但是直到1897年,瑞典政府才通过法案将发行权重归国家银行独享。因此,瑞典国家银行事实上是在1897年才成为纯粹的中央银行,这在时间上要迟于英格兰银行。

**2. 英格兰银行**

英格兰银行被学术界普遍认为是中央银行制度发展史上的重要里程碑,一般认为它是中央银行的鼻祖。英格兰银行始建于1694年,成立之初就拥有一般商业银行的业务,如存款、贷款和贴现等,与商业银行也只建立了一般的往来关系。但不同的是,英格兰银行享有一般银行不能享有的特权,与政府的关系也十分密切。正如马克思所说,"它是作为国家银行和私人银行之间的奇特的混合物"。

1844年,由英国首相比尔主持通过了银行特许条例,即《英格兰银行条例》。该条例从中央银行的组织模式上和货币发行上为英格兰银行行使中央银行职能奠定了基础,被认为是英格兰银行成为中央银行的标志。1928年,英格兰银行成为全国唯一的发行银行。

**3. 美国联邦储备体系**

美国中央银行的萌芽比欧洲晚,其确立也经历了漫长的摸索过程。1791年,美国政府成立了美国第一银行(the First Bank of the United States),这是美国独立战争后,政府批准成立的第一家国家银行,它的某些业务具有了中央银行的某些特征。但是,因为该银行遭到各州银行反对,所以20年期满后被迫关闭。1816年,美国政府又进行了金融管理的第二次尝试,成立了美国第二银行(the Second Bank of the United States),但是在20年期满时也因遭到各方反对而关闭。其后的美国银行业经历了一段自由银行制度时期,银行数量激增,银行券发行混乱,为结束混乱局面,美国国会分别于1863年和1864年通过了《货币法》和《国民银行法》,建立了国民银行制度,初步形成了比较规范的银行体系,但是并没有实现确立联邦政府对银行业监督和干预的权威地位的初衷。美国在1873年、1893年、1907年相继爆发规模较大的金融危机。人们反思后达成共识,认为建立一个具有广泛权威的中央银行系统以监测全国金融系统的货币和信用才是保证金融安全的唯一出路。于是,1913年12月23日,美国国会通过了《联邦储备法》(Federal Reserve Act),美国真正意义上的中央银行——联邦储备系统正式产生。

**(二)中央银行制度的推广阶段**

20世纪初,第一次世界大战爆发,各国的金融状况均发生了巨大的变化,出现了世界性的金融危机和严重的通货膨胀,各国政府都意识到要强化中央银行的地位,加强对信用货币的控制。于是,1920年世界主要国家在布鲁塞尔召开了重要的国际金融会议,建议未建立中央银行的国家应当尽快建立起中央银行,已经建立中央银行的国家应根据新的理论和国情进行改组,这对中央银行制度的推广起到了极大的推动作用。从第一次世界大战以后的1921年到第二次世界大战期间的1942年,世界各国改组或设立的中央银行就有43家。

在20世纪30年代经济大危机后,新、老中央银行均开始建立准备金制度,并以管理其他金融机构为己任。中央银行作为发行的银行、银行的银行和政府的银行的职能,在这段时期迅速扩展并逐渐趋于完善。

**(三)中央银行制度的强化阶段**

第二次世界大战后,以凯恩斯主义为代表的国家干预经济理论盛行,中央银行成为国家干预和调节经济的主要工具。各国中央银行逐渐实行了国有化政策,全部资本收归国有,例如,法兰西银行、英格兰银行和德意志联邦银行。"二战"后的中央银行不再从事商业银行业务,独立性不断增强,成为商业银行的清算中心和最后贷款人,并且随着货币政策的进一步完善和发展,中央银行对社会经济活动调控的能力得到了加强。

# 第二节 中央银行的组织制度

世界各国的历史传统、文化背景、经济发展水平乃至国家政体各不相同,造成了各国中央银行制度在类型、资本结构、组织结构设置方面存在很多差异。

### 一、中央银行的制度类型

中央银行的制度形式是指中央银行存在的状态。受国情的影响,各国仍然存在很大的差异。世界各国的中央银行制度主要有四种类型。

（一）单一制中央银行制度

单一的中央银行制度是指国家单独建立具有高度集权的中央银行机构,使之全面、纯粹地行使中央银行职能,管理全部金融业务的制度。虽然中央银行本身是由总行和分支机构组成的有机系统,但它是以一个法人的名义开展业务,实行集中统一与适当分权相结合的管理体制。目前,世界上大多数国家实行单一制中央银行制度,如英国、日本、法国、意大利、瑞典、墨西哥、捷克、菲律宾、马来西亚等。

（二）复合的中央银行制度

复合的中央银行制度也叫"二元式中央银行制度",是指在一国内建立中央和地方两级相对独立的中央银行机构。中央级机构是最高权力和管理机构,地方级机构受中央级机构的监督管理,但是在它们各自的辖区内,对货币政策的具体实施、金融监管和中央银行有关业务的操作方面有较大的独立性。实行联邦制的国家多采取这种中央银行体制,如美国、德国等。

美国的中央银行称为"联邦储备系统"。美国联邦储备系统由联邦储备理事会和12家分布全国主要城市的地区性的联邦储备银行组成,体系内还设联邦公开市场委员会。联邦储备理事会是整个联邦系统负责全面政策的最高决策机关；联邦储备银行是执行货币政策的机构,在各自辖区内履行中央银行职责。

（三）跨国中央银行制度

跨国中央银行制度是指若干国家联合组建一家中央银行,并由这家中央银行在其成员国范围内行使全部或部分中央银行职能的中央银行制度。

第二次世界大战后,一些地域相邻的欠发达国家建立了货币联盟,并在联盟内成立了由参加国共同拥有的中央银行。这种跨国的中央银行为成员国发行共同使用的货币和制定统一的货币金融政策,监督各成员国的金融机构及金融市场,对成员国的政府进行融资,办理成员国共同商定并授权的金融事项等。实行跨国中央银行制度的国家主要在非洲和东加勒比海地区。目前,西非货币联盟、中非货币联盟、东加勒比海货币区属于跨国中央银行的组织形式。

另外,随着欧洲联盟成员国经济金融一体化进程的加快,一种具有新的性质和特点的区域性货币联盟已经诞生。1998年7月1日,欧洲中央银行(European Central Bank)正式成立,1999年1月1日欧元正式启动。欧洲中央银行的成立和欧元的正式启动,标志着现代中央银行制度又有了新的内容并进入了一个新的发展阶段。

欧洲中央银行(European Central Bank,ECB),简称为"欧洲央行",是根据1992年《马斯特里赫特约》的规定于1998年7月1日正式成立的,是为了适应欧元发行流通而设立的金融机构,同时也是欧洲经济一体化的产物。

欧洲中央银行的决策机构是管理委员会和执行委员会,负责制定欧元区的货币政策,并且就涉及货币政策的中介目标、指导利率以及法定准备金等作出决策,同时确定其实施的行动指南。欧盟成员国央行类似于美联储中的 12 家联邦储备银行,显然在组织结构上类似美国联邦储备体系:地方级机构和中央两级分别行使权力,两级中央银行具有相对的独立性。

(四)准中央银行制度

准中央银行制度是指有些国家或地区只设置类似中央银行的机构,或由政府授权某家或几家商业银行行使部分中央银行职能的体制。实行这种制度的代表性的国家和地区有新加坡、香港等。

新加坡没有中央银行,中央银行的职能主要由政府设立的金融管理局和货币委员会两个类似中央银行的机构共同行使。金融管理局负责制定货币政策和新加坡金融业的发展政策,执行除货币发行以外的中央银行的一切职能。货币委员会(常设机构为货币局)主要负责货币的发行和管理。

香港由于其地位的特殊性和历史的原因,至今尚无中央银行,其中央银行职能分别由几个公私金融机构共同行使。在货币发行方面,港府授权汇丰银行和渣打银行共同发行法偿货币,辅币由港府自己发行。1994 年 5 月,中国银行也成功地参与发行港钞。货币政策方面,由港府金融管理局管理外汇基金,负责币制与汇率的重大决策。1981 年成立的"香港银行公会"也参与协调银行的货币和信贷政策。此外,由于香港与内地经济、金融联系日益密切,在货币政策的制定和实施上,需要两地的货币当局,即中国人民银行和香港金融管理局保持良好的合作关系,加强彼此间政策的协调;服务方面,汇丰银行和渣打银行是接受政府存款和保管其他公款的主要银行,在金融紧急时刻也充当"最后贷款人"的角色。另外,汇丰银行独家管理票据交换所,集中其他银行与金融机构清算准备金;金融监管职能由香港银行监理处和证券监理专员负责。中国人民银行将在必要时对香港的金融稳定提供支持,保证香港经济的稳定与繁荣,维护其国际金融中心的地位。

## 二、中央银行的资本结构

中央银行的资本结构是指作为中央银行营业基础的资本金是怎样构成的,即中央银行资本的所有制形式。世界各国中央银行的资本结构可以划分为以下五种类型。

(一)国家所有制形式

国家所有制中央银行是指所有资本属于国家所有的中央银行。目前,世界上大多数国家采用的都是国家所有制形式。国家所有制的中央银行主要形成于两种途径:一种是原先属于私人性质的,后经过国有化将私人资本收归国有,这种主要是"二战"之前所成立的中央银行,如英格兰银行、法兰西银行、德意志联邦银行等;另一种是成立之初就由国家全额投资的,"二战"以后成立的中央银行多属此种。当然,从世界范围来看,中央银行国有化已经成为一种发展趋势。

（二）私人所有制形式

私人所有制中央银行是指所有资本属于私人所有的中央银行，其资本全部由私人股东投入，经政府授权执行央行职能。具有代表性的是美国联邦储备银行，全美12个联邦储备银行的股本全部由各自的会员银行认购，会员银行必须按实收资本和公积金的6%认购所参加的联邦银行的股份。意大利银行的股份由储蓄银行、全国性银行及公营信贷机构等持有，也属于此类型。

（三）公私股份混合所有制形式

公私股份混合所有制形式是指中央银行的资本金一部分为国家所有，一部分为私人所有，而国家资本所占比例一般在50%以上。例如，日本银行，国家资本占55%；墨西哥中央银行，国家资本持股53%。此外，瑞士中央银行的股本的58%由州政府和州银行持有，其余由私人持有，其联邦政府不持股，属于此类型中的特殊情况。

实行混合所有制的中央银行，其私人股东在行使权利方面受到诸多限制，唯一的权利是按法律规定每年领取最高股息，无经营决策权，未经同意不得任意转让股份，以保证国家对中央银行的控制。

（四）无资本金形式

无资本金形式是指中央银行在成立之初根本没有资本金，而是由国家授权其执行中央银行职能。中央银行业务中所运用的资金，主要是各金融机构的存款和流通中的货币。1950年，韩国银行成立时的注册资本为15亿韩元，全部由政府出资。1962年，《韩国银行法》的修改使韩国银行成为"无资本的特殊法人"。该行每年的净利润按规定留存准备之后，全部汇入政府的"总收入账户"。会计年度中如发生亏损，首先用提存的准备弥补，不足部分由政府的支出账户划拨。

（五）多国共有资本金形式

多国共有资本金形式主要存在于跨国中央银行制度中。共同组建中央银行的各成员国按照一定比例认缴中央银行资本，各国以认缴比例拥有对中央银行的所有权。例如，欧洲中央银行的资本是由所有欧元区成员国按其人口和国内生产总值的大小向欧洲中央银行认购的。

中央银行的资本结构无论属于哪种类型，都不会对其性质和地位产生影响，因此，当今中央银行的资本金所有权问题已经逐渐被人们淡化。

### 三、中央银行的权力结构

中央银行的权力包括决策权、执行权和监督权三个方面。这三种权力在不同国家的设置存在一定的差异，大致可以分为以下两种情况。

（一）决策权、执行权和监督权由一个机构统一行使

这种权力分配结构是由中央银行的董事会或理事会同时负责各项货币金融政策的制定、执行和监督。实行这种权力结构的国家主要有美国、英国、马来西亚、菲律宾等国。

美国联邦储备体系的最高权力机构是联邦储备委员会(即联邦储备理事会),由7人组成。这7名理事全部由总统任命,经参议院批准,任期为14年,每2年离任1人。理事会的正副主席由总统任命,任期为4年,可连任1次。联邦储备委员会负责制定货币政策和规章制度,决定联邦储备银行的建立与撤并,决定存款准备金率和再贴现率,负责审查联邦储备银行与有关金融组织的财务报表,监督银行券的发行和联邦储备银行的业务活动。联邦储备委员会职能的具体实施是由联邦储备体系中的一个最重要的决策和业务领导机关——联邦公开市场委员会完成的,它专门负责制定实施公开市场业务,指导货币政策的全面贯彻执行。在联邦公开市场委员会的12位委员中,理事会的7名理事为当然委员,主席由联邦储备委员会主席(即理事会主席)兼任,因此,美国联邦储备系统的决策权、执行权和监督权实际上是统一于一个机构——联邦储备委员会。

(二)决策权、执行权和监督权分别由不同的机构执行

实行这种权力结构的国家有日本、法国、德国、意大利等。这些国家的中央银行的最高权力机构分为决策机构、执行机构和监督机构,分别行使权力。

日本银行是日本的中央银行,它的最高决策机构是日本银行政策委员会,最高执行机构是日本银行理事会。

法兰西银行是法国的中央银行,它的决策权、执行权和监督权分别由三个机构行使。这三个机构分别是:最高决策机构——国家信贷委员会;最高执行机构——法兰西银行理事会;监督机构——银行管理委员会。

德意志联邦银行是德国的中央银行,其权力结构由三个机构组成:最高决策机构——德意志联邦银行委员会;最高执行机构——联邦银行董事会;监督机构——联邦银行监督局。

中央银行的最高权力是合并由一个机构来行使还是分立由几个机构来行使,主要是由各国中央银行的传统决定的,各中央银行行使其职能并无实质性区别。

**四、中央银行的内部组织结构**

中央银行的内部组织结构是指其内部设置的一些具体的职能部门,它们各自承担中央银行某一方面的工作,共同完成中央银行所担负的任务、职能、业务和金融监督。尽管各国中央银行的内部机构设置数量不等,名称亦有差别,但总体来看,大都包括如下几个部门。

(1)宏观调控措施实施部门。例如,美国联邦储备委员会的货币金融政策主任办公室,英格兰银行的经济研究局、日本银行的金融研究局和调查统计局等。

(2)公共服务部门。例如,英格兰银行的公司服务部,美联储的服务部,日本银行的总务局等。

(3)金融监督管理部门。例如,英格兰银行的银行监督局、美联储的银行监督管理部与审计官办公室等。

(4)调查研究机构。

(5)日常事务管理机构。

(6)法律机构等。

**五、中央银行分支机构的设置**

中央银行的分支机构是中央银行全面行使职能和履行规定职责所必需的组织保证,一般是根据一国经济体制的要求以及中央银行自身发挥作用的要求而设置,主要有以下方式。

(一)根据区域经济的状况设立分支机构的原则

中央银行在设立分支机构时,应当首先考虑全国范围内不同地区经济的发展状况和信用制度完备程度。这是因为,金融业的发展水平受经济发展区域性的影响,在一个国家不同地区之间也是不平衡的。金融业发展水平高的地区,金融活动频繁,金融衍生工具发展较快,就需要设立层次高、规模大的分支机构;相反,在经济发展水平较低的区域,就需要设立层次低、规模小的分支机构,而不是单纯根据国家的行政区划来设立分支机构。按照这种原则设立的分支机构,能够反映金融业和经济发展水平间的关系,减少地方政府对中央银行业务的干预,有利于保障中央银行的独立性。现在,世界大多数国家中央银行分支机构是按照这种原则设立的。例如,美国联邦储备银行将全国50个州按经济发展需要,划分为12个联邦储备区,在每个区的中心城市设立一个联邦储备银行,多数联邦储备银行又根据业务经营需要,在区内设立分行。英格兰银行的分支机构也是按经济区域设置的,在5个中心城市设立了区域分行,在3个城市设立了代表处。

(二)根据国家行政区划设立分支机构的原则

按照这种原则设立的中央银行分支机构,强调分支机构和国家行政区划之间的对应,分支机构的业务和管理范围就是行政区划的范围。简单地说,政府在什么地方,就在什么地方设立相应的中央银行分支机构;有什么级别的政府部门,就有什么层次的中央银行分支机构。这种模式一般与计划经济体制相适应,苏联、东欧国家基本上采取此种模式,我国中央银行1998年以前也采取这种模式。

(三)以经济区域为主,兼顾行政区划设立分支机构的原则

这种方式一般是按经济区域设置分行,而分行之下的机构设置则考虑行政区划并尽量与行政区划相一致。采用这种方式的主要有日本、意大利等国的中央银行。例如,日本银行把全国47个都、道、府、县划分为33个业务区,每区设立1个分行,分行以下的机构设置则更多地考虑按行政区划。中国人民银行1998年以后的分支机构设置就属于这种方式。

在中华人民共和国建立后相当长的时间内,中国人民银行是根据行政区划原则设立中国人民银行分支机构的。1998年11月之后,中国人民银行开始实施新的管理体制,撤销了省级分行,根据区域经济的发展状况在全国范围内设立9个大区分行和2个营业管理部,即中国人民银行营业管理部、重庆营业管理部和天津、上海、济南、沈阳、南

京、武汉、广州、成都及西安 9 家分行,同时在分行下设营业管理部、中心支行和支行。改革后地方政府对货币政策的干预明显减少,初步有了按经济区划设置中央银行分支机构的经验。

## 第三节 中央银行的性质与职能

### 一、中央银行的性质

中央银行的性质是指中央银行自身所具有的特有属性。

理论界对于中央银行性质的争论,其焦点主要在于中央银行究竟是国家机关,还是金融企业,或者二者兼而有之。随着近年来各国政府对中央银行实施国有化和控制的加强,人们在中央银行性质问题上的争议开始淡化,并普遍达成了一种共识:中央银行兼有国家机关和金融机构的特性,是一种特殊的国家机关。

#### (一)中央银行是国家机关

中央银行通过国家授权,承担着监督管理普通金融机构和金融市场的重要使命。同时,中央银行处于整个社会资金运动的中心环节,是国民经济运行的枢纽,是货币供给的提供者和信用活动的调节者。并且,随着国家对金融和经济干预或调控的加强,中央银行的国家机关性质也趋于强化。

#### (二)中央银行是特殊的金融机构

中央银行的主要管理职责都体现在金融业务的经营过程中,其主要业务活动同样具有银行固有的办理"存、贷、汇"业务的特征。但是,其业务活动又与普通金融机构有所不同,主要表现在以下几个方面。

**1. 业务对象不同**

中央银行的业务对象不是一般的工商客户和居民个人,而是商业银行等金融机构和政府。

**2. 业务经营目的不同**

中央银行不与普通银行和其他金融机构争利润,不以盈利为目标,而是为实现国家的经济政策目标服务的。

**3. 业务经营特征不同**

中央银行享有发行货币的特权,这是商业银行和一般的行政管理部门所不能享有的。中央银行的资金来源主要来自发行的货币,同时也接受商业银行和其他金融机构的存款,因此它不能与商业银行和其他金融机构处于平等的地位,也不能开展平等的竞争。

同时,国家还赋予中央银行一系列特有业务的特权,如维护支付清算系统的正常运行、代理国库等。

## 二、中央银行的职能

中央银行的职能是中央银行性质的具体体现或细化,反过来,中央银行职能的高度概括便成为中央银行性质的集中反映。中央银行是发行的银行、银行的银行和政府的银行,是对早期中央银行职能的典型概括。尽管随着中央银行制度的发展,现代中央银行的职能有了更加丰富的内容,"发行的银行、银行的银行和政府的银行"仍被看作中央银行的三大基本职能。根据不同的标准,中央银行职能有不同的划分方法。根据中央银行在国民经济中的地位,其职能可以分为"发行的银行"职能、"政府的银行"职能、"银行的银行"职能和金融监管职能。本书根据中央银行职能的性质,将其职能划分为宏观调控职能、金融服务职能和金融监督管理职能。

### (一)宏观调控职能

中央银行的宏观调控职能是指中央银行利用自己拥有的各种金融手段,对货币和信用进行有目的的调节和控制,其中主要是对货币供应量进行调节,来影响和干预国家宏观经济,实现其预期的货币政策目标。

货币政策是现代经济条件下国家调控宏观经济最重要的基本经济政策之一,目前世界各国均对此十分重视。货币政策之所以重要,是因为它与价格、经济活动之间存在密切的内在联系。货币政策的变化必然会引起币值和物价的变化,资本(资金)流动及其投向和投量的变动,社会整个经济结构的变化和经济发展速度的变动。这些变动最终总是集中表现在社会总供给和社会总需求的总量和结构上。由此可见,中央银行制定和执行货币政策的过程就是它调节和控制宏观经济职能作用发挥的过程。

中央银行实现其货币政策的最终目标主要是以货币供应量等中间目标为传导来实现的。中央银行要能有效地实现对货币供应量的调节,关键要能做到以下两点。一是要建立和完善调控机制。这一调控机制既要有明确的最终目标,又要能采取有效的政策工具;既要选择好具体的调控对象,又要运用合适的调控方式。以上各部分的密切联系和相关作用组成一个完整的调控系统。只有在建立科学的调控机制并保证其正常运转的情况下,中央银行才能真正起到调节货币供应量的作用。二是要充分运用中央银行所拥有的各种经济手段,采取扩张或紧缩信用的办法来调节货币供应量。

中央银行运用的宏观调控手段主要有:存款准备金工具、公开市场工具、再贴现工具、直接信用控制措施、间接信用控制措施等。

### (二)金融服务职能

中央银行的金融服务作为一项独立的职能,不仅与我们的生活密切相关,翻开中央银行的历史,还可看出中央银行的发展还源于金融服务。金融服务是中央银行最古老的职能,并且正是在提供这些金融服务中,中央银行获得了有别于商业银行的独特地位。

**1. 为政府提供金融服务**

作为政府的银行,为政府提供金融服务是中央银行义不容辞的责任。其服务内容包括四个方面。一是为政府经理国库。这是中央银行最初金融服务职能的一项重要内容。二是为政府提供融资服务。早期一些国家的中央银行,如英国的英格兰银行、法国的法兰西银行、日本的日本银行等,最初也都是为了提供政府融资和管理国库资金服务而设立的,并在为政府的服务中开始了自身演变为中央银行的历史进程。但是,由于中央银行直接向政府融资会导致中央银行无法控制货币发行总量,引发通货膨胀,因此,当今世界上大多数国家都严格禁止中央银行向政府提供直接融资服务,而仅允许其间接向政府提供融资服务。三是作为政府的金融代理人,代办有关金融业务,如经营国家外汇储备、黄金储备等。四是充当政府金融顾问。各国中央银行都负有为宏观经济政策的制定提供可靠、充分的数据资料的责任,从而有利于政府正确制定和执行宏观经济政策。

**2. 为金融机构提供金融服务**

作为银行的银行,中央银行也有责任为金融机构提供服务。其内容主要表现在两个方面。一是为其他金融机构提供支付清算服务。目前,支付清算服务已成为中央银行金融服务职能中最重要的内容之一,它的发达程度甚至已直接成为反映一个国家金融发展水平的标志。中央银行通过集中办理票据交换,为金融机构办理异地资金转移,来为金融机构提供结算服务,从而大大提高了资金结算的效率。二是充当最后贷款人。当商业银行资金不足时,中央银行可以向其提供临时的资金融通,成为整个社会的最后贷款人。

**3. 为社会公众提供金融服务**

该服务内容主要有:依法发行法定货币,维护货币信用和保持币值稳定;对金融业进行调查、统计、分析、研究和预测,并予以公布,使社会公众及时了解金融和经济形势;为维护银行客户存款安全所进行的其他活动等。

(三)金融监督管理职能

金融监管是指为了维护金融体系的稳健运行以及提高资源配置效率,金融监管部门以直接或间接的方式干预金融机构和金融市场的运行,是一种具有强制性或者诱导性的行为。一个国家的中央银行常常担负着金融监管的职责。在现代经济条件下,金融机构已经多元化,各类银行和非银行金融机构众多,金融市场高度发达,金融活动日趋复杂,金融创新不断涌现,因此,中央银行对金融业的监督管理变得极为重要。它包括两方面内容:一是规范和监督金融机构设立、业务活动的开展;二是调控和管理金融市场的设置和运行。担当此任,中央银行必须做到:制定一系列金融管理的法令、政策,使金融机构有章可循,有法可依;监督执行有关的金融法规,实施对宏观金融的监管。中央银行通过金融监管,可以更直接地规范金融业的活动,促进其协调发展。

应当指出,近年来为了加强对金融业的监督管理,防范金融风险,有的国家开始设立专门的银行监督管理机构,取代中央银行履行对金融业的监管职责。

### 三、中央银行各职能之间的相互关系

**(一)三种职能之间是相互统一的**

中央银行的三种职能是由中央银行的性质决定的统一体。中央银行在国民经济中的作用表现为它是发行的银行、政府的银行、银行的银行和管理金融的银行。作为发行的银行,它享有货币发行的独占权,并负责控制信用、调节货币流通。中央银行通过调整货币供应量来调节货币和信用,同时影响社会总供给和总需求以及整个国民经济,这就决定了中央银行具有宏观调控的职能。中央银行作为政府的银行和银行的银行,它需要向政府和金融机构提供金融服务,这就决定了中央银行的公共服务职能。另外,中央银行作为一个管理全国金融的特殊国家机关,它负有制定和执行国家货币金融政策、检查和监测金融市场和金融机关的职责,这就决定了中央银行的金融监督和管理的职能。所以,中央银行的性质决定了中央银行的公共服务职能、宏观调控职能和监督管理职能是相辅相成的。

**(二)公共服务职能与宏观调控、监管职能的关系**

作为银行,中央银行必须以银行的身份提供金融服务,公共服务职能也就成为中央银行的核心职能。中央银行无论是履行宏观调控职能还是履行监管职能,都不是纯粹的调控或者监管,它们都有着一个共同的目的,就是更好地服务,将公共服务职能贯彻于宏观调控和监管的过程之中。同时,中央银行为了更好地为政府、金融机构乃至整个社会服务,又有赖于宏观调控和监管创造一个良好的金融环境。因此,中央银行只有有效地发挥宏观调控和监管职能,才能使金融机构在竞争的基础上为公众提供尽可能多样化的金融服务。由此可见,宏观调控和监管是公共服务的要求,中央银行在履行宏观调控和监管职能时,绝不能违背公共服务职能的要求。但是,这并不意味着为了公共服务就要放弃宏观调控和监管,因为它们之间的目标、对象和具体内容是不同的。

**(三)宏观调控与监管职能的关系**

中央银行的宏观调控和监督管理职能也是密切相关的,即监管要借助于一定的调控手段,而调控也往往需要行政监管措施给予配合。

总而言之,中央银行的宏观调控职能、公共服务职能和监督管理职能是相互作用、相互依存、相互对立统一的关系,如果处理不好这三者之间的关系就会发生矛盾。中央银行无论是为政府提供服务,还是为金融机构提供服务,都必须同时对它们的金融活动进行监督管理,对它们违反金融法律、法规和规章的活动予以限制、惩处,这就会产生中央银行强调对政府部门、金融机构的监督管理与政府部门、金融机构强调中央银行对它们的服务的矛盾。因此,中央银行应当将这三项职能统一起来才能更好地为稳定货币、维护金融安全和促进经济增长的目标发挥作用。否则,中央银行不但不能发挥预期的积极作用,而且可能削弱其作用,甚至产生消极作用。

## 第八章 中央银行

### 四、中央银行的独立性问题

#### (一)中央银行独立性的内涵和具体内容

**1. 中央银行独立性的内涵**

中央银行的相对独立性问题实质上是中央银行与政府的关系问题。所谓"相对独立性",就是有限制的独立性,或者说是在一定范围内的独立性。中央银行不能完全独立于政府体制之外,不受政府的约束,也不能凌驾于其他政府机构之上,而应接受政府的一定监督和指导,并在国家总体经济政策的指导下独立地制定和执行货币政策。

**2. 中央银行独立性的具体内容**

(1)中央银行享有独立的货币发行权。中央银行独立行使货币发行权,既是其履行职责的需要,也是其发挥作用的基础。如果中央银行没有货币发行权,就不能有效实现对国家经济的宏观调控。另外,中央银行在何时何地发行多少货币、发行什么面额的货币,应当是根据国家的宏观经济政策和经济发展的客观需要确定的,不受任何政府更替、任何个人观点的影响。只有保障中央银行独立地发行货币,才能保证币值稳定。

(2)中央银行独立制定和执行货币政策。货币政策作为一种宏观经济管理的工具,是为调节社会总需求和总供给服务的,其实质是通过正确处理经济发展和货币稳定的关系,使国民经济的有关指标利用货币机制紧密服务于国民经济政策,并成为国家经济政策的一个重要方面。中央银行必须把货币政策的制定权牢牢掌握在自己手中,而不是在其他政府部门手中。在制定货币政策的过程中应当保持高度的独立性,不受来自任何机构、个人的干涉。在货币政策的制定和执行过程中,中央银行与政府发生不同意见时,政府应当充分尊重中央银行的经验和意见,避免政府行为对中央银行业务、职责干预过多的现象。其他有关部门应当尽量配合中央银行执行货币政策,以便中央银行货币政策在国家经济生活中发挥积极作用。

(3)独立监督、监测金融市场。为了维护金融市场的健康发展、规避金融风险,中央银行有权独立组织、协调国家反洗钱工作,指导、部署金融业反洗钱工作,承担反洗钱的资金监测职责,对违反金融法律、法规的金融活动或者抗拒检查、管理的金融机构给予经济或者行政制裁。

#### (二)保持中央银行独立性的现实意义

第一,这是与各国政府解决本国经济中的通货膨胀问题分不开的。21世纪国家货币制度的最大问题是币值稳定问题,通货膨胀一直与各国经济增长有着某种紧密的联系,稳定币值也就被认为是中央银行的首要任务。但是在实际经济生活中,政府为了保持经济的增长,往往通过积极地增加货币量来刺激经济,在政府目标和货币稳定目标相矛盾的情况下常常会牺牲货币的稳定,从而为经济泡沫的产生埋下了隐患,使经济增长与通货膨胀陷入恶性循环。当人们把经济增长的重任置于政府时,为了避免通货膨胀的发生,实现稳定货币的任务,也就迫使中央银行在制定和执行货币政策方面必须与政府分离开来。如果中央银行不能抵制来自政府的不合理融资要求和对货币政策的干预,稳定货币的目标就难以实现。因此,为了保障中央银行独立制定和执行货币政策,必须保证和加强其独立性。

第二,政治家往往从政治需要出发,过分偏重于关心大选,讨好选民。而中央银行是负有社会性责任的机构,它的货币政策对社会经济的发展有重大影响,它应具有稳定性和连续性,不受党派和政治干扰。因此,为了对政府的短期经济行为或超经济行为发挥有效的制约作用,防止政府为了政治需要而牺牲货币政策,影响社会经济生活的稳定和发展,中央银行必须保持一定的独立性。

但是,中央银行作为国家的金融管理当局,是政府实施宏观调控的重要部门,中央银行不可能完全独立于政府,凌驾于政府之上。中央银行要接受政府的管理和监督,在国家总体经济政策指导之下履行自己的职责。因此,中央银行的独立性只能是相对的。这是因为,中央银行的政策目标不能背离国家总体经济发展目标。中央银行作为金融系统的核心和金融管理者,应当服从于经济社会大系统的运转,服从于国家的根本利益。货币政策是整个国家宏观经济政策的一部分,其实施应与财政政策相配合,才能达到预期效果。中央银行的业务活动和监管都是在国家授权下进行的,有些国家中央银行直接就是政府的组成部门,因此,中央银行职责的履行需要政府其他部门的协作与配合,不能完全脱离政府。

## 第四节  中央银行的业务

中央银行业务主要包括负债业务、资产业务和资金清算等其他业务。

### 一、中央银行的负债业务

中央银行负债业务是指形成中央银行资金来源的业务,是中央银行进行资产业务的基础。中央银行的负债业务主要包括货币发行、存款业务、代理国库业务等。

(一)货币发行业务

**1. 货币发行的含义**

中央银行发行货币主要是通过对商业银行及其他金融机构提供贷款、接受商业票据再贴现、在金融市场上购买有价证券、收兑黄金、白银、外汇等方式投入流通的,同时又可以通过这些方式回笼货币。

货币是一种债务凭证,它是货币发行人即中央银行对货币持有者的一种负债,当中央银行接受国家政府委托、代替国家政府发行货币时,货币发行便是国家(通过中央银行作代表)对货币持有者的一种负债。因此,货币发行便成为中央银行的负债业务之一。

**2. 货币发行的类型**

货币发行按其性质划分,一般分为经济发行和财政发行两种。经济发行是指中央银行根据国民经济发展及商品流通的实际需要而进行的货币发行。中央银行发行的货币必须适应国民经济正常发展对货币的客观需求,一方面,货币发行不能过多,过多会引发货币贬值,严重的会引起通货膨胀,从而阻碍国民经济的稳定发展;另一方面,货币发行也不能过少,过少会使部分商品的价值得不到实现,从而使国民经济发展受阻,甚至出现停滞。财政发行是指为弥补财政赤字而进行的货币发行。这种发行不是以经济增长为基础的,纯粹是为了弥补财政赤字而进行的货币发行。

为保证货币的发行符合经济需要,各国中央银行都制定了一整套的货币发行制度进行约束,包括货币发行的程序、货币发行的最高限额、货币发行准备或保证等。

(二)存款业务

存款业务也是中央银行的主要负债业务之一。中央银行吸收存款业务一般都有金融法规支持,具有一定强制性,最典型的就是存款准备金的缴存。世界上绝大多数国家都有专门的法律规定商业银行缴存中央银行的存款准备金比率,商业银行必须严格按其规定进行缴付。而且,一般国家都对存款准备金不支付利息。

中央银行的存款业务根据其来源可以分为以下几种。

**1. 准备金存款业务**

它是指各商业银行缴存中央银行的准备金。西方国家存款准备金的构成:第一准备,是商业银行的库存现金和在央行的准备存款,亦称为"现金准备"或"主要准备";第二准备,是商业银行持有的国库券及其他流动性资产,亦称为"保证准备"。

**2. 政府存款业务**

有些国家的政府存款业务包括中央政府的存款,有些国家则还包括地方政府和政府部门的存款(但中央政府存款是最主要的)。中央政府存款一般包括国库持有的货币、活期存款、定期存款和外币存款。

**3. 非银行金融机构存款业务**

并不是所有国家都将非银行金融机构的存款纳入准备金存款业务。当不纳入准备金业务时,央行将其作为一项单独的存款业务,此时,主要是为了这些机构清算的便利。央行在这类业务上具有很大的被动性(但能够通过利率作些许调节)。我国的非银行金融机构不需缴纳法定存款准备金,其在央行的存款主要是为了结算方便。

**4. 外国存款业务**

债权人为外国中央银行或政府,用于贸易结算和债务清算。其多少由外国存款者决定,本国央行处于被动地位。但由于其数量较小,对本国基础货币投放的影响相对有限。

此外,还包括特定机构和私人部门存款业务、特种存款业务等。

(三)经理国库业务

在通常情况下,各国政府都要赋予中央银行代理国库的职责,财政的收入和支出都由中央银行代理,这主要是因为中央银行在经理国库方面具有其他机构无法比拟的优势。首先,中央银行经理国库业务本身就是其重要职能之一——金融服务职能的具体体现;其次,这还为中央银行提供了大量低成本的资金来源;最后,通过中央银行实现财政资金的调拨既方便又灵活,同时还便于中央银行对财政支出的拨付使用实行有效的监督约束。

瑞典的《国家银行法》规定:国家银行(中央银行)必须代国库无息收受款项,并根据有关规定从国库存款中代为支付款项。美国的《联邦储备条例》规定:联邦储备银行是美国政府的存款银行和财务代理机构。

**(四)其他负债业务**

中央银行的其他负债业务包括发行中央银行债券、对外负债和资本业务等。

**1. 发行中央银行债券业务**

发行中央银行债券是中央银行的主动负债业务,具有可控制性、抗干扰性和预防性。

**2. 对外负债业务**

中央银行的对外负债业务主要采取的形式有:向外国银行借款、对外国中央银行负债、向国际金融机构借款、向外国发行中央银行债券等。

**3. 资本业务**

中央银行的资本业务就是指筹集、维持和补充自有资本的业务。如前所述,中央银行自有资本有三种来源:政府出资、地方政府或国有机构出资、私人银行或部门出资。

## 二、中央银行的资产业务

中央银行的资产业务是指中央银行运用其货币资金的业务,主要有:再贷款业务、再贴现业务、证券买卖业务、黄金和外汇储备业务等。

**(一)再贷款业务**

再贷款业务是中央银行的主要资产业务之一。在中央银行的资产负债表中,贷款是一个大项目,它充分体现了中央银行作为"最后贷款人"的职能,中央银行的贷款是向社会提供基础货币的重要渠道。根据贷款对象的不同,再贷款可以分为以下两种。

**1. 对商业银行等金融机构的再贷款**

这是中央银行放款中最主要的种类。一般来说,中央银行贷款都是短期的,采取的形式大多是以政府债券或商业票据为担保的抵押贷款。随着金融市场的发展和金融创新,商业银行的融资渠道不断增多、融资手段也多样化了,但中央银行贷款仍是商业银行扩大信用能力的重要渠道和保证支付的最后手段。

**2. 对政府的贷款**

作为政府的银行,中央银行有义务为政府提供信用支持。但是,为防止由于向政府提供贷款而出现货币的非经济发行,从而带来通货膨胀的危险,大多数国家都采取各种措施限制中央银行对政府的信贷支持。

**3. 其他再贷款**

**(二)再贴现业务**

再贴现业务是指中央银行以一定的再贴现率对商业银行由贴现取得的商业票据进行二次买进的经济行为。在商业票据盛行、贴现市场发达的国家,再贴现业务是中央银行的主要资产业务之一。中央银行通过调整再贴现率调节信用规模,对中央银行履行宏观金融调控职能具有非常意义。在我国,因为商业信用不发达,票据市场规模小,所以贴现和再贴现业务的开展受到了限制。

(三)证券买卖业务

在证券市场比较发达的国家,证券买卖业务也是中央银行的主要资产业务之一。中央银行买卖证券一般都是通过其公开市场业务进行的。与公开市场其他投资者以盈利为目的不同,中央银行证券买卖业务的目的是调节和控制货币供应量。中央银行在公开市场上买进证券就是直接投放了基础货币,而卖出证券则是直接回笼了基础货币,其目的就是调节货币流通,维护金融秩序。

中央银行在公开市场上买卖的证券主要有:政府债券、国库券及其他安全性和流动性都非常高的有价证券。

(四)黄金、外汇储备业务

由于黄金、白银和外汇是国家间进行清算的支付手段,各国都把它作为储备资产,由中央银行保管。

### 三、中央银行的其他业务

(一)资金清算业务

中央银行一般都要主持全国金融业的清算事宜,执行清算银行的职能,是一国票据清算和资金汇划的中心。支付清算服务的主要内容包括:组织票据交换清算,办理异地跨行清算,为私营清算机构提供差额清算服务,提供证券和金融衍生工具交易清算服务,提供跨国支付服务等。

(二)反洗钱业务

洗钱就是隐瞒、掩饰非法资金的来源和性质,通过某种手法把它变成看似合法资金的行为和过程。洗钱是严重的经济犯罪行为,不仅破坏经济活动的公平公正原则,破坏市场经济有序竞争,损害金融机构的声誉和正常运行,威胁金融体系的安全稳定,还与贩毒、走私、恐怖活动、贪污腐败和偷税漏税等严重刑事犯罪相联系,已对一个国家的政治稳定、社会安定、经济安全以及国际政治经济体系的安全构成严重威胁。常见的洗钱途径广泛涉及银行、保险、证券、房地产等各种领域。

反洗钱是指政府动用立法、司法力量,调动有关的组织和商业机构对可能的洗钱活动予以识别,对有关款项予以处置,对相关机构和人士予以惩罚,从而达到阻止犯罪活动目的的一项系统工程。反洗钱对维护金融体系的稳健运行,维护社会公正和市场竞争,打击腐败等经济犯罪具有十分重要的意义。"911"事件之后,国际社会更加深了对洗钱犯罪危害的认识,并把打击资助恐怖活动也纳入打击洗钱犯罪的总体框架之中。针对国内国际反洗钱和打击恐怖主义活动所面临形势,中国政府从2003年开始加大了反洗钱的工作力度。

《中国人民银行法》第4条规定:"中国人民银行负有指导、部署金融业反洗钱工作,负责反洗钱的资金监测的职责。"《金融机构反洗钱规定》第 3 条规定:"中国人民银行是国务院反洗钱行政主管部门,依法对金融机构的反洗钱工作进行监督管理。中国银行业监督管理委员会、中国证券监督管理委员会、中国保险监督管理委员会在各自的职责范围内履行反洗钱监督管理职责。"人民银行也从组织机构和制度建设以及加强监管方面加强反洗钱工作。

(三)征信管理

根据 2003 年中央机构编制委员会办公室《关于中国人民银行主要职责内设机构和人员编制调整意见的通知》的规定,"管理信贷征信业,推动建立社会信用体系"是国务院赋予人民银行的主要职责之一。2003 年 11 月,人民银行据此在总行成立了征信管理局,继后在分支行相应设立了征信管理部门,负责承办信贷征信管理工作,拟订信贷征信业发展规划、管理办法和有关风险评价准则,承办有关金融知识宣传普及工作。

国务院法制办公室于 2009 年 10 月 13 日全文公布《征信管理条例》的法律、法规,自 2013 年 3 月 15 日起施行。《征信管理条例》第三条规定:"中国人民银行是国务院征信业监督管理部门,负责对征信机构及其业务活动实施监督管理。"

人民银行之所以要管理信用评级业,一是为了防止出现资信评级机构可能存在的不合理竞争,造成信用评级结果不实而引起投资人的损失以及进而诱发的金融风险;二是为了防止企业的商业秘密被滥用,因为资信评级机构在评级过程中掌握着发债企业的商业秘密;三是为了防止损害国家的信息安全和经济利益。

除此之外,中央银行的业务还有统计分析业务、会计业务等。

### 关键术语

单一中央银行制度 复合中央银行制度 金融服务 金融监管 中央银行独立性 货币发行 反洗钱

### 复习思考题

1. 为什么说中央银行的产生有一定的历史必然性?
2. 如何认识中央银行的性质?
3. 中央银行的职能有哪些?相互间的关系如何?
4. 如何理解中央银行的独立性问题?
5. 货币的经济发行与财政发行的主要区别是什么?
6. 中央银行的再贴现业务和再贷款业务有何意义?

拓展阅读

# 第九章

# 非银行金融机构

 **本章提要**

非银行金融机构的种类非常广泛,其中,保险公司、证券公司、信托公司是几种非常重要的金融机构,它们与银行一起成为金融业的四大支柱。本章主要介绍非银行金融机构的构成、职能以及各非银行金融机构的主要业务。

# 第一节 保险公司

## 一、保险公司的内涵和功能

### (一)保险公司的内涵

在日常活动中,风险的客观性和发生的不确定性,使人们有了对保险的需求。保险公司是依法设立的专门经营保险业务的经济组织。保险公司通过合同形式与投保人建立权利义务关系,根据合同约定向投保人收取保险费,对合同约定的可能发生的事故因其发生所造成的财产损失承担赔偿保险金责任,或者当被保险人死亡、伤残、疾病或达到合同约定的年龄、期限时,承担给付保险金责任。

### (二)保险公司的功能

保险公司是重要的金融机构之一,它在经济社会中发挥着重要的作用,具体如下。

**1. 分散风险,补偿损失**

这是保险公司在经济社会中的基本作用。保险公司通过向投保人收取保费,建立保险基金,当被保险人遭受损失时,用保险基金进行补偿,实际上是少数个体的损失由大多数人来分担,从而达到分散风险的目的。把危险分散给大家的过程也是对遭受损失的个体进行经济补偿的过程,这就降低了个体投保人所承担的风险和损失。

**2. 融通资金**

由于保险公司获得的保费收入与它的保费支付存在着时间差,因而保险公司聚集起大量的货币资本,这些资本比银行存款更为稳定,是金融体系中长期资本的重要来源。保险公司通过证券投资、发放保单贷款或通过商业银行等渠道,将这些长期稳定的闲置资金投入社会再生产过程中,在增加保险公司收益的同时,也起到了融通资金的作用。

**3. 防灾防损**

一方面,从自身效益出发,保险公司愿意主动参与防灾防损活动,以减少危险事故的发生,使经济赔偿减少,从而增加自身利润。另一方面,从自身条件来看,保险公司也有能力参与防灾防损工作。

**4. 提供经济保障,稳定社会生活**

从经济运行来看,保险公司为社会再生产的各个环节提供经济保障,充当了社会经济与个人生活的稳定器。

## 二、保险公司的类型

依据不同的划分标准,保险公司可以分为不同的类型。

## （一）根据业务性质不同，保险公司可以分为财产保险公司、人身保险公司、再保险公司

**1. 财产保险公司**

财产保险公司是指对各类财产提供保险的金融机构。当投保人的财产在保险期内由于灾害及其他原因遭受损失时，保险公司负责赔偿。财产，不仅包括有形财产，而且包括与物质财产有关的无形财产，如相关的利益、费用、损害赔偿责任等。

**2. 人身保险公司**

人身保险公司是指为人的身体和生命提供保险的金融机构。与财产保险不同，人身保险属于给付性质。国内外保险市场都规定，保险公司不得兼营财产保险和人身保险。我国对保险公司也实行分业经营，同一保险人不得同时兼营财产保险业务和人身保险业务。

**3. 再保险公司**

再保险公司是指经营再保险业务的金融机构。再保险是指原保险人为避免或减轻其在原保险中所承担的保险责任，将其所承保的风险的一部分或全部转移给其他保险人的一种行为。再保险是保险公司对承担的来自于投保人风险进行再次分散的一种方法。

## （二）根据经营目的不同，保险公司可以分为商业性保险公司和政策性保险公司

**1. 商业性保险公司**

商业性保险公司是指经营商业保险业务的保险机构，它是保险公司的主要组织形式。商业保险公司以盈利为目的，根据经济原则，通过签订保险合同来建立保险关系。只要有保险意愿并符合保险条款要求的法人、自然人都可在商业保险公司投保。

**2. 政策性保险公司**

政策性保险公司是指为了某种政策上的目的依据国家政策法令专门组建的不以盈利为经营目标的保险机构。政策性保险包括社会政策保险和经济政策保险。政策性保险公司主要有出口信用保险公司、农业保险公司、投资保险公司、存款保险公司等。

## （三）根据保险经营方式不同，保险公司可以分为相互保险公司、行业自保公司

**1. 相互保险公司**

相互保险公司是指由所有参加保险的人自己设立的保险法人组织，其经营目的是为各保单持有人提供低成本的保险产品，而不是追逐利润。相互保险公司没有股东，保单持有人的地位与股份公司的股东地位相类似，公司为他们所拥有。

**2. 行业自保公司**

行业自保公司主要办理本系统企业的保险业务，并通过积累一定的保险基金作为损失补偿的后备。世界各国的行业自保公司多属于航空产业、石油产业等。在我国保险改革初期，经中国人民银行批准也建立了行业自保公司，如1986年7月成立的新疆生产建设兵团农牧业生产保险公司，专营新疆兵团内部种植业、养殖业保险。

### 三、保险公司经营的主要险种

#### (一)财产保险

财产保险有广义与狭义之分。广义的财产保险是以物质财产及其相关利益作为标的的,狭义的财产保险则是指以物质财产为标的的各种保险。

**1. 财产损失险**

(1)火灾保险。火灾保险简称"火险",是指以存放在固定场所处于相对静止状态的财产物资为保险标的的一种财产保险。需要指出的是,火灾保险只是历史遗留下来的一种险别名称,它在产生之初,因只承保陆上财产的火灾危险而得名,但后来却发展到了承保各种自然灾害与意外事故。因此,就保险责任而言,现在的火灾保险早已超出了当初火灾保险的范围,不过,保险界仍然保留着对此类业务的传统叫法。

如今,火灾保险已逐渐成为各种综合性的财产保险。例如,我国目前开办的企业财产保险、家庭财产保险均是以火灾保险为基础发展起来的。企业财产保险是我国财产保险中的主要险种,主要承保火灾以及其他自然灾害和意外事故造成保险财产的直接损失;家庭财产保险是以居民自有房屋、住宅、个人家庭生活资料为保险标的的保险。

(2)运输工具保险。运输工具保险是指以各种运输工具本身(如汽车、飞机、船舶、火车等)和运输工具所引起对第三者依法应负的赔偿责任为保险标的的保险,主要承保各类运输工具遭受自然灾害和意外事故而造成的损失,以及对第三者造成的财产直接损失和人身伤害依法应负的赔偿责任。一般按运输工具不同分为机动车辆保险、飞机保险、船舶保险、其他运输工具保险。

(3)货物运输保险。货物运输保险是指以运输途中的货物作为保险标的,保险人对由自然灾害和意外事故造成的货物损失负责赔偿责任的保险。国内货物运输保险所承保的货物主要指商品性质的贸易货物,运输方式是水路、陆路、铁路、航空四类。进出口货物运输保险主要分海洋、陆上、航空、邮包四类。其中,海洋货物运输保险又有平安险、水渍险、一切险三种。

(4)农业保险。农业保险是指专为农业生产者在从事种植业和养殖业生产过程中,对遭受自然灾害和意外事故所造成的经济损失提供保障的一种保险。同商业保险公司经营的其他险种不同的是,农业保险不能完全实行商业经营,需要政府的政策性扶持。商业保险公司在经营时应结合政策和市场两种手段。对普通农户应以政策性保险为主,市场性保险为辅;对特别贫困地区的农户应采取区域性保险措施,完全实行政策性保险;对种植、养殖大户和农业开发公司应以市场性保险为主,政策性保险为辅。

(5)工程保险。工程保险是指以建筑安装工程和施工过程中的物料、机器、机械设备为保险标的的保险,包括建筑工程一切险、安装工程一切险和机器损坏险。

**2. 责任保险**

(1)公众责任保险。公众责任保险是责任保险中适用范围极为广泛的险别,主要承保企业、机关、团体、家庭、个人以及各种组织在固定场所因疏忽、过失行为造成他人人身伤害或财产损失时依法应承担的经济赔偿责任。

(2)雇主责任保险。雇主责任保险是指承保雇主所雇用的员工在受雇期间从事与其职务有关工作而遭受意外或因患职业病致伤残、死亡时,根据雇佣合同的要求,依法由雇主承担经济赔偿责任的一种保险。

(3)职业责任保险。职业责任保险是指承保各种专业技术人员因工作上的疏忽或过失造成合同对方或他人人身伤害或财产损失时,依法应由其承担经济赔偿责任的一种保险。

(4)产品责任保险。产品责任保险是指承保产品制造者、销售者因产品缺陷致使他人人身伤害或财产损失时依法应由其承担经济赔偿责任的一种保险。

**3. 信用保证保险**

信用保证保险由保险人提供担保,负有赔偿因被保证人不履行合同义务而使权利人受到的经济损失。具体有两种:凡债权人向保险人要求投保债务人信用风险的,是信用保险;凡债务人应债权人要求向保险人投保自己信用风险的,是保证保险。

(二)人身保险

与财产保险相比,人身保险具有如下一些基本特征:人身保险的保险标的是人的生命或身体;人身保险的保险责任是不幸事故或疾病、衰老等原因造成的生、老、病、死、伤残;人身保险的给付条件是保险期内被保险人的伤残、死亡,或保险期满被保险人生存等;人身保险金多是定额给付。

**1. 人寿保险**

人寿保险是人身保险的主要类别。人寿保险又称为"生命保险",它以被保险人的生命为保险标的,以被保险人的生存或者死亡为保险事故,当发生保险事故时,保险人对被保险人履行给付保险金责任。人寿保险通常可分为生存保险、死亡保险、生死两全保险。

(1)生存保险是指以被保险人在保险期满时仍然生存作为给付条件的人寿保险。如果被保险人在保险期限内死亡,则保险公司的保险责任就此终止,并且保险人不给付保险金,也不退回投保人所交的保险费。

(2)死亡保险是指以被保险人的死亡作为保险金给付条件的人寿保险,有定期保险和终身保险两种。前者自签约之日起在一定期间内保险人对被保险人负有保险责任;后者自签约之日起直至被保险人死亡,保险人均负有保险责任。

(3)生死两全保险是将定期死亡保险和生存保险结合起来的人寿保险。如果被保险人在合同期限内死亡,或合同期满时仍生存,保险人就按合同给付保险金。

**2. 人身意外伤害保险**

人身意外伤害保险是指投保人向保险人交纳保险费,如果在保险期内,因发生意外事故致使被保险人死亡、伤残、支出医疗费用或暂时丧失劳动能力,则保险人按照合同的规定给付保险金的一种保险。意外伤害保险的类别包括死亡给付、残废给付、医疗给付、停工给付。

**3. 健康保险**

健康保险是指被保险人因疾病不能从事工作,或因病需要接受医疗以及因病而致残废或死亡之时,由保险人负责给付保险金的一种保险。构成健康保险的疾病一般必须具备三个条件:非明显的外来原因;非先天原因;出于偶然性的原因。

健康保险承保的主要内容有两类:一是疾病或意外事故所致的医疗费用,这类费用由医疗保险来保障。二是疾病或意外事故所致的收入损失,这类费用通常由残废收入补偿保险来处理。

### 四、保险公司经营的主要环节

#### (一)险种开发

险种是保险公司的基本商品,它一般以保险单为单位,以保险条款为基本内容。险种开发是保险经营的起点,保险公司只有提供多样化的险种,才能吸引客户并最大限度地满足保险客户需求。险种开发应遵循满足客户需要、科学确定费率和可保利益等原则。受消费水平、价值观念及投保动机等多种因素的影响,客户对保险需求呈现出多层性和多类别性,保险公司在进行险种开发时,应将客户需求放在首位,通盘考虑客户需求、支付能力和保险公司的管理水平、承受能力等。

#### (二)保险展业

保险展业是指销售保险的一系列活动,它包括从展业环境分析,制定展业计划到保险商品宣传,出售保险商品,提供售后服务的系统化营销工程。展业管理是保险业务管理的基础,没有展业也就没有其他业务活动。保险展业的渠道主要有两大类。一是直接展业渠道。它是指保险公司直接通过自己的员工,利用各种宣传手段直接向各种客户销售保险产品。直接营销的方式主要有:直接邮件营销、电话营销、保险零售店和网络营销。二是间接展业渠道,即中介展业渠道。它是指保险公司利用中介人推销保险商品。这是国外运用最为普遍的展业方式,主要有保险经纪人展业和保险代理人展业。

#### (三)保险承保

保险承保指保险人依据保险条款承担投保人的保险标的的保险责任的行为,是保险人对要保人所提出的投保申请进行审核,决定是否接受的过程。保险承保是一项专业性、技术性很强的工作。要保证每笔业务都符合保险人的经营方向和原则,业务有利于分散危险,就必须对保险标的的所有信息进行进一步的审核,并对保险合同的内容作进一步的控制,以确保承保质量,提高保险经营的财务稳定性和企业的经济效益。影响承保的因素主要包括逆向选择的存在、道德危险因素和保险人自身的经营因素等。

#### (四)防灾防损

保险作为一种重要的危险损失分散转移机制,虽可转嫁损失但却不能消灭危险。因此,保险虽不能完全阻止危险事故的发生,但可以通过采取措施来预防和减少灾害事故的发生及其造成的生命和财产损失,这就是保险的防灾防损。

保险防灾防损的主要内容包括两个方面。一是积极参与社会的防灾防损。加强与其他防灾防损组织的联系,加强宣传。对具体保户要经常进行防灾检查,积极参与抢险救灾。事故发生后,要开展灾情调查,以积累统计资料。建立防灾防损基金,并以其中的部分作为社会防灾防损的补助费用,结合具体的保险业务,对社会提供资金及技术支持。二是把防灾防损贯穿于整个保险经营活动中。在保险条款设计上,要明确被保险人的防灾防损义务。同时,应区别对待不同保户,根据被保险人对危险管理的实际措施和效果,在一定范围内实行浮动费率,以鼓励保户加强防灾防损工作。

(五)保险理赔

保险理赔是指在保险标的发生保险事故后,保险人对被保险人所发生的保险合同责任范围内的经济损失履行经济补偿义务,对被保险人提出的索赔进行处理的行为。保险公司在进行理赔时要严格遵守以下原则。一是遵守信用原则。重合同、守信用是保险理赔应该遵守的首要原则。二是实事求是原则。保险人必须在遵守合同规定的同时,根据实际情况,合理赔付。三是公平、公正、合理原则。这一原则具体体现为"主动、迅速、准确、合理"。所谓"主动、迅速",就是要求理赔人员在办理出险索赔案件时积极主动,不拖延时间,及时进行现场勘察,赔付及时。所谓"准确、合理",就是要求理赔人员在审理赔案时,分清责任,合理定损,准确进行赔款计算,避免出现错赔或滥赔现象。

## 第二节　证券公司

### 一、证券公司的内涵

证券公司又称为"证券商",是由证券主管机关批准设立的在证券市场上经营证券业务的金融机构。世界各国对证券经营机构的划分和称呼不尽相同,在美国它的通俗称谓是"投资银行",英国则称之为"商人银行"。以德国为代表的一些国家实行银行业与证券业混业经营,通常由银行设立公司从事证券业务经营。日本等一些国家和我国一样,将专营证券业务的金融机构称为"证券公司"。

证券公司是证券市场重要的中介机构,在证券市场的运作中发挥着重要作用。一方面,证券公司是证券市场投资、融资服务的提供者,为证券发行人和投资者提供专业化的中介服务,如证券发行和上市保荐、承销、代理证券买卖等;另一方面,证券公司也是证券市场重要的机构投资者。此外,证券公司还通过资产管理方式,为投资者提供证券及其他金融产品的投资管理服务等。

### 二、我国证券公司的主要业务

根据《证券法》的规定,我国证券公司的业务范围包括:证券经纪,证券投资咨询,与证券交易、证券投资活动有关的财务顾问,证券承销与保荐,证券融资融券,证券自营,证券资产管理及其他证券业务。

(一)证券经纪业务

证券经纪业务又称为"代理买卖证券业务",是指证券公司接受客户委托代客户买卖有价证券的业务。在证券经纪业务中,证券公司只收取一定比例的佣金作为业务收入。证券经纪业务分为柜台代理买卖证券业务和通过证券交易所代理买卖证券业务。目前,我国公开发行并上市的股票、公司债券及权证等证券,在交易所以公开的集中交易方式进行,因此,我国证券公司从事的经纪业务以通过证券交易所代理买卖证券业务为主。证券公司的柜台代理买卖证券业务主要为在代办股份转让系统进行交易的证券的代理买卖。

证券公司从事证券经纪业务,可以委托证券公司以外的人员作为证券经纪人,代理其进行客户招揽、客户服务等活动。证券经纪人应当在证券公司的授权范围内从事业务,并应当向客户出示证券经纪人证书。

(二)证券承销与保荐业务

证券承销是指证券公司代理证券发行人发行证券的行为。证券承销业务可以采取代销或者包销方式。证券包销是指证券公司将发行人的证券按照协议全部购入或者在承销期结束时将售后剩余证券全部自行购入的承销方式,前者为全额包销,后者为余额包销。证券代销是指证券公司代发行人发售证券,在承销期结束时,将未售出的证券全部退还给发行人的承销方式。我国《证券法》还规定了承销团的承销方式,按照《证券法》的规定,向不特定对象发行的证券票面总值超过人民币5000万元的,应当由承销团承销,承销团由主承销商和参与承销的证券公司组成。

发行人申请公开发行股票、可转换为股票的公司债券,依法采取承销方式的,或者公开发行法律、行政法规规定实行保荐制度的其他证券的,应当聘请具有保荐资格的机构担任保荐人。证券公司履行保荐职责,应按规定注册登记为保荐机构。保荐人应当遵守业务规则和行业规范,诚实守信,勤勉尽责,对发行人的申请文件和信息披露资料进行审慎核查,督导发行人规范运作。

(三)证券自营业务

证券自营业务是指证券公司以自己的名义,以自有资金或者依法筹集的资金,为本公司买卖股票、债券、权证、证券投资基金及金融监管部门认可的其他证券,以获取盈利的行为。证券自营活动有利于活跃证券市场,维护交易的连续性。但是,由于证券公司在交易成本、资金实力、获取信息以及交易的便利条件等方面都比普通投资者占有优势,因而在自营活动中要防范操纵市场和内幕交易等不正当行为;加之证券市场具有高收益性和高风险性,因此,许多国家都对证券经营机构的自营业务制定法律、法规,进行严格管理。我国证券公司开展自营业务需要取得证券监管部门的业务许可。

(四)证券资产管理业务

证券资产管理业务是指证券公司作为资产管理人,根据有关法律、法规和与投资者签订的资产管理合同,按照资产管理合同约定的方式、条件、要求和限制,为投资者提供证券及其他金融产品的投资管理服务,以实现资产收益最大化的行为。

经中国证监会批准,证券公司可以从事为单一客户办理定向资产管理业务、为多个客户办理集合资产管理业务、为客户办理特定目的的专项资产管理业务。证券公司为多个客户办理集合资产管理业务,应当设立集合资产管理计划并担任集合资产管理计划管理人,与客户签订集合资产管理合同,将客户资产交由具有客户交易结算资金法人存管业务资格的商业银行或者中国证监会认可的其他机构进行托管,通过专门账户为客户提供资产管理服务。集合资产管理计划募集的资金可以投资于中国境内依法发行的股票、债券、证券投资基金、央行票据、短期融资券、资产支持证券、金融衍生产品以及中国证监会认可的其他投资品种。

(五)证券投资咨询业务

证券投资咨询业务是指证券公司及其相关业务人员运用各种有效信息,对证券市场或个别证券的未来走势进行分析预测,对证券投资的可行性进行分析评判;为投资者的投资决策提供分析、预测、建议等服务,倡导投资理念,传授投资技巧,引导投资者理性投资的业务活动。根据服务对象的不同,证券投资咨询业务又可进一步细分为面向公众的投资咨询业务,为签订了咨询服务合同的特定对象提供的证券投资咨询业务,为本公司投资管理部门、投资银行部门提供的投资咨询服务。

(六)与证券交易、证券投资活动有关的财务顾问业务

财务顾问业务是指与证券交易、证券投资活动有关的咨询、建议、策划业务。它具体包括:为企业申请证券发行和上市提供改制改组、资产重组、前期辅导等方面的咨询服务;为上市公司重大投资、收购兼并、关联交易等业务提供咨询服务;为法人、自然人及其他组织收购上市公司及相关的资产重组、债务重组等提供咨询服务;为上市公司完善法人治理结构、设计经理层股票期权、职工持股计划、投资者关系管理等提供咨询服务;为上市公司再融资、资产重组、债务重组等资本营运提供融资策划、方案设计、推介路演等方面提供咨询服务;为上市公司的债权人、债务人对上市公司进行债务重组、资产重组、相关的股权重组等提供咨询服务以及中国证监会认定的其他业务形式。

(七)融资融券业务

融资融券业务是指向客户出借资金供其买入上市证券或者出借上市证券供其卖出,并收取相应担保物的经营活动。证券公司从事融资融券业务,应当以证券公司的名义在证券登记结算机构开立客户证券担保账户,在指定商业银行开立客户资金担保账户。客户证券担保账户内的证券和客户资金担保账户内的资金为信托财产。证券公司不得违背受托义务侵占客户担保账户内的证券或者资金。

证券公司向客户融资融券时,客户应当交存一定比例的保证金。保证金可以用证券充抵。客户交存的保证金以及通过融资融券交易买入的全部证券和卖出证券所得的全部资金,均为对证券公司的担保物。证券公司应当逐日计算客户担保物价值与其债务的比例。当该比例低于规定的最低维持担保比例时,证券公司应当通知客户在一定的期限内补交差额。客户未能按期交足差额,或者到期未偿还融资融券债务的,证券公司应当立即按照约定处分其担保物。

证券公司的业务范围除上述业务外,还有代销金融产品业务、中间介绍业务、证券做市交易业务、托管业务等。

## 第三节 信托公司

### 一、信托公司的内涵

信托公司是指依法设立的主要经营信托业务的金融机构。信托公司已成为现代金融业的一个重要组成部分,与银行业、保险业、证券业一起被称为现代金融业的四大支柱。

信托,是指委托人基于对受托人的信任,将其财产委托给受托人,由受托人按委托人的意愿以自己的名义,为受益人的利益或特定目的,进行管理或处分的行为。信托是以资财为核心,以信任为基础,以委托为方式的财产管理制度。信托的本质是"受人之托、代人理财"。

信托制度起源于英国,是在英国"尤斯制"的基础上发展起来的,距今已有几个世纪了。但是,现代信托制度却是19世纪初传入美国后得到快速发展壮大起来的。美国是目前信托制度最为健全、信托产品最为丰富、发展总量最大的国家。我国的信托制度最早诞生于20世纪初,但在当时中国处于半殖民地半封建的情况下,信托业得以生存与发展的经济基础极其薄弱,信托业难以有所作为。我国信托业的真正发展开始于改革开放,为适应全社会对融资方式和资金需求多样化的需要,1979年10月,我国第一家信托机构——中国国际信托投资公司经国务院批准正式成立,它的成立标志着我国现代信托制度进入了新的纪元,极大促进了我国信托行业的发展。

### 二、信托公司的职能

(一)财产事务管理职能

财产事务管理功能亦称为"财务管理功能",是指信托公司接受委托人的委托,为其管理或处分财产的功能,即"受人之托、为人管业、代人理财",这是信托业的基本功能。社会发展产生了对财产管理的需求,也提供了多种多样的财产管理方式,如委托理财、储蓄存款、人寿保险等,而信托就是其中重要的一种。信托公司作为受托人,必须按委托人的要求,为其管理、处分财产,为受益人谋利。比较典型的管理行为有委托投资、委托贷款等;典型的处分行为有代为出售或转让信托财产;代办事务则主要包括代收款项、代为发行和买卖有价证券等。

(二)融通资金职能

信托公司作为金融业的一个重要组成部分,本身就有调剂资金余缺的功能,并作为信用中介为一国经济建设筹集资金,调剂供求。在商品货币经济条件下,财产有相当一部分以货币资金形态存在,因此,对这些信托财产的管理和运用就必然伴随着货币资金的融通。该功能主要反映在长期资金营运上,同时也表现在对外引进资金、先进技术和设备上。

(三)社会投资职能

信托公司可运用信托业务手段参与社会投资活动,它通过信托投资业务和证券投资业务得到体现。信托业务的开拓和延伸必然伴随着投资行为的出现,也只有在信托公司享有投资权和具有适当的投资方式的条件下,其财产管理功能的发挥才具有可靠的基础。因此,信托公司开办投资业务是世界上许多国家的信托机构的普遍做法。

(四)促进社会福利事业职能

信托公司可以为欲捐款或资助社会公益事业的委托人服务,以达到其特定目的。信托公司通过信托业务,参与各种社会福利事务,完善了社会保障体系,对社会安全、人民幸福具有重要意义。随着经济的发展和社会文明程度的提高,越来越多的人热心于教育、慈善、宗教等公益事业,纷纷捐款或者设立基金会,但他们一般对捐助或募集的资金缺乏管理经验,又希望所热心支持的公益事业能持续下去,于是就产生了与信托机构合作办理公益事业的愿望。信托公司在运用公益事业的资金时,一般采取稳妥而且风险较小的投资方法。

(五)沟通和协调经济关系职能

信托公司可通过开展信托业务,提供信任、信息与咨询服务。金融信托业务是一种多边经济关系,信托公司作为委托人与受益人的中介,在开展信托业务过程中,要与诸多方面发生经济往来,是天然的横向经济联系的桥梁和纽带。信托公司通过办理金融信托业务,特别是代办经济事务为经济交易各方提供信息、咨询和服务,发挥沟通和协调各方经济联系的职能。它可以承担包括代理人、见证人、担保人、介绍人、咨询人、监督人等多种身份。通过这些身份,信托公司可以很好地沟通和协调经济关系,为经济社会中的各个主体提供信任、信息与咨询服务。

### 三、信托的种类

(一)按信托关系成立的方式不同可分为任意信托和法定信托

**1. 任意信托**

任意信托又称为"自由信托"或"明示信托",是指根据当事人之间的自由意思表示而成立的信托,这种自由意思要在信托契约中明确地表示出来。大部分信托业务都属于任意信托。

**2. 法定信托**

法定信托是指由司法机关依其权力指派信托关系人而建立的信托。法定信托分为鉴定信托和强制信托。前者信托关系的形成无明确的信托约定,由司法机关对信托财产以及关系人鉴定认可;后者是指司法机关依据公平正义的原则或出于公共利益,按照法律强制建立的信托。

### (二)按信托财产的性质不同可分为资金信托、有价证券信托、动产信托和不动产信托

**1. 资金信托**

资金信托也叫"金钱信托",是指在设立信托时委托人转移给受托人的信托财产是金钱,即货币形态的资金,受托人给付受益人的也是货币资金,信托终了,受托人交还的信托财产仍是货币资金。目前,资金信托是各国信托业务中运用比较普遍的一种信托形式。

**2. 有价证券信托**

有价证券信托是指委托人将有价证券作为信托财产转移给受托人,由受托人代为管理运用。例如,委托受托人收取有价证券的股息、行使股票的投票权等。

**3. 动产信托**

动产信托是指以各种动产作为信托财产而设定的信托。动产包括的范围很广,但在动产信托中受托人接受的动产主要是各种机器设备,受托人受委托人委托管理和处理机器设备,并在这个过程中为委托人融通资金,因而动产信托具有较强的融资功能。

**4. 不动产信托**

不动产信托是指委托人把各种不动产,如房屋、土地等转移给受托人,由其代为管理和运用,如对房产进行维护保护、出租房屋土地、出售房屋土地等。

### (三)按信托目的不同可分为担保信托、管理信托和处理信托

**1. 担保信托**

担保信托是指以确保信托财产的安全、保护受益人的合法权益为目的而设立的信托。在受托人接受了一项担保信托业务后,委托人将信托财产转移给受托人,受托人在受托期间并不运用信托财产去获取收益,而是妥善保管信托财产,保证信托财产的完整。例如,附担保公司债信托就是一项担保信托。

**2. 管理信托**

管理信托是指以保护信托财产的完整和现状为目的而设立的信托。这里的"管理"是指不改变财产的原状、性质,保持其完整。

**3. 处理信托**

处理信托是指改变信托财产的性质、原状以实现财产增值的信托业务。在处理信托中,信托财产具有物上代位性,即财产可以变换形式,如将财产变卖转为资金,或购买有价证券等。

### (四)按委托人与受益人的关系不同可分为自益信托和他益信托

**1. 自益信托**

自益信托是指委托人将自己指定为受益人而设立的信托。

**2. 他益信托**

他益信托是指委托人指定第三人作为受益人而设立的信托业务。信托发展早期主要是他益信托。例如,身后信托就是一种他益信托。

**(五)按受益对象的目的不同可分为私益信托和公益信托**

**1. 私益信托**

私益信托是指委托人为了特定的受益人的利益而设立的信托。受益人可以是委托人自己或者其指定的受益人。

**2. 公益信托**

公益信托是指为促进社会公共利益的发展而设立的信托。例如,为促进社会科学技术的发展、社会文化教育事业的发展、社会医疗卫生保健事业的发展等为目的而设立的信托。公益信托的受益人是不确定的,凡是符合公益信托受益人资格的均可为受益人。

此外,信托还可以从其他不同角度进行分类。例如,以信托涉及的地理区域为标准可分为国内信托和国际信托;以委托人数量为标准可分为单一信托和集合信托;以信托行为为标准可分为契约信托和遗嘱信托。

**四、我国信托公司的主要业务**

(一)资金信托业务

资金信托又称为"金钱信托",是信托公司一项重要的信托业务。根据资金来源不同,资金信托业务可分为单一资金信托业务和集合资金信托业务。

**1. 单一资金信托业务**

单一资金信托业务是指信托公司接受单个委托人委托,依据委托人确定的管理方式或由信托公司代为确定的管理方式单独管理和运用信托资金的业务,又称为"单独管理资金信托业务"。

**2. 集合资金信托业务**

集合资金信托业务是指由信托公司担任受托人,按照委托人的意愿,为受益人的利益,将两个以上(含两个)委托人交付的资金进行集中管理、运用或处分的资金信托业务。集合资金信托业务将委托人的小额资金筹集起来,借助信托公司的优质项目载体和专业理财服务,使广大投资者能够享有大规模投资所带来的收益。

(二)动产信托业务

动产信托是指以动产的管理和处理为目的而设立的信托。动产信托的标的物通常是价格昂贵、资金需要量大的产品,包括车辆及其他运输工具、机械设备、贵金属等。动产设备信托是以设备的制造者及出售者作为委托人,委托人把动产设备的财产权转移给信托公司,信托公司根据委托人的目的,对动产设备进行管理和处分,包括:落实具体用户,并会同供需双方商定出售或转让信托动产的价格、付款期限等有关事宜;出租动产设备,代理委托人监督承租方按期支付租金。

动产信托有助于动产所有人盘活资产,以便加速资金周转和进行再生产;有助于使用大型设备的单位,筹措一部分资金即能使用上设备。在动产买卖、租赁等交易过程中,因租赁方或买受方资金不足、取得担保困难以及卖方或出租方对其资信状况不够了解的情况,动产所有人可以作为委托人将动产所有权转移给信托公司,信托公司利用自己在信息和管理上的优势,监督、控制承租方、买受方的经济行为,最大限度地降低委托人的商业风险,最终实现动产租赁与销售。

### (三)不动产信托业务

不动产信托就是以土地及地上附着物等不动产为信托财产的信托业务,它由受托人按照信托合同,对不动产进行开发、管理、经营及处分,提高不动产的附加价值,并将受托成果归还给受益人。在不动产信托关系中,作为信托标的物的土地和房屋,不论是保管目的、管理目的或处理目的,委托人均应把它们的产权在设立信托期间转移给信托机构所有。

### (四)股权信托业务

股权信托是指委托人将其持有的公司股权转移给受托人,或委托人将其合法所有的资金交给受托人,由受托人以自己的名义,按照委托人的意愿将该资金投资于公司股权,并由受托人代委托人行使股东职权。受托人因持有某公司的股份而取得的收益,归属于委托人指定的受益人。在股权信托中,如果受益人为企业的员工或经营者,则称为"员工持股信托"或"经营者持股信托"。

### (五)其他权利信托业务

权利信托也称为"财产权信托",是指以财产权为信托财产所设立的信托关系。财产权是民事权利的一种,是以财产利益为内容的权利。财产权包括债权、物权、知识产权中的财产权部分、继承权等,甚至信托受益权自身也可以成为另外的信托关系的信托财产。债权信托是以管理、处分、催收债权为目的而设立的信托,其委托人为债权拥有者。

附担保公司债信托是以公司债券发行人为委托人,以债券发行抵押物的实物资产或质押物的权利资产上的担保权为信托财产,以全体债券的投资者即债权人为受益人,为将来公司债的所有债权人享有共同担保利益为目的,将发行公司债的担保权委托给信托机构管理并使用的一种信托业务。

专利权信托属于知识产权信托中的一种,它是指专利权人将其专利权委托给信托机构管理,由信托机构依信托合同的约定将专利权予以转让、出资入股,或通过其他方式实现专利项目商业化的目的。专利权信托的受益人为专利权人。

### (六)公益信托业务

公益信托是指出于公共利益的目的,为使社会公众或者一定范围内的社会公众受益而设立的信托。具体来说,设立公益信托的目的有:救济贫困;救助灾民;扶助残疾人;发展教育、科技、文化、艺术、体育、医疗卫生事业;发展环境保护事业,维护生态平衡;发展其他社会公益事业。

公益信托通常由委托人提供一定的财产,由受托人管理信托财产,并将信托财产用于信托文件指定的公益目的。公益信托按其目的的不同,可以分为一般目的公益信托与特定目的公益信托。前者的信托目的是一般公益目的,没有特定的限制;后者的信托目的则局限于特定的公益目的。

### （七）固有业务

信托公司自有资金可从事存放同业、拆放同业、贷款、租赁、金融类公司股权投资、金融产品投资和自用固定资产投资等业务。信托公司不得以固有财产进行实业投资，但监管机构另有规定的除外。

### （八）其他业务

我国信托公司除了可以经营以上业务，还可以经营以下业务：作为投资基金或者基金管理公司的发起人从事投资基金业务；经营企业资产的重组、购并及项目融资、公司理财、财务顾问等业务；受托经营国务院有关部门批准的证券承销业务；办理居间、咨询、资信调查等业务；代保管及保管箱业务；法律、法规规定或监管机构批准的其他业务。

## 第四节 其他非银行金融机构

### 一、金融租赁公司

#### （一）金融租赁公司概述

金融租赁公司是以经营融资租赁业务为主的非银行金融机构。融资租赁是指出租人根据承租人对租赁物和供货人的选择或认可，将其从供货人处取得的租赁物按合同约定出租给承租人占有、使用，向承租人收取租金的交易活动。

金融租赁公司开展业务的过程是：租赁公司根据企业的要求，筹措资金，提供以"融物"代替"融资"的设备租赁；在租赁期内，作为承租人的企业只有使用租赁标的的权利，没有所有权，并要按租赁合同规定，定期向租赁公司交付租金。租期届满时，承租人向租赁公司交付少量的租赁标的的名义金额，双方即可办理租赁标的的产权转移手续。双方也可以办理续租手续，继续租赁。

由于租赁业具有投资大、周期长的特点，因而在负债方面我国允许金融租赁公司发行金融债券、向金融机构借款、外汇借款等作为长期资金来源渠道，在资金运用方面限定主要从事金融租赁及其相关业务。这样，金融租赁公司成为兼有融资、投资和促销多种功能，以金融租赁业务为主的非银行金融机构。金融租赁在发达国家已经成为设备投资中仅次于银行信贷的第二大融资方式。

#### （二）金融租赁的几种形式

**1. 直接租赁**

直接租赁是指金融租赁公司以收取租金为条件，按照用户确认的具体要求，向该用户企业指定的出卖人购买固定资产并出租给该用户企业使用的业务。

**2. 转租赁**

转租赁是指以同一固定资产为租赁物的多层次的融资租赁业务。在转租赁中，上一层次的融资租赁合同的承租人同时是下一层次的融资租赁合同的出租人,在整个交易中称为"转租人"。第一层次的融资租赁合同的出租人称为"第一出租人",末一层次的融资租赁合同的承租人称为"最终承租人"。各个层次的融资租赁合同的租赁物和租赁期限必须完全一致。

### 3. 回租租赁

回租租赁是指出卖人和承租人是同一人的融资租赁。在回租租赁中,金融租赁公司以买受人的身份同作为出卖人的用户企业订立以用户企业的自有固定资产为标的物的买卖合同或所有权转让协议。同时,金融租赁公司又以出租人的身份同作为承租人的该用户企业订立融资租赁合同。

### 4. 杠杆租赁

杠杆租赁是指某融资租赁项目中的大部分租赁融资是由其他金融机构以银团贷款的形式提供的,但是,这些金融机构对承办该融资租赁项目的租赁公司无追索权,同时,这些金融机构则按所提供的资金在该项目的租赁融资额中的比例直接享有回收租金中所含的租赁收益。租赁公司与这些金融机构订立无追索权的银团贷款协议。

## 二、财务公司

### (一)财务公司的性质

财务公司起源于西方,世界上最早的财务公司是1716年在法国创办的,后来英、美等国相继成立财务公司。在英国,财务公司也叫"金融公司"或"贷款公司"。由于各国的金融制度不同,各国财务公司承办的业务范围也有所差别。国外的财务公司以为集团服务为重点,但又不限于在集团内融资。财务公司的短期资金来源主要是货币市场上发行商业票据,长期资金来源于发行股票、发行债券,多数财务公司接受定期存款,财务公司也从银行借款,但比重较小。

在我国,财务公司是指以加强企业集团资金集中管理和提高企业集团资金使用效率为目的,为企业集团成员单位提供财务管理服务的非银行金融机构。我国的财务公司都是依托大型企业集团而成立的,其宗旨和任务是为本企业集团内部各企业提供融资服务。我国的企业集团财务公司在促进企业集团内部各企业间的协作,优化集团内部资金配置,促进集团内部产业结构调整和技术进步等方面起到了非常重要的作用。

### (二)我国财务公司的资本

我国财务公司的注册资本金主要从成员单位中募集,也可以吸收成员单位以外的合格机构投资者的股份。财务公司的注册资本金最低为1亿元人民币。经营外汇业务的财务公司,其注册资本金中应当包括不低于500万美元或者等值的可自由兑换货币。从事成员单位产品消费信贷、买方信贷及融资租赁业务的,注册资本金不低于5亿元人民币。

### (三)我国财务公司的业务

《企业集团财务公司管理办法》规定,我国财务公司可以经营下列业务:对成员单位办理财务和融资顾问、信用鉴证及相关的咨询、代理业务;协助成员单位实现交易款项的收付;经批准的保险代理业务;对成员单位提供担保;办理成员单位之间的委托贷款及委托投资;对成员单位办理票据承兑与贴现;办理成员单位之间的内部转账结算及相应的结算、清算方案设计;吸收成员单位的存款;对成员单位办理贷款及融资租赁;从事同业拆借;中国银行保险监督管理委员会批准的其他业务。

符合条件的财务公司,可以向中国银行保险监督管理委员会申请从事下列业务:经批准发行财务公司债券;承销成员单位的企业债券;对金融机构的股权投资;有价证券投资;成员单位产品的消费信贷、买方信贷及融资租赁。

### 三、金融资产管理公司

(一)金融资产管理公司组建的目的

金融资产管理公司是由国家专门设立的以处理银行不良资产为使命的金融机构。我国组建金融资产管理公司有以下几个目的:一是改善四家国有独资商业银行的资产负债状况,提高其国内外资信,同时,深化国有独资商业银行改革,对不良贷款剥离后的银行实行严格的考核,从而把国有独资商业银行办成真正意义上的现代商业银行;二是运用金融资产管理公司的特殊法律地位和专业化优势,通过建立资产回收责任制和专业化经营,实现不良贷款价值回收最大化;三是通过金融资产管理,对符合条件的企业实施债权转股权,帮助国有大中型亏损企业摆脱困境。

(二)金融资产管理公司的业务

金融资产管理公司在其收购的国有独资商业银行不良贷款范围内,当管理和处置因收购国有独资商业银行不良贷款形成的资产时,可以从事下列业务活动:追偿债务;对所收购的不良贷款形成的资产进行租赁或者以其他形式转让、重组;债权转股权,并对企业阶段性持股;资产管理范围内公司的上市推荐及债券、股票承销;发行金融债券,向金融机构借款;财务及法律咨询,资产及项目评估;中国银监会、中国证监会批准的其他业务活动。金融资产管理公司可以向中国人民银行申请再贷款。

金融资产管理公司收购不良资产的资金来源:一是划转中国人民银行发放给国有独资商业银行的部分再贷款,即把中国人民银行已贷给四家国有独资商业银行的再贷款划转给金融资产管理公司;二是由金融资产管理公司对相应的银行发行金融债券。

### 四、汽车金融公司

汽车金融公司是指经中国银监会批准设立的,为中国境内的汽车购买者及销售者提供金融服务的非银行金融机构。汽车金融公司的业务主要分为批发业务和零售业务。批发业务是指根据各经销商的经营及财务情况,汽车金融公司对经销商授予一定的融资额度;零售业务是指通过经销商网络,汽车金融公司向购买汽车的客户提供分期付款等形式的融资服务。

我国汽车金融公司可从事下列部分或全部人民币业务:接受境外股东及其所在集团在华全资子公司和境内股东3个月(含)以上定期存款;接受汽车经销商采购车辆贷

款保证金和承租人汽车租赁保证金;经批准发行金融债券;从事同业拆借;向金融机构借款;提供购车贷款业务;提供汽车经销商采购车辆贷款和营运设备贷款,包括展示厅建设贷款和零配件贷款以及维修设备贷款等;提供汽车融资租赁业务;向金融机构出售或回购汽车贷款应收款和汽车融资租赁应收款业务;办理租赁汽车残值变卖及处理业务;从事与购车融资活动相关的咨询、代理业务;经批准,从事与汽车金融业务相关的金融机构股权投资业务;中国银监会批准的其他业务。

### 五、消费金融公司

消费金融公司是指不吸收公众存款,以小额、分散为原则,为居民个人提供以消费为目的的贷款的非银行金融机构。消费金融公司具有单笔授信额度小、审批速度快、无需抵押担保、服务方式灵活、贷款期限短等独特优势。设立专业的消费金融公司,为商业银行无法惠及的个人客户提供了新的可供选择的服务,可以满足不同群体消费者不同层次的需求。设立专业的消费金融公司,对于提高消费者生活水平,促进金融产品创新具有重要的意义。

消费金融公司可经营的业务包括:个人耐用消费品贷款;一般用途个人消费贷款;信贷资产转让;境内同业拆借;向境内金融机构借款;经批准发行金融债券;与消费金融相关的咨询、代理业务,银监会批准的其他业务。

个人耐用消费品贷款是指消费金融公司通过经销商向借款人发放的用于购买约定的家用电器、电子产品等耐用消费品(不包括房屋和汽车)的贷款。一般用途个人消费贷款是指消费金融公司直接向借款人发放的用于个人及家庭旅游、婚庆、教育、装修等消费事项的贷款。

### 六、信用合作社

信用合作社是指由社员联合出资组成的、以互助为主要宗旨的群众性合作金融组织。它以简便的手续和较低的利率向社员提供信贷服务,帮助经济力量薄弱的社员解决资金困难。各国信用合作社的名称有所不同,美国称之为"信用社",日本称之为"信用协同组合",德国称之为"信用合作银行"。最早的信用合作社创建于德国。1848年,莱茵河畔出现了世界上第一个农村信用合作社。综合世界各国情况,信用合作社的种类主要有农村信用合作社、土地信用合作社、小工商业信用合作社、住宅信用合作社、储蓄信用合作社、劳动者信用合作社、城市信用合作社等。中国现行的信用合作社有两大类,即农村信用合作社和城市信用合作社。前者主要为农村广大农民、专业户、个体户的生活、生产提供金融服务;后者则主要为城市集体企业、个体工商户、城镇居民提供相关的金融服务。

信用合作社的资金来源主要是社员缴纳的股金、吸收的存款以及借入资金,资金运用主要是为社员提供短期生产贷款及消费贷款。此外,部分资金还用于购买政府债券进行投资,也有提供以有价证券和不动产为抵押的中长期贷款。根据有关规定,信用社的主要业务有:吸收存款;发放贷款;办理结算业务;办理票据贴现;代收代付款项;代办保险业务;经批准的其他业务。

 **关键术语**

保险　财产保险　责任保险　信用保证保险　人身保险　融资融券　信托
资金信托　动产信托　不动产信托　融资租赁

 **复习思考题**

1. 什么是保险公司？简述保险公司的功能。
2. 保险公司经营主要包括哪些环节？
3. 什么是证券公司？简述我国证券公司的主要业务。
4. 什么是信托公司？信托公司具有哪些职能？
5. 我国信托公司主要经营哪些业务？
6. 什么是融资租赁？金融租赁的主要形式有哪些？
7. 什么是财务公司？简述我国财务公司的主要业务。
8. 简述我国汽车金融公司的主要业务。

拓展阅读

# 第十章

# 外汇和国际收支

 本章提要

　　本章主要介绍外汇与汇率的概念、汇率的种类和主要的汇率决定理论；汇率制度的概念、分类和选择；国际收支与国际收支平衡表的概念和国际收支平衡表的主要内容；国际收支失衡的原因、经济影响和调节措施；国际储备的概念、来源和作用；国际储备的结构及其变化；国际储备的管理，包括国际储备水平管理和结构管理。

# 第十章　外汇和国际收支

## 第一节　外汇、汇率与汇率制度

### 一、外汇与汇率概述

#### （一）外汇的概念

外汇，即国际汇兑，我们常用的外汇概念是指以外国货币表示的、能直接用于国际债权债务清算的支付手段。

一种外国货币成为外汇必须具备三个条件：一是自由兑换性，即这种外币能自由地兑换成其他货币；二是可接受性，即这种外币在国际经济交往中能被各国普遍接受和使用；三是可偿性，即这种外币资产是能够得到补偿的债权。这三个前提条件也是外汇的三大特征。

#### （二）汇率的概念

汇率是指一国货币折算成另一国货币的比率、比价或价格，也可以说是用一国货币表示的另一国货币的价格。外汇是可以在国际上自由兑换、自由买卖的资产，也是一种特殊的商品，汇率就是这种特殊商品的"特殊价格"。在国际汇兑中，不同的货币之间可以相互表示对方的价格。因此，外汇汇率就具有双向表示的特点：在直接标价法下，用本币表示外币的价格；在间接标价法下，用外币表示本币的价格。

#### （三）汇率的种类

汇率的种类有很多，我们可以按照不同的划分标准将其进行分类。

**1. 买入汇率、卖出汇率和中间汇率**

商业银行等金融机构买入外汇时所使用的汇率就是买入汇率，也称为"买价"；卖出外汇时使用的汇率就是"卖出汇率"，也称为"卖价"。买入汇率和卖出汇率两者之间的差额是商业银行买卖外汇的利润。这里需要注意的是，买入和卖出都是站在报价银行的立场来说的，而不是站在进出口商或询价银行的角度。

中间汇率是买入汇率与卖出汇率的平均数，即中间价。中间汇率不是外汇买卖的执行价格，通常只用于报刊和统计报表对外报道汇率消息及汇率的综合分析。

**2. 官定汇率和市场汇率**

这是按外汇管制的松紧程度不同进行的划分。官定汇率又称为"官方汇率"或"法定汇率"是指由一国货币当局确定并公布的汇率。在外汇管制较为严格的国家，官定汇率就是实际使用的汇率，一切外汇收支、买卖均按官定汇率进行。

市场汇率是指由外汇市场供求状况自由决定的汇率。市场汇率随外汇的供求变化而波动，同时受到一国外汇管理当局干预外汇市场的影响。在外汇管制较松的国家，官定汇率只起到基准汇率的作用，市场汇率才是实际使用的汇率。

**3. 即期汇率和远期汇率**

这是按外汇买卖交割的期限不同来划分的。即期汇率又称为"现汇汇率",是指外汇买卖双方成交后,在两个营业日内办理外汇交割时使用的汇率,它反映现时外汇汇率的水平。

远期汇率又称为"期汇汇率",是指外汇买卖双方事先约定的,据以在未来约定的时间办理交割时所使用的汇率。它是在现行汇率基础上的约定,往往与现汇汇率不一致。

**4. 基本汇率和套算汇率**

这是按照制定汇率的方法不同来划分的。基本汇率是指本国货币与关键货币之间的汇率。由于各国货币制度不尽相同,而且外国货币种类繁多,因而在制定汇率时,一国通常选择某一国货币作为关键货币,并制定出本币对关键货币的汇率,这就是基本汇率。

在现实中,各国通常把美元作为本国制定基本汇率时的关键货币。基于此,其他任何两种无直接兑换关系的货币都可以通过美元计算出它们之间的兑换比率,这种套算出来的汇率被称作套算汇率,又叫交叉汇率。

**5. 固定汇率和浮动汇率**

这是根据汇率制度的不同进行划分的。固定汇率是指相对稳定、在官方规定范围内小幅度波动的汇率。在金本位制度下和布雷顿森林体系下,国际上基本实行固定汇率制度。

浮动汇率是指两国货币之间的汇率不由货币当局规定,而是任由外汇市场供求来决定的汇率。布雷顿森林体系崩溃后,西方各国都相继实行了浮动汇率制。

**6. 电汇汇率、信汇汇率和票汇汇率**

这是按照外汇交易支付工具的不同划分的。电汇汇率也称为"电汇价",是指银行以电讯方式买卖外汇时所使用的汇率。

信汇汇率也称为"信汇价",是指银行用信函方式买卖外汇时使用的汇率,即用信函方式通知付款的外汇汇率。由于航邮比电报或电传通知需要时间长,银行在一定时间内可以占用顾客的资金,因此,信汇汇率较电汇汇率低。

票汇汇率也称为"票汇价",是指银行买卖外汇汇票、支票和其他票据时使用的汇率。因为汇票从银行售出到其国外分支机构或代理行付款有段时间,银行可以利用在途资金的时间长,所以票汇汇率较电汇汇率要低。

## 二、西方主要汇率理论

### (一)国际借贷说

国际借贷说又称为"国际收支说"或"外汇供求说",在1861年由英国学者戈森较为完整地提出。该学说认为:汇率是由外汇市场上的供求关系决定的,而外汇供求又源于国际借贷,国际借贷是指国际间各种经济往来所产生的债权债务关系。国际借贷分为固定借贷和流动借贷两种。前者是指借贷关系已形成,但未进入实际支付阶段的借贷;后者是指已进入支付阶段的借贷。只有流动借贷的变化才会影响外汇的供求。

国际借贷说出现和盛行于金本位制时期。当时汇率的波动受物价和现金流动机制的制约,波动幅度很小。由于各国货币的含金量一般很少变化,影响汇率变化的主要因素是外汇供求关系,正是在这种特定的条件下产生了国际借贷说。也正是由于这种历史局限性,国际借贷说未能揭示决定汇率的内在根本因素即决定汇率的基础。尤其在金本位制为纸币流通制度代替以后,该理论渐渐地失去了适用性。

(二)购买力平价学说

1922年,瑞典学者卡塞尔出版了《1914年以后的货币和外汇》一书,系统地阐述了购买力平价学说。

该学说认为,购买力平价分为绝对购买力平价和相对购买力平价。绝对购买力平价是指两种货币间的汇率决定于两国货币各自所具有的购买力之比;相对购买力平价是指汇率的变动取决于两国货币购买力的变动,它考虑了通货膨胀因素,认为汇率应该反映两国物价水平的相对变化。

假定本国的一般物价水平为$P$,外国的一般物价水平为$P^*$,$R$为本国货币的汇率(直接标价法),则依绝对购买力平价学说:$R=P/P^*$。

假定基期和计算期的汇率分别为$R_0$和$R_1$,$P_1$表示从基期到计算期的本国一般物价水平,$P_1^*$表示从基期到计算期的外国一般物价水平,则依相对购买力平价学说:$R_1 = R_0 \times P_1/P_1^*$。

购买力平价理论说明了汇率与通货膨胀率之间的关系,揭示了汇率变动的长期原因,无论在理论上还是在实践中都具有广泛的影响。

(三)利率平价理论

1923年,凯恩斯在其著作《论货币的改革》中比较系统地阐述了利率平价说,之后的经济学家们逐步完善了这一理论。利率平价学说主要说明在国际资本自由流动条件下利率与汇率之间的关系。利率平价理论认为,两国之间的即期汇率与远期汇率的关系与两国的利率有密切的联系。该理论的主要出发点就是投资者投资于国内所得到的短期利率收益,应该与按即期汇率折成外汇在国外投资并按远期汇率买回该国货币所得到的短期投资收益相等。一旦出现由于两国利率之差引起的投资收益的差异,投资者就会进行套利活动,其结果是使远期汇率固定在某一特定的均衡水平。低利率国家货币的远期汇率会升水,而高利率国家货币的远期汇率会贴水,远期汇率同即期汇率的差价约等于两国间的利率差。利率平价学说可分为抛补的利率平价和非抛补的利率平价。

利率平价说合理地解释了利率变动对于即期汇率和远期汇率变动的影响,为中央银行通过控制利率对外汇市场进行干预提供了有效的途径。但是,它忽略了外汇交易的成本、外汇管制等因素,使得按该理论计算的结果与实际情况往往并不一致。

(四)国际收支说

在1944年到1973年布雷登森林体系实行期间,各国实行固定汇率制度。这一期间的汇率决定理论主要是从国际收支均衡的角度来阐述汇率的调节,即确定适当的汇率水平。这些理论统称为"国际收支学说"。早期的代表性理论是由米德于1951年提出,随后蒙代尔、弗莱明提出了蒙代尔-弗莱明模型。国际收支学说通过说明影响国际收支的主要因素,进而分析了这些因素如何通过国际收支作用到汇率上。

假定 $Y$、$Y'$ 分别是该国及外国的国民收入,$P$、$P'$ 分别表示该国及外国的一般物价水平,$i$、$i'$ 分别是该国及外国的利率,$e$ 是该国的汇率,$e'$ 是预期汇率。假定国际收支仅包括经常账户(CA)和资本与金融账户(K),所以有 $BP=CA+K=0$。CA 由该国的进出口决定,主要由 $Y$、$Y'$、$P$、$P'$、$e$ 决定,因此,$CA=f_1(Y,Y',P,P',e)$。K 主要由 $i,i',e,e'$ 决定。因此 $K=f_2(i,i',e,e')$。所以 $BP=CA+K=f_1(Y,Y',P,P',e)+f_2(i,i',e,e')=f(Y,Y',P,P',i,i',e,e')=0$

如果将除汇率以外的其他变量均视为已经给定的外生变量,则汇率将在这些因素的共同作用下变化到某一水平,从而起到平衡国际收支的作用,即:

$$e=g(Y,Y',P,P',i,i',e')$$

国际收支说指出了汇率与国际收支之间存在的密切关系,有利于全面分析短期内汇率的变动和决定。但国际收支说并没有对影响国际收支的众多变量之间的关系,及其与汇率之间的关系进行深入分析,因而是一种不完整的汇率决定理论。

(五)资产市场说

资产市场说在20世纪70年代中后期成为了汇率理论的主流,其主要代表人物是美国经济学家马科维茨、托宾和布朗森。

资产市场说认为,汇率表面上是两国货币的兑换比率,实际上是以两国货币计值的金融资产的相对价格。因此,汇率决定的原理与金融市场上其他金融资产价格决定的原理一样,应该是由在两国资本相对流动过程中以两国货币计值的金融资产的供需状况决定的。一切影响资产收益率的因素都会通过资产市场上资产的重新组合而决定和影响汇率的水平及变动,而汇率的变动也会调节市场的供求状况和内外经济的均衡。

资产市场说采用了一般均衡分析的方法,将商品市场、货币市场和证券市场结合起来进行汇率决定的分析,因此,其观点比以往的汇率理论更加全面。

20世纪80年代,随着世界经济和贸易的发展,汇率的频繁波动加大了汇率风险,各国的汇率研究迅猛发展。大量实证检验证明,宏观的汇率模型对浮动汇率制度下的汇率波动的解释能力非常有限。人们开始重新审视汇率决定理论,从不同角度研究汇率决定理论,试图更加合理地解释现实经济中变化无常的汇率波动,出现了市场微观结构方法和汇率的混沌理论模型等。到目前为止,还没有一种全能的汇率决定理论。但是,已有的汇率决定理论是相互补充、相互替代的,它们一起构成了多姿多彩的汇率决定理论体系。

三、汇率制度

(一)汇率制度的概念

汇率制度又称为"汇率安排",是指一国货币当局对本国货币汇率的确定和调整的基本原则和方式所作出的一系列安排和规定。其主要内容包括：确定汇率的原则和依据；维持和调整汇率的办法；管理汇率的法令、制度和政策；制定、维持和管理汇率的机构。

(二)汇率制度的分类

按照汇率变动的方式，汇率制度最主要的两大类型是固定汇率制和浮动汇率制。

**1. 固定汇率制**

固定汇率制是指本币对外币规定有货币平价，现实汇率受货币平价制约，只能围绕平价在很小的范围内波动的汇率制度。实行固定汇率制度的国家有义务干预外汇市场以维持市场汇率的稳定。从历史发展上看，自19世纪末期金本位制在西方各主要资本主义国家确定以来，一直到1973年，世界各国的汇率制度基本上属于固定汇率制。

**2. 浮动汇率制**

浮动汇率制是指本币对外币不规定货币平价，也不规定汇率波动的幅度，现实汇率不受平价制约，而是随外汇市场供求状况的变动而变动的汇率制度。实行浮动汇率制国家的货币当局也不再履行维持汇率稳定的义务。1973年2月布雷顿森林体系解体后，主要西方国家普遍实行的是浮动汇率制。

**3. 两大汇率制度的争论**

(1)赞成固定汇率制的理由

①固定汇率制有利于促进贸易和投资。固定汇率制的支持者认为，固定汇率制为国际贸易和投资的发展提供了最好的经济环境。汇率的波动会导致额外的不确定和风险，从而阻碍国际经济交易的增长和发展。

②固定汇率制为一国宏观经济政策提供自律。固定汇率制的支持者认为，在固定汇率制下，如果当局追求不负责任的宏观经济政策（比如过度的货币增长），则对本国货币形成贬值压力，而当局为维持汇率稳定必然要干预外汇市场，从而导致该国储备资产的减少。如果这一压力持续，该国货币最终不得不贬值，从而平价无法维持，这将迫使当局抵制采取不合理的过度扩张的宏观经济政策，从而达到自律的效果。

③固定汇率制有助于促进国际经济合作。固定汇率制的支持者认为，采取固定汇率制的各国通常在维持各国货币平价存在压力时所应采取的措施必须保持一定程度的一致，否则无法维持固定平价。

④浮动汇率制下的投机活动可能是非稳定的。反对浮动汇率制的一个主要观点是，浮动汇率制下的私人投机是不稳定的，会产生"错误"的汇率，即这一汇率从资源配置的角度来看是一个次优汇率，是偏离经济基本面的汇率。

(2)赞成浮动汇率制的观点

①浮动汇率制能确保国际收支的持续均衡。浮动汇率制的支持者认为，在浮动汇率制下汇率能自动调节以确保对某种货币供求的持续平衡，而不需要采取其他政策措施来维持国际收支平衡。而在固定汇率制下，无法通过汇率的变动来维持国际收支平衡，因而当局不得不求助于外汇干预、货币紧缩或贸易保护主义的措施。

②浮动汇率制能确保货币政策的独立性。在浮动汇率制下，一国货币政策能保持

自主性，使得每一个国家能自主决定自己的通货膨胀率。而固定汇率制要求各国必须保持同样的通货膨胀率，这使得各国只能采取相似的货币政策，从而丧失货币政策的独立性。

③浮动汇率制能隔离外来经济冲击的影响。浮动汇率制能使一国隔离外来价格冲击的影响。在浮动汇率制下，若国外价格上升，可通过本国货币的升值来阻止国外的通货膨胀输入。而在固定汇率制下，当国外价格上升，要维持汇率稳定当局就必须在公开市场买进外币卖出本币，从而使得国内货币供应量增加并伴随物价上涨，国际收支盈余减少直至消失。因此，固定汇率制将导致国外通货膨胀的输入。

④浮动汇率制有助于促进经济稳定。米尔顿·弗里德曼认为，当一国经济面临外部冲击时，在浮动汇率制下让汇率进行调整，比在固定汇率制下让其他经济变量调整是一个更好的选择。例如，当一个国家由于某种原因导致竞争力下降时，在浮动汇率制下只需要通过货币的贬值来提升下降的竞争力，而在固定汇率制下就不得不采取紧缩性政策以恢复其国际竞争力。由于价格刚性的存在，紧缩政策的力度必须很大才行，这样必然导致很高的失业率，因而不利于经济的稳定。

⑤浮动汇率制下的私人投机是稳定的。浮动汇率制的支持者认为，投机者总是低价买进高价卖出，这样的结果是使得汇率的波动幅度缩小。即便投机者判断失误面临损失，他们也会修正自己的判断以获得必要的盈利，因而有任何理由假设投机者获利的要求必然使得汇率回到由其经济基本面决定的水平。

### (三)影响一国汇率制度选择的主要因素

**1. 本国经济的结构性特征**

如果一国是小国，那么它比较适宜采用固定性较高的固定汇率制，因为它一般与少数几个大国的贸易依存度较高，汇率的浮动会给它的国际贸易带来不便；同时，小国经济内部价格调整的成本较低。相反，如果一国是大国，则一般适宜采用浮动性较强的汇率制度，因为大国的对外贸易多元化，很难选择一种基准货币实施固定汇率；同时，大国经济内部调整的成本较高，而且倾向于追求独立的经济政策。

**2. 特定的政策目的**

这方面最突出的例子之一就是，固定汇率制有利于控制国内的通货膨胀。在政府面临着高通货膨胀问题时，采用浮动汇率制度往往会产生恶性循环现象。例如，本国高通货膨胀使本国货币不断贬值，本币贬值又通过成本机制、收入工资机制等因素进一步加剧本国通货膨胀。在固定汇率制下，政府政策的可信性增强，宏观政策调整较容易收到效果。再例如，一国为防止从外国输入通货膨胀，而选择浮动汇率制度。在浮动汇率制度下，一国货币政策自主权较强，从而赋予了一国御通货膨胀于国门之外、选择适合本国的通货膨胀率的权力。由此可见，政策意图在对外的汇率制度选择上也发挥重要作用。

**3. 地区性经济合作情况**

一国与其他国家的经济合作情况也对汇率制度的选择有着重要影响。例如，当两国存在非常密切的贸易往来时，两国间货币保持固定汇率比较有利于各自经济的发展。

区域内的各个国家经济往来的特点往往对它们的汇率制度选择有着重要影响。

**4. 国际经济条件的制约**

一国在选择汇率制度时还必须考虑国际条件的制约。例如,在国际资金流动数量非常庞大的背景下,对于一国内部金融市场与外界联系非常紧密的国家来说,如果本国对外汇市场干预的实力不是非常强的话,那么采用固定性较强的汇率制度的难度无疑是相当大的。

## 第二节 国际收支

### 一、国际收支与国际收支平衡表

（一）国际收支的概念

国际收支有狭义与广义两个层次的含义。

狭义的国际收支是指一个国家或者地区在一定时期内,由于经济、文化等各种对外经济交往而发生的,必须立即结清的外汇收入与支出。

广义的国际收支是指一个国家或者地区在一定时期内,居民与非居民之间发生的所有国际经济交易的系统记录。理解这一概念要注意三个问题:国际收支记录的是国际经济交易;国际收支记录的经济交易是发生在一国居民与非居民之间的交易;国际收支是一个流量概念而不是一个存量概念。

（二）国际收支平衡表的概念

一国的国际收支状况通常是通过国际收支平衡表来反映的。国际收支平衡表是将一国在一定时期内发生的国际经济交易进行分类、汇总,按照"有借必有贷,借贷必相等"的复式簿记原则,根据经济分析的需要而编制出来的分析性报表。按照复式簿记原则的要求,对每一笔交易要同时进行借方记录和贷方记录,贷方记录资产的减少、负债的增加,借方记录资产的增加、负债的减少。国际收支平衡表是各国全面掌握该国对外经济往来状况的基本资料,是该国政府制定对外经济政策的主要依据,亦是国际营销者制定营销决策必须考虑的经济环境。

（三）国际收支平衡表的主要内容

国际收支平衡表包括很多项目,加上各国都是根据自己的具体情况来编制的,因此,国际收支平衡表在内容上也有很大的差异,但主要的项目还是基本一致的。国际收支平衡表主要由经常账户、资本和金融账户构成。

**1. 经常账户**

经常账户是一国国际收支平衡表中最基本、最重要的项目,它包括以下四个重要的收支项目。

(1) 货物。这是整个经常账户和国际收支平衡表中最重要的项目，记录一国商品的进出口，又称为"有形贸易"。

(2) 劳务。劳务收支因为主要涉及的是看不见实物的"服务"，所以又称为"无形贸易收支"。

(3) 收入。《国际收支手册》(第五版)将服务交易同收入交易明确区分开来。收入包括居民与非居民之间进行的两大类交易：支付给非居民工人的报酬；投资收入项下有关对外金融资产和负债的收入和支出，包括有关直接投资、证券投资和其他投资的收入和支出以及储备资产的收入，最常见的投资收入是股本收入和债权收入。

(4) 单方面转移。这是指无偿取得或无偿提供财富，即实物资产或金融资产的所有权在国际间的单方面不对等的转移。

**2. 资本和金融账户**

资本和金融项目是指对资产所有权国际流动行为进行记录的账户。

(1) 资本账户。资本账户包括资本转移和非生产、非金融资产的收买或放弃。资本转移主要涉及固定资产所有权的变更以及债权债务的减免，具体指以下几项所有权转移：固定资产所有权的转移；同固定资产的收买和放弃相联系的或以其为条件的资产转移；债权人不索取任何回报而取消的债务；投资捐赠。

(2) 金融账户。金融账户包括经济体对外资产和负债所有权变更的各种交易，具体又分为直接投资、证券投资、其他投资和储备资产。

除了经常账户、资本账户和金融账户，国际收支账户体系中还存在一个错误与遗漏账户。国际收支运用的是复式簿记法，因此，所有账户的借方总额和贷方总额应相等。但在实际上，由于国际收支统计中不可避免的误差与遗漏，总会出现差额。为了人为地轧平差额，就设置了错误与遗漏账户。该账户记录的数字是国际收支平衡表全部账户借方总额与贷方总额轧差的缺口。

## 二、国际收支失衡的原因及影响

### (一) 国际收支失衡的原因

国际收支失衡是与国际收支平衡相对而言的。国际收支失衡是一国经常发生的，不可避免的，表现为顺差或逆差。国际收支失衡的原因是多种多样的，因国家、时期不同而异，主要有以下原因。

**1. 周期性失衡**

一国与其贸易伙伴国因处于不同的经济周期而导致该国国际收支失衡称为"周期性失衡"。

**2. 结构性失衡**

当国际市场的经济结构和商品需求发生变化，一国产业结构不能相应地作出调整时所引起的国际收支失衡称为"结构性失衡"。

**3. 收入性失衡**

一国国民收入发生变化而引起的国际收支不平衡称为"收入性失衡"。这可能是由于经济周期阶段的更替,也可能是由于经济增长率的变化所引起的。

**4. 货币性失衡**

由于一国商品的物价水平、汇率、利率等货币性因素变动所引起的国际收支不平衡称为"货币性失衡"。货币性失衡可以是短期的,也可以是中期或长期的。

**5. 政策性失衡**

由于一国推出重要的扩张或紧缩的财政或货币政策,或者实施重大改革而引发的国际收支不平衡称为"政策性失衡"。

**6. 投机性失衡**

由于浮动汇率制下的汇率变动,国际资本市场上的游资在各国间频繁进出以追求投机利润,从而给一国国际收支带来的失衡称为"投机性失衡"。

除了以上各种经济因素,政局动荡和自然灾害等偶发性因素也会引起贸易收支的不平衡和巨额资本的国际移动,从而导致一国国际收支失衡。

(二)国际收支失衡的经济影响

国际收支持续失衡,无论是顺差还是逆差,都会对一国经济发展产生严重的影响。

**1. 国际收支持续逆差对国内经济的影响**

(1)货币贬值。国际收支逆差,外汇供给短缺,给本币带来贬值压力。一旦本币汇率过度下跌,会导致该国货币信用的下降,国际资本大量外逃,引发货币危机。

(2)外汇储备大量流失。如果本国货币当局不愿承担本币贬值的后果,就不得不通过抛售黄金、外汇储备在外汇市场上进行干预,从而使本国的黄金、外汇储备大量流失,削弱该国金融实力和在国际金融领域的地位。

(3)国内货币紧缩。本国货币当局针对货币贬值进行干预,会形成国内货币紧缩形势,促使利率水平上升,影响本国经济的增长,从而导致失业的增加和国民收入增长率的下降。

(4)陷入债务危机。当出现持续性逆差时,如果政府通过对外借款解决,有可能使该国陷入债务危机。

**2. 国际收支持续顺差对国内经济的影响**

(1)持续顺差会破坏国内总需求与总供给的均衡,使总需求迅速大于总供给,冲击经济的正常增长。

(2)持续顺差在外汇市场上表现为有大量的外汇供应,这就增加了外汇对本国货币的需求,导致外汇汇率下跌,本币汇率上升,提高了以外币表示的出口产品的价格,降低了以本币表示的进口产品的价格,进而导致在竞争激烈的国际市场上,其国内商品和劳务市场将会被占领。

(3)持续顺差会使该国丧失获取国际金融组织优惠贷款的权力。

(4)影响了其他国家经济发展,导致国际贸易摩擦。

(5)一些资源型国家如果发生过度顺差,意味着国内资源的持续性开发,会给今后的经济发展带来隐患。

总之,一国国际收支失衡的情况越严重,其不利的影响就越大。因此,无论是逆差国还是顺差国,都必须对国际收支失衡的状况进行调节,使之达到相对的平衡,并以此作为一国对外经济发展的目标。

### 三、国际收支失衡的调节

国际收支失衡会对国民经济造成严重的不利影响,因此,各国政府一般都会采取各种措施进行调节。国际收支调节的目标是实现国际收支均衡,即国际收支在总量和结构上大体均衡,保持外汇市场供求均衡、汇率稳定和国民经济的持续增长。国际收支的调节手段主要包括以下四种政策。

#### (一)外汇缓冲政策

外汇缓冲政策是指一国政府运用官方储备的变动或临时向外筹借资金来抵消国际收支失衡所造成的超额外汇供给或外汇需求。当国际收支逆差时,本币会有贬值的压力,如果政府不能或不愿意下调本币汇率,就必须动用各类储备来保持汇率的稳定。当一国官方储备不足时,还可以通过借款来达到目的。

外汇缓冲政策属于一种弥补性政策,可以用来弥补一次性或暂时性的国际收支逆差,避免汇率的急剧波动,保证国内和对外经济活动的正常进行。但它不宜用来对付巨额、长期的国际收支逆差。因此,当发生长期性的国际收支逆差时,就不得不采取政策调整措施。

#### (二)财政政策和货币政策

财政政策和货币政策属于支出变更政策,因为财政政策和货币政策的实施会改变支出总量和社会总需求。在财政政策方面,政府可采取的措施包括增减财政支出和改变税率;在货币政策方面,政府可以采取的措施包括调整再贴现率和法定存款准备金比率,或在公开市场买卖有价证券。当一国国际收支出现逆差时,政府应采取紧缩性财政政策和货币政策,并通过收入效应、利率效应和相对价格效应三种渠道来发挥其调节作用。

**1. 收入效应**

收入效应即通过紧缩政策减少国民收入,由此造成本国居民商品和劳务支出的下降,减少进口,以达到改善国际收支的目的。收入效应的大小不仅取决于一国边际进口倾向的大小,还取决于收入乘数的大小。

**2. 利率效应**

利率效应即通过提高本国利率,吸引国外资金流入,减少本国资金流出,从而改善资本项目逆差。利率的提高还会减少消费,压缩投资,放大收入效应和价格效应。利率效应的大小主要取决于货币需求的利率弹性和国内外资产的可替代性。

**3. 相对价格效应**

相对价格效应即通过紧缩政策诱发本国出口品和进口替代品的价格下降,提高本国贸易品部门在国内和国际市场的竞争能力,刺激国外居民将需求转向本国出口品,也刺激国内居民需求从进口品转向进口替代品,从而增加出口,减少进口。价格效应的大小主要取决于进出口的价格弹性。

运用财政货币政策的缺陷在于其对国际收支的调节往往是以牺牲国内经济为代价的,因此,此时的对外经济目标和对内经济目标会发生冲突。因为紧缩性的财政货币政策通常会抑制本国居民的消费和投资需求,导致生产下降和失业率上升,妨碍经济增长,所以除了在经济过热时,一般不宜采取此类措施。

(三)汇率政策

汇率政策是指一国政府通过调整汇率来调节国际收支的政策。例如,当国际收支逆差时调低本币汇率,可使本国出口商品的价格降低,进口商品的价格提高,从而扩大出口,抑制进口,改善国际收支状况。汇率调整属于支出转换政策,因为汇率的调整可以改变出口商品和劳务的相对价格,引起国民支出在本国商品劳务与外国商品劳务之间的转换,从而对国际收支起到调节作用。

运用汇率政策调节国际收支可以隔离外来冲击对国内实际经济部门的影响,避免国民经济的剧烈动荡,但也可能会动摇人们对货币稳定的信心,强化人们的通货膨胀预期,增大汇率风险,并有可能引起国际间的汇率战和贸易摩擦。而且,单纯运用汇率政策不能保证调节获得成功,必须要有其他条件尤其是相关财政货币政策的配合。

(四)直接管制

直接管制包括外汇管制和贸易管制。外汇管制主要是指一国政府通过有关机构对外汇买卖和国际结算实施行政手段干预,最常见的有进口批汇制和出口结汇制、对本外币和金银等贵金属出入境限制、对个人用汇的限制以及对外汇结算和资本项目交易的限制。贸易管制主要是指一国政府直接限制商品进出口数量的政策手段、关税和各种非关税壁垒措施,如自动出口限制、进口押汇、进口许可、进口审批等。

直接管制会改变支出在本国商品和外国商品之间的比例,也属于支出转换政策。其优点在于能有针对性地解决国际收支中的某些局部性问题,对国内经济全局影响较小,并且效果比较迅速、显著,尤其是在出现结构性国际收支失衡、其他调节措施难以收到良好效果的情况下。但直接管制措施需要国家投入很多人力、物力和财力,增加财政负担,会造成外汇资源的浪费,以及外汇黑市、逃汇、套汇和走私等违法活动问题;管制下过度的保护主义不仅会降低对外竞争能力,扭曲生产要素分配,还会招致其他国家的报复,影响国际经济关系。

# 第三节 国际储备

一、国际储备概述

(一)国际储备的概念

国际储备是指各国政府为了弥补国际收支赤字,保持汇率稳定,以及应付其他紧急支付的需要而持有的国际间普遍接受的所有流动资产的总称。

国际储备资产一般必须同时具有以下三个条件。

**1. 可获得性**

一国金融当局必须具有无条件地获得这类资产的能力。

**2. 流动性**

该资产必须具备高度的流动性。

**3. 普遍接受性**

该资产必须得到国际间普遍接受。

此外,国际储备还具有一些其他特征,如国际储备内在价值必须相对稳定等。

### (二)国际储备与国际清偿能力

国际清偿能力是指一国政府为本国国际收支赤字融通资金的能力。它既包括一国为本国国际收支赤字融资的现实能力即国际储备,又包括融资的潜在能力即一国向外借款的最大可能能力。前者为无条件的国际清偿能力、第一线储备,后者为有条件的国际清偿能力、第二线储备。

一般而言,有条件的国际清偿能力包括备用信贷、互惠信贷协定、借款总安排和该国商业银行的短期对外可兑换货币资产。就流动性而言,因受资产所有权及时间的制约,第二线储备流动性较第一线储备弱,但两者的汇总全面反映了一国为弥补国际收支逆差所能动用的一切外汇资源,这也正是国际货币基金组织积极倡导以国际清偿力取代国际储备的重要原因。

### (三)国际储备的作用

**1. 弥补国际收支逆差**

弥补国际收支逆差是一国持有国际储备的基本职能。对于短期的、季节性或偶然性的国际收支逆差,通过运用部分国际储备来平衡逆差,会减缓逆差国政府为平衡国际收支而采取的一些剧烈的经济紧缩政策对国内经济所产生的负面影响,国际储备在此时可以起到缓冲作用。

**2. 调节本币汇率**

调节本币汇率是国际储备的重要作用之一。一国持有的国际储备可用于干预外汇市场,熨平本币汇率的暂时波动。

**3. 充当信用保证**

充足的国际储备可以支持和维持国内外公众对本国货币政策、汇率管理政策和货币的信心,维持本国货币的稳定。同时,国际储备是一国对外举债的保证,一国国际储备量的多寡是国际上通行的资信调查与国家风险评估的重要指标。

**4. 防范突发事件**

持有充足的国际储备能够减轻由于突发事件的出现对一国国民经济造成的冲击进而引起的国际收支失衡,有助于一国外部均衡目标的实现。

## 二、国际储备的结构及其变化

### (一)国际储备的构成

按照国际货币基金组织的统计标准,一国的国际储备主要包括黄金储备、外汇储备、在基金组织的储备头寸和特别提款权。

**1. 黄金储备**

黄金储备是指一国货币当局作为金融资产持有的货币性黄金。在国际金本位制和布雷顿森林体系时期,黄金一直是重要的国际储备资产和国际支付与清算手段,直到牙买加体系国际货币基金组织推行"黄金非货币化"后,黄金的地位与作用才明显下降。一国在动用国际储备时,已不能直接以黄金实物对外支付。因此,黄金演变成一种潜在的国际储备。

**2. 外汇储备**

外汇储备是指一国货币当局持有的对外流动性资产,主要形式为国外银行活期存款与外国政府债券,是一国最主要和最重要的储备资产,目前占国际储备的绝大部分比例。20世纪70年代之后,外汇储备取代了黄金储备的主导地位,占国际储备的比重也在不断上升。外汇储备与黄金储备相比具有以下优点:

(1)外汇储备供应的增长不受生产条件的限制,能够适应并满足国际经济发展的需要;

(2)外汇储备主要以银行账面资产的形式存在,可以在国际间灵活调度;

(3)外汇储备不需要支付保管费用,如果安排调度得好还可以获取一定的利息收入,因而机会成本较低。

上述优点使外汇储备成为数量最多、使用频率最大的国际储备资产。

**3. 储备头寸**

在国际货币基金组织的储备头寸亦称为"普通提款权",指的是成员国在国际货币基金组织的普通账户中可自由提用的资产。具体包括以下内容。

(1)成员国向国际货币基金组织缴纳份额中的外汇部分。国际货币基金组织规定,成员国份额中25%的部分必须以黄金认购,1976年以后改为以外汇或特别提款权认购,此部分中的外汇为自动信贷额度,成员国可以自由提用无须批准。

(2)国际货币基金组织用去的本币持有量部分。国际货币基金组织规定,成员国份额的75%用本币认购,当某个成员国国际收支出现逆差时,国际货币基金组织会从某一顺差国的本币份额中贷款给逆差国,这一被国际货币基金组织用作贷款的部分该顺差国可以自由提用。

(3)部分成员国提供给国际货币基金组织的借款。例如,1962年10月生效的"借款总安排",即国际货币基金组织为稳定美元汇率而向十国集团借的款。

**4. 特别提款权**

特别提款权是国际货币基金组织为补充会员国国际储备资产而创设并分配给会员国的一种在基金组织的账面资产。

与其他储备资产相比,特别提款权具有以下优点。

(1)它不具有内在价值,是国际货币基金组织人为创造的、纯粹账面上的资产,因此被称为纸黄金。

(2)它不像黄金储备和外汇储备那样通过贸易或非贸易往来取得,而是由国际货币基金组织按成员国缴纳的份额的一定比例无偿分配给各成员国的。

(3)它具有严格限定的用途,可用于偿付国际收支逆差,或偿还国际货币基金组织的贷款,但不能兑换黄金和用于国际的一般支付,它只能在国际货币基金组织及各国政府之间发挥作用,任何私人企业不得持有和运用,不能直接用于贸易或非贸易的支付。特别提款权用途的局限性,限制了其发展成为一种能替代各国储备货币的国际通用货币。

### (二)国际储备的来源

#### 1. 收购黄金

收购黄金包括两个方面:一国从国内收购黄金并集中至中央银行手中;一国中央银行在国际金融市场上购买黄金。前者可以增加一国国际储备总额,后者不会增加该国的国际储备总量,而只是对国际储备结构的调整。因为黄金在各国日常经济交易中使用价值不大,加上黄金产量也有限,所以黄金在国际储备中的比重一般不会增加。

#### 2. 国际收支顺差

国际收支顺差是一国国际储备的最主要来源。国际储备首先来自国际收支经常项目的顺差。经常项目增加的国际储备,又称为"债权性国际储备",它构成一国的自有储备,是一国国际储备的主要来源。这种国际储备增加是以商品和服务输出等实际资源的转移为代价换来的。

资本项目的顺差也能增加一国的国际储备。目前,国际资本流动频繁且规模巨大,当借贷资本流入大于借贷资本流出时,就形成资本项目顺差。如果这时不存在经常项目逆差,这些顺差就形成国际储备。这种储备的特点就是由负债所构成,属于债务性储备,又叫借入储备,到期必须偿还,因此是不稳定的国际储备来源。

#### 3. 干预外汇市场

中央银行干预外汇市场的结果也可取得一定的外汇,从而增加国际储备。当一国的货币汇率受供求的影响而有上升的趋势或已上升时,该国的中央银行往往就会在外汇市场上进行公开市场业务,抛售本币,购进外汇,维持本币汇率的稳定,从而增加该国的国际储备。

#### 4. 对外借款

一国货币当局可以直接从国际金融市场或国际金融机构借款来补充外汇储备。

#### 5. 其他来源

国际货币基金组织分配的特别提款权、成员国的储备头寸、储备资产收益和储备资产由于汇率变动而形成的溢价,也可以成为国际储备的来源。

### (三)储备货币分散化及其影响

#### 1. 储备货币分散化

储备货币分散化又称为"储备货币多元化",是指储备货币由单一美元向多种货币分散的状况或趋势。

布雷顿森林体系崩溃以后,主要发达国家的货币不再与美元挂钩,美元作为储备货币的地位大大下降。与此同时,日本与欧洲各国经济迅速发展,国际收支持续顺差和国际储备不断增加,使它们的货币在储备体系中的地位大大提升,加快了国际储备资产多元化发展的趋势,逐渐形成了多元化的储备体系。

多元化储备体系形成的原因是多方面的,如美元危机的频繁发生,主要货币汇率的经常波动,国际清偿力的迅速增长及储备资产的管理不当等,但最根本的原因是主要发达国家经济发展的不平衡与相对地位的此消彼长。

第二次世界大战后初期的美国,正是凭借其经济金融实力的压倒性优势,才使美元取得等同于黄金的地位,但此后美国经济实力的下降导致了美元地位的衰落。为了避免美元贬值的损失和浮动汇率的风险,许多国家不再单一地持有美元,转而将一部分外汇储备分散在德国马克、瑞士法郎和日元等硬货币上,以加强对国际储备的管理,保持储备资产价值的稳定。进入20世纪90年代,统一后的德国宏观经济运行状况欠佳,日本则深受泡沫经济之苦,而美国经济在信息产业推动下呈现出长期强劲的增长态势,致使美元占各国外汇储备的比重又有所上升。欧元启动后,虽然对美元构成了一定的挑战,但并没有从根本上动摇美元储备货币的主导地位。

综上所述,由于世界经济发展的不平衡以及各国货币汇率频繁的波动,国际储备资产多元化的发展趋势仍将持续下去。

**2. 多元化储备货币体系对经济的影响**

(1) 多元化储备货币体系对经济的积极影响

①缓解了特里芬难题。在多种储备货币体系中,清偿力与信心的矛盾不再只集中在美元身上,而是在几种储备货币之间进行了分摊,因此,在一定程度上缓解了特里芬难题。

②促进了货币政策的国际协调。在储备货币多元化的情况下,可供选择的储备货币币种的增加,有利于各储备货币发行国在相对公平的环境下竞争,避免了单一储备货币发行国对储备货币供应的操纵和控制。

③有利于防范汇率风险。在储备货币分散化的背景下,各国可以根据储备货币汇率变动的情况,适时适度地调整其外汇储备的结构,从而防范和化解汇率风险。

(2) 多元化储备货币体系对经济的消极影响

①加大了储备资产管理的难度。储备货币分散化以后,各储备货币会由于各国经济发展的不平衡以及外汇市场供求状况的变化而发生汇率的波动,各国货币当局需要适时适度调整储备资产结构,从而加大了储备资产管理的难度。

②加剧了外汇市场的动荡。储备货币分散化以后,受储备需求、市场需求和各国货币当局外汇储备币种结构调整的影响,外汇市场上相关货币的汇率往往会出现较大幅度的波动。这种波动又会给投机活动以可乘之机,从而进一步加剧外汇市场的动荡。

③加剧了国际货币制度的不稳定性。目前,国际储备制度是否稳定取决于多种储备货币是否稳定。当储备货币发行国中的任何一国的经济发生波动时,都会影响其货币的变动,从而加剧国际货币制度的不稳定性。

### 三、国际储备的管理

国际储备管理是指一国政府或货币当局根据一定时期内本国的国际收支状况和经济发展的要求，对国际储备的规模、结构和储备资产的使用进行调整、控制，从而实现储备资产的规模适度化、结构最优化和使用高效化的整个过程。一个国家的国际储备管理包括两个方面：一是国际储备规模的管理，以求得适度的储备水平；二是国际储备结构的管理，使储备资产的结构得以优化。通过国际储备管理，一方面可以维持一国国际收支的正常进行，另一方面可以提高一国国际储备的使用效率。

#### （一）国际储备的规模管理

一国的国际储备必须保持适度规模，储备太多不仅会造成大量的外汇资金闲置，还会丧失以其投资刺激经济增长的机会。储备太少，不但不能应付经常性的国际支付，而且会影响国家的对外资信，不利于利用国际金融市场的资金。因此，如何保持国际储备的适度规模，是国际储备管理的首要问题。

为了测算最适度的国际储备水平，各国经济学家提出了各种计算方法。其中，实践中用得较多的有比例分析法和成本－收益分析法。

**1. 比例分析法**

比例分析法即采用国际储备量与某种经济活动变量之间的比例关系来测算储备需求的最适度水平。其中，进口比例法（R/M 比例法）是目前国际上普遍采用的一种简便易行的衡量方法。这是由美国耶鲁大学的经济学家罗伯特·特里芬教授在其 1960 年出版的《黄金与美元危机》一书中提出的，其基本思路是：把国际贸易中的进口作为唯一的一个变量，用国际储备对进口的比例（R/M）来测算最适度储备量。一国的 R/M 比例应以 40％为最高限，20％为最低限。按全年储备对进口额的比例计算，约为25％～30％左右，即一国的储备量应以满足约 3～4 个月的进口为宜。

除此以外比例分析法常用的比例指标还有：储备对外债总额的比例、储备对国民生产总值的比例等。这种方法因简明易行而被许多国家所采用，国际货币基金组织也是这一方法的支持者。但是，比例法也有明显的缺点。首先，某一比例关系只能反映个别经济变量对储备需求的影响，而不能全面反映各种经济变量的影响。其次，对于 R/M 比例法来说，一是它理论上存在缺陷，即国际储备的作用并非只是支付进口；二是各国情况不同，如各国对持有国际储备的好处和付出的代价看法不同，各国在世界经济中所处的地位不同等。这些差异决定了各国储备政策的差异，因而各国对储备的需要量也就不同。因此，只用进口贸易这个单一指标作为决定各国国际储备需求量的依据，显得有些依据不足。

**2. 成本－收益分析法**

成本－收益分析法又称为"机会成本分析法"。这是 20 世纪 60 年代以来，以海勒、阿加沃尔为首的经济学家，将微观经济学的厂商理论运用于外汇储备总量管理而得出的，即当持有储备的边际成本等于边际收益时，所持有的储备量是适度的。一般情况下，国际储备的需求量与持有储备的机会成本成反比，与持有储备的边际收益成正比。

持有储备的机会成本是运用外汇进口资源要素以促进国内经济增长的边际产出。持有储备的边际收益则是运用储备弥补国际收支逆差、避免或推迟采用政策性调节措施、减少和缓解对经济造成不利影响的好处,以及运用外汇购买国外有息资产的收益。只有当持有储备的边际收益等于持有储备的机会成本,从而带来社会福利最大化时,才是最适度储备规模。

成本收益分析法的优点是测算的准确性高于比例分析法。这种方法采用多元回归和相关分析的技术建立储备需求函数,克服了比例分析法采取单一变量的片面性。但宏观经济中有些变量并不像微观经济变量一样有界限分明的成本和收益,只能测算综合成本和综合收益,这使成本收益法存在着不足之处:计算方法比较复杂,涉及的经济变量较多,有的数据难以获得,只能凭经验主观选择或采用其他近似指标替代,影响了计算结果的准确性,因而很难在实际生活中采用。

(二)国际储备的结构管理

国际储备结构的管理包括四种储备资产形式的结构管理和各种储备货币的结构管理两部分内容。因黄金不生息、需要支付保管费及价格波动频繁等原因,各国正逐步减少黄金储备的持有。而在国际货币基金组织的储备头寸和特别提款权取决于成员国的份额,成员国无法主动进行增减,加上这三部分国际储备资产在整个储备资产总量中占比较小,因此,上述两部分的结构管理可以归结为外汇储备的结构管理问题,它包括外汇储备的币种结构管理和外汇储备的资产结构管理两个方面。

**1. 外汇储备的币种结构管理**

外汇储备的币种结构管理是指合理地确定各种储备货币在一国外汇储备中所占的比重。确定外汇储备币种结构的基本原则如下。

(1)储备货币的币种和数量要与对外支付的币种和数量保持大体一致。即外汇储备币种结构应当与该国对外汇的需求结构保持一致,或者说取决于该国对外贸易支付所使用的货币、当前还本付息总额的币种结构和干预外汇市场所需要的外汇,这样可以降低外汇风险。

(2)排除单一货币结构,实行以坚挺的货币为主的多元化货币结构。外汇储备中多元化货币结构,可以保持外汇储备购买力相对稳定,以求在这些货币汇率有升有跌的情况下,大体保持平衡,做到在一些货币贬值时遭受的损失能从另一些货币升值带来的好处中得到补偿,提高外汇资产的保值和增值能力。在外汇头寸上应尽可能多地持有汇价坚挺的硬货币储备,而尽可能少地持有汇价疲软的软货币储备,并要根据软硬货币的走势,及时调整和重新安排币种结构。

(3)采取积极的外汇风险管理策略,安排预防性储备货币。如果一国货币当局有很强的汇率预测能力,那么它可以根据无抛补利率平价(预期汇率变动率等于两国利率差)来安排预防性储备的币种结构。例如,若利率差大于高利率货币的预期贬值率,则持有高利率货币可以增强储备资产的营利性;若利率差小于高利率货币的预期贬值率,则持有低利率货币有利于增强储备资产的营利性。

**2. 外汇储备的资产结构管理**

外汇储备资产结构管理的目标是确保流动性和收益性的恰当结合。然而在实际的经济生活中,流动性和收益性互相排斥,这就需要在流动性与收益性之间进行权衡,兼顾二者。由于国际储备的主要作用是弥补国际收支逆差,因而各国货币当局更重视流动性。

按照流动性的高低,西方经济学家和货币当局把储备资产划分为以下三级:

(1)一级储备资产,富于流动性,但收益性较低,它包括活期存款、短期存款和短期政府债券;

(2)二级储备资产,收益性高于一级储备,但流动性低于一级储备,如2~5年期的中期政府债券;

(3)三级储备资产,收益性高于二级储备,但流动性低于二级储备,如长期公债券。

一级储备作为货币当局随时、直接用于弥补国际收支逆差和干预外汇市场的储备资产,即作为交易性储备;二级储备用作补充性的流动资产;三级储备主要用于扩大储备资产的收益性。一国应当合理安排这三级储备资产的结构,以做到在保持一定流动性的前提条件下,获取尽可能多的收益。

## 关键术语

外汇　汇率　汇率制度　固定汇率制　浮动汇率制　国际收支　国际收支平衡表
国际储备　国际清偿能力　外汇储备　黄金储备　储备头寸　特别提款权
国际储备管理

## 复习思考题

1. 汇率的基本分类有哪些?
2. 购买力平价理论的主要内容是什么?有什么局限性?
3. 资产市场说的主要内容是什么?
4. 比较固定汇率制度和浮动汇率制度。
5. 国际收支平衡表的主要内容包括哪些?
6. 国际收支失衡的主要经济影响是什么?
7. 如何对国际收支的失衡进行调节?
8. 国际储备构成的变化是怎样的,说明什么问题?
9. 国际储备管理的主要内容是什么?

拓展阅读

# 第十一章

# 货币供求

**本章提要**

供求关系是市场经济的基本关系,和商品一样,货币也有供给和需求,以及供求是否均衡的问题。本章主要阐述货币需求的内涵,介绍主要的货币需求理论,揭示货币需求理论的深化过程和各学派的政策主张;主要阐述货币供给机制,分析影响货币供给量的因素等;系统阐述对货币均衡;分析货币流通的两种非均衡现象——通货膨胀和通货紧缩。

## 第一节 货币需求

### 一、货币需求的内涵

经济学意义上的"需求"是指有支付能力的需求。它必须同时包括两个基本要素：一是人们希望得到或持有；二是人们有能力得到或持有。货币需求也是如此。所谓"货币需求"也必须同时包括两个基本要素：一是有得到或持有货币的意愿；二是有得到或持有货币的能力。如果我们只考虑人们是否需要货币，而不考虑人们是否有足够的能力来得到或持有货币，那么，货币需求便成了一个毫无意义的抽象概念。货币与其他任何商品一样，人们持有它的欲望是无限的，但人们对它的需求却是有限的。

货币需求大体上可以分为两个部分：一是对作为流通手段和支付手段的货币的需求；二是对作为储藏手段的货币的需求。第一种货币需求是对交易媒介的需求；第二种货币需求则是对资产形式的需求。需要说明的是，这里只是为了方便分析才将货币需求作如此划分的，在现实生活当中，要将货币需求作此类划分几乎是不可能的，因为这两种货币需求实际上是水乳交融、相辅相成、密不可分的。人们为了应付交易需要而持有的那部分货币，在用于支付之前，事实上也是被作为一种资产而持有的。因此，简单来说，货币需求就是人们把货币作为一种资产而持有的行为。

在现实生活中，人们持有的资产的形式是多种多样的，既有实物资产，又有金融资产。金融资产又可以分为货币和各种非货币的金融资产，如股票、债券等。不论是金融资产还是实物资产，都具有一定的优点和缺点。因此，对资产持有人来说，正确分析、衡量各种资产的优缺点，对其决定究竟以何种资产形式来持有财富是十分必要的。

衡量各种资产优缺点的主要标准是盈利性、流动性和安全性。盈利性是指人们因持有某种资产而取得的收益；流动性是指一种资产在不使其持有人遭受资本损失的条件下，迅速转换为现金的能力；安全性是指一种资产以货币计算的价值的稳定性。很显然，从盈利性来看，股票、债券等有价证券是盈利性最高的资产；货币因为在一般情况下没有收益，所以是盈利性最低的资产。但是，从流动性来看，货币毫无疑问是流动性最高的资产，而各种有价证券及实物资产都是流动性较低的资产。另外，从安全性这个角度来看，各种非货币的金融资产有着较大的风险性，相对而言，货币则是最为安全的金融资产。

以上分析说明，在选择资产持有的形式时，必须首先对各种资产的盈利性、流动性和安全性作全面的比较和衡量，再根据自己的具体情况和偏好加以选择，从而使自己的资产组合（即各种资产的持有比例）保持最佳状态。因此，货币需求实际上就是在这种最佳状态下人们所愿意持有的货币量。

## 二、影响货币需求的因素

货币需求直接地取决于人们持有货币的各种动机,而人们持有货币的动机是多方面的。货币最基本的职能是其流通手段职能,因而人们持有货币的首要动机是将其作为商品交易的媒介。同时,由于货币具有贮藏手段职能,人们还将持有货币作为保留财富的一种形式。影响或决定人们持有货币的动机的因素有很多,因此,决定或影响货币需求的因素也是多方面的,主要有以下几个。

### (一)收入状况

收入状况是货币需求的各个决定因素中最主要的一个。它对货币需求的决定作用表现在两个方面:一是收入的数量;二是取得收入的时间间隔。

收入的数量在一定程度上制约着货币需求的数量,因为人们以货币形式保留的财富只是其总财富的一部分,而收入的数量往往决定着总财富的规模及其增长速度。另外,收入的数量常常决定着支出的数量。收入多,则支出也多;支出多,则需要持有的货币也多。

在其他情况一定的条件下,人们取得收入的时间间隔越长,则货币需求量越多;反之,人们取得收入的时间间隔越短,则货币需求量越少。

### (二)信用的发达程度

在信用比较发达的经济中,货币需求量较少,因为相当一部分交易可以通过债权债务的相互抵消来了结,从而减少了作为流通手段的货币的必要量,货币需求量也因此而减少。另外,在信用发达的经济中,金融市场也比较完善,人们可将收入中暂时不用的部分先购买债券,当需要支用时再将债券出售以换回现金。这样,既能保证正常的支付需要,又可以减少货币持有量而相应增加债券持有量,以增加收益。如果没有发达而健全的信用制度,没有完善的金融市场,那么人们只能将准备用于支付的货币长时间地保持在手中。因此,在一般情况下,货币需求量与信用的发达程度成负相关关系。

### (三)市场利率

市场利率是调节经济活动的重要杠杆。市场利率提高,意味着持有货币的机会成本增加,货币需求自然会减少;市场利率下降,则意味着持有货币的机会成本减少,货币需求将会增加。

市场利率与有价证券的价格成反比,市场利率上升,则有价证券价格下跌;市场利率下降,则有价证券价格上升。但根据市场周期性变动规律,市场利率上升到一定高度时将回跌,市场利率下降到一定水平时又将回升。因此,当利率上升时,人们往往会预期利率下降,而有价证券价格将上升,这时人们会减少货币需求量而增加有价证券持有量,以取得资本溢价收入。反之,当利率下降时,人们将预期利率回升,而有价证券价格下跌,这时为了避免资本损失,人们会减少有价证券持有量而增加货币持有量,并准备在有价证券价格下跌后再买进以获利。因此,在一般情况下,货币需求量与市场利率成负相关关系,即市场利率上升,则货币需求量减少;市场利率下降,则货币需求量增加。

### (四)消费倾向

消费倾向是指消费在收入中所占的比例,可分为平均消费倾向和边际消费倾向。平均消费倾向是指消费总额在收入总额中所占的比例,而边际消费倾向则是指消费增量在收入增量中所占的比例。

一般情况下,货币需求量与消费倾向呈同方向变动关系,即消费倾向大,货币需求量也大;消费倾向小,货币需求量也小。

### (五)货币流通速度、社会商品可供量、物价水平

这三个因素对货币需求量的影响可以用货币流通规律来说明。以 M 表示货币需求量,P 表示物价水平,V 表示货币流通速度,Q 表示社会商品可供量,则根据货币流通规律,得到如下公式:

$$M = P \cdot Q/V$$

由此可见,货币需求量与物价水平和社会商品可供量成正比;而货币需求量与货币流通速度成反比。

### (六)人们的预期和偏好

货币需求量在相当程度上还受人们的主观意志及心理活动的影响,尤其受到人们对未来经济情况的预期以及对各种金融资产的偏好的影响。

由于人们的心理活动很复杂,因而它对货币需求量的影响也是复杂的。一般地,人们的心理活动和货币需求量之间存在如下关系。

(1)预期市场利率上升,则货币需求量增加;预期市场利率下降,则货币需求量减少。

(2)预期物价水平上升,则货币需求量减少;预期物价水平下降,则货币需求量增加。

(3)预期投资收益率上升,则货币需求量减少;预期投资收益率下降,则货币需求量增加。

(4)人们偏好货币,则货币需求量增加;人们偏好其他金融资产,则货币需求量减少。

在实际生活中,除了以上因素,决定或影响货币需求量的因素还有很多,在此不一一赘述。

## 三、货币需求理论

货币需求理论是整个货币理论的重心,又是货币当局进行宏观控制的决策依据,因此,历来受到许多国家政府和经济学家的重视。以下选择其中较为重要、也较有影响的理论作简要介绍。

### (一)传统货币数量论

传统货币数量论是说明货币数量的变化决定物价水平变化的理论,以费雪的现金交易学说和剑桥学派的现金余额学说为主要代表。

现金交易学说认为,影响物价的货币量是参加交易的货币量,它是个流量,即货币存量与货币流通速度的乘积。现金余额学说则认为,影响物价的货币量是停留在人们手中准备用于交换的货币量,它是个存量。因此,现金交易学说重视货币的流通速度,而现金余额学说则重视货币停留在人们手中的时间以及人们持有货币的动机。

**1. 费雪的现金交易学说**

美国经济学家欧文·费雪在1911年出版的《货币的购买力》一书中,以现金交易方程式系统阐述了货币数量对一般物价水平的决定作用。费雪的现金交易方程式为:

$$MV=PT \quad 或 \quad P=MV/T$$

其中,M为货币数量,V为货币流通速度,P为一般物价水平,T为商品与劳务的交易量。费雪认为,货币流通速度主要受人们的支付习惯及货币信用制度等因素的影响,而不受货币数量变动的影响,在短期内可假设为常数。同时,在充分就业的情况下,商品与劳务的交易也是相对稳定的,在短期内也可假设它是不变的常数。因此,货币数量的变动必然完全地、等比例地作用于一般物价水平。在这一学说中,货币需求(PT)只是被动地决定于货币供给(MV)。

**2. 剑桥学派的现金余额学说**

现金余额学说由英国经济学家马歇尔及庇古提出。著名的"剑桥方程式"为:

$$M=KPY$$

其中,M为货币数量,K为以货币形式持有的财富占总财富的比例,即现金余额,事实上就是人们对货币的需求,P为一般物价水平,Y为以不变价格计算的实际产出。

与费雪的现金交易学说不同,剑桥学派的现金余额学说尤其强调人们的主观意志对货币需求的影响。根据剑桥学派的分析,决定K的因素主要有两个:一个是人们对持有货币的利弊得失的权衡与比较;另一个则是人们对未来价格水平的预期。因此,货币需求完全是由人们的主观意志所支配和决定的。

现金交易学说和现金余额学说虽然研究方法不同,但结果是相同的,即两者都将货币数量作为物价变动的原因。

(二)凯恩斯主义货币需求理论

**1. 凯恩斯的货币需求理论——流动性偏好理论**

流动性偏好是指人们以货币的形式保持财富的心理倾向。凯恩斯认为,人们的货币需求是由三个动机决定的。

(1)交易动机,即由于收入与支出的时间不一致,人们必须持有一定的货币在手中以满足日常交易活动的需要。

(2)预防动机,即人们为应付意外的、临时的或紧急需要的支出而持有的货币。

(3)投机动机,即人们根据对利率变动的预期,为了在有利的时机购买证券进行投机而持有的货币。

凯恩斯根据人们持有货币的三种动机,把人们的货币需求分为两部分,即由交易动机和预防动机所决定的交易性的货币需求量$M_1$和由投机动机所决定的投机性的货币需求量$M_2$。其中,交易性的货币需求量$M_1$主要取决于收入,是收入的增函数,与利率没有直接关系;而投机性的货币需求量 $M_2$ 主要取决于利率,是利率的减函数。

**2. 凯恩斯学派对凯恩斯货币需求理论的发展**

20世纪50年代以后,凯恩斯学派的一些经济学家对凯恩斯的货币需求理论作了进一步的丰富和发展,使之成为当代西方货币理论的重要组成部分。

(1)货币交易需求理论的发展。凯恩斯认为,交易性货币需求取决于收入,同利率无关。美国经济学家鲍莫尔经过研究,提出货币的交易需求同利率有关。鲍莫尔认为,理性的经济主体(企业或个人)为了获得最大收益,必然会将暂时不用的货币转化为有收益资产,以获得利息收益,然后在需要用货币时再将有收益资产变为货币。当然,这样一来需要支付一定的手续费,但是,只要利息高于手续费,就还是有利可图,从而也就降低了货币持有额。因此,即使是基于交易动机的货币需求,也同样是利率的减函数。

(2)货币预防需求理论的发展。凯恩斯认为,预防动机的货币需求也不受利率变动的影响。美国经济学家惠伦论证了预防动机的货币需求也同样与利率是负相关的。惠伦指出,在决定最适度预防性货币余额的过程中,利率起了重要作用。利率的变动会导致预防性货币余额向相反方向变化。当利率上升时,持有预防性货币余额的机会成本就会提高。于是,货币持有者就会减少他所持有的货币,以购买有收益资产。当利率下降时,情况正好相反。因此,预防动机的货币需求也同样是利率的减函数。通过上面所述货币的交易需求和预防需求理论的发展可以看出,货币需求是由收入和利率两个因素共同决定的。

(3)货币投机需求理论的发展。凯恩斯认为,人们根据自己预期利率是上升还是下降来决定是持有货币还是持有债券。但是,他的这一理论却无法解释现实生活中人们往往同时持有货币和债券这一现象。为了弥补这些不足,美国经济学家托宾用投资者避免风险的行为动机重新解释流动性偏好理论,并开创了资产选择理论在货币理论中的应用。资产选择理论又称为"风险—收益分析法"。托宾指出,投资者在进行资产选择时,不可避免地要同时考虑风险和收益两种因素,并且要设法回避风险。当利率上升时,风险性资产的收益率提高,但其风险并未相应增大,因而投资者将增加风险性资产的持有量而减少货币的持有量。相反,当利率下降时,风险性资产的收益率降低,而其风险却并未相应减小,因而投资者将增加货币的持有量而减少风险性资产的持有量。所以,鉴于对风险和收益的同时考虑,人们会对自己持有的资产进行选择,可以同时持有货币和债券,只是在不同情况下将它们作不同的组合。

**(三)货币主义的货币需求理论**

弗里德曼于1956年发表了《货币数量论的重新表述》,对货币数量论学说进行新的解释。其理论是相对于传统货币数量论而言的,称为"新货币数量论"。弗里德曼分析了影响货币需求的因素,并提出了如下货币需求函数:

$$M/P = f(r_m, r_b, r_e, 1/P \cdot dp/dt, W, Y, u)$$

其中,M表示名义货币需求量,$r_m$ 表示货币的名义收益率,$r_b$ 表示债券的预期收益率,$r_e$ 表示股票的预期收益率,$1/P \cdot dp/dt$ 表示物价水平的预期变动率,也就是实物资产的预期收益率,W 表示非人力财富占总财富的比例,Y 表示货币收入,u 表示其他因素。

弗里德曼的货币需求函数尽管复杂,但是如果经过简化,与 MV=PT 或 M=KPY 就非常相似,只不过弗里德曼并不将 K 或 V 当作一个固定的常数,而是当作某些变量(如各种金融资产的收益率,预期的物价变动率等)的一个稳定的函数。另外,Y 也不是当期收入,而是永久性收入,并作为财富的代表。同时,弗里德曼的货币需求函数又是在凯恩斯的货币需求理论的基础上的进一步发展,只不过弗里德曼的货币需求函数中的 r 不只限于债券利息率,而是包括各种金融资产以及实物资产的收益率。由此可见,弗里德曼的新货币数量论既是对传统货币数量论的新发展,又是对凯恩斯流动性偏好理论的新发展。

(四)马克思的货币需求理论

马克思的货币需求理论集中反映在他的货币必要量公式中。其货币必要量公式是在总结前人对流通中货币数量广泛研究的基础上,对货币需求理论的重要概括。

马克思以完全的金币流通作为假设条件。依此假设,他进行了以下论证。

(1)商品的价格取决于商品的价值和黄金的价值,商品的价值取决于生产过程,商品是带着价值进入流通领域的。

(2)商品数量以及价格的多少,决定了需要实现其价值的金币的量。

(3)商品与货币交换后,商品退出流通,货币却留在流通中多次与商品相交换。因此,一定数量的货币流通几次,就可相应地使价值高于它几倍的商品得以交换。

通过以上论证,马克思得出了表述货币需求的概念——货币必要量,并用公式表示为:

$$M_d = PT/V$$

其中,$M_d$ 为货币需求量,P 为商品的价格,T 为商品交易量,V 为货币流通速度。这实际上就是马克思所揭示的货币流通量规律。此公式表明,货币量取决于价格水平、商品数量和货币流通速度三个因素。当商品价格不变时,商品数量增加,货币流通速度下降,货币流通量就会增加,反之则会减少。当商品价格普遍提高时,如果商品数量减少同商品价格上涨保持相同比例,或商品数量不变,但货币流通速度加快并与商品价格上涨一样迅速,那么货币流通量不变;如果商品数量的减少或货币流通速度的加快比价格的上涨更迅速,货币流通量还会减少。相反,当商品价格普遍下降时,如果商品数量的增加与商品价格的下降保持相同比例,或者货币流通速度的下降与商品价格的下降一样迅速,则货币流通量不变;如果商品数量的增加或者货币流通速度的下降比商品价格的下降更迅速,货币流通量还会增加。

马克思的货币必要量公式反映了商品流通决定货币流通这一基本原理。货币是随着商品交换的发展,为了适应商品交换的需要而产生的,并因为交换的需要而变换自身的数量。

但需要指明的是,马克思的货币必要量公式建立在金属货币流通的基础上。它所强调的商品价格由其价值决定,商品价格总额决定货币必要量,但货币数量对商品价格没有决定性影响的论断只适用于金属货币流通。当金属货币被纸币或不兑现的信用货币取代后,就不能机械地套用此结论。纸币或信用货币本身并没有价值,只有流通才有价值。因此,当商品价值量既定时,流通中的纸币数量对商品价格有决定性作用。马克思的货币必要量公式只是为我们提供了研究和分析货币需求的思路,在实际生活中用这个公式测算货币需求还存在很多困难。货币必要量公式中所研究的货币需求,只是理论分析中一个定性的量,并非实践中可测的量。马克思的货币必要量公式反映的是执行流通手段职能的货币的需要量。而在现代经济条件下,研究货币需求必须考察更为广泛的内容。

## 第二节 货币供给

### 一、货币供给与银行体系

现代经济中的货币都是不兑现的信用货币,而信用货币基本上是银行创造的。几乎所有的金融资产都出自银行体系,因此,银行是现代经济中货币供给的主体,而银行供给货币的活动由两个主体部门——中央银行和商业银行来进行。

(一)中央银行在货币供给中的作用

中央银行作为货币供给的主体,主要通过调整、控制商业银行创造存款的能力及行为来发挥其在货币供给过程中的作用。因此,中央银行在货币供给过程中处于积极主动的地位。

第一,中央银行创造通货。根据各国法律规定,中央银行垄断货币发行权,只有中央银行才有权印刷货币并将之投放到经济运行中去,其他任何单位均无权从事货币发行活动。

第二,中央银行可以动用货币政策工具而对货币供给量进行控制。例如,中央银行可以通过调整法定存款准备金率来强制性地改变商业银行的超额准备;可以通过调整再贴现率来影响商业银行从中央银行借款的积极性,从而改变其超额准备;可以直接减少或增加商业银行的超额准备等。

(二)商业银行创造货币的能力相对有限

商业银行创造信用货币是在其资产负债业务中通过创造派生存款来形成的。作为经营货币的企业,商业银行必须不断地吸收存款并发放贷款,吸收存款可以将流通中的现金纳入银行而转化为存款,发放贷款则使该存款按一定的量再次形成新的存款。若此过程不断地进行,则在多家银行并存的经济体系中,就相应地形成了数倍于原始存款的存款货币,货币供给量也就相应地增加。由于各国都实行部分准备金制度,商业银行在货币创造能力方面,与中央银行相比,是相对有限的。

### 二、货币 $M_1$ 供给机制

根据我们在第一章中的分析,狭义的货币供给量,即 $M_1$ 是最基本的货币供给量,而

$M_1$ 由现金和支票性存款,即活期存款组成。其中,商业银行的活期存款是现代经济中主要的信用货币形态,而存款货币的创造过程在很大程度上反映了货币供给量的决定过程。

(一)商业银行的派生存款创造机制

**1. 有关存款货币创造的两个基本概念**

(1)原始存款与派生存款。原始存款就是以现金形式存入银行的直接存款,派生存款则是由银行的放款、贴现和投资行为而派生出来的。

(2)存款准备金与存款准备金比率。存款准备金是商业银行将其吸收存款的一部分,以现金的形式保留着,用于应付存款人的随时提现。存款准备金比率是指存款准备金占银行吸收存款的比例。

**2. 存款货币的创造过程**

在实行部分存款准备金制度的条件下,商业银行体系可通过其放款和投资活动,创造出数倍于原始存款的派生存款。

(1)理想的情况——简单乘数模型

为简化分析,我们先假设一种理想的情况。假定:

①商业银行充分利用其所提留的法定准备金,不持有超额准备金。

②商业银行的存款只有活期存款,而没有定期存款,因而也没有在活期存款与定期存款之间相互转化的问题。

③银行的借款人不持有现金,而是把从银行取得的全部贷款都作为活期存款存入银行。

现在,假设法定准备金比率为20%,有人将1000元作为活期存款存入银行,那么,原始存款从外部注入银行体系后,在存款货币的创造过程中,逐步地转化为法定存款准备金。当原始存款全部转化为法定存款准备金时,也就是全部转化为银行不能动用的资金时,存款货币的累积过程才结束,此时存款货币的扩张达到极限。具体见表11-1。

表11-1 各家银行资产负债表项目总计

| 银行名称 | 存款增加额 | 提留准备金 | 贷款和投资增加额 |
|---|---|---|---|
| A | 1000.00 | 200.00 | 800.00 |
| B | 800.00 | 160.00 | 640.00 |
| C | 640.00 | 128.00 | 512.00 |
| D | 512.00 | 102.40 | 409.60 |
| … | … | … | … |
| 银行系统总计 | 5000.00 | 1000.00 | 4000.00 |

我们可以用公式来表示,就是 $R=Rd$,而 $Rd=D \cdot r_d$,所以,

$$D=1/r_d \cdot R$$

其中,R 表示原始存款,Rd 表示法定的活期存款准备金,D 表示活期存款总额,$r_d$ 表示法定的活期存款准备金比率。$1/r_d$ 被称为"存款乘数",它表示商业银行体系的存款总额与原始存款或准备金的倍数关系。

在西方经济学中,这一模型被称为"货币供给的简单乘数模型",因为此模型假定货币乘数只由法定准备金率这一简单因素决定。

(2)对理想情况中假设条件的修改

以上关于存款派生过程的分析是建立在假设条件基础上的。事实上,商业银行除了保留法定存款准备金,也可能保留超额存款准备金。超额存款准备金是指商业银行在保留法定存款准备金的基础上,按照超过法定存款准备金比率所提留的存款准备金,可由商业银行自行决定。银行不仅有活期存款,还会吸收定期存款。银行的借款人可以把所得贷款的一部分以现金形式持有,而把剩下的钱存为活期或定期存款。下面,我们就来逐步修改假设条件,以得出和现实最接近的存款派生模型。

①部分商业银行保有超额存款准备金。如果有部分银行也保有超额存款准备金,那么当原始存款全部转化成为商业银行的法定存款准备金和超额存款准备金之和时,也就是全部转化为银行不能动用的资金时,存款货币的累积过程才结束。如果我们用公式表示,就是:

$$R = Rd + E$$
$$= D \cdot r_d + D \cdot e$$

其中,E 表示超额存款准备金,e 表示超额存款准备金比率。因此得出:

$$D = \frac{1}{r_d + e} \cdot R$$

②银行的借款人在其所得的贷款中保留或持有部分现金。如果商业银行除保有法定存款准备金、超额存款准备金以外,它所发放的贷款的一部分也被其客户以现金形式持有,那么,这部分现金也不能参与派生存款的创造。这时,当原始存款全部转化成为商业银行的法定存款准备金和超额存款准备金以及被客户保有的现金之和时,存款货币的累积过程才结束。如果我们用公式表示,就是:

$$R = Rd + E + K$$
$$= D \cdot r_d + D \cdot e + D \cdot k$$

其中,K 是流通于商业银行体系之外的,被其客户所持有的现金,k 是流通于银行体系之外的现金占银行活期存款的比率,也称为"现金漏损率"。因此得出:

$$D = \frac{1}{r_d + e + k} \cdot R$$

③银行的借款人把剩余的部分货币以定期存款的形式存进了银行。银行所接受的定期存款也要保留一定比例的准备金,因此,在银行保有法定和超额的活期存款准备金、定期存款准备金,以及银行贷款有部分现金流失的情况下,当原始存款全部转化为商业银行的法定以及超额的活期存款准备金、定期存款准备金和流通于银行体系之外的现金时,存款货币的累积过程才结束。如果我们用公式表示,就是:

$$R = Rd + E + K + R_t$$
$$= D \cdot r_d + D \cdot e + D \cdot k + T \cdot r_t$$
$$= D \cdot r_d + D \cdot e + D \cdot k + D \cdot t \cdot r_t$$

其中，$R_t$ 是定期存款准备金，T 是定期存款总额，t 是定期存款占活期存款总额的比率，$r_t$ 是定期存款的存款准备金比率。因此得出：

$$D = \frac{1}{r_d + e + k + t \cdot r_t} \cdot R$$

### (二) 中央银行体制下的货币供给

在中央银行体制下，中央银行不对一般的企事业单位进行贷款，因而也就无法像商业银行一样派生存款。但是，中央银行可以通过现金的发行和存款准备金制度来控制商业银行存款货币的创造。

在实际生活中，现金是货币总量的一部分。即使是在现代信用货币制度下，现金仍然没有被排除在货币范围之外，人们因为种种原因必须持有一定的现金。

社会公众持有现金的现象我们称之为"现金漏损"，它意味着商业银行体系存款准备金的流失。现金漏损对货币供给的影响主要表现在两个方面：一方面，如果原始存款的所有人提取现金，将使商业银行的存款准备金减少，从而使整个银行体系的存款总额成倍地缩减，这与存款货币的扩张过程恰好相反；另一方面，如果从银行取得贷款的客户将贷款的一部分以现金形式持有，则下一级银行就不能创造派生存款，或者创造的派生存款量减少。因此，分析货币供给必须考虑"现金漏损"这一客观存在的因素。

社会公众从商业银行提取现金。当商业银行对客户支付现金时，中央银行对商业银行的负债中就有一部分转化为中央银行对现金持有者的负债。实际上，流通于商业银行体系之外的、被公众手持的现金是一种潜在的准备金。一旦它们被存入商业银行，就可成为商业银行创造存款货币的基础。

公众手持的现金和商业银行所保有的、存放在中央银行的存款准备金共同构成了货币供给的基础，并直接受制于中央银行，我们通常把它称为"基础货币"（Monetary Base）。如果用 B 表示基础货币，K 表示公众手持的现金，F 表示商业银行所保有的存款准备金，根据它们之间的关系，可以得出：

$$B = K + F \qquad ①$$

另外，从前面对商业银行派生存款创造机制的分析，我们可以得出：

$$F = Rd + E + Rt$$
$$= D \cdot r_d + D \cdot e + D \cdot t \cdot r_t$$
$$= D \cdot (r_d + e + t \cdot r_t) \qquad ②$$

将②式代入①式，①式可以写成：

$$B = D \cdot k + D \cdot (r_d + e + t \cdot r_t)$$
$$= D \cdot (r_d + e + k + t \cdot r_t) \qquad ③$$

将③式中的 D 用 B 来表示，则可以得到：

$$D = \frac{1}{r_d + e + k + t \cdot r_t} \cdot B \qquad ④$$

根据我们前面在"货币层次划分"一节中的定义，货币 $M_1$ 由现金和支票性存款，即活期存款构成，因此，将④式代入，可以得到：

$$M_1 = K + D$$
$$= D \cdot (1+k)$$
$$= \frac{1+k}{r_d + e + k + t \cdot r_t} \cdot B$$
$$= m \cdot B$$

上式表明,货币供给量 $M_1$ 等于货币乘数 m 和基础货币 B 的乘积。因此,关于货币供给量决定问题的实质就在于基础货币和货币乘数是如何决定的。

**三、影响货币供给量的因素**

以上分析说明了货币供给量主要受制于两个环节:基础货币和货币乘数。在市场经济条件下,货币当局一般都是通过调控这两个方面来间接地控制货币供给量。在货币供给量的决定中,起到影响作用的经济主体因素主要包括以下几个方面。

(一)中央银行

中央银行在整个货币供给过程中处于积极主动的地位。中央银行垄断货币的发行权,可以控制通货的发行量。另外,中央银行可以动用货币政策工具,即存款准备金政策、再贴现政策和公开市场业务来影响商业银行的信贷规模,从而达到控制货币供给量的目的,实现其在货币供给中的绝对控制权。

(二)商业银行

商业银行有着独一无二的派生存款创造机制,而存款货币也是货币供给量 $M_1$ 的组成部分。此外,商业银行对货币供给的影响主要在于其两种行为。

一是调节超额存款准备金比率。超额存款准备金比率主要取决于商业银行的经营决策行为,而它的变动对货币供给量变动的反向作用较强。商业银行留存的超额准备金越多,其贷款和投资规模越小,存款扩张的倍数也就越小,反之则越大。商业银行在决定超额存款准备金比率时要考虑的主要因素是:保有超额准备金的机会成本的大小,即市场利率的高低;借入资金的难易程度以及资金成本的高低;社会公众的资产偏好及资产组合的调整。

二是调节向中央银行借款的成本。商业银行如果向中央银行借款,就会增加准备金存款,也就是基础货币的数量,从而能够创造更多的存款货币。在其他条件不变时,商业银行增加从中央银行的借款,会扩大货币供给量;而商业银行减少从中央银行的借款,则会减少货币供应量。决定商业银行是否向中央银行借款以及借多少,主要取决于借款的成本,而借款成本又主要受到市场利率和中央银行再贴现率高低的影响。一般市场利率的高低和商业银行从中央银行的借款量成正相关的关系,而中央银行再贴现率的高低和商业银行的借款量成负相关的关系。

(三)社会公众

社会公众持有现金,即发生现金漏损,会影响货币乘数发生变化,从而影响货币供给量。而决定公众持币行为的因素主要有以下几个。

## 第十一章 货币供求

**1. 财富效应**

一般来说,当一个人的收入大量增加时,他持有现金的增长速度会相对下降。反之亦然。所以,现金漏损率和财富的变化成负相关的关系。

**2. 预期报酬率的变化**

持有现金是没有利息收入的,而持有其他有收益资产是可以获得一定报酬的。所以,有收益资产价格或者收益率的变动也会间接地影响现金漏损率。

**3. 金融危机**

一旦发生金融危机,公众就会从银行大量地提款,这会使现金漏损率提高,从而使货币乘数减小。

**4. 非法经济活动**

非法经济活动通常为了逃避监管,总是倾向于使用现金交易。因此,非法经济活动的规模与现金漏损率的高低成正相关的关系。

（四）企业行为

企业经营规模的扩大或收缩会影响企业对贷款的需求。如果企业经营规模扩大,需要补充资金,则往往需要追加贷款,而追加贷款就会影响货币供给。当然,如果企业可以依靠其自身积累的资金补充资金,也就是不需要贷款,则对货币供给没有什么影响。但是,企业一般扩大经营时,总有对银行贷款的需求。因此,企业经营规模扩大,对贷款的需求增加,就会形成货币供给扩大的基础。反之,企业经营规模收缩,即使贷款利率很低,企业对贷款的需求也会缩减,从而使货币供给的扩大缺乏基础。

企业经营效益的好坏也会影响企业对贷款的需求。从银行贷款需要还本付息,如果企业经营效益好,则还本付息的压力不大。为了追求更多的效益,企业会延长对银行信贷资金的占用时间,从而使货币供给量增加。如果企业经营效益差,甚至出现亏损,则企业将会采取收缩经营,甚至破产清理的行为。此时,企业会有一些贷款量被勾销,从而使货币供给量相应地收缩。如果在亏损的情况下,企业仍然维持原来的经营水平,那就意味着在产出不佳的状况下,继续要求得到贷款的支持。这样一来,货币供给量也会被迫增加。

（五）财政收支

一旦财政收支出现赤字,政府就要采取措施弥补。通常,弥补财政赤字的措施有三种方法,即增税、举债和发行货币。

增加税收属于紧缩性的措施,短期内不会减少货币供给量。但增税会降低新的投资的积极性,降低对贷款的需求,从而控制货币供给量的增长。如果政府增税所带来的财政收入不再支出,就会直接压缩货币供给量。

举债就是政府采取信用方式,以发行债券的方法弥补财政赤字。如果这些债券被商业银行或社会公众购买,就不会带来货币供给量的增加,因为政府用债券换回的货币会由于政府用于购买支出而又回到流通中。但是,如果社会公众购买政府发行的债券,是用现金或活期存款,则意味着 $M_1$ 相应缩减。可是当财政用于再支出时,又会形成 $M_1$

的供应,因而在这种情况下,$M_1$的供给规模是不变的。如果公众以储蓄或定期存款购买政府所发行的债券,将意味着$M_2$规模的减小。而当财政用于再支出,形成$M_1$时,则$M_2$的总规模不变,但$M_1$的规模增大了。那么,即使货币供给量的总规模不变,货币层次的结构发生变化,也可能会影响到市场均衡。这说明,政府举债和货币供给的关系是较为复杂的。

弥补财政赤字有时是通过增加基础货币的方式实现的。一般情况下,政府发行的债券由中央银行直接收购。那么,当财政用于再支出时,商业银行的存款准备金会增加。准备金增加是基础货币的增加,会产生倍数效应,从而明显地增加货币供给量。

如果国库直接向中央银行透支,那么中央银行在没有准备的情况下,只好开动印钞机,这就使现金量增大。而现金是基础货币的一部分,现金的增加也就是基础货币的增加。

## 第三节 货币均衡

### 一、货币均衡和非均衡

#### (一)货币均衡

货币均衡是指货币供给量与国民经济对货币的需求量基本一致。当货币供给与货币需求基本一致时,表现为物价稳定,经济持续增长。因此,货币均衡具体表现为物价相对稳定、经济稳定增长的长期趋势。理解货币均衡的含义,应该明确以下几点。

第一,货币均衡是货币供需作用的一种状态,是指货币供给与货币需求的大体一致,而并非货币供给与需求在数量上的完全相等。货币供求完全相等只是一种偶然现象。

第二,货币均衡是一个动态过程。它并不要求在某一个具体的时间上货币供给与需求完全相等,它允许在短期内货币供求之间的不一致,但在长期内是基本一致的。

第三,货币均衡在一定程度上反映了国民经济的总体均衡状况。因为货币供求的相互作用制约并反映了国民经济运行的全过程,并且有机地将国民经济运行与货币供求的相互作用联系在一起。

第四,货币均衡的经济意义是要保持物价相对稳定,经济稳定增长。因此,货币均衡不仅指货币供给与货币需求总量上的大体一致,还应该包括货币供求结构上的均衡。无论是货币供给,还是货币需求,自身都有一个总量和表现结构的分量。而总量的均衡要受到结构均衡的制约和影响,只有总量的均衡而无结构的均衡,只能是一种虚假的均衡。事实上,中央银行在货币政策操作中,控制货币均衡往往是以总量均衡与结构合理为目标。

**(二)货币非均衡**

货币非均衡即货币失衡,是与货币均衡相对应的概念,是指货币供给与货币需求的不一致。货币失衡无非两种情况,即货币供给大于货币需求和货币供给小于货币需求。当货币供给大于货币需求时,表现为经济增长速度减缓,物价上涨幅度及速度超过人们在经济上和心理上可以承受的程度;当货币供给小于货币需求时,表现为经济增长停滞甚至负增长,商品严重滞销,失业率上升。

货币均衡是中央银行货币政策的理想目标,但是,在实际的经济生活中,货币供求失衡却是常见的现象。

**二、货币均衡与社会总供求平衡**

均衡是经济运行的目标,分析货币均衡必须将其置于社会总供求平衡的分析之中。

**(一)社会总供求平衡的内涵**

社会总供给是指一个国家在一定时期生产部门按一定价格提供到市场上的全部产品和劳务的价值之和以及在市场上出售的其他金融资产总量,即一定时期内社会的全部收入或总收入。社会总需求,是指一个国家在一定时期社会各方面实际占用或使用的全部产品之和,也就是一定时期社会的全部购买支出。而社会总供求平衡,指的是社会总供给与总需求的相互适应。

社会总供求平衡是现代经济运行中的市场总体均衡。社会总供求平衡与否取决于经济中商品市场与货币市场是否均衡。因此,社会总供求平衡也是商品市场和货币市场的统一平衡,但在社会总供求的平衡关系中,货币均衡占有极其重要的地位。

**(二)货币均衡与社会总供求平衡的关系**

货币均衡与货币均衡基础上的社会总供求平衡之间的关系可以归结为如下几点:

第一,商品市场上的商品供给决定了一定时期的货币市场上的货币需求。其原因在于,任何商品都需要用货币来度量其价值,并通过与货币的交换来实现其价值,有多大规模的商品供给便决定了与此相对应的货币需求。

第二,在货币市场上,货币的需求决定了对货币的供给。这是因为货币需求是货币供给的基础,中央银行控制货币供给的目的便是力图使货币供给与相应的货币需求相适应,以维持货币均衡。

第三,就社会总供求而言,货币市场上的货币供给形成对商品市场上的商品需求。其原因在于任何需求都是有支付能力的需求,只有通过货币供求的相互作用,需求才能得到实现。因此,在货币流通速度相对稳定的情况下,一定时期的货币供给量相应地决定了当期的社会总需求水平。

第四,商品市场上的商品供给与商品需求必须保持平衡,这不但是货币均衡的物质保证,而且是社会总供求平衡的出发点和结束点。

通过对货币均衡与社会总供求平衡关系的分析可以知道,实现社会总供求平衡的关键就在于控制货币供给量。因为商品流通与货币流通是紧密相关的,所以在货币经济中,商品市场的平衡不能通过其自身的运动来实现,必须借助于货币流通来实现。在商品经济条件下,商品劳务的总供给受制于商品劳务的总需求,而商品劳务的总需求不可能是无限度的,它受现有经济资源和生产能力的制约,而对商品劳务的总需求的测量与调控是由货币供给量所形成的各种有支付能力的购买力来体现的。因此,货币供给量的测量与控制最终影响着商品市场的平衡,进而最终影响着社会总供求的平衡。

### 三、货币均衡的实现条件

从形式上看,货币均衡就是货币领域中因货币供给与货币需求基本保持一致而导致的一种货币流通状态;但从实质上看,则是社会总供求平衡的一种反映。由于货币需求是由社会总供给决定的,而货币供给形成了社会总需求,因而货币均衡和社会总供求平衡只是一个问题的两个方面。一般条件下,货币均衡实际上体现了商品和劳务的总供给和以货币购买力所表示的商品和劳务总需求之间的平衡关系,即商品和劳务可以迅速转换为货币,而流通中的货币也能迅速转换为商品和劳务,既不会出现由于购买力不足而引起的商品积压和企业开工不足的现象,也不会出现由于购买力过剩而引起的商品和劳务供给不足以及物价普遍上涨的现象。

货币均衡的基本标志就是商品市场上物价稳定和金融市场上利率稳定。因此,在市场经济条件下,货币均衡的实现需要具备两个条件。一是要有健全的利率机制。作为金融市场上的价格,利率能够灵敏地反映货币供求状况。它随着货币供求关系的变化而变化,从而反映货币供求关系是均衡还是失衡,以及失衡的程度。二是要有发达的金融市场。在发达的金融市场上,各种金融工具和货币之间可以方便而迅速地相互转化,不但可供投资者选择的金融工具种类繁多,而且可以通过金融工具和货币之间的相互转换而调节货币供求。

当上述两个条件完全具备时,货币供给和需求之间就存在着自动实现均衡的可能性。但是,在不兑现的信用货币流通条件下,不能坐等市场机制的自动调节,必须发挥中央银行的调控机能,使货币供求实现均衡,从而保持货币流通的稳定。

### 四、货币均衡的衡量标志

货币是否均衡仅从货币供求量是无法准确判断的。因为货币均衡表现为经济均衡,而经济均衡的状态往往可以反映出货币均衡的状态,所以我们可以把一些重要的经济变量作为货币均衡的衡量标志,通过对这些经济变量的考察,来判断货币是否均衡。

在市场经济制度下,综合物价水平取决于社会总供给和社会总需求之间的关系,而总供给是否均衡的重要前提条件是货币均衡。因此,综合物价水平的变动可以用于判断货币是否均衡,也就是把物价变动率作为衡量货币是否均衡的主要标志。如果物价基本稳定,即物价的变动率在3%以内,则说明货币供求是均衡的;如果物价的变动率超过3%,则说明货币供求失衡。

## 第四节 通货膨胀

### 一、通货膨胀的涵义

只要存在不兑现的纸币的流通，就有发生通货膨胀的可能性。目前，信用货币几乎是世界上所有国家流通的货币，因此，很多国家都遭受过通货膨胀的困扰。由于通货膨胀往往会对一国的经济和政治产生广泛的影响，因而无论是经济学家还是政策的制定者，都对通货膨胀十分关注。

关于通货膨胀的定义，各国经济学家的看法并不完全一致，就连《大英百科全书》也认为，不存在一个唯一的、普遍接受的关于通货膨胀的定义。

萨缪尔森认为，通货膨胀的意思是物品和生产要素的价格普遍上升的时期，如面包、汽车、理发的价格上升，工资、租金等也上升。哈耶克认为，通货膨胀一词的原意和真意是指货币数量的过度增长，这种增长合乎规律地导致物价上涨。而莱德勒和帕金则认为，通货膨胀是一个价格持续上升的过程，也可以说是一个货币价值的持续贬值过程。

我国经济学家关于通货膨胀的传统定义和苏联的经济学家一样，他们都认为通货膨胀是资本主义经济特有的现象，与社会主义社会是毫不相干的。因此，当我国出现通货膨胀现象时，我们只是说"票子过多"。事实上，通货膨胀并不是资本主义社会特有的经济现象。我国早在宋代就发生了严重的通货膨胀。而斯大林时代的苏联也因为基本建设战线过长，使卢布的发行量大大超过了商品可供量，从而货币贬值，发生了通货膨胀。改革开放以后，我国经济学家通过对通货膨胀问题进行长期深入探讨，一致认为通货膨胀是在货币符号流通条件下，由于货币供应量过多，使有支付能力的货币购买力大于商品可供量，从而引起货币贬值、物价上涨的经济现象。

因此，综合以上所述，通货膨胀可以定义为由于货币供给过多而引起的货币贬值、物价总水平持续、明显上涨的过程。

但对于这个定义的把握，还要注意以下几点。

第一，通货膨胀不是指单个商品价格的上涨，而是指价格总水平的上涨。因为通货膨胀发生与否并不仅仅取决于一种商品价格的变化，而是取决于所有商品和劳务的总体价格水平的变化。通货膨胀应该表现为物价水平普遍、全面的上涨。

第二，通货膨胀是物价总水平的明显上涨。价格水平的某些微小的上升，如每年上升0.5%，不能看作通货膨胀。通货膨胀的物价上涨是公众能够明显感觉到的。

第三，通货膨胀的物价上涨是一个持续的过程，某些暂时性的或一次性的价格水平的上升也不能看作通货膨胀。只有当价格持续地上涨且成为不可逆转的趋势时，才可称为"通货膨胀"。

第四,并不是所有的通货膨胀都表现为物价上涨。通货膨胀最明显的标志就是物价上涨。在市场经济条件下,或在市场化程度较高的国家,货币供给量超过客观需要量都会引起物价上涨,出现通货膨胀。但是,在高度集中的计划经济国家,货币供给量超过客观需要量却不一定引起物价上涨,其根本原因就是这些国家实行票证供应制度,对有限的商品资源进行严格的价格管制,从而使货币供给量和价格之间的互动机制遭到破坏,经济中积累的过度需求不能通过物价上涨而吸收,过多的货币难以找到突破口。在这种情况下发生的通货膨胀称为"隐蔽型的通货膨胀",虽然看不到物价总水平普遍、持续、明显的上涨,但公众的实际生活水平却下降了。

### 二、通货膨胀的衡量指标

衡量通货膨胀的主要标志是物价总水平的持续、明显上涨。因此,通过计量物价水平的变动幅度,可以大体测定通货膨胀的程度,而反映物价水平变动的相对指标是物价指数。我们可以用消费物价指数、批发物价指数和国内生产总值平减指数作为衡量通货膨胀的指标。

消费物价指数也称为"零售物价指数"是指根据家庭消费的具有代表性的商品和劳务的价格变动编制而成的。以消费物价指数来衡量通货膨胀,其优点在于资料容易搜集,能够及时反映消费品供给与需求的对比关系,直接与公众的日常生活相联系。大多数国家一般都以消费物价指数作为衡量通货膨胀的指数,我国也以全国零售物价总指数作为衡量通货膨胀的指标。但是,消费物价指数所包括的范围较窄,只包括社会最终产品中居民消费品这一部分,不能反映公共部门的物品、生产的资本品,以及进出口商品和劳务价格的变化趋势。

批发物价指数是指根据制成品和原材料的批发价格编制而成的指数。以批发物价指数衡量通货膨胀,其优点是在最终产品价格变动之前获得工业投入品以及非零售消费品的价格变动信号,进而能够判断出其价格变动对最终进入流通的零售商品价格变动的影响。但是,批发物价指数在编制时没有考虑劳务产品,只计算了商品在生产和批发环节上的价格变动,未包含商品最终销售时的价格变动,其范围比消费物价指数更为狭窄。

国内生产总值平减指数是指按当年价格计算的国内生产总值与按照固定价格计算的功能生产总值的比率。这是一个能够反映综合物价水平变动的指标。其优点是包括的范围广,覆盖全面,能度量各种商品价格变动对价格总水平的影响。但是,由于编制该指数所需数据繁多,不易搜集,通常只能是一年公布一次,不能及时反映通货膨胀的程度。

### 三、通货膨胀的类型

通货膨胀可以按照不同的标准,从多个角度进行分类。

根据通货膨胀的表现形态,可以分为公开型通货膨胀和隐蔽型通货膨胀。公开型通货膨胀是指完全通过一般物价水平上涨形式表现出来的通货膨胀,可以由各种价格指数充分反映物价上涨的程度。隐蔽型通货膨胀是指没有完全通过公开的物价指数上涨的形式表现出来的通货膨胀。因为价格被政府管制而不能或不能完全、充分地上涨，所以出现商品普遍短缺、凭票供应、有价无货以及黑市猖獗等现象。

根据物价总水平上涨幅度的不同，可以把通货膨胀划分为爬行式通货膨胀、温和式通货膨胀、奔跑式通货膨胀和恶性通货膨胀。爬行式通货膨胀是指物价指数以缓慢的速度攀升，年平均上涨率在1%～3%以内。温和式通货膨胀是指物价水平的年平均上涨率在3%以上，但在10%以内。一般来说，在爬行式和温和式通货膨胀情况下，不会引起经济活动的严重失序，人们对未来的货币购买力还有信心，不会发生大规模的抢购和挤兑行为。奔跑式通货膨胀是指物价水平在长时期较大幅度地上涨，一般年平均上涨率都在10%以上。奔跑式的通货膨胀会使人们对货币失去信任，导致经济陷入混乱。恶性通货膨胀是指一般物价水平年平均上涨率呈现天文数字般的急剧上涨。在这种情况下，货币如同废纸，每分钟都在贬值，经济将完全瘫痪。20世纪40年代末的中国就曾经历过这种物价上涨率数以亿计的恶性通货膨胀。

另外，根据通货膨胀是否被预期到，可以分为预期通货膨胀和非预期通货膨胀。这种划分主要的目的是揭示通货膨胀的效应。

根据通货膨胀的成因，可以分为需求拉上型通货膨胀、成本推动型通货膨胀和结构型通货膨胀等。西方经济学界对通货膨胀的研究是从多个角度进行的，其中最重要的角度就是通货膨胀的成因。

**四、通货膨胀对经济的影响**

关于通货膨胀对经济成长的状态，经济学家们有着以下不同的观点。

第一种观点认为通货膨胀对经济成长具有正效应，即促进作用。其理由是：资本主义经济长期处于有效需求不足影响，实际经济增长率低于潜在经济增长率的状态。政府通过实施通货膨胀政策，可以刺激有效需求，推动经济增长。另外，通货膨胀有利于社会收入再分配向富裕阶层倾斜，富裕阶层的边际储蓄倾向较高，因此，通货膨胀会提高储蓄率，从而促进经济增长。

第二种观点是通货膨胀中性论的观点，即通货膨胀对经济成长既没有正效应，也没有负效应。这种观点认为，社会公众会根据对通货膨胀发展的预期作出合理的行为调整，从而使通货膨胀的各种影响作用相互抵消。

第三种观点认为通货膨胀虽然在短期内会对经济具有一定的刺激作用，但从长期来看，通货膨胀会给经济带来严重的消极影响，即降低经济体系的运行效率，阻碍经济的成长。通货膨胀使国民收入分配格局发生变化，社会公众收入水平赶不上物价上涨，实际收入下降，从而导致各阶层矛盾加剧，容易引发社会动荡。在通货膨胀条件下，存钱不如存物，生产不如囤积，投资不如投机，从而导致生产性投资减少，流通秩序混乱，不利于社会再生产的正常进行。

促进论的观点在20世纪60年代凯恩斯主义理论流行时较为盛行。但20世纪70年代以后，随着"滞胀"的出现，人们普遍认识到了通货膨胀对经济的危害。因此，目前大多数经济学家支持促退论的观点，把通货膨胀看成阻碍经济增长的重要原因。

从对生产的影响来看,通货膨胀会破坏社会再生产的正常进行,造成生产秩序的混乱。通货膨胀也会使生产性投资减少,不利于生产的长期稳定发展。

从对流通的影响来看,通货膨胀使流通领域原有的平衡被打破,使正常的流通受到阻碍,并在流通领域制造或加剧了供求矛盾。随着通货膨胀程度的不断加深,流通领域更加混乱,严重时甚至可能会爆发金融危机。

从对消费的影响来看,在通货膨胀条件下,人们的实际收入减少,消费水平下降。而消费水平的下降又限制着下一阶段生产的发展。另外,由于公众的实际可支配收入减少,其储蓄能力也被削弱。而且,通货膨胀使本金贬值,也使人们对储蓄产生悲观预期,出现消费对储蓄的强迫替代,也就是所谓的"存钱不如存物"。

从对分配的影响来看,通货膨胀会导致社会财富的再分配,影响社会成员原有收入和财富的占有比例。

**五、通货膨胀的成因**

通货膨胀的发生总是和货币的扩张联系在一起。但是,在不同时间、不同地点,导致这种货币扩张的原因却是多种多样的。由于通货膨胀对经济的影响如此巨大,经济学家们一直探讨其成因,并形成了通货膨胀成因理论。

(一)西方经济学家对通货膨胀成因的解释

在众多解释通货膨胀成因的理论中,较为流行的有以下几种。

**1. 需求拉上论**

需求拉上论是在宏观经济学中产生较早的,也是比较重要的通货膨胀成因理论,主要从需求方面分析通货膨胀的成因。其基本观点是:通货膨胀是因为总需求的过度增长所引起的。通俗的说法就是"太多的货币追逐过少的商品",对产品和劳务的需求超过了在现行价格条件下可能的供给,导致了一般物价水平的上升。

经济学家们对这种原因形成的通货膨胀也有不同的解释。

(1)充分就业时的需求拉上型通货膨胀

这是凯恩斯的观点,可以用"通货膨胀缺口"来说明。凯恩斯认为,在经济实现充分就业的情况下,如果实际的总需求大于充分就业时的总需求,这两种总需求的差额就形成了"通货膨胀缺口"。我们可以用图11-1说明这种通货膨胀的形成。

在图11-1中,总需求曲线$AD_0$与总供给曲线$AS$相交于$E_0$,决定了国民收入为$Y_0$,价格水平为$P_0$。这时,$Y_0$是充分就业时的国民收入。在实现了充分就业的情况下,总需求仍然增加,总需求曲线移动到$AD_1$,$AD_1$与$AS$相交于$E_1$,国民收入仍然为$Y_0$,价格水平从$P_0$上升到$P_1$,这时,实际总需求$AD_1$大于充分就业的总需求$AD_0$,二者差额就是"通货膨胀缺口"。"通货膨胀缺口"的存在说明经济中有过度的总需求,这种过度总需求的存在就引起了需求拉上的通货膨胀,即价格水平从$P_0$上升到$P_1$。

# 第十一章 货币供求

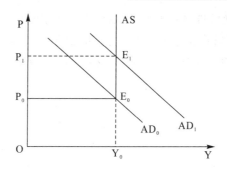

图 11-1

凯恩斯的这种观点有两点值得我们注意:其一,通货膨胀是在实现了充分就业之后因为过度总需求的存在而引起的,当经济中没有实现充分就业时,总需求的增加就不会引起通货膨胀;其二,这种过度总需求的存在往往是与政府支出的增加相关的。

(2)未实现充分就业时的需求拉上型通货膨胀

现代许多经济学家认为,凯恩斯关于实现充分就业之后才会出现通货膨胀的观点绝对化了,实际上在充分就业实现之前也会由于需求的推动而产生通货膨胀,即在总需求增加时会随着实际国民收入的增加而产生通货膨胀。

根据这种观点,总需求的增加所引起的通货膨胀经历了三个阶段:其一,因为价格对总需求的反应慢于生产,所以产出增加,而价格水平并没有上升;其二,当产出继续增加时,价格开始上升,这时通货膨胀出现;其三,产出下降,但价格仍然上升,出现"滞涨"。

这种由总需求的增加引起的通货膨胀的程度取决于总供给曲线的斜率。总供给曲线斜率越大,总需求增加所引起的产出增加越小,引起的通货膨胀越严重;反之,总供给曲线斜率越小,通货膨胀程度也越小。总供给曲线在正常情况下既不会是水平线,也不会是垂直线,而是向上倾斜的。因此,在总需求增加时,伴随着产出的增加总会有不同程度的通货膨胀发生。我们可以用图 11-2 来说明此过程。

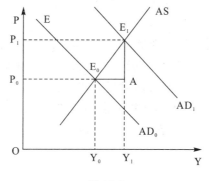

图 11-2

在图 11-2 中,原来总需求曲线 $AD_0$ 和总供给曲线 AS 相交于 $E_0$,决定了产出为 $Y_0$,价格水平为 $P_0$,而且未实行充分就业。当总需求增加时,总需求曲线从 $AD_0$ 移动到 $AD_1$,引起产出增加,价格水平上升。但这种变动的过程是从产出的增加开始的,即先向 A 点方向水平增加,然后价格水平上升,从而发生通货膨胀。

此外,对需求拉上型通货膨胀的解释,以弗里德曼为代表的货币主义者认为,总需求的增加最终是由货币量过多造成的。这实际上是把通货膨胀归因于凯恩斯主义倡导的国家干预经济的政策。

**2. 成本推进论**

这种理论产生于 20 世纪 50 年代后期,主要是用供给和成本方面的原因来解释通货膨胀的成因。其基本观点是,即使没有过度总需求的存在,也会由于生产成本的增加而引起通货膨胀。因为商品的价格一般情况下是以生产成本为基础,加上一定的利润构成。所以,生产成本的增加必然导致物价水平的上升。我们可以用图 11-3 来进行说明。

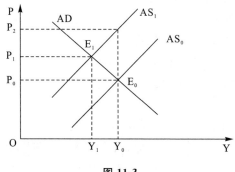

图 11-3

在图 11-3 中,原来的总供给曲线为 $AS_0$,它与总需求曲线 AD 相交于 $E_0$,决定了国民收入为 $Y_0$,价格水平为 $P_0$。由于生产成本或利润的增加,总供给曲线从 $AS_0$ 向上移动到 $AS_1$。这时,如果仍要维持原有产出水平 $Y_0$,价格就会上升到 $P_2$。这就是成本或利润增加所直接引起的通货膨胀。由于此时价格水平太高,在总需求不变的情况下,产品无法全部售出,因而生产厂商减少生产量,使其由 $Y_0$ 减至 $Y_1$,价格水平随之由 $P_2$ 降至 $P_1$,总需求曲线 AD 和总供给曲线 $AS_1$ 相交于 $E_1$,$E_1$ 点成为新的均衡点。和原来的均衡点 $E_0$ 所对应的价格 $P_0$ 相比,价格仍然是上升了。

成本推进论者认为,导致这种通货膨胀的根源在于,现代经济中有组织的工会和垄断性的大公司对成本和价格具有操纵能力。工会要求企业提高工资,迫使工资增长率超过劳动生产率的增长率,企业则会通过提高产品价格来转嫁工资成本的上升。垄断性企业为了获取垄断利润也会人为地提高商品价格。也就是说,由于工资或利润的增加,总供给曲线向上方移动,从而在总需求不变的情况下出现了通货膨胀。因此,成本推进型通货膨胀按其产生的原因,又可分为工资成本推进型通货膨胀和利润推进型通货膨胀。

**3. 供求混合推进论**

许多经济学家认为,任何实际的通货膨胀过程都很少只是由需求拉上的或者只是由成本推动的,大多数通货膨胀的发生实际上包含了需求与供给两方面因素的共同作用。把通货膨胀区分为需求拉上型的和成本推动型的是一种静态分析方法,它可以解释由于总需求曲线或总供给曲线变动所引起的价格水平的一次性上升,但无法用来分析物价水平的持续上升以及通货膨胀的实际过程。因此,我们要研究需求拉上与成本推动在通货膨胀中的相互关系。

如果通货膨胀的过程是从总需求方面开始的,那么,过度总需求的存在会引起物价水平上升,形成通货膨胀。但在这一过程中,物价水平的上升又会引起货币工资增加。因此,在需求拉上的通货膨胀中不能排除成本推动的作用。在二者的共同作用之下,通货膨胀就会持续下去。如果这种需求拉上的通货膨胀没有成本推动起作用,价格上升实际工资下降就会自发地减少总需求,从而使通货膨胀结束。

如果通货膨胀的过程是从总供给方面开始的,那么,除非在这一过程中有总需求的相应增加,否则通货膨胀也不会持续下去。如果没有总需求的相应增加,价格上升就会使需求减少,生产厂商不得不缩减生产,从而导致失业增加,出现经济萧条。在这种情况下,通货膨胀也会停止。我们可以用图11-4来说明供求混合推进型通货膨胀。

在图11-4中,总供给曲线 $AS_0$ 和总需求曲线 $AD_0$ 相交于 $E_0$ 点,决定了国民收入为 $Y_0$,价格水平为 $P_0$。当总需求增加,总需求曲线移动到 $AD_1$ 时,$AD_1$ 与 $AS_0$ 相交于 $E_1$,决定了国民收入为 $Y_1$,价格水平为 $P_1$,这时已经发生了通货膨胀。此时,如果总供给不变,即货币工资不上升,那么,实际工资的下降会使总需求减少。另外,价格水平上升实际货币供应量减少会使利率上升,也会导致总需求减少,最终总需求又会下降到 $AD_0$ 处,通货膨胀结束。只有当货币工资增加,总供给曲线由 $AS_0$ 移到 $AS_1$,$AS_1$ 与 $AD_1$ 相交于 $E_2$ 时,价格水平才会继续上升为 $P_2$。此时,通货膨胀的发生过程是 $E_0 \rightarrow E_1 \rightarrow E_2$。

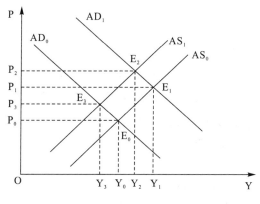

图 11-4

如果工资成本增加,总供给曲线 $AS_0$ 移到 $AS_1$,$AS_1$ 与 $AD_0$ 相交于 $E_3$,则会发生通货膨胀。但如果总需求不变,则工资水平的上升会使产出进一步减少,从而价格下降,通货膨胀结束。只有当总需求增加,总需求曲线由 $AD_0$ 移动到 $AD_1$,$AS_1$ 与 $AD_1$ 相交于 $E_3$ 时,价格水平才会上升为 $P_3$。此时,通货膨胀的发生过程为 $E_0 \rightarrow E_3 \rightarrow E_2$。

**4. 结构论**

结构型通货膨胀是指因社会经济结构方面的因素而引起物价水平上升,这时即使整个经济体系中的总需求与总供给处于均衡状态,仍会有通货膨胀发生。

这一理论认为,长期的通货膨胀趋势是这样四种因素相互作用的结果。

(1) 工业部门和服务部门劳动生产率的不一致。一般而言，产出制成品的工业部门与产出劳务的服务部门相比，前者的生产率增长要比后者快。

(2) 两个部门货币工资增长率的同一性。上述两部门可分别称作"先进部门"和"保守部门"，在经济繁荣时期，先进部门由于劳动力缺乏，货币工资上升，而保守部门的工人认为这种上升不是暂时的，会引起他们相对工资的下降，从而感觉"不公平"，于是他们就要求提高工资。在这种情况下，劳资之间的仲裁者（如国家）也会认为保守部门的工人要求是合理的，结果两个部门的货币工资增长率达到了一致。但此时，先进部门货币工资增长率与劳动生产率一致，产品价格保持不变，保守部门货币工资增长率则大于劳动生产率，产品价格提高。这样，从整个社会来看，价格水平就上升了。

(3) 工业部门与服务部门产出的价格不同和收入的弹性不同。由于对保守部门的产品（劳务）的需求弹性小，而对先进部门的产品（制成品）的需求弹性大，因而保守部门产品的高价格得以维持。

(4) 价格和工资波动的局限性。当需求增长时，工资和价格具有向上的弹性，但当需求下降时，工资和价格却呈现向下的刚性，由此而引起物价水平上升。

此外，一些北欧经济学家把结构性通货膨胀理论与通货膨胀的国际传递机制结合起来，解释北欧开放性小国通货膨胀发生的机制，被称为"斯堪的纳维亚模型"，又称为"小国开放通货膨胀模型"。

小国开放型经济是指贸易品（进出口）在世界市场上进行交易，供给和需求都具有无限弹性，是世界市场价格的接受者，其经济分为开放经济部门即生产与国际市场相交换商品的部门和封闭经济部门。可见，开放经济部门的通货膨胀率等于国际上的通货膨胀率，而开放经济部门与封闭经济部门的货币工资增长率相等。这两个部门的货币工资增长率决定了国内通货膨胀率，即国内通货膨胀率等于这两个部门通货膨胀率的加权平均数，权数的大小取决于这两个部门在经济中所占的比例。

(二) 我国经济学界对通货膨胀成因的解释

自我国改革开放以来，物价持续上涨的事实推动了经济学界对我国通货膨胀形成原因的探讨，并提出了一些较有特色的假说。

**1. 需求拉上说**

需求拉上说较有代表性的思路有两种。一种是把货币供给增长过快归因于财政赤字过大，特别是基本建设投资过大所引起，从而说明需求拉上型通货膨胀的形成机理。这种思路的形成是与改革开放前集中性的货币分配基本由财政进行的状况相联系的。另一种是将通货膨胀直接归结为信用膨胀的结果。这种思路的形成是以改革开放后信贷分配货币资金的比重急剧增大为背景。两种思路的共同点都是重视货币因素在通货膨胀形成中的直接作用，不同点是前者强调财政，后者强调信贷。

**2. 成本推进说**

重视成本推进因素作用的观点也有两种。一种是强调工资因素的关键作用。另一种则是强调应该综合考虑原材料涨价对企业造成的成本超支压力和工资增长速度过快两方面的作用。

### 3. 结构说

结构型通货膨胀理论的基本观点是：在供求总量平衡的前提下，如果某些关键产品的供求出现失衡，则会引发通货膨胀。比如，初级产品的短线制约就是结构型通货膨胀的主要促成因素。

关于结构论，还有一种观点认为，国家为了改变不合理的经济结构，企图对资源进行重新配置，为此采取减税、增加货币供给等措施对相关部门进行投资，造成货币供给过多，需求过大。

### 4. 体制说

体制说是倾向于从体制上寻找通货膨胀原因的人的观点。这种观点认为，在体制转轨过程中，由于产权关系不明晰，国有企业破产和兼并机制不完善，在资金上仍然靠国家银行，停产和半停产时职工工资和经营风险仍由国家承担，因而必然会导致投资需求和消费需求的过度积累，推动物价水平的上涨。这种论证实际上是剖析需求拉上通货膨胀产生的原因。

### 5. 摩擦说

摩擦性的通货膨胀是指在现今特定的所有制关系和特定的经济运行机制下，计划者需要的经济结构与劳动者所需要的经济结构不相适应所引起的经济摩擦而造成的通货膨胀。具体来说就是：在公有制特别是国有制条件下所存在的积累与消费之间的矛盾，外在地表现为计划者追求高速度经济增长和劳动者追求高水平消费之间的矛盾。国家追求高速经济增长往往引起货币超发，劳动者追求高消费往往引起消费需求膨胀和消费品价格上涨。这是从体制的另一个角度说明需求拉上的起因。

### 6. 混合类型说

混合类型说认为我国通货膨胀的形成机理十分复杂，其成因可分成三类，即体制性因素、政策性因素和一般因素。体制性因素不仅包括企业制度因素，还包括价格双轨制、财政金融体制、银行信贷管理体制、外贸外汇体制等因素。政策性因素是指宏观经济政策选择不当，如过紧或过松对社会总供求的平衡带来不利影响。一般因素则是指在体制性和政策性因素之外，经济发展本身存在的引起物价水平持续上涨的因素，如我国人均可耕地少和人口众多且增长率难以控制存在矛盾等。

## 六、通货膨胀的治理

综观世界各国反通货膨胀的实践，通货膨胀的治理对策主要有以下几种。

### (一) 抑制总需求的政策

因为通货膨胀的一个基本原因在于总需求超过了总供给，所以当经济面临较大的通货膨胀压力时，政府往往采取紧缩性的财政、货币政策来抑制过于旺盛的总需求。这种反通货膨胀的措施通常容易奏效，但它的施行往往会伴随着失业率的大幅度上升。

#### 1. 紧缩性的货币政策

货币政策的具体内容包括信贷政策和利率政策两个方面。信贷政策是指中央银行为控制信用而采用的方针和各种措施。其内容有：在量的方面，中央银行要调节社会的信用总量以适应社会经济发展的资金需要;在质的方面,中央银行要调节社会信用量的构成及信用方向,做到合理地分配资金。利率政策是指中央银行控制和调节市场利率的方针和各种措施。其内容也有两个方面:一是中央银行要控制和调节市场利率一般水平,使市场利率的高低能反映出社会资金供求状况;二是中央银行要调整和控制整个社会的利率结构,使社会资金在合理的资金价格体系指导下能进行有效地分配。

紧缩性货币政策所包括的手段主要有:提高法定存款准备金比率;提高利率(包括提高再贴现率和存款利率);通过公开市场业务出售政府债券等。这些措施的目的都是要抽紧银根,保证货币供应量的增长与经济增长相适应。

**2. 紧缩性的财政政策**

财政政策是指政府根据既定目标,通过财政收支的变动影响宏观经济水平的经济政策。紧缩性财政政策的基本内容是增加税收和减少政府支出。增加税收的通常做法是提高税率和增加税种,这样可以压缩企业和个人可支配的货币收入,增加财政收入,减少财政赤字或财政向中央银行的借款量。压缩财政支出的办法是削减财政投资的公共工程项目,减少各种社会救济和补贴,使财政收支平衡。

### (二)收入政策

收入政策就是为了降低一般物价水平的上涨幅度而采取的强制性或非强制性的限制货币工资与价格的政策,其目的是降低通货膨胀率,又不会造成大规模的失业。收入政策的理论基础主要是成本推进型通货膨胀理论,即价格的上涨是工人要求提高工资和垄断组织抬高垄断价格推上去的,而不是市场的过度需求拉上去的。实行货币财政"双紧"的政策,压缩了总需求,并不能保证成本的下降、物价的平稳,反而会导致经济的衰退和失业率的提高。因此,针对成本推动型通货膨胀,政府应该采取以管制物价和工资为内容的收入政策,也就是由政府拟定物价和工资标准,劳资双方共同遵守。其目的一方面是降低通货膨胀率,另一方面是不至于造成大规模的失业。其主要手段有:工资管制;确定工资—物价指导线;物价管制等。

从各国经验来看,利用收入政策对付通货膨胀的效果并不理想。因此,收入政策并不是治理通货膨胀的"灵丹妙药",只能作为紧缩性财政、货币政策的一种补充。

### (三)货币改革

如果物价上涨率已达到不可遏止的状态,政府还在不断地发行纸币,整个货币制度已处于或接近于崩溃的边缘,即通货膨胀已达到恶性通货膨胀的程度,那么采取的对策应该是币制改革。货币改革一般的做法是废除旧币、发行新币,并对新币制定一些保证币值稳定的措施。发行新货币的目的在于增强居民对货币的信任,增加居民储蓄存款,使货币恢复执行其原有职能。但是,币制改革必须辅之以其他措施,如维持社会安定、恢复和增加生产等,否则通货膨胀仍难以得到扼制,还会使新发行货币的信誉迅速下降,最后新货币的出台以失败而告终。实践证明,发行新货币这一措施本身往往是治标而不治本的。

### (四)改善供给

发展生产、增加有效供给是稳定币值、消除通货膨胀的根本出路。在这个方面,供应学派的政策主张可供借鉴。供应学派认为,通货膨胀和经济波动都是由产品供应不足引起的,因此,只要刺激生产、增加有效供给,就能扼制通货膨胀。改善供给的一般措施有以下几种。

**1. 降低税率,促进生产发展**

20世纪80年代初期,美国在治理通货膨胀时,里根政府就采取了在压缩需求的同时,3年内减低所得税16%的政策措施。此外,政府还通过提高机器设备的折旧率来刺激投资,以促进生产发展,增加有效供给。

**2. 实行有松有紧、区别对待的信贷政策**

在压缩总需求的同时,货币当局还应该实行产业倾斜政策。对国民经济中的"瓶颈"部门、事关国计民生的主要产业和产品,要实行比较优惠的信贷政策;对那些产品积压、投入多、产出少的产业或产品,则要紧缩信用。只有这样,产业结构、产品结构才能得到优化,社会资源才能得到合理配置,货币流通状况才能得到根本好转。

**3. 发展对外贸易,改善供给状况**

对外贸易不仅可以调节供给总量,还可以改善供给结构。当国内供求矛盾比较尖锐时,可以动用黄金外汇储备来进口商品、增加供给总量;当国内市场上某种商品供给过多,而另一些商品供不应求时,则可通过进出口贸易来调节供给结构。

(五)指数化方案

指数化方案是指将各种名义收入,如工资、利息等,部分或全部地与物价指数相联系,自动随着物价指数的升降而升降。实行这种政策的好处有两点。其一,指数化可以缓解由通货膨胀造成的不公平的收入再分配,从而消除许多不必要的扭曲。其二,由于下述两个原因,指数化可能有利于通货膨胀率的最终下降。一是指数化条款使得在通货膨胀条件下,作为最大债务人的政府的还本付息负担加重,从而使政府从通货膨胀中获得的好处(主要是铸币收入及国债还本付息负担的减轻)减少。因此,政府实行通货膨胀性政策的动机将减弱。二是当政府的紧缩性政策使得实际通货膨胀率低于签订劳动合同时的预期通货膨胀率时,指数化条款会使名义工资相应下降,从而避免因实际工资上升而造成的失业增加。换言之,指数化条款可能使紧缩性政策的代价减少,从而使通货膨胀更容易被扼制。

早在20世纪20年代,比利时等国就实行过指数化方案。自20世纪70年代以来,收入指数化,尤其是工资指数化在发达国家中较为普遍。但遗憾的是,收入指数化政策的上述功能并不是绝对的。一般来说,指数化政策在消除收入的不公平分配方面的作用是有限的,这是因为价格指数的编制和收入的调整都需要一定的时间,收入的调整往往滞后于物价的上升。另外,指数化条款并不能够做到包罗万象。更重要的是,指数化强化了工资和物价交替上升的机制,往往使物价越发不稳定。因此,指数化方案只是一种消极对付通货膨胀的措施。

## 第五节 通货紧缩

由于在不兑现的纸币制度下通货膨胀已多次发生,人们对它的研究较为深入和系统,并已形成了较为完善的理论体系,也已积累了一定的治理经验。但是,经济中也存在着通货紧缩的现象。和通货膨胀一样,通货紧缩意味着货币供求的失衡。1997年以来,国外一些权威人士和机构不断发出"全球通货紧缩"的警告,并指出"今后威胁全球经济的不再是通货膨胀,而是通货紧缩"。我国在1998—2002年的5年时间里也出现了较为严重的通货紧缩。因此,对于通货紧缩,我们有必要加以认识。

### 一、通货紧缩的内涵

通货紧缩与通货膨胀一样,也是一种货币现象。与通货膨胀的含义正好相反,通货紧缩是指商品和劳务价格的普遍持续下跌的过程,它表明单位货币所代表的商品价值在增加,货币在不断升值。通货紧缩往往伴随着经济萧条、失业上升。

按照引发通货紧缩原因的不同,通货紧缩有狭义与广义之分。狭义的通货紧缩是指货币供应量的减少或货币供应量的增长幅度滞后于生产增长的幅度,致使对商品和劳务的总需求小于总供给,从而出现物价总水平的下降。当这种通货紧缩出现时,市场银根趋紧,货币流通速度减慢,最终引起经济增长率的下降。而广义的通货紧缩产生的原因除了货币因素之外,还包括许多非货币因素,如生产能力过剩,有效需求不足,资产泡沫破裂以及新技术的普及和市场开放程度的不断加快等,它们使商品和劳务价格下降的压力不断增大,从而可能形成物价的普遍持续下跌。

关于通货紧缩的内涵,国内目前有三种观点。第一种观点认为,通货紧缩就是指物价的普遍持续下降。第二种观点认为,通货紧缩是指物价持续下跌,货币供应量持续下降,并与经济衰退相伴随。第三种观点则认为,通货紧缩是经济衰退的货币表现,因而必须同时具备三个特征:一是物价持续下跌,货币供应量不断下降;二是有效需求不足,失业率上升;三是经济全面衰退。

根据以上分析,我们认为,通货紧缩是一种商品和劳务价格普遍下跌的现象。其主要原因是货币供应量少于客观需要量,致使社会总需求少于社会总供给。而生产能力过剩、资产泡沫破裂、高新技术及其产品的广泛普及也有可能造成或加剧通货紧缩。通货紧缩的后果是有效需求不足,失业率上升,最终导致经济的全面衰退。

### 二、通货紧缩的衡量标志

通货紧缩反映在物价上,表现为物价水平持续疲软或负增长,因此,我们前面介绍过的消费物价指数、批发物价指数和国内生产总值平减指数的变动也可以用于说明通货紧缩的状况。在这三个物价指数中,消费物价指数更具有代表性,它的下降状况更能灵敏地反映居民需求和市场的疲软。

货币供给的状况也是重要的衡量通货紧缩的标志，或是表现为货币供给总量(M)增长率下降乃至负增长，或是表现为货币流通速度(V)的明显减慢。因为这两者的乘积(MV)缩小，表明社会总需求正在萎缩。

此外，也有经济学家把经济增长率减缓或负增长看作通货紧缩的衡量标志之一。因为物价和货币供给量的持续下降必然会影响到实际的经济增长。但是，这必须以物价和货币供给量持续下降的存在为条件。

### 三、通货紧缩的成因

引发通货紧缩的原因较多。根据近代世界各国发生通货紧缩的情况分析，大体有以下几个方面的原因。

#### (一) 货币紧缩

弗里德曼和舒瓦茨认为，美国1920—1921年出现严重的通货紧缩完全是货币紧缩的结果，在1919年4月到1920年6月期间，纽约联邦储备银行曾经多次提高再贴现率，先后从4％提高到7％。大萧条期间出现的通货紧缩也是同样的原因。当然，货币紧缩往往是货币政策从紧的结果。货币当局为追求价格稳定，往往把货币政策目标定为零通胀，从而采取提高利率等手段以减少货币供应量。这样的政策效果可能从一个极端走向另一个极端，即在治理了通货膨胀的同时引起了通货紧缩。因为紧缩性的货币政策往往容易导致物价的下降、有效需求的不足以及经济的衰退，所以不少学者认为，把货币政策目标定为零通胀是非常危险的。

#### (二) 资产泡沫破裂

导致通货紧缩的另一个原因是资产泡沫破裂。1986—1989年，日本的经济泡沫泛滥成灾，股票和房地产价格扶摇直上。但在1990年5月经济泡沫破灭之后，股市便迅速狂泻，汇率大跌，企业和银行大量倒闭。从此，日本经济陷入长期的通货紧缩困境。

#### (三) 多种结构性因素

不少经济学家把通货紧缩的成因归结为多种结构性因素，主要包括：全球军费支出大量削减；大国的财收支出和赤字减少；中央银行继续同通货膨胀作斗争；科技进步降低了成本，提高了生产效率；信息技术强化了竞争，贸易壁垒被打破；经济全球化不断加快等等。所有这些因素都使全球的生产能力过剩和供给过剩，促使物价水平长期下跌。

#### (四) 流动性陷阱

凯恩斯把货币供应量的增加未带来利率的相应降低，只是引起人们手持现金增加的现象称为"流动性陷阱"。在正常情况下，货币供应量的增加会引起债券价格的上升，人们会用手中的现金购买有收益资产，从而使货币需求减少、利率下降。但是，一旦人们认为目前的证券价格过高，预期其可能下跌，而利率太低，预测今后可能升高时，就会放弃购买有收益资产而持有现金。如果此时货币当局再增加货币供应量，就只会使人们手持现金增加，即被流动性陷阱吸收，而不能使利率改变，货币政策将不起作用。货币供应量增加既然对利率没有影响,也就无法改变投资和消费,增加总需求。

流动性陷阱的出现使过量的现金转化为公众的手持现金或银行储备,并未使利率降低,不能刺激投资与消费的增加,反倒使经济萧条更趋严重,并增加通货紧缩的治理难度。

### 四、通货紧缩对经济的影响

过度的通货膨胀对经济的危害性很大,人们讲起物价飞涨,总是谈虎色变,心有余悸。相反地,人们对物价下降的感觉可能还不错。那么,物价是否越降越好呢?实际上,长期的通货紧缩也有很大的危害,这主要表现如下。

#### (一)不利于资源的优化配置

市场经济的优越性之一就是可以发挥价格机制的作用,依靠价格预期配置资源。而通货紧缩导致价格预期前景不佳,当然也就谈不上优化资源配置。

#### (二)打击投资信心,导致生产萎缩

由于价格持续下降,企业的利润率也不断降低,增大了生产性投资风险和经营风险,使企业不愿扩大投资,从而使就业机会减少,失业率上升,公众收入减少。而这些又会影响居民消费倾向下降,使企业产品销路不畅,物资积压,难以维持再生产。

#### (三)不利于国际收支平衡

通货紧缩的发生使货币升值,从而导致本国产品的实际生产成本上升,在国际市场上竞争力下降,最终导致出口减少,外贸收支逆差扩大,国际收支状况恶化。

#### (四)造成财政收支状况恶化

通货紧缩发生后,内外部需求都减弱,政府为了启动经济,将被迫采取一些扩大财政支出的措施。另外,企业不景气,政府财政收入又会减少,从而扩大财政赤字。

#### (五)加大贫富差距

通货紧缩使货币升值,拥有较多财富的高收入阶层拥有货币越多则升值也越多。而低收入阶层却往往面临着失业的威胁,收入不断下降,收入预期不佳,从而产生"富者愈富、穷者愈穷"的马太效应。

### 五、通货紧缩的治理

既然通货紧缩集中表现为社会总需求不足,作为对社会总需求有着重要影响作用的财政和金融部门理应实行扩张性的财政政策和货币政策。实行扩张性财政政策的主要措施就是财政扩大支出和降低税率。实行扩张性的货币政策的措施有:下调利率,降低资金成本,刺激企业投资;增加对企业的贷款和对居民的消费贷款;疏通储蓄转化为投资的渠道,发展多种直接和间接融资方式,更有效地引导投资需求增加。

至今为止,历史上出现的最严重的通货紧缩是20世纪30年代的世界性经济大危机。后来,由于采用了凯恩斯的膨胀性经济政策,西方各国进入了一个快速的经济发展时期,失业率大大下降,经济危机得到了较大的缓解。但是,从20世纪六七十年代开

始,西方各国普遍出现了"滞胀"。很多人认为,这正是各国长期实行凯恩斯赤字财政政策和扩展性货币政策的后果。因此,对于通货紧缩,一方面要采取逆向的经济政策,另一方面要把握好"度"。

近年来,各国针对通货紧缩采取了一系列的经济政策和措施,取得了较好的成效,也积累了较为丰富的经验。这些应对措施主要有以下几种。

### (一)拉动内需

拉动内需就是增加国内有效需求。国内有效需求包括投资需求和消费需求,投资需求的增加主要通过两个渠道实现:一是政府增加公共投资,主要用于基础设施建设,以刺激投资品市场的需求,增加就业;二是刺激私人部门和民间投资,主要通过降低税率、利率,增加信贷资金投放等措施,提高企业经营者的投资回报,以增强其投资信心,增加投资额。增加消费需求主要是增加政府采购、提高公共消费水平以及刺激居民个人消费。在通货紧缩的情况下,失业及收入预期下降,消费者普遍缩减开支、增加储蓄,因此,要想刺激居民个人的消费,政府就应通过增加工资、增加社会福利、提供消费信贷以及降低利率等各种途径提高消费者的支付能力,提高消费水平。

### (二)增加外部需求

通过促进对外贸易,扩大出口,增加国外对本国产品的需求,可以消化国内相对过剩的供给能力。在出现通货紧缩时,许多国家都采取本币贬值的策略,在国际贸易中争取一切有利条件增加出口、限制进口,以消化国内相对过剩的产品,保持较高的就业水平。当然,这一做法一方面要看国际市场的容纳能力,另一方面还可能引起相关国家的报复性反应。因此,各国必须根据国际市场的具体情况而定。

### (三)改善供给结构,增加有效供给

通货紧缩虽然表现为总需求不足,即总需求小于总供给,造成物价水平的下跌,但从供给的角度看,却可能同时存在供给结构不合理的情况。也就是说,产业结构和产品结构与需求结构不对称,造成供给的相对过剩,同时一部分需求又得不到满足。从各国的实践看,导致市场供过于求、物价水平下降的往往是那些低水平简单重复、缺乏市场卖点、缺少技术含量和追加功能的老式产品。因此,从供给方面治理通货紧缩,应从调整结构上下工夫,从产品创新上做文章;要大力压缩市场已经饱和的产品生产,开发市场上没有或不足的产品,提升产品的技术含量,增加产品的附加功能。这样既可以发掘新的消费热点,增加有效需求,又可以减少因生产相对过剩造成资源的闲置和浪费。

因为通货紧缩形成的原因较多,治理难度较大,所以,通货紧缩光靠实行扩张性的财政和货币政策是远远不够的,必须同时借助于诸如收入政策、产业政策、外贸政策、就业政策等宏观政策,各项政策多管齐下、互相协调配合,这样才能有效治理通货紧缩。

### 关键术语

货币需求　流动性偏好　原始存款　派生存款　基础货币　货币乘数　货币均衡
通货膨胀　消费物价指数　隐蔽型通货膨胀　通货紧缩

**复习思考题**

1. 如何理解货币需求？
2. 决定和影响货币需求的因素主要有哪些？
3. 简述古典货币需求理论的主要观点。
4. 简述凯恩斯的货币需求理论，并谈一谈凯恩斯学派的经济学家们对凯恩斯货币需求理论的发展。
5. 简述商业银行的派生存款创造机制。
6. 试述货币供给的形成中，商业银行和中央银行的作用。
7. 如何理解货币均衡？
8. 什么是通货膨胀和通货紧缩？简述通货膨胀的成因及治理措施。

拓展阅读

# 第十二章

# 货币政策

**本章提要**

货币政策是一个国家或地区货币管理当局调节和控制宏观经济的主要手段之一。本章主要介绍货币政策的内涵、构成要素、特征和类型；货币政策最终目标以及目标之间的关系；货币政策工具的类型及其作用机理；货币政策中介指标的选择标准和类型；货币政策传导机制和货币政策效应。

# 第一节 货币政策概述

货币政策在国家或地区的宏观经济政策中居于十分重要的地位。货币政策的变化通常会使总需求和总供给、一般价格水平、经济增长速度和经济结构、国际收支平衡等方面发生相应的变化。因此,它是现代市场经济国家或地区最重要的宏观经济调控手段之一。

## 一、货币政策的内涵

货币政策有广义与狭义之分。广义的货币政策是指政府、中央银行以及其他宏观经济部门的所有与货币相关的各种规定以及所采取的一系列影响货币数量和货币收支的各项措施的总和。而现代通常意义上所说的货币政策一般为狭义的货币政策,是指中央银行为实现特定的经济目标,运用各种工具调节和控制货币供应量和利率等金融变量,进而影响国家或地区宏观经济运行的各种方针和措施的总称。

## 二、货币政策的构成要素

货币政策一般包括:货币政策最终目标,实现最终目标的政策工具,监测和控制最终目标实现的各种近期操作指标和远期中介指标(如货币供应量、利率、汇率等),货币政策传导机制和货币政策效果等五项基本要素。这些基本要素之间紧密相连,构成了一个国家或地区货币政策的有机整体。因此,在制定和执行货币政策时,必须对这一有机整体进行统筹考虑。

## 三、货币政策的特征

### (一)货币政策是一种宏观经济政策,而不是微观经济政策

货币政策针对的是整个国民经济运行中的经济增长、通货膨胀、国际收支以及与此相联系的货币供应量、信用量、利率、汇率、金融市场等问题,而不直接涉及单个银行或企业的经营行为。

### (二)货币政策是一种调整社会总需求的政策,而非调整社会总供给的政策

任何现实的社会总需求都是一种有货币支付能力的需求,货币政策调节宏观经济是通过调整社会总需求而实现的,对社会总需求的调整间接地影响到社会总供给的变动,从而促进整个社会总需求与总供给的平衡。

### (三)货币政策是一种间接的控制措施,而非直接的控制措施

货币政策对整个经济活动的影响是间接的,而不是直接的。即使对社会总需求的调节,也不是采取直接的行政控制措施,而是主要采取经济控制措施和法律控制措施,

以调整经济当事人的经济行为来实施间接控制。当然,也不能排除在特定的经济及金融环境下采取一定的直接控制措施。

（四）货币政策是一种较长期的经济政策,而非短期的经济政策

就货币政策的五大目标而言,无论是稳定物价,还是充分就业、促进经济增长、平衡国家收支、金融稳定等目标,都是一种长期性的政策目标。但是,作为一定或特定条件下的各种具体的货币政策措施,却总是短期性的、随机应变性的,而总体目标则是不会变的。

**四、货币政策类型**

（一）扩张性货币政策

在社会有效需求不足、生产要素大量闲置、产品严重积压、市场明显疲软、国民经济处于停滞或低速增长情况下,中央银行应采取扩张性货币政策。扩张性货币政策主要表现为扩大信贷规模,降低利率,降低存款准备金率和再贴现率,在公开市场上回购有价证券。这样做的目的是让企业和居民更容易获得生产资金和消费资金,意在通过投资需求和消费需求规模的扩大来增加社会总需求,刺激经济恢复增长,直至繁荣局面。同时还可适度调高汇率,使本币与外币相比有所贬值,以利出口,通过出口需求的扩大来弥补国内需求的不足。采用扩张性货币政策要适度、适时,以避免信贷的过度、过久的扩张,引发通货膨胀,还要注意与财政政策及其他宏观调控政策相配合。

（二）紧缩性货币政策

在社会总需求过高、通货膨胀压力趋强、投资和消费明显过热时,中央银行应采取紧缩性的货币政策。紧缩性货币政策的主要措施有:紧缩名义货币供应量,适当提高再贷款利率、再贴现率以及商业银行的存贷款基准利率,适当压缩再贷款及再贴现限额;在公开市场上大量出售有价证券,以便回笼资金。这样做的目的是减少货币流通量,将过高的社会总需求降下来,缓解通货膨胀的压力。同时,在对外经济关系上,可调低汇率,使外币与本币相比有所贬值,以利扩大进口,增加国内有效供给。

（三）中性货币政策

当社会总供求基本平衡、物价稳定、经济增长以正常速度递增时,中央银行应采取中性货币政策。中性货币政策表现为货币投放量适度,基本上能够满足经济发展和消费的需要,利率、汇率基本不变,存款准备金率和再贴现率维持正常水平,既不调高也不降低。

（四）货币政策类型的选择

由于现代市场经济社会化、全球化程度越来越高,许多比例关系、数量关系难以事先一一精确测算,如货币实际需要量与货币供应量之间是均衡还是失衡、失衡额度有多大,很难事先测算。在这种情况下,许多国家或地区在制定和执行货币政策时,实施事后的反向调节,或者叫逆风向行事,即变事先预测为事后调整,即在经济活动中的问题充分暴露出来后,再进行对症下药。货币政策类型的选择一般有以下三个依据。

**1. 宏观经济运行状况**

判断宏观经济运行状况主要看社会总供给与社会总需求是否平衡。如果社会总需求小于社会总供给,产品大量积压,则应采取扩张性货币政策;反之,则应采取紧缩性货币政策。如果社会总供求基本平衡,则应当采取中性货币政策。

**2. 货币供给量与货币实际需要量之间的关系**

货币供应量过分小于货币实际需要量,则应放松银根,即采取扩张性货币政策;反之,则应紧缩银根,采取紧缩性货币政策。如果货币供应量与货币需要量大体相等,则应采取中性货币政策。

**3. 经济发展所处的阶段**

例如,当经济处在起飞阶段,国内尚有大量的闲置资源,为了刺激经济发展,顺利实现经济起飞,则应较多地投入资金,可采取适度的扩张性货币政策。如果经济进入稳定发展阶段,资源得到较充分的运用,则应采取中性货币政策或适度从紧的货币政策。

在实际运用中应综合考虑三个方面情况,不能将三个依据分割开。像美国联邦储备委员会在确定采取何种类型货币政策之前,一般要从三个方面对宏观经济进行分析,一是经济运行状况的分析,二是通货膨胀前景分析,三是货币流通速度分析,每一个分析系统内又包括若干具体内容。通过上述三个方面的分析,联邦储备委员会可以预测今后一个时期的经济增长幅度,确定货币供应量的增减幅度并出台相应的货币调控措施。

**(五) 中国稳健的货币政策**

在中国货币政策管理实践中,中国人民银行曾在 1998—2007 年和 2011—2019 年实施了稳健的货币政策,而稳健的货币政策是具有中国特色的一种提法,它讲的是制定货币政策的指导思想和方针,不同于前面的扩张性货币政策、中性货币政策或紧缩性货币政策。稳健的货币政策是指以稳定币值为目标,正确处理防范金融风险与支持经济增长的关系,在提高贷款质量的前提下,保持货币供应量适度增长,支持国民经济持续健康发展。稳健的货币政策与稳定币值目标相联系,它包含防止通货紧缩和防止通货膨胀两方面的要求,不妨碍根据经济形势需要对货币政策采取扩张或紧缩的操作。

## 第二节 货币政策目标

任何一个国家或地区的货币管理当局在制定和执行货币政策时,首先必须明确货币政策的方向和所要达到的目的,即所要实现的政策最终目标。货币政策的最终目标是指中央银行通过货币政策操作而最终所要达到的宏观经济目标,是中央银行组织和调节货币流通的出发点和归宿点,其必须服从或服务于一个国家或地区的宏观经济政策的总体目标。

# 第十二章 货币政策

## 一、货币政策的主要目标

### (一)稳定物价

稳定物价是中央银行货币政策的首要目标。稳定物价就是要控制通货膨胀,即中央银行通过货币政策的实施,使一般物价水平保持基本稳定,在短期内不发生显著的或剧烈的波动。这里的"物价"是指物价的一般水平或总体水平,而不是指某种或某类商品的价格。稳定物价的实质就是稳定币值。在货币经济时代,价格的变动是货币币值变动的指示器,是衡量货币流通是否正常的主要标志。货币数量不足,有效需求下降,在商品(劳务)供给量不变的情况下,会引起价格下跌、投资水平下降,经济增长速度放慢;而货币数量过多,则会引起价格上涨,影响社会经济稳定。这两种情况都会使币值不稳定。目前,世界各国均采用价格指数来衡量币值是否稳定,价格指数上升,则指示货币贬值;价格指数下降,则指示货币升值。常用的价格指数有消费价格指数(CPI)、批发物价指数(WPI)、生产价格指数(PPI)和国内生产总值平减指数等,其中最为普遍地是用消费价格指数(CPI)来反映物价波动情况。

稳定物价并不代表价格水平的绝对不变。在一般价格水平相对稳定的前提下,某种商品(劳务)的价格相对于其他商品(劳务)的价格的变动,改变的只是商品(劳务)的相对价格体系,并不反映一般价格水平的涨跌,这种商品(劳务)相对价格体系的改变是经济运行中自由竞争的正常现象,能促使社会资源得到有效的配置,提高整个社会的经济效益。

对于把一般物价水平上升的幅度控制在何种范围之内,不同的经济学家有不同的看法,不同的国家或地区也有不同的标准。从各个国家或地区的实际情况来看,在制定货币政策时,中央银行都显得十分保守,一般要求物价上涨率必须控制在2%~3%以内。

### (二)充分就业

充分就业是指失业率降到社会可以接受的水平。即在一般情况下,符合法定年龄、具有劳动能力并自愿参加工作者,都能在较合理的条件下,随时找到适当的工作。充分就业并不意味着消除失业,人人都有工作,因为在多数国家或地区,即使社会提供工作机会与劳动力完全均衡,也可能存在摩擦性或结构性失业。另外,在市场经济发达国家或地区,失业队伍是产业的后备军,是劳动力市场供给要素流动的必备条件。之所以将充分就业作为货币政策目标之一,是因为失业问题已成为困扰各个国家或地区经济发展和社会稳定的基本问题。各个国家或地区要想发展经济、稳定社会,必须降低失业率。

充分就业本来是针对所有资源讲的,但由于要测量各种资源的就业程度困难较大,因此通常以劳动力的就业程度为基准,即以失业率指数来衡量劳动力的就业程度。失业率就是社会的失业人数与愿意就业的劳动力之比。但怎么样才算是"充分就业"呢?就人们的一般意愿而言,最好是失业率为零。但是,由于种种原因,社会上总存在一些失业者。造成失业的主要原因有以下几点。

**1. 总需求不足造成的失业**

由于社会总供给大于社会总需求,社会的各种经济资源(包括劳动力资源)无法得到充分的利用。它主要表现为：一是持续的普遍性的失业，即在整个经济周期或几个经济周期中劳动力由于需求长期不足导致的失业；二是周期性失业，即在经济周期中的衰退和萧条阶段，由于需求不足导致的失业。

**2. 总需求分布不平衡造成的失业**

总需求在整个经济社会中分布不均衡，因此造成某些地区、行业或职业需求不足。它主要表现为：一是摩擦性的失业，即当一个国家某一地区某一职业的人员供给过剩，而另一地区该职业的人员又供给不足时，就产生了摩擦性失业；二是结构性的失业，在劳动力需求和供给的长期变化中，劳动力的不流动性致使劳动力供给与需求的种类不相符合，新兴行业在发展中出现劳动力不足，而衰退行业则出现劳动力过剩，此外，新技术的采用也会引起劳动力需求的改变。

**3. 季节性的失业**

有的行业的生产季节性很强，其对劳动力的需求也就呈现很强的季节性。而各种季节性工作所需要的技术性质又难以完全相互替代，因而就造成了季节性的失业。

**4. 正常或过渡性的失业**

在动态的经济社会中，每一时点总有一些人在交换自己的工作，当他们离开原有的工作岗位还没有找到新的工作之前，就处于短暂的失业状态。

除因需求不足而造成的失业外，其他种种原因导致的失业现象通常是难以避免的。因此，失业率水平是不可能降低到零的。对充分就业目标的衡量很难用一个统一的、具体的指标值来表示，而应根据不同的社会经济条件、发展状况来判断。有的经济学家认为，失业率为3%时可视同充分就业，而美国大多数学者认为，失业率4%～5%时就可视为充分就业，并将其称为"自然失业率"。

**（三）经济增长**

经济增长是指一国或一个地区实际经济产品与劳务总量的增长。根据经济增长含义，一般采用国内生产总值（GDP）或国民生产总值（GNP）作为衡量经济产品与劳务总量的指标。因此，各个国家或地区衡量经济增长的指标主要有：国民生产总值（GNP）增长率、国内生产总值（GDP）增长率、人均GNP增长率、人均GDP增长率。它们都是用名义增长率扣除价格上涨因素来计算的。其中，前两个指标反映经济总量的增长情况和一国或一个地区的经济实力状况，后两个指标则反映一国或一个地区富裕程度的变化。

衡量经济增长必须区分短期的经济增长与长期的经济增长，并分析保持经济长期持续增长的内在因素和动力；不仅要考察经济增长的数量指标，还要考察经济增长的质量。作为货币政策目标要求的经济增长，是指经济在一个较长的时期内始终处于稳定持续增长的状态中，不出现大起大落。经济增长应有一个适度的增长率，这种增长既能满足社会发展的要求，又是人口增长、各种资源潜力和技术进步所能达到的。一国或一个地区的经济增长率在客观上主要取决于该国或地区要素资源的投入水平，而要素资源的投入水平又取决于要素资源的实际供给潜力，因此，过低的经济增长速度不能充分利用资源，形成资源的浪费，而过高的经济增长速度则造成资源的短缺。衡量经济增长的程度不仅要从增加的数量指标上看，还要从增长的质量上看。经济增长的目的是增强国家或地区的经济实力,提高人们生活水平。在经济增长过程中,通过过度使用和浪费资源、破坏生态环境、无效的重复建设等实现的经济增长,并不是真正的经济增长。因此,货币政策实施可以从一定程度上调控各种高能耗、高污染、森林面积减少等导致国民经济负增长的因素,实现经济稳定可持续增长。

### (四) 国际收支平衡

国际收支平衡是指一个国家或地区在一定时期内对其他国家或地区的经济交往中全部货币收入和全部货币支出相抵后基本平衡,或略有顺差或逆差。简单地说,平衡国际收支就是采取各种措施,减少国际收支差额,使其趋于平衡。

国际收支反映的是一个国家或地区对外经济交易活动,按其性质可分为自主性交易和调节性交易两类。自主性交易又称为"事前交易",是指经济实体根据自主的经济动机而进行的各种交易,如商品和服务的输出入、赠予和侨汇、资本输出入等。调节性交易又称为"补偿性交易"或"事后交易",是指为弥补自主性交易差额或缺口而进行的各种交易活动,如黄金外汇储备的支付等。保持国际收支平衡是保证国民经济持续稳定增长和经济安全甚至政治稳定的重要条件。一个国家或地区国际收支失衡,无论是逆差还是顺差,都会给该国家或地区经济带来不利影响。

国际收支逆差是指在一定时期内,一个国家或地区对外的货币支出大于对外的货币收入。一般来说,逆差意味着国外的商品流入大于国内的商品流出,从而相对地造成国内市场上商品增多,货币不足;在国内市场供给过剩的情况下,必然会加剧国内市场商品供求的矛盾,货币供应量更加显得不足。巨额的国际收支逆差可能导致外汇市场交易者对本币信心急剧下降、资本的大量外流、外汇储备的急剧下降、本币的大幅贬值,并导致严重的金融危机。20世纪90年代的墨西哥金融危机和亚洲金融危机的爆发,就是这方面的最好例证。

国际收支顺差是指一个国家或地区对外的货币收入大于对外的货币支出。一般说来,顺差意味着该国的外汇收入超过支出,外汇收入增加。而收购这些外汇,必然要增加国内市场的货币供应量。长期的巨额国际收支顺差会使大量的外汇储备闲置,造成资源的浪费,又为购买大量的外汇而增发本国货币,可能导致或加剧国内通货膨胀。

### (五) 金融稳定

保持金融稳定是避免货币危机、金融危机和经济危机的重要前提。货币危机是由货币严重贬值带来的货币信用危机。在不兑现的货币信用条件下,一旦发生信用危机,将可能直接威胁到该货币的流通及其生存。货币危机既可能由国内恶性通货膨胀,即货币对内严重贬值引致,也可能由货币对外严重贬值引致。前者如20世纪40年代后期中国的法币、20世纪90年代俄罗斯的卢布;后者如1997年亚洲金融危机各国的货币,亚洲金融危机爆发之初就是一种货币对外严重贬值的危机。货币危机通常可以演变为金融危机。

金融危机主要是指由银行支付危机所带来的大批金融机构倒闭,并威胁到金融体系的正常运行。东南亚国家由于本币大幅贬值,企业和银行所借大量短期外债的本币偿债成本大幅上升,从而导致大量的企业和金融机构无力偿债而破产。金融危机处理不当通常会引发经济危机。

经济危机是经济的正常运行秩序遭受严重破坏,企业大量破产,失业大幅上升,经济严重衰退,甚至濒临崩溃的一种恶性经济灾害。历史上出现的经济危机,大多是由金融危机引发的,如2008年的国际金融危机就曾引致世界经济衰退。

## 二、货币政策目标之间的关系

尽管货币政策追求的目标有五个,但就任何一个国家或地区的中央银行而言,对上述各种目标往往不能同时兼顾。通常的情况是,为实现某一货币政策目标所采用的货币政策措施很可能阻碍另一货币政策目标的实现。因此,各个国家或地区需要注意货币政策目标之间的统一性和矛盾性。

（一）稳定物价与充分就业

失业率与通货膨胀率之间存在着一种此消彼长的相互替代关系。降低失业率与稳定物价不能并行,要实现充分就业就要牺牲一定程度的物价稳定;反之,为了维持物价稳定,就必须以提高失业率为代价。最先在理论上总结、分析稳定物价与充分就业之间矛盾的是英国经济学家菲利普斯。菲利普斯通过对英国1861－1957年近100年失业与物价变动之间关系进行研究,得出了结论:失业率与通货膨胀率之间存在着一种此消彼长的关系。也就是说,如果一个国家或地区要减少失业或实现充分就业,就必然要增加货币供给量,降低税率,增加政府支出,以刺激社会总需求的增加,而总需求的增加,在一定程度上将引起一般物价水平的上涨。相反,如果一个国家或地区要压低通货膨胀率,必然就会缩减货币供应量,提高税率,削减政府支出,以抑制社会总需求的增加,而社会总需求的减少,又必然导致失业率的提高。这样,货币政策在稳定物价与充分就业之间就陷入两者不能兼顾的境地。物价稳定与充分就业之间的矛盾关系给政策的制定者一个启示:要想实现充分就业必然要容忍一定的通货膨胀率;要想维持物价稳定,又必须承受一定的失业率。政策目标之间需要设置社会临界点组合:即失业率和通货膨胀率的社会可以接受程度组合。

但是,进入20世纪60年代后期,西方各国经济发展的现实大多与这个原理相悖。这些国家自那时以来的很长时间里,伴随着失业率的提高,各国通货膨胀率并没有相应降低,而是相反。美国著名经济学家米尔顿·弗里德曼认为:通货膨胀与失业率在远期内没有交替关系。然而,不管从长期来看这种替换关系是否存在,至少在短期内,充分就业与稳定物价在现实经济生活中的确是两个相互冲突的目标。

（二）稳定物价与经济增长

从长期来看,稳定物价与经济增长之间具有一致性。稳定的物价可以减少市场的不确定性,充分发挥市场的功能,维持经济的长期增长;而经济的持续增长又有利于生产充足的商品,保持物价的稳定。从短期来看,物价稳定与经济增长之间也存在矛盾:稳定物价需要抑制总需求,而促进经济增长需要扩大总需求;要加快经济增长,就必须配合扩张性的货币政策,以刺激投资和消费,而投资和消费的增加又有可能引发物价上涨;要稳定物价,必须采取紧缩性的货币政策,而这种政策又可能损害经济增长速度;最坏的状况是通货膨胀与经济停滞并存,出现经济"滞胀"。因此,既要保持持续经济增长,又要防止通货膨胀,保持物价稳定,也是政策目标的难解之题。

(三)稳定物价与国际收支平衡

稳定物价与国际收支平衡之间是互相影响、相制约的矛盾关系。从价格对国际收支平衡的影响看,本国出现通货膨胀时,本国价格水平上涨而使外国商品价格相对低廉,导致国内商品出口减少而外国商品进口增加,结果是国际收支严重失衡,出现大量逆差。但是,本国的价格稳定也并不能保证国际收支平衡,因为在本国价格稳定而他国发生通货膨胀的情况下,他国商品价格相对高于本国商品价格,使得出口增加而进口减少,难免发生顺差失衡的现象。

从国际收支不平衡对国内价格稳定的影响看,由于外汇收支不平衡,不论是顺差还是逆差,都会给国内货币流通的稳定带来不利的影响,集中表现在商品运动与外汇(货币)运动的脱节。在大量顺差存在的情况下,可能形成部分外汇收入的闲置浪费,没有商品与原来投放收购出口商品的货币所形成的购买力相对应,从而影响价格稳定。而且收购大量外汇会引起新的货币投放,更加剧了国内商品市场的供需失衡,引起通货膨胀。当对外收支出现大量逆差时,由于商品进口多而增加了国内市场商品供应量,有利于稳定物价,但为了解决逆差问题所采取的组织商品出口等措施,又会造成价格不稳定。

(四)经济增长与国际收支平衡

在正常的情况下,经济增长必然会带来国际收支状况的改善,但是从动态的角度来看,两者也存在不一致。

第一,在经济发展过程中,国民收入的增加带来支付能力的增强,不但要求增加国内商品的供应量,而且会增加对进口商品的需求,使进口的增长快于出口的增长,就可能导致国际收支出现逆差。

第二,为促进国内经济增长,必然要求增加投资。在国内资本来源不足的情况下,必须借助于外资的流入。虽然外资的流入会使资本项目出现顺差,从而在一定程度上弥补由贸易逆差导致的国际收支失衡,但若本国不具备大量利用外资的条件及外汇还款能力,则又会导致国际收支失衡。

第三,治理经济衰退所采取的手段与平衡国际收支所采用的手段往往出现冲突。在经济衰退的时候,政府通常采取扩张的货币政策,其结果可能因进口增加或通货膨胀而导致国际收支逆差。而当国际收支逆差时,政府通常必须采取国内紧缩政策,其结果又可能带来经济衰退。

(五)充分就业与国际收支平衡

就业的增加通常会引起货币工资的增加,而有支付能力的需求的扩大必然要求增加国内商品的供应量。此时,如果货币工资的增加与产品的增加能保持同步,便不会影响国际收支平衡;若两者在动态上不能保持一致,便需要增加进口商品来弥补国内市场的供应不足,在进口大于出口的情况下,会使国际收支出现逆差。

### (六)充分就业与经济增长

通常情况下,经济增长和充分就业之间存在着正相关关系,经济增长,生产规模扩大,能够创造更多的就业机会,使得就业人数增加,失业率降低,进而实现充分就业;而就业水平的提高,又会促进生产规模扩大,带来更多的产出,促进经济的增长。在劳动密集型产业发展模式下,经济增长与充分就业之间的正相关关系体现得最为明显,但当经济增长方式出现变化时,两者之间的正相关关系就会被打破;而在资本、技术和知识密集型产业发展模式下,两者之间可能会存在一定的矛盾,经济增长的同时就业人数增加可能并不明显。经济增长的过程中会出现资本有机构成提高、机器排挤工人的现象,而劳动生产率的提高会使得企业不需要更多的劳动者。另外,片面强调高就业,有可能会造成人浮于事,效益下降,产出减少,从而导致经济增长速度放慢。

### 三、货币政策目标的选择

由于五大货币政策目标之间既有统一性又有矛盾性,货币政策就不可能同时兼顾这五个目标,这就出现了货币政策目标的选择问题。在这个问题上,学术界主要存在单一目标、双重目标和多重目标三种观点。

### (一)单一目标论

在主张货币政策单一目标的学者当中,多数人主张以稳定币值为单一目标,反对货币政策多重目标和权衡性货币政策。当代货币学派的代表人物弗里德曼认为,由于当前人们对经济周期产生的原因及货币在形成周期中的作用尚缺乏科学周密的说明,因而国家不具备成功执行反周期货币政策所需要的技术知识,而且多重货币政策目标也难以兼顾;同时,由于货币的扩张或紧缩对经济活动的影响有"时滞"作用,货币当局或中央银行采取相机抉择的货币政策(即权衡性货币政策)必然会产生过头的政策行为,从而对经济活动造成不利的影响,这是西方国家产生通货膨胀的重要原因。因此,他们主张货币政策目标就是稳定货币,并以单一规则的货币政策代替权衡性的货币政策。

单一规则包括两项主要内容。一是要确定货币量的定义,即是采用广义的货币量定义,还是采用狭义的货币量定义。当代货币学派常采用广义货币量的定义,但他们认为狭义货币量的定义也可以表现这一规则。二是要确定一个货币量增长的百分比。多数货币主义者认为,每年货币量的增长率,除满足实际经济增长的需要之外,还必须满足因为长期货币流通速度下降而引起的对货币量的追加需要。弗里德曼根据美国近百年的统计资料,即美国货币流通速度大约每年以 $1\%$ 的速度递减,人口大约以 $1\%$ 的速度递增这一依据,主张按经济增长率和人口增长率之和确定货币供应量增长率。这样,美国经济的实际增长率在正常年度约为 $3\%$ ,货币供应量的年增长率保持在 $4\%\sim5\%$ 是可取的。他认为这是"最适当的规则",因为这样既可以保持物价水平稳定,也不会使名义工资下降,还可以保持经济的均衡发展。

### (二)双重目标论

双重目标论认为,货币政策的目标不可能是单一的,而应当同时兼顾稳定币值和经济增长双重目标。经济增长是稳定币值的物质基础,而币值的稳定又有利于经济的长期稳定增长。两者之间是互相制约、互相影响的。只偏重某一目标不但不可能在长期经济运行中实现该目标,而且对整个国民经济的稳定协调发展也是不利的。

（三）多重目标论

货币政策多重目标论认为,经济现象是错综复杂的,经济生活中有那么多问题需要解决,因而就需要货币政策有多重目标。虽然有些政策目标之间有矛盾,但这些矛盾不是完全不可调和的。一般来说,主张货币政策多重目标的人,也是权衡性货币政策的主张者,凯恩斯学派就是这种观点的主要代表。他们主张,货币当局或中央银行依据其对经济形势的判断,为达到既定的货币政策目标,应采取相机抉择,即权衡性货币政策措施。

由于不同国家或地区的经济、金融环境不同,所处的发展阶段和历史背景不同,经济生活和管理体制不同,在货币政策目标的选择上必然会存在差异。有些国家明确突出其中一个目标,即单一目标,如澳大利亚等国就比较注重对币值和物价稳定的维护,因而其货币当局历来认为货币政策的目标只能有一个,就是物价稳定。欧洲中央银行诞生后,明确把物价稳定作为货币当局的唯一目标。而有些国家明确要实现几个目标,即多目标,如美英等国将全面追求经济增长、充分就业、物价稳定和国际收支平衡作为其货币政策目标;日本银行在1998年新银行法实施前,把稳定物价、国际收支平衡和维持对资本设备的适当需求作为货币政策目标。

当然,货币政策目标选择在各个历史时期并不是相同的。20世纪40年代中期,充分就业成为货币政策目标之一,并且比物价稳定还要突出;20世纪50年代后期,受各种经济增长理论的影响,各国的货币政策目标普遍突出经济增长;从20世纪60年代起,国际收支失衡、汇率波动越来越成为影响经济正常运行的因素,因此,货币政策目标中又加进了国际收支平衡这项内容。20世纪70年代中期后,"滞胀"促使一些国家把货币政策目标确定为稳定物价。日本新修改的银行法也明确物价稳定为货币政策的主要目标。从各国的货币政策目标变化看,总体趋势是单一目标的选择。

20世纪90年代后半期,特别是21世纪以来,世界上有很多国家,包括一部分新兴市场国家认为货币政策应该简单、单一,纷纷把"通货膨胀目标制(Inflation Targeting)"作为货币政策唯一目标,就是中央银行包括中央银行行长对通货膨胀目标负责。"通货膨胀目标制"的核心是以未来一段时间内数量确定的通货膨胀率作为货币政策目标或目标区,来实施货币政策工具的操作。通货膨胀目标制的优点是政策透明度强,公众易于理解,同时也能提高中央银行的责信度。但这一制度在实施过程中,应注意避免僵化,要有一定幅度变动的弹性,同时要避免因过于关注通货膨胀指标而导致对实际经济产出的政策干扰。

**四、中国货币政策目标的选择**

自1984年中国人民银行专门行使中央银行职能以后至1995年3月《中华人民共和国中国人民银行法》颁发之前,我国事实上一直奉行的是双重货币政策目标,即发展经济和稳定货币。这种做法符合中国当时的计划经济体制,特别是在把银行信贷作为资源进行直接分配的情况下,货币总量的控制与信贷投向分配都由计划安排,发展经济和稳定货币这两个目标比较容易协调。但是 10 多年的实践表明,在大多数情况下,货币政策的双重目标并没有能够同时实现。支撑经济增长伴随着较为严重的货币贬值和通货膨胀,1984—1995 的 12 年中,全国零售物价总指数涨幅超过 5% 的年份就有 9 个。

1995 年 3 月颁布实施的《中华人民共和国中国人民银行法》对"双重目标"进行了修正,货币政策目标确定为"保持货币币值的稳定,并以此促进经济增长"。这个货币政策目标的表述体现了两个要点。一是不能把稳定币值与经济增长放在等同的位置上,从主次看,稳定币值始终是主要的;从顺序来看,稳定货币为先,中央银行应该以保持稳定币值来促进经济增长。二是即使在短期内兼顾经济增长的要求,仍必须坚持稳定货币的基本立足点。目前,中国人民银行在货币政策实践中采取的却是"稳定物价、充分就业、经济增长和国际收支平衡"的多目标制。

## 第三节 货币政策工具

货币政策工具又称为"货币政策手段",是指中央银行通过调控中介指标进而实现货币政策最终目标所采取的政策手段。货币政策最终目标和中介指标都是通过中央银行对货币政策工具的运用来实现的。

### 一、一般性货币政策工具

一般性货币政策工具也称为"数量型货币政策工具",是指中央银行对货币供给总量或信用总量进行调节和控制的政策工具。它主要包括法定存款准备金政策、再贴现政策和公开市场业务三大传统的政策工具,人们习惯上称之为中央银行货币政策的"三大法宝"。

#### (一)法定存款准备金政策

法定存款准备金政策是指中央银行依据法律所赋予的权力,要求商业银行等存款货币金融机构按规定的比率将其吸收的存款一部分缴存中央银行作为存款准备金,中央银行通过调整法定存款准备金率以增加或减少商业银行的超额准备,收缩或扩张信用,调节和控制货币供给量的政策措施。

将商业银行等存款货币金融机构的存款准备金集中于中央银行的做法,最初始于英国,但以法律形式将此种做法确定成制度,则始于 1913 年美国的联邦储备法。存款准备金制度的初始作用是保证银行存款的支付和资金的清算,维护金融体系的稳定和安全,后来存款准备金制度逐步发展为中央银行控制货币供应量和信用总量、实现货币政策最终目标的重要工具。

法定存款准备金政策的作用过程为:当中央银行降低法定存款准备金率时,商业银行可直接运用的超额准备金增加,商业银行的放款能力增强、数量增加,引致市场货币供给量增加,市场利率水平降低,企业或居民的投资、消费意愿就会增强,投资、消费规模就会扩大,国内生产总值就会增加;反之,当中央银行提高法定存款准备金率时,商业银行可直接运用的超额准备金减少,商业银行的放款能力减弱、数量减少,导致市场货币供给量减少,市场利率水平提高,企业或居民的投资、消费意愿就会降低,投资、消费规模就会减小,进而国内生产总值就会减少。

法定存款准备金政策的效果主要表现在以下几个方面。其一,政策宣示效果明显,作用强而有力。法定存款准备率是通过决定或改变货币乘数来影响货币供给的,即使准备金率调整的幅度很小,也会引起货币供应量的巨大波动。其二,中央银行的其他货币政策工具都是以法定存款准备金政策为基础,没有法定存款准备金政策配合,其他货币政策工具难以正常发挥作用。其三,即使商业银行等存款机构由于种种原因持有超额准备金,法定存款准备金率的调整也会产生效果。如果提高法定存款准备金的比率,实际上就是冻结了一部分超额准备金。其四,即使法定存款准备金率维持不变,它也在很大程度上限制了商业银行体系创造派生存款的能力。

但法定存款准备金政策也存在明显的局限性。其一,由于法定存款准备金率调整的效果较强烈,其调整对整个经济和社会心理预期都会产生显著的影响,不宜作为中央银行调控货币供给的日常性工具。其二,存款准备金对各种类别的金融机构和不同种类的存款的影响不一致,因而货币政策实现的效果可能因这些复杂情况的存在而不易把握。

(二)再贴现政策

再贴现是指商业银行或其他金融机构将已贴现未到期的票据向中央银行转让,以取得资金融通的过程。再贴现政策是指中央银行通过提高或降低再贴现率,影响商业银行等金融机构的融资成本,进而影响其放款能力,达到调节货币供给量目的的政策措施。

再贴现政策一般包括两方面的内容:一是再贴现率的确定与调整;二是规定商业银行向中央银行申请再贴现的资格条件。前者主要着眼于短期,中央银行根据市场资金供求状况,调整再贴现率,能够影响商业银行借入资金的成本,进而影响商业银行对社会的信用量,从而调节货币供给总量;后者主要着眼于长期,中央银行对再贴现资格条件的规定(包括对贴现票据的规定和对申请机构的规定)可以起到抑制或扶持的作用,并能改变资金流向。

再贴现政策的作用过程为:当中央银行降低再贴现率时,商业银行从中央银行的融资成本就会下降,商业银行就会增加向中央银行的借款,商业银行的超额准备金增加,商业银行的放款能力增强,市场货币供给量增加,市场利率水平降低,企业或居民的融资成本降低,投资、消费意愿就会增强,投资、消费规模就会扩大,国内生产总值就会增加,经济发展就会加快;反之,当中央银行提高再贴现率时,商业银行从中央银行的融资成本就会上升,商业银行就会减少向中央银行的借款,商业银行的超额准备金减少,商业银行的放款能力减弱,市场货币供给量减少,市场利率水平提高,企业或居民的融资成本上升,投资、消费意愿就会降低,投资、消费规模就会减小,国内生产总值就会减少,经济发展就会放慢。

再贴现政策作为一种政策工具,效果比较明显,主要表现在以下几个方面。其一,有利于中央银行发挥最后贷款人作用。中央银行利用再贴现政策可以提供整个银行系统流动性的"弹性"创造功能,维持银行体系的稳定。其二,作用效果缓和,可以配合其他货币政策工具。当中央银行提高法定存款准备金率时,由于其效果猛烈,就会影响到整个银行体系的流动性和稳定性。此时,中央银行可以利用再贴现政策提供银行储备,缓解存款准备金制度的作用效果,保证银行体系的正常运行。其三,能产生告示的效果,表明中央银行的货币政策意图,以影响商业银行和其他金融机构及社会大众的预期。

但是,再贴现政策也存在一定的局限性。其一,主动权并非只在中央银行,甚至市场的变化可能违背其政策意愿。因为商业银行是否再贴现或再贴现多少,决定于商业银行的行为,由商业银行自主判断、选择。如果商业银行可通过其他途径筹措资金而不依赖于再贴现,中央银行就不能有效控制货币供应量。其二,再贴现率的调节作用是有限度的。在经济繁荣时期,提高再贴现率也不一定能够抑制商业银行的再贴现需求;在经济萧条时期,调低再贴现率,也不一定能够刺激商业银行的借款需求。其三,与法定存款准备金率比较而言,再贴现率易于调整,但随时调整会引起市场利率的经常波动,使商业银行经营无所适从。

### (三)公开市场业务

公开市场业务是指中央银行在金融市场上公开买卖有价证券,以此来调节市场货币供给量的政策行为。当中央银行认为应该增加市场货币供给量,就在金融市场上买进有价证券(主要是政府债券),而将货币投放出去;否则,反之。

公开市场业务的作用过程为:当中央银行在金融市场买进有价证券时,商业银行的超额准备金增加,商业银行的放款能力增强,市场货币供给量增加,市场利率降低,企业或居民的投资、消费支出增加,经济发展速度就会加快;反之,当中央银行在金融市场卖出有价证券时,商业银行的超额准备金减少,商业银行的放款能力减弱,市场货币供给量减少,市场利率提高,企业或居民的投资、消费支出减少,经济发展速度就会放慢。

同前两种货币政策工具相比,公开市场业务具有以下明显的优越性。一是主动性强。中央银行的业务操作目标是调控货币量而不是盈利,因此,它可以不计较证券交易价格,从容实现操作的目的,即可以用高于市场价格的价格买进,用低于市场价格的价格卖出,业务总能做成,不像再贴现政策那样较为被动。二是灵活性高。中央银行可根据金融市场的变化,进行经常性、持续性的操作,并且买卖数量可多可少,如果发现前面操作方向有误,就可立即进行相反的操作,如果发现力度不够,就可随时加大买卖数量。三是调控效果和缓,震动性小。因为这项业务以交易行为出现,不是强制性的,加之中央银行的灵活操作,所以对经济社会和金融机构的影响比较平缓,不像调整法定存款准备率那样震动很大。四是影响效果直接。中央银行在金融市场上买卖证券,如果交易对方是商业银行等金融机构,就可以直接改变它们的准备金数额,如果交易对方是公众,则直接改变公众的货币持有量,这两种情况都会使市场货币供给量发生变化。同时,中央银行的操作还会影响证券市场的供求和价格,进而对整个社会投资和产业发展产生影响。

公开市场业务虽然能够有效地发挥作用,但必须具备以下三个条件才能顺利实施:中央银行必须具有强大的、足以干预和控制整个金融市场的资金实力;要有一个发达、完善的金融市场且市场必须是全国性的,证券种类必须齐全且达到一定规模;必须有其他政策工具的配合。例如,没有存款准备金政策这一工具,就不能通过改变商业银行的超额准备来影响货币供应量。

## 二、选择性货币政策工具

选择性货币政策工具也称为货币政策的结构性调节工具,是针对某些特殊的经济领域或特殊用途的信贷而采用的信用调节工具。选择性货币工具主要有以下几种。

### (一)消费者信用控制

消费者信用控制是指中央银行对不动产以外的各种耐用消费品的消费融资予以控制的政策措施。消费者信用是由银行或企业提供给消费者的信用。银行提供给消费者的信用,采用的是消费贷款的方式;而企业提供给消费者的信用,则是采用分期付款的方式。

消费者信用控制主要包括规定用分期付款等消费信用购买各种耐用消费品时首期付款的最低金额、借款的最长期限、购买的耐用消费品的种类和不同的放款期限等内容。中央银行可以通过提高(或降低)第一次付款的金额比率,缩短(或延长)分期付款的期限,紧缩(或扩张)消费信用的总量;还可以通过规定可使用消费信贷的耐用消费品的种类及不同种类消费品的还款期限,调控消费信用的结构,来对消费品市场进行调控,目的在于影响消费者对耐用消费品有支付能力的需求。

### (二)证券市场信用控制

证券市场信用控制是指中央银行通过规定和调整购买证券的保证金比率,对有价证券交易的各种融资进行控制,间接地影响流入证券市场的信用量,以保持证券市场的稳定。

### (三)不动产信用控制

不动产信用控制是指中央银行通过规定和调整金融机构对客户的住宅或商业用房贷款的限制条件,控制不动产贷款的信用量,从而影响不动产市场的政策措施。不动产信用控制的主要内容包括如下。一是对金融机构的不动产贷款规定其贷款的最高限额,即对一笔不动产贷款的最高贷款额予以限制。若要放松不动产信用,则提高这一额度;反之,则严格这种限制。二是规定购买不动产第一次付款的最低金额。若要扩张不动产信用,则降低第一次付款的最低金额;反之,则提高这一金额限制。三是规定不动产贷款的最长期限。若要扩张不动产信用,则延长期限;反之,则缩短期限。

### (四)优惠利率

优惠利率是指中央银行对国家拟重点发展的某些经济部门、行业或产品采用较低的利率政策,目的在于刺激这些部门及行业的生产,调动它们的积极性,以实现产业结构和产品结构的调整、优化和升级换代,从而配合国民经济产业政策的实施。

### (五)预缴进口保证金

预缴进口保证金是指中央银行要求进口商预缴相当于进口商品总值一定比例的存

款,以抑制进口过快增长。预缴进口保证金多为国际收支经常出现赤字的国家所采取。

### 三、其他货币政策工具

其他政策工具主要有两大类:一类属于直接信用控制;另一类属于间接信用指导。

#### (一)直接信用控制

直接信用控制是指中央银行以行政命令或其他方式,直接对商业银行或其他金融机构的信用活动进行控制。它的特点是依靠行政干预,而不是借助于市场机制。其主要手段包括信用配额、直接干预、流动性比率、利率最高限额和特种存款等。

**1. 信用配额**

信用配额是指中央银行根据市场资金供求状况和客观经济需要,对商业银行或其他金融机构的信用规模或贷款规模进行分配和限制的各项措施。当资金严重短缺,资金供给无法满足资金需求,同时又要抑制商业银行的信用扩张,而中央银行利用市场机制的作用已无法达到目的时,就会采用该形式。

**2. 直接干预**

直接干预是指中央银行直接对商业银行等金融机构的信贷业务、放款范围等加以干预,如对业务经营不当的商业银行拒绝再贴现或实行高于一般利率的惩罚性利率等。

**3. 流动性比率**

为了限制商业银行和金融机构的信用扩张,中央银行规定商业银行及金融机构的流动资产对存款的比率。由于流动性资产流动性强,变现能力强,规定流动性比率就会增加商业银行的短期资产运用,保证其流动性和安全性,限制其长期放款和投资,限制其信用扩张能力。

**4. 利率最高限额**

中央银行运用利率最高限额主要是为了限制商业银行及金融机构之间为争夺存款而进行的利率竞争,规定存款利率上限,限制金融业内部的过度竞争,保证金融机构的稳健经营。同时,利率最高限额的控制有助于改变部分金融机构在激烈的市场竞争中的不利地位。

**5. 特种存款**

特种存款是指中央银行为了控制银行体系利用过剩的超额准备金扩张信用,利用行政手段要求商业银行将超额准备金缴存中央银行的措施。中央银行利用特种存款主要有三个目的:一是银行体系存在过多的超额准备金,但诸多原因提高法定存款准备金比率无法实行,便利用特种存款冻结多余的超额准备金;二是由于存款分布不均衡,超额准备金在银行之间出现过剩与不足并存,当市场机制无法有效调节准备金余缺时,中央银行利用特种存款冻结多余的准备金;三是中央银行利用特种存款防止高利率存款的过度扩张和竞争。对超过规定标准的存款,要求银行缴存特种存款,利用特种存款的低息或无息以起惩罚的作用。

#### (二)间接信用指导

间接信用指导是指中央银行通过道义劝告和窗口指导的方式对商业银行等金融机

构的信用变动方向和重点加以影响和指导。

**1. 道义劝告**

道义劝告是指中央银行利用其在金融体系中特殊的地位和影响,通过向商业银行等金融机构说明自己的政策意图,希望利用道义上的劝说力量来影响商业银行的贷款数量和贷款方向,从而达到调节和控制信用活动、实现货币政策目标的目的。道义劝告一般包括情况通报、书面文件指导以及与商业银行负责人面谈等方式,可以是中央银行制定的业务指导和发表的政策评论,也可以是中央银行提出的非正式的政策要求。

**2. 窗口指导**

窗口指导是指中央银行根据产业行情、物价趋势和金融市场动向,规定商业银行的贷款重点投向和贷款变动数量等。窗口指导曾一度是日本银行货币政策的主要工具。

虽然道义劝告与窗口指导均无法律效力,但中央银行的政策目的与商业银行的经营发展总体上是一致的,因而在实际中这种做法的作用还是很大的。间接信用指导比较灵活,且在感情上易为商业银行所接受。但要真正起作用必须是中央银行在金融体系中具有较强的地位、较高的威望和拥有控制信用活动足够的法律权力和手段。

**四、中国货币政策工具的选择**

中央银行使用什么样的货币政策工具来实现其特定的货币政策目标,并无一成不变的固定模式,只能根据不同时期的经济及金融环境等客观条件而定。中国货币政策工具的运用也必须立足于中国的经济金融条件等客观环境,而不能生搬硬套其他国家的经验。

中国人民银行从1984年开始执行中央银行职能后,使用的货币政策工具有贷款计划、存款准备金、利率等,其中最主要的是贷款计划。1995年3月,《中国人民银行法》颁布后,中国货币政策工具逐步由以直接调控为主向以间接调控为主转化。根据《中国人民银行法》的规定,中国人民银行为执行货币政策,可以运用下列货币政策工具:要求金融机构按照规定的比例交存存款准备金;确定中央银行基准利率;为在中国人民银行开立账户的金融机构办理再贴现;向商业银行提供贷款;在公开市场上买卖国债和其他政府债券及外汇;国务院确定的其他货币政策工具。目前,中国人民银行可以根据宏观经济形势,灵活地、有选择地运用法律所确定的这些政策工具,其中,利率政策、存款准备金和公开市场业务已成为中国人民银行货币政策日常操作的主要政策工具。2013年以来,中国人民银行先后创设了短期流动性调节工具(Short-term Liquidity Operations,SLO)、常备借贷便利(Standing Lending Facility,SLF)、中期借贷便利(Medium-term Lending Facility,MLF)、抵押补充贷款(Pledged Supplementary Lending,PSL)、定向中期借贷便利(Targeted Medium-term Lending Facility,TMLF)等新型货币政策工具。SLF、MLF、SLO、PSL、TMLF等新型货币政策工具的恰当使用,使得宏观调控体系可根据流动性变化,更加灵活、精细化地调整流动性方向及节奏力度。

**(一)利率政策**

利率政策是中国人民银行货币政策实施的主要手段之一。中国人民银行根据货币政策实施的需要,适时的运用利率工具,对利率水平和利率结构进行调整,进而影响社会资金供求状况,实现货币政策的既定目标。目前,中国人民银行采用的利率工具主要有:调整中央银行基准利率,包括再贷款利率、再贴现利率、存款准备金利率、超额存款准备金利率;调整金融机构法定存贷款基准利率;制定金融机构存贷款利率的浮动范围;制定相关政策对各类利率结构和档次进行调整等。

2000年以来,中国人民银行加强了对利率工具的运用,利率调整逐年频繁,利率调控方式更为灵活,调控机制日趋完善。随着利率市场化改革的逐步推进,利率政策将逐步从对利率的直接调控向间接调控转化。为进一步推进利率市场化,完善金融市场基准利率体系,指导信贷市场产品定价,2013年10月25日,贷款基础利率(Loan Prime Rate,简称LPR)集中报价和发布机制正式运行。

贷款基础利率是商业银行对其最优质客户执行的贷款利率,其他贷款利率可在此基础上加减点生成。贷款基础利率的集中报价和发布机制是在报价行自主报出本行贷款基础利率的基础上,指定发布人对报价进行加权平均计算,形成报价行的贷款基础利率报价平均利率并对外予以公布。运行初期向社会公布1年期贷款基础利率。

全国银行间同业拆借中心为贷款基础利率的指定发布人。首批报价行共9家,分别为工商银行、农业银行、中国银行、建设银行、交通银行、中信银行、浦发银行、兴业银行和招商银行。每个工作日在各报价行报出本行贷款基础利率的基础上,剔除最高、最低各1家报价后,将剩余报价作为有效报价,以各有效报价行上季度末人民币各项贷款余额占所有有效报价行上季度末人民币各项贷款总余额的比重为权重,进行加权平均计算,得出贷款基础利率报价平均利率,于每个工作日通过上海银行间同业拆放利率网对外公布。市场利率定价自律机制将按年对报价行的报价质量进行监督评估,促进提升贷款基础利率的基准性和公信力。

贷款基础利率集中报价和发布机制作为市场利率定价自律机制的重要组成部分,是上海银行间同业拆放利率(Shibor)机制在信贷市场的进一步拓展和扩充,有利于强化金融市场基准利率体系建设,促进定价基准由中央银行确定向市场决定的平稳过渡;有利于提高金融机构信贷产品定价效率和透明度,增强自主定价能力;有利于减少非理性定价行为,维护信贷市场公平有序的定价秩序;有利于完善中央银行利率调控机制,为进一步推进利率市场化改革奠定制度基础。

经过多年来利率市场化改革持续推进,目前我国的贷款利率上、下限已经放开,但仍保留存贷款基准利率,存在贷款基准利率和市场利率并存的"利率双轨"问题。银行发放贷款时大多仍参照贷款基准利率定价,特别是个别银行通过协同行为以贷款基准利率的一定倍数(如0.9倍)设定隐性下限,对市场利率向实体经济传导形成了阻碍。为了深化利率市场化改革,提高利率传导效率,推动降低实体经济融资成本,2019年8月17日,中国人民银行决定改革完善贷款市场报价利率(LPR)形成机制,改革措施主要包括如下。

第一,自2019年8月20日起,中国人民银行授权全国银行间同业拆借中心于每月20日(遇节假日顺延)9时30分公布贷款市场报价利率,公众可在全国银行间同业拆借中心和中国人民银行网站查询。

第二,贷款市场报价利率报价行应于每月20日(遇节假日顺延)9时前,按公开市场操作利率(主要指中期借贷便利利率)加点形成的方式,向全国银行间同业拆借中心报价。全国银行间同业拆借中心按去掉最高和最低报价后算术平均的方式计算得出贷款市场报价利率。

第三,为提高贷款市场报价利率的代表性,贷款市场报价利率报价行类型在原有的全国性银行基础上增加城市商业银行、农村商业银行、外资银行和民营银行,此次由10家扩大至18家,今后定期评估调整。

第四,将贷款市场报价利率由原有1年期一个期限品种扩大至1年期和5年期以上两个期限品种。银行的1年期和5年期以上贷款参照相应期限的贷款市场报价利率定价,1年期以内、1年至5年期贷款利率由银行自主选择参考的期限品种定价。与原有的LPR形成机制相比,新的LPR在报价方式、报价的期限品种、报价行的代表性和报价频率等方面均发生了明显变化。通过改革完善LPR形成机制,可以提高LPR的市场化程度,发挥好LPR对贷款利率的引导作用,促进贷款利率"两轨合一轨",可以起到运用市场化改革办法推动降低贷款实际利率的效果。

(二)存款准备金

1984年,中国人民银行建立了存款准备金制度,30多年来,经历了多次调整和改革。2004年,中国人民银行进一步改革存款准备金制度,实行差别存款准备金制度,其主要内容是商业银行等金融机构适用的存款准备金率与其资本充足率、资产质量状况等指标挂钩。商业银行等金融机构资本充足率越低、不良贷款比率越高,适用的存款准备金率就越高;反之,金融机构资本充足率越高、不良贷款比率越低,适用的存款准备金率就越低。实行差别存款准备金率制度可以抑制资本充足率较低且资产质量较差的金融机构的贷款扩张,防止金融宏观调控中出现"一刀切"现象,同时有利于调动商业银行等金融机构主要依靠自身力量健全公司治理结构的积极性,督促商业银行等金融机构逐步达到资本充足率要求,实现调控货币供应总量和降低金融系统风险的双重目标,从而有利于完善货币政策传导机制。

2010年以来,中国人民银行引入了差别准备金动态调整机制。为落实国务院关于统筹稳增长、调结构、促改革,创新宏观调控,在区间调控的基础上实施定向调控的要求,中国人民银行自2014年起创新定向降准政策工具。随着定向降准政策的实施,金融机构存款准备金率档次一度增至十几档,形成了比较复杂的存款准备金率结构。存款准备金率档次过于复杂,给社会各界理解存款准备金政策造成一定困难,差异化政策导向的边际效应也有所弱化。

为深化金融供给侧结构性改革,增强中央银行货币政策调控能力,有效引导金融机构加大对实体经济支持力度,缓解小微和民营企业融资难融资贵问题,中国人民银行于2019年5月6日宣布构建"三档两优"存款准备金率的新框架,即金融机构存款准备金率分为高、中、低三个基准档,并在此基础上实行两项优惠政策。

新框架的基础是"三档",即根据金融机构系统重要性程度、机构性质和服务定位等,将存款准备金率设为三个基准档。第一档是大型银行存款准备金率,现为13.5%。大型银行多为全球系统重要性银行,实行高一些的存款准备金率,可体现防范系统性风险和维护金融稳定的要求。目前,包括工商银行、农业银行、中国银行、建设银行、交通银行和邮政储蓄银行6家商业银行。第二档是中型银行存款准备金率,较第一档略低,现为11.5%。目前,主要包括股份制商业银行、城市商业银行以及跨区县经营、资产规模较大的农村商业银行。以上两档金融机构供应了国内八成左右的货币信贷,是总量调控的关键依托。第三档是小型银行存款准备金率,现为8%。目前,主要包括农村信用社、农村合作银行、村镇银行和服务县域的农村商业银行。这些金融机构的特征是聚焦当地、服务县域,对它们实行较低的存款准备金率,旨在增加基层金融供给,促进就业和县域繁荣,与国际上支持社区银行的一些做法实质也是一致的。

"两优"是指在三个基准档的基础上实行两项优惠政策。在新框架下,保留了普惠金融定向降准和"比例考核"政策两项优惠。普惠金融定向降准政策是对"三档"中第一档和第二档达到普惠金融领域贷款情况考核标准的银行,可享受0.5个或1.5个百分点的存款准备金率优惠。"比例考核"政策是对第三档中部分达到新增存款一定比例用于当地贷款考核标准的机构,可享受1个百分点的存款准备金率优惠。享受"两优"后,金融机构实际的存款准备金率水平要比基准档更低一些。

与存款准备金率划分档次最多时相比,"三档两优"的存款准备金率新框架比较简明清晰,明确三个基准档,保留两项优惠政策,确保了准备金制度的统一性,又体现出结构性政策导向,同时兼顾了总量调控的需要。"三档两优"新框架既是总量政策的优化,也是结构性政策的创新。"三档两优"新框架全面实施后,将对金融机构服务定位产生深远影响,既有利于完善我国金融供给结构,也有利于宏观调控和防范风险。

(三)公开市场业务

中国人民银行公开市场业务操作包括人民币业务操作和外汇业务操作两部分。外汇公开市场业务操作于1994年3月启动,人民币公开市场业务操作于1998年5月26日恢复交易,规模逐步扩大。1999年以来,公开市场业务操作已成为中国人民银行货币政策日常操作的重要工具,对于调控货币供应量、调节商业银行流动性水平、引导货币市场利率走势发挥了积极的作用。中国人民银行从1998年开始建立公开市场业务一级交易商制度,选择了一批能够承担大额债券交易的商业银行作为公开市场业务的交易对象,这些交易商可以运用国债、政策性金融债券等作为交易工具与中国人民银行开展公开市场业务。

从交易品种看,中国人民银行公开市场业务债券交易主要包括回购交易、现券交易和发行中央银行票据。其中,回购交易分为正回购和逆回购两种。正回购为中国人民银行向一级交易商卖出有价证券,并约定在未来特定日期买回有价证券的交易行为,正回购为中央银行从市场收回流动性的操作,正回购到期则为中央银行向市场投放流动性的操作;逆回购为中国人民银行向一级交易商购买有价证券,并约定在未来特定日期将有价证券卖给一级交易商的交易行为,逆回购为中央银行向市场上投放流动性的操作,逆回购到期则为中央银行从市场收回流动性的操作。现券交易分为现券买断和现券卖断两种,前者为中央银行直接从二级市场买入债券,一次性地投放基础货币;后者为中央银行直接卖出持有债券,一次性地回笼基础货币。2003年中国人民银行开始面向商业银行发行中央银行票据,通过发行中央银行票据可以回笼基础货币,中央银行票据到期则体现为投放基础货币。公开市场业务操作作为主要间接货币政策工具在金融宏观调控中的成功应用,标志着中国货币政策调控成功实现了由直接调控向间接调控的基本转变。

(四)新型货币政策工具

**1. 短期流动性调节工具(SLO)**

中国人民银行于2013年初创设了短期流动性调节工具(Short-term Liquidity Operations,SLO)。短期流动性调节工具作为公开市场常规操作的必要补充,以7天期内短期回购为主,遇节假日可适当延长操作期限,采用市场化利率招标方式开展操作。中国人民银行根据货币调控需要,综合考虑银行体系流动性供求状况、货币市场利率水平等因素,灵活决定该工具的操作时机、操作规模及期限品种等。公开市场短期流动性调节工具的操作对象为公开市场业务一级交易商中具有系统重要性影响、资产状况良好、政策传导能力强的部分金融机构。

**2. 常备借贷便利(SLF)**

中国人民银行于2013年初创设了常备借贷便利(Standing Lending Facility,SLF)。常备借贷便利是中国人民银行正常的流动性供给渠道,主要功能是满足金融机构期限较长的大额流动性需求。常备借贷便利的最长期限为3个月,目前以1~3个月期操作为主;利率水平根据货币调控需要、发放方式等综合确定。常备借贷便利主要以抵押方式发放,合格抵押品包括高信用评级的债券类资产及优质信贷资产等;必要时也可采取信用借款方式发放。常备借贷便利的使用对象主要为政策性银行和全国性商业银行。

从国际经验看,中央银行通常综合运用常备借贷便利和公开市场操作两大类货币政策工具管理流动性。常备借贷便利的主要特点:一是由金融机构主动发起,金融机构可根据自身流动性需求申请常备借贷便利;二是常备借贷便利是中央银行与金融机构"一对一"交易,针对性强。三是常备借贷便利的交易对手覆盖面广,通常覆盖存款金融机构。

**3. 中期借贷便利(MLF)**

为保持银行体系流动性总体平稳适度,支持货币信贷合理增长,中央银行需要根据流动性需求的期限、主体和用途不断丰富和完善工具组合,以进一步提高调控的灵活性、针对性和有效性。2014年9月,中国人民银行创设了中期借贷便利(Medium-term Lending Facility,MLF)。中期借贷便利是中央银行提供中期基础货币的货币政策工具,对象为符合宏观审慎管理要求的商业银行、政策性银行,可通过招标方式开展。中期借贷便利采取质押方式发放,金融机构提供国债、央行票据、政策性金融债、高等级信用债等优质债券作为合格质押品。中期借贷便利利率发挥中期政策利率的作用,通过调节向金融机构中期融资的成本来对金融机构的资产负债表和市场预期产生影响,引导其向符合国家政策导向的实体经济部门提供低成本资金,促进降低社会融资成本。

**4. 抵押补充贷款(PSL)**

为了支持开发性金融及政策性银行加大对特定领域或政策项目建设的信贷支持力度,2014年4月,中国人民银行创设了抵押补充贷款(Pledged Supplemental Lending,PSL),为开发性金融及政策性银行支持特定领域或政策项目建设提供长期稳定、成本适当的资金来源。抵押补充贷款的主要功能是支持国民经济重点领域、薄弱环节和社会事业发展而对金融机构提供的期限较长的大额融资。抵押补充贷款采取质押方式发放,合格抵押品包括高等级债券资产和优质信贷资产。

**5. 定向中期借贷便利(TMLF)**

为了进一步加大金融对实体经济,尤其是小微企业、民营企业等重点领域的支持力度,2018年12月19日,中国人民银行决定创设定向中期借贷便利(Targeted Medium-term Lending Facility,TMLF)。大型商业银行、股份制商业银行和大型城市商业银行,如符合宏观审慎要求、资本较为充足、资产质量健康、获得央行资金后具备进一步增加小微企业民营企业贷款的潜力,可向中国人民银行提出申请。中国人民银行根据其支持实体经济的力度,特别是对小微企业和民营企业贷款增长情况,并结合其需求,向其提供长期稳定资金来源。该操作期限为1年,到期可根据金融机构需求续做两次,这样实际使用期限可达到3年。定向中期借贷便利利率比中期借贷便利(MLF)利率优惠15个基点。大型银行对支持小微企业、民营企业发挥了重要作用,定向中期借贷便利能够为其提供较为稳定的长期资金来源,增强对小微企业、民营企业的信贷供给能力,降低融资成本,还有利于改善商业银行和金融市场的流动性结构,保持市场流动性合理充裕。

## 第四节 货币政策中介指标

货币政策中介指标是指为了实现货币政策目标而选定的中间性或者传导性金融变量。货币政策最终目标并不处于中央银行的控制之下,为了实现最终目标,中央银行必须选择一些与最终目标关系密切、中央银行可以直接控制并在短期内可以度量的金融指标作为实现最终目标的中介指标,并通过中介指标的控制和调节实现货币政策的最终目标。

### 一、建立货币政策中介指标的意义

货币政策的最终目标是一个长期的、非数量化的目标,它只为中央银行制定货币政策提供指导思想,并要通过货币政策工具在较长的时期内才能实现,且需要长时期的观察和调整。因此,必须有一些短期的、数量化的、能够运用于日常操作的,并且能直接控制的指标,作为实现货币政策最终目标的中介。中介指标是中央银行的货币政策对宏观经济运行产生预期影响的连接点和传送点,在货币政策的传导中起着承上启下的传导作用,使中央银行的宏观调控更具有弹性。

建立货币政策中介指标的意义还在于能够及时测定和控制货币政策的实施程度,使之朝着正确的方向发展,保证货币政策最终目标的实现。因为,最终目标的统计资料需较长时间汇集整理,而中央银行需要经常汇集有关经济指标,作为确定政策实施过程和效果的指标。中介指标就是这些指标在一定时间内(如6个月)所应达到的数值。当中央银行的货币政策工具无法直接作用于远期中介指标时,近期操作指标则弥补了这一缺陷。操作指标作为每日、每周的短期指标,是中央银行日常货币政策的调控对象,能够将政策工具与中介指标联系起来。由此可见,货币政策的最终效果如何,在很大程度上取决于中介指标的可靠性和可行性,它在货币政策传导过程中,以及预期最终目标的实施中,具有极其重要的作用。

### 二、货币政策中介指标选择的标准

各个国家或地区的中央银行在选择货币政策中介指标时,会因各个国家或地区的经济、历史状况有别,也会因时间、地区而异。但能够成为货币政策中介指标的金融变量必须符合下列标准,即可测性、可控性、相关性、抗干扰性和适应性。

(一)可测性

可测性是指中央银行所选择的金融控制变量,必须具有明确而合理的内涵和外延,且指标必须能够数量化。中央银行必须能够迅速而准确地收集到有关指标的数据资料,且资料数据能够为中央银行和社会有关人士分析和理解。

(二)可控性

可控性是指中央银行能够通过货币政策工具的运用,对该指标进行有效的控制和调节,并能够准确地控制该指标的变动状况及其变动趋势。

(三)相关性

相关性是指这些中介指标与货币政策最终目标之间必须有紧密的内在联系。这样中央银行才可以通过对这些指标的调控,促使货币政策最终目标的实现,同时可通过这些指标的变化来了解和掌握货币政策的实施状况。

(四)抗干扰性

抗干扰性是指作为中介指标的金融指标能够准确地反映政策效果,并且较少受外来因素的干扰。只有这样,才能通过货币政策工具的操作达到最终目标。

(五)适应性

适应性是指作为中介指标的金融变量指标能够与各个国家或地区当时的经济和金融体制环境和市场环境较好地相适应。

### 三、货币政策中介指标的类型

货币政策中介指标根据其对货币政策工具作用反应的先后和离货币政策最终目标的远近,一般可分为近期操作指标和远期中介指标两类。近期操作指标是接近中央银行政策工具的金融变量,直接受政策工具的影响,其特点是中央银行容易对它进行控制,但它与最终目标的因果关系不大稳定,主要有超额准备金、基础货币和短期利率。远期中介指标是距离政策工具较远、但接近于最终目标的金融变量,其特点是中央银行不容易对它进行控制,但它与最终目标的因果关系比较稳定,主要有长期利率、汇率和货币供应量。其关系是:货币政策工具→近期操作指标→远期中介指标→最终目标。

### (一)超额准备金

以超额准备金为中介指标,就是中央银行通过政策工具来调节、控制商业银行及其他各类金融机构的超额准备金水平。商业银行等金融机构的准备金分为两部分:一部分是按照法定准备率持有的准备金,一般都存在中央银行的账户上,其数量大小金融机构无权自己变动;另一部分是超过法定准备金额的准备金,这部分准备金称为超额准备金,金融机构可以自主决定与使用。超额准备金一般也在中央银行存款账户上反映出来,也有一部分金融机构自己持有或存入同业。超额准备金的高低反映商业银行等金融机构的资金紧缺程度,如果此项指标过高,则说明金融机构资金宽松,从而证明已提供的货币供应量偏多,中央银行便采取紧缩措施。反之,如果此项指标过低,则说明金融机构资金偏紧,市场货币需求不能满足,从而证明货币供给量偏小,中央银行便采取放松措施。中央银行通过调节,使金融机构的超额准备金保持在理想的水平上。该项指标对商业银行等金融机构的资产业务规模有直接决定作用,对中央银行来说也极易判断,但超额准备金的高低取决于商业银行等金融机构的意愿和财务状况,中央银行不易直接控制。

### (二)基础货币

以基础货币作为中介指标,就是中央银行直接调节基础货币量。基础货币又称为高能货币,主要包括流通中的现金和商业银行等金融机构在中央银行的存款准备金,它们是货币供应量数倍伸缩的基础,是市场货币量形成的源头。中央银行提供的基础货币通过货币乘数的作用形成数倍于基础货币量的市场供给总量。在经济机制充分发挥作用和货币乘数稳定的情况下,调控基础货币量可以直接实现货币总供求的调节。该项指标对中央银行来说极易控制、监测和操作,但离货币政策最终目标较远。

### (三)利率

以利率作为中介指标,就是中央银行通过政策工具调节、控制市场利率水平。其具体操作是根据经济金融环境和货币市场状况提出预期理想的利率基准水平,若偏离这一水平,中央银行就要进行调节。如果现实利率水平低于预期理想水平,意味着货币供给大于货币需求,货币供给过多,中央银行可用缩减货币供给的方法以使利率升至预期理想水平;如果现实利率高于预期理想水平,意味着货币供给小于货币需求,货币供给偏少,中央银行可采取增加货币供给的方法,以使利率降至预期理想水平。选取利率作为中介指标,其优点是可测性和可控性强,并能较直接地调节市场总供求。中央银行能够随时观察到市场利率水平及结构,并通过政策工具操作直接影响市场利率水平,市场利率水平的变化又对投资和消费产生直接影响,从而调节市场总供求。但这一指标也有不足之处,由于作为中介指标的必须是市场利率,即本身是由经济体系内部因素决定的内在变量,当经济繁荣时,利率会因信贷需求增加而上升;当经济停滞或衰退时,利率也会因信贷需求减少而下降。这种变动趋势与中央银行的期望是一致的,即经济过热,应提高利率;经济疲软,应降低利率。因此,利率作为内生变量和政策变量在实践中很难区分,中央银行难以判断自己的政策操作是否已经达到预期的目标。

（四）货币供应量

货币供应量是指在某个时点上全社会承担流通和支付手段的货币存量。以货币供应量作为中介指标,就是中央银行通过政策工具来调节、控制货币供给量增长水平,以使货币供给增长与经济增长要求相适应。具体操作是根据经济金融环境和商品市场供需状况提出货币供应量的期望值,并通过政策工具的调节实现所期望的水平。如果市场货币供应量大于期望值,则可能出现商品市场上社会总需求大于社会总供给,商品价格上涨,通货膨胀,这时中央银行就要采取缩减货币供应量的措施,以达到期望值,实现商品市场均衡;否则,反之。选取货币供应量作为中介指标,其优点在于该项指标与经济发展状况联系密切,社会总供给与社会总需求不管由何种因素引起失衡,都会通过货币供应量的过多或过少反映出来,并且这一指标与货币政策最终目标比较接近。同时,货币供应量的变化作为内在变量是顺循环的,而作为政策变量是逆循环的,因此,中央银行比较容易判断其政策效果。但其不足之处在于货币供应量本身包含的范围或统计口径比较复杂,难以清晰界定;同时中央银行对货币供应量的控制随着当代金融创新的活跃更为困难。

### 四、中国货币政策中介指标的选择

中国正处在经济金融快速发展的时期,各种政策制度的变化使货币政策中介指标的选择具有不稳定的特性。中国曾长期将贷款规模既作为操作工具,又作为中介指标。在治理20世纪80年代中后期较严重的通货膨胀过程中,贷款规模事实上起了控制信用、控制货币量的重要作用。随着金融体系的扩展和信用形式的多样化,只控制信贷规模已经很难达到控制货币供应量的目的。而且,贷款规模的控制有强烈的行政干预色彩,不利于各项改革的深入。1993年年底,国务院发布的《关于金融体制改革的决定》,提出将货币供应量、信用总量、同业拆借利率和银行备付金率作为中介指标。其中,货币供应量在1994年9月被中国人民银行正式作为监控目标,并按季公布不同层次的货币供应量统计指标,作为分析货币金融形势的重要依据,1996年,又进一步将$M_1$和$M_2$作为货币政策操作的实际依据。现阶段中国货币政策的近期操作指标是基础货币,远期中介指标为货币供应量。

中国现阶段以货币供应量作为货币政策中介指标,具有以下优势。一是能够满足可测性要求。二是具有较强的可控性。随着间接调控工具的广泛运用和不断完善,中央银行有能力通过各种间接调控工具对货币供应量进行控制并影响其变动趋势。三是选择货币供应量作为货币政策中介指标,能够有效地抵抗非货币政策因素的干扰。但目前中国的货币供应量指标还需要不断完善,优化货币供应量统计结构,减少货币供应量增长率变化中的行政干预,提高货币供应量与经济变量之间的稳定联系。

随着金融市场发展和金融产品日益丰富,货币需求函数的稳定性逐步下降,数量型中介指标与货币政策最终目标之间的稳定关系趋于弱化,精准调控货币供应量的难度增加。为此,2012年中国人民银行适时创建优化了社会融资规模指标,并作为货币政策重要参考,调控机制逐步从以直接调控为主向以间接调控为主转变。

## 第五节 货币政策传导机制

货币政策传导机制是指中央银行运用货币政策工具影响中介指标,进而实现既定政策目标的传导途径与作用机理,即如何通过货币政策各种措施的实施、经济体制内的各种经济变量影响整个社会经济活动的作用过程。货币政策传导机制具有间接调控性,调控主客体有较规范的法律意识和经营行为,各项政策措施遵循市场经济的内在规律间接地发挥作用。

### 一、货币政策传导的途径

货币政策传导途径一般有三个基本环节,其顺序如下。

第一,从中央银行到商业银行等金融机构和金融市场。中央银行的货币政策工具操作,首先影响的是商业银行等金融机构的准备金、融资成本、信用能力和行为,以及金融市场上货币供给与需求的状况。

第二,从商业银行等金融机构和金融市场到企业、居民等非金融部门的各类经济行为为主体。商业银行等金融机构根据中央银行的政策操作而调整自己的行为,从而对企业和居民的消费、储蓄、投资等经济活动产生影响。

第三,从非金融部门经济行为主体到社会各经济变量,包括总支出量、总产出量、物价、就业等。

基于上述三个基本环节,中央银行货币政策的传导可通过以下两条基本途径来进行。

一条是商业银行,也就是信贷渠道。货币政策工具实施后可改变商业银行向中央银行的融资成本,可改变商业银行的准备金头寸,然后商业银行通过调整信贷规模、利率、贷款期限等,影响企业和居民等的消费、储蓄和投资活动,最终实现货币政策最终目标。但是有一些经济学家认为,信贷市场主要力量来自于信贷需求,如果信贷需求者有较强的内部融资能力,或信贷需求者有更方便的外部融资渠道,或信贷需求者对经济发展的预期与政策制定者不一致,货币政策的传导机制会出现偏差。对于金融市场欠发达的国家和地区而言,采用商业银行信贷渠道来运行货币政策的传导机制较为有效。

另一条基本途径是金融市场,也就是利率。货币政策工具实施后(如进行公开市场操作后),金融市场的货币供给和货币需求就会发生改变,引起各种金融资产的收益和价格的变化,这种变化在一定程度上影响企业、居民等经济主体的行为,并影响货币政策最终目标的实现。中央银行在公开市场上的操作,会影响直接货币市场利率,在通货膨胀预期不变的情况下,短期利率变化必然会影响到长期利率,对企业的投资决策和消费者的储蓄行为真正产生影响的是长期利率。所以通过市场利率来实现货币政策目标,主要取决于对未来通货膨胀的预期。如果一个国家或地区的对外开放度较大的话,汇率及国际市场的影响将会使货币政策的传导更为复杂。

通过金融市场运行货币政策传导机制必须具备下面几方面的经济环境条件。其一,建立未来通货膨胀稳定的目标预期,有利于中央银行货币政策的传导。其二,较为完善的金融市场。在市场经济条件下,从货币政策工具的启动到最终对企业和居民行为的影响都是借助于形形色色的金融市场来完成的,一个完善的金融市场是建立有效货币政策传导机制的重要条件。其三,企业与银行行为市场化程度强。只有企业与商业银行真正以市场作为资源配置的有效手段,才能对中央银行的货币政策调控反应灵敏、准确,从而货币政策传导效果才会成效显现。

### 二、西方主要货币政策传导机制理论

关于在货币政策传导过程中,哪一种变量起主要作用,在西方货币政策理论中存在很大分歧,凯恩斯学派强调利率的作用,而货币学派则强调货币供应量的作用,由此形成了凯恩斯学派的传导机制理论和货币学派的传导机制理论。

(一)凯恩斯学派的货币政策传导机制理论

**1. 早期凯恩斯学派的货币政策传导机制理论**

凯恩斯认为,货币供给(Ms)相对于需求而突然增加,货币市场失衡,利率(i)下降,利率下降后,资本边际效率提高,投资(I)就会增加,投资的增加必然影响总支出(E)和总收入(Y)。货币政策的实施是从货币市场对商品市场的影响。这一传导过程简单表示为:

$$Ms\uparrow \rightarrow i\downarrow \rightarrow I\uparrow \rightarrow E\uparrow \rightarrow Y\uparrow$$

在这一传导过程中,利率变动起着关键的作用。由于利率的下降,引起投资的增加,产量增加。产量增加后,货币需求增加,如果没有进一步增加货币供给,货币市场的供求失衡又会使利率回升。这便是商品市场对货币市场的作用。利率回升,将导致投资萎缩,产量下降。而产量下降,货币需求减少,利率又要回落。这是一个循环往复的过程,这个过程使货币市场供求和商品市场供求同时满足均衡的要求,最终找到一个均衡点。在这个均衡点上,利率较原均衡水平低,而产出量较原均衡水平高。

凯恩斯学派的经济学家们从不同的角度丰富和发展了凯恩斯的货币政策传导机制。其中最有代表性的是詹姆斯·托宾(James Tobin)的 q 理论中的货币传导机制。

**2. 托宾的 q 理论**

以托宾为首的经济学家把资本市场的资产价格纳入传导机制,认为货币理论应看作微观经济行为主体进行资产结构管理的理论。传导的过程是:货币变化,直接或间接影响资产价格,资产价格的变动导致实际投资的变化,并最后影响实体经济和产出。资

产价格,主要是股票价格,影响实际投资的机制在于:股票价格对现存资本存量价值的评估,是企业市场价值依以评价的依据,而企业的市场价值评价是高是低,必将影响投资行为。托宾把 q 定义为企业市场价值与资本重置成本之比。q 理论是一种关于股票价格和投资支出之间相关关系的理论。

$$q = \frac{企业真实资本的市场价值}{资本的重置成本}$$

如果 q 值高,意味着企业市场价值高于资本重置成本,厂商将愿意增加投资支出,追加资本存量;相反,如果 q 值低,厂商对新投资就不会有积极性。这一过程可以表示为:

$$Ms\uparrow \to i\downarrow \to PE\uparrow \to q\uparrow \to I\uparrow \to Y\uparrow$$

**3. 货币学派的货币政策传导机制理论**

与凯恩斯学派不同,以弗里德曼为代表的货币学派认为利率在货币传导机制中不起重要作用,而更强调货币供应量在整个传导机制中的直接效果。

货币学派认为,增加货币供应量在开始时会降低利率,银行增加贷款,货币收入增加和物价上升,从而导致消费支出和投资支出增加,引致产出提高,直到物价的上涨将多余的货币量完全吸收掉为止。因此,货币政策的传导机制主要不是通过利率间接地影响投资和收入,而是通过货币实际余额的变动直接影响支出(E)和收入(Y),可用符号表示为:

$$M \to E \to I \to Y$$

式中 M→E,反映的是货币供给的变化直接影响支出的变化。这是因为:货币需求有其内在的稳定性,货币供给是一外生变量。当货币供给增加时,如果货币需求不变,人们的货币收入增加,必然增加支出。

式中 E→I,反映的是支出增加会引起投资增加。这是因为:人们手持的货币量增加后,进行金融性或非金融性投资,不同资产收益率会引起资产结构的调整,最终对 Y 产生影响。

**4. 弗里德曼和凯恩斯在货币传导机制理论上的分歧**

第一,凯恩斯认为,货币供应量变化后对国民收入有实质性影响,增加货币的结果使利率降低从而增加投资,通过乘数效应引起总需求和总收入(Y)的变动,即 $\triangle M \to \triangle R \to \triangle I \to \triangle Y$,因此,货币供应量增加可以引起实际产出的增加,货币是非中性的,即货币供给变化对实际经济会产生影响的。弗里德曼则认为货币供给的变化短期内对实际产量和物价水平两方面都会产生影响,但从长远来看,只会影响物价水平,因此,货币从长期看是中性的,即货币供给的变动不会对实际经济产生影响。

第二,凯恩斯分析主要在货币市场,资产在货币和债券中选择,传递渠道主要是货币市场上金融资产的调整。增加的货币量:一是通过利率下降、投资增加、货币收入增加后导致货币交易需求量的增加;二是随着利率下降后增加的货币投机需求量。弗里德曼理论中资产品种较多,有金融性资产和非金融性资产,传导途径是多种多样的,可以在货币市场和商品市场同时进行,通过物价普遍上涨吸收过多的货币量。

第三,凯恩斯模型中利率作用明显,利率是传导机制的中心环节,货币量变动后首先引起的是利率的变动,货币供需和整个社会经济的均衡是通过利率的变化来调节的。而弗里德曼理论则显现收入支出在传导中的作用。人们主要根据各种资产收入来确定现金持有量。由于货币需求是稳定的,因此货币供需求均衡只能通过支出来调节,最终引起物价上升,而且货币量与利率之间存在着不一致的关系,弗里德曼认为,货币增长加速时,短期内会降低利率,但是后来,由于支出增加又会刺激价格上涨,引起借贷需求的增加,从而促使利率上升。所以弗里德曼反对把利率作为制定货币政策的中间目标,不赞成利率成为传导机制中的主轴。

### 三、开放经济下的货币政策传导机制

在开放经济条件下,净出口,即一国出口总额与进口总额之差,是总需求的一个重要组成部分。货币政策可以通过影响国际资本流动,改变汇率,并在一定的贸易条件下影响净出口。在实行固定汇率制度的国家,中央银行可以直接调整汇率,在实行浮动汇率制度的国家,中央银行必须通过公开市场业务来改变汇率。当一国减少货币供应,利率随之上升,外国资本流入,使得外汇市场本币升值。本币的升值不利于本国商品的出口,却有利于进口,净出口下降。当一国实行扩张的货币政策,提高货币供应量,本国市场利率下跌,导致资金外流,外汇市场出现对外汇需求增加,本币出现贬值,在其他条件不变的情况下,本币贬值有利于出口,减少进口,一国的净出口会增加。这样机制可以描述如下:

$$Ms\uparrow \to i\downarrow \to E\uparrow \to NX\uparrow \to Y\uparrow$$

其中 E 代表汇率(直接标价法),NX 代表净出口,其他同前面。

在金融全球化的趋势下,国际资本的流动对本国货币政策的运用效果具有抵消作用。当本国需要提高利率以限制对本国商品和劳务的总需求时,外国资本的流入增加会却抑制了利息率的上升。与此相反,当中央银行采取降低利率时,资本的流出却会阻碍利率的下降。在开放经济条件下,各个国家或地区间货币政策的国际协调机制将会越来越重要。

## 第六节 货币政策效应

### 一、货币政策有效性的内涵

货币政策有效性是指中央银行实施货币政策所达到的实际效果,与预期达到的效果之间的偏离程度。预期的理想效果,就是实现货币政策的最终目标。现在几乎所有国家或地区的中央银行都相信:货币政策对实际经济是有影响的。中央银行通过控制货币规模来实现货币政策目标,但由于存在制度和技术等方面的制约,货币政策操作往

往难以真正有效实现货币政策目标,导致货币政策有效性的欠缺或不足。许多经济学家进行了大量的实证分析,试图寻找货币政策中介指标与各种实际经济变量之间的相关关系,但实证结果发现这些关系并不稳定。在这种情况下,货币政策的有效性就取决于对这些相关关系的认识和把握。在承认货币政策中介指标与实际经济变量紧密相关的基础上,对货币政策调控效应的评价,就转移到对货币政策传导机制的评价上来。货币政策传导机制是否有效,主要看中央银行基础货币的创造及其结构是否合理;货币政策工具和货币政策中介指标的选择是否恰当;货币政策工具作用于货币政策中介指标进而作用于实际经济变量的过程是否顺畅;当然,也包括货币政策传导机制是否规范,与外部经济环境是否适应等。

### 二、影响货币政策有效性的因素

一般认为,影响货币政策有效性的主要因素有四个,它们分别是:货币政策时滞、货币流通速度的变动、微观主体的合理预期和其他经济政治因素。

#### (一)货币政策时滞

货币政策时滞是指货币政策从研究、制定到实施后发挥实际效果全过程所经历的时间。如果货币政策时滞较短或者中央银行对货币政策时滞能准确预测,货币政策效果就容易确定,货币政策工具在实施和传导的选择中就容易把握方向和力度;如果货币政策时滞较长且不稳定,政策效果就难以观察和预测,那么,政策工具在实施和传导过程中就可能变得无所适从,政策的取向和力度不能根据对政策生效程度的判断而随时确定和灵活调整,从而难以达到理想的政策目标。货币政策时滞太长,其间的经济形势已发生很大变化,还可能导致最初采取的政策工具和选取的传导中介变得无效,导致政策的彻底失败。为了准确地预测和把握货币政策时滞,人们通常将时滞进行分段分析。简单的分段法是将时滞分为内部时滞和外部时滞两部分。

**1. 内部时滞**

内部时滞是指作为货币政策操作主体的中央银行从制定政策到采取行动所需要的时间。当经济形势发生变化,中央银行认识到应当调整政策到着手制定政策再到实施政策,每一步都需要耗费一定的时间。内部时滞又可细分为认识时滞和决策时滞(行为时滞)两段。

(1)认识时滞。认识时滞是指经济金融形势发生变化,需要货币当局采取金融措施,到货币当局认识到这种变化并认清采取行动的必要性,决定采取对策的时间间隔。譬如说通货膨胀已经开始,客观上需要实行紧缩银根的政策。但中央银行认识到有实行这种政策的必要,需要一定的观察、分析和判断的时间。认识时滞之所以存在,主要有两个原因:一是搜集各种信息资料需要耗费一定的时间;二是对各种复杂的社会经济现象进行综合性分析,作出客观的、符合实际的判断需要耗费一定的时间,这部分时滞的长短,主要取决于中央银行的敏感性。

(2)决策时滞。决策时滞是指制定政策的时滞,是货币当局或中央银行在主观上认识到需要改变货币政策到实际采取行动,推行新的货币政策之间的时间间隔,也称行为时滞。即从认识到需要改变政策,到提出一种新的政策所需耗费的时间。中央银行一旦认识到客观经济过程需要实施某种政策,就要着手拟定政策实施方案,并按规定程序报批,然后才能公布、贯彻。这段时滞之所以存在,是因为中央银行根据经济形势研究对策、拟定方案,并对所提方案作可行性论证,最后审定批准,整个制定过程的每一步骤都需要耗费一定的时间,这部分时滞的长短,取决于中央银行对作为决策依据的各种信息资料的占有程度和对经济、金融形势的分析、判断能力,也取决于经济形势的复杂程度,体现着中央银行决策水平的高低和对金融调控能力的强弱。

**2. 外部时滞**

外部时滞是指从中央银行采取行动到这一政策对经济过程发生作用所耗费的时间,也就是作为货币政策调控对象的金融部门及企业部门对中央银行实施货币政策的反应过程。当中央银行开始实施新政策后,会有:金融部门对新政策的认识——金融部门对政策措施所做的反应——企业部门对金融形势变化的认识——企业部门的决策——新政策发生作用等过程,其中每一步都需要耗费一定的时间。外部时滞也可细分为操作时滞和市场时滞两段。

(1)操作时滞。操作时滞是指从调整政策工具到其对中介指标发生作用所需耗费的时间。中央银行一旦调整政策工具的操作方向或力度,需通过操作变量的反应,传导到中介变量。操作时滞之所以存在,是因为在实施货币政策的过程中,无论使用何种政策工具,都要通过操作变量的变动来影响中介变量而产生效果。而政策是否能够生效,主要取决于商业银行及其他金融机构对中央银行政策的态度、对政策工具的反应能力以及金融市场对中央银行政策的敏感程度。

(2)市场时滞。市场时滞是指从中介变量发生反应到其对目标变量产生作用所需耗费的时间。货币政策要通过利率的变动,经由投资的利率弹性产生效应;或者通过货币供应量的变动、经由消费的收入弹性产生效应。不仅企业部门对利率的变动、私人部门对货币收入的变动作出反应有一个滞后过程,而且投资或消费的实现也有一个滞后过程。各种政策工具对中介变量的作用力度大小不等,社会经济过程对中央银行的宏观金融调控措施的反应也是具有弹性的。因此,中介变量的变动是否最终能够对目标变量发生作用,还取决于调控对象的反应程度。

时滞客观存在,其中认识时滞和决策时滞可以通过各种措施缩短,但不可能完全消失;外部时滞则涉及更复杂的因素,一般说来也是难以控制的。时滞的存在可能使政策决策时的意图与实际效果脱节,从而不可避免地导致货币政策的局限性。

**(二)货币流通速度变动**

货币流通速度变动是货币政策有效性的一种主要限制因素。货币学派认为,货币流通速度对货币政策效应的重要性表现在,货币流通速度中的一个相当小的变动,有可能使货币政策效果受到严重影响,甚至有可能使本来正确的政策走向反面。

**(三)微观主体的合理预期**

合理预期对货币政策效果影响很大。合理预期的含义是:人们对未来的经济变量的变动能够作出合乎理性的,从而也是正确的预期。

合理预期对货币政策效果的影响表现为:当中央银行货币政策推出后,各经济主体立刻会根据所获取的各种信息来预测政策的后果,并很快作出对策。货币政策的作用可能被这种对策所冲销。例如,扩张性货币政策推出后,人们通过所掌握的各种信息预期社会总需求要拉上,物价水平会上升。在这种情况下,企业预期原材料要涨价,工人的工资会由于工会的力量强大而提高,生产成本会由此而上升,投资利润率会由此而下降,于是,投资需求必然减少,其结果是,物价上涨了,产出却没有增长甚至会减少,货币政策最终无效。这就是说,货币政策只有在人们不存在正确合理的预期,而盲目跟从的时候才会有效,但事实上,经济生活中的主体都是"理性人",他们都会在效用最大化和利润最大化原则的驱使下,对任何一条有用的信息作出理性反应,中央银行的货币政策信息更不例外,合理预期是一定存在的,货币政策的作用就难免被抵消。

当然,合理预期对货币政策效果的这种影响不能过分夸大,因为公众预期的普遍形成要有一个过程,不可能没有"时滞",而且这种预期不一定始终完全正确,即使是有了完全正确的预期,要采取一定的对策以及这些对策发生作用,也得有一个过程。如果再考虑到中央银行同样会对经济主体的行为作出正确预期这一因素,那么,就可以说,只有未被中央银行预期到的行为才会抵消货币政策的作用。所有这些都决定了合理预期对货币政策效果的影响是有限的。

### (四)其他经济政治因素的影响

**1. 客观经济条件变化的影响**

一项既定的货币政策出台后总要持续一段时间,在这段时间内,如果生产和流通领域出现某些始料不及的情况,而货币政策又难以做出相应的调整时,就可能出现货币政策效果下降甚至失效的情况。

**2. 政治因素对货币政策效果的影响**

由于任何一项货币政策方案的贯彻,都可能给不同阶层、集团、部门或地方的利益带来一定的影响。这些主体如果在自己利益受损时做出较强烈的反应,就会形成一定的政治压力。当这些压力足够有力时,就会迫使货币政策进行调整。

### 三、货币政策执行的选择

货币政策因为存在着"时滞"等因素给政策的实施效果带来了困难,这在如何执行货币政策方面也产生了分歧和争论。

凯恩斯学派认为应采取"相机抉择"政策,即反周期货币政策。是指经济过热时,应采取紧缩的货币政策;若经济低迷时,应采取扩张的货币政策。认为市场经济无自动调节或稳定的趋势,而且货币政策的时滞是短暂的,中央银行应会同财政部门依照具体经济情况的变动,运用不同工具和采取相应措施来稳定金融和经济。中央银行一旦认定目标,就要迅速采取行动。在情况发生变化或原有预测与所采取的行动有错误时,要及时作出反应,纠正错误,采取新的对策权衡处理。

货币学派则主张,应制定"单一规则",即中央银行应长期一贯的维持一个固定的或稳定的货币量增长率,而不应用各种权利和工具企图操纵或管制各种经济变量。货币主义相信市场机制的稳定力量,认为在经济繁荣、需求过旺时,固定货币增长率低于货币需求增长率,因此,具有自动收缩经济过度膨胀的能力,而在经济不景气、需求不足时,固定货币增长率高于货币需求增长率,因而又具有自动刺激经济恢复的能力。同时,由于时滞的存在和人为判断失误等因素,"相机抉择"货币政策往往不能稳定经济,反而成为经济不稳定的制造者。

理性预期学派认为,对于宏观干预政策,公众依据预期,会采取相应行动。结果会使政策不能实现预定的目标,所以货币政策是无效的。

**四、货币政策与其他宏观经济政策的协调与配合**

宏观经济调控目标的实现往往是各种政策措施共同作用的结果,在调控经济活动中,为了避免政策效果的相互抵消,增强调控力度,某种政策的制定和实施往往是与其他政策相配合而进行的。中央银行的货币政策若想取得最好效果,则必须与政府其他部门特别是财政部进行充分合作和协调。因此,衡量和评价货币政策的效果,还要看货币政策与其他宏观经济政策协调与配合的情况。

(一)货币政策与财政政策的协调与配合

财政政策是政府通过财政支出和税收政策的变化来影响经济变化的宏观经济政策。货币政策和财政政策是直接影响社会总需求的两个最主要的政策,原因是,社会总需求是货币购买力的总和,是由货币供给形成的,而货币政策和财政政策都与货币供应量的变化有密切关系。货币政策主要通过信贷活动和货币发行的变化影响货币供应量,财政政策主要通过财政收入和支出的变化影响货币供应量,这样,中央银行和商业银行的信用活动和货币创造,财政的各种收支活动等就在共同影响货币供应量,影响社会总需求的过程中紧密地联系在了一起,以调节信用和货币创造为主的货币政策和以调节财政收支为主的财政政策也就必然地联系在一起了。这就要求两种政策始终要保持相同的目标,在政策工具、调节范围、调节力度等方面必须相互衔接,密切配合。

财政政策与货币政策的共性表现在三个方面:一是这两大政策作用于同一个经济范围,即宏观经济方面;二是这两大政策均由政府制定;三是最终目标一致。

财政政策与货币政策的区别也表现在三个方面。一是政策的实施者不同。财政政策由政府财政部门具体实施,而货币政策则由中央银行具体实施。二是作用过程不同,财政政策的直接对象是国民收入再分配过程,以改变国民收入再分配的数量和结构为初步目标,进而影响整个社会经济生活;货币政策的直接对象是货币运动过程,以调控货币供给的结构和数量为初步目标,进而影响整个社会经济生活。三是政策工具不同。财政政策所使用的工具一般与政府的收支活动相关,主要是税收和政府支出及转移性支付等;货币政策使用的工具通常与中央银行的货币管理业务活动相关,主要是存款准备金率、再贴现率或中央银行贷款利率、公开市场业务等。

由此可见,财政政策与货币政策出自于同一个决策者却由不同机构具体实施,为实现同一个目标却又经过不同的作用过程,作用于同一个经济范围却又使用不同的政策工具。财政政策与货币政策的共性,决定了它们之间必须密切配合的客观要求;财政政策与货币政策的区别,又导致了它们之间在实施过程中发生偏差的可能性。于是就产生了如何协调这两类政策的问题。

从逻辑上看,财政政策与货币政策有四种配合模式:一是紧缩的财政政策与紧缩的货币政策的配合,即通常所说的"双紧"政策;二是宽松的财政政策与宽松的货币政策的配合,即通常所说的"双松"政策;三是紧缩的财政政策与宽松的货币政策的配合,即通常所说的"紧财政、松货币"政策;四是宽松的财政政策与紧缩的货币政策的,即通常所说的"松财政、紧货币"政策。

其中,"双紧"和"双松"政策,反映着财政政策与货币政策的目标侧重点保持一致;"一松一紧"的政策,反映着财政政策与货币政策在总体要求一致的前提下,政策目标侧重点不同。这四种配合模式,对于政策的作用方向的不同组合,会产生不同的政策效应。我们可以就财政政策与货币政策的联合机制来讨论不同政策配合模式的效应问题。其一,财政政策通过可支配收入和消费支出、投资支出两条渠道,对国民收入产生影响,而货币政策则要通过利率和物价水平的变动,引起投资的变化来影响国民收入。其二,货币政策通过货币供应量这一中介变量的变动,直接作用于物价水平,而财政政策则要通过社会购买力和国民收入的共同作用,才对物价水平产生影响。国民收入的内生性,决定了财政政策对物价水平的作用是间接的、滞后的。其三,"双紧"或"双松"政策的特点是财政政策与货币政策的工具变量调整的方向是一致的,各中介变量均能按两类政策的共同机制对国民收入和物价水平发生作用。因此,这类政策配合模式的作用力度强,变量间的摩擦力小,一旦调整政策,很快能产生效应,并带有较强的惯性。其四,"一松一紧"的政策,其特点是财政政策与货币政策的工具变量调整的方向是相反的,使变量间产生出相互抗衡的摩擦力。然而,由于投资支出这类共同变量的变动方向不明确,因此,这类政策配合模式,两类政策往往只能分别对自身能够直接影响的变量产生效应,并且在实施过程中功能损耗较大,作用力度较弱,但政策效应比较稳定,且不带有很大惯性。

(二)货币政策与收入政策的协调与配合

收入政策主要是为了调节社会有效需求以及保证收入分配相对公平而采取的强制性或非强制性的工资管理等方面的政策。收入政策既有总量的概念,也含有结构因素。在总量方面,收入政策通过控制名义工资和其他收入的增长率,调节消费需求,进而影响物价水平和经济增长速度等宏观经济问题;在结构方面,收入政策通过调整国民收入初次分配与再分配的比例结构,使社会各阶层的收入水平相对合理,调节消费与积累、政府储蓄与私人储蓄等比例关系,改变投资结构,进而影响投资结构、投资效率和经济增长速度等宏观经济问题。

收入政策可以认为是从微观经济领域入手而作用于宏观经济方面的政策。在稳定物价和启动经济增长问题上,它与货币政策相辅相成,因而需要密切配合。

(三)货币政策与产业政策的协调与配合

产业政策是政府为了促进国民经济的稳定协调发展,对某些产业、行业、企业进行一定形式的扶持或限制的政策。由于市场机制不能解决资源有效配置的所有问题,虽然它在微观领域、在促进提高生产效率等方面比较有效,但在经济结构调整、产业升级换代等方面作用比较弱小,表现出相当的盲目性和无序性。市场经济的自由发展会出现垄断,垄断会破坏合理的产业组织结构,影响市场机制在微观领域配置资源功能的发挥,因此,在运用财政政策、货币政策等进行宏观总量调控时,还应该发挥产业政策的作用,调整宏观和微观结构领域。

### 关键术语

货币政策　货币政策目标　稳定物价　充分就业　经济增长　国际收支平衡
货币政策工具　存款准备金政策　再贴现政策　公开市场业务　货币政策中介指标
货币供应量　基础货币　货币政策传导机制　货币政策时滞　财政政策

### 复习思考题

1. 什么是货币政策?简述货币政策的基本特征和类型。
2. 什么是货币政策目标?简述货币政策主要目标的内容及其之间的关系。
3. 什么是货币政策目标工具?简述货币政策工具的类型。
4. 简述一般性货币政策工具的作用过程和优缺点。
5. 简述我国"三档两优"存款准备金率新框架的基本内容。
6. 简述我国新型货币政策工具的类型及其主要内容。
7. 简述货币政策中介指标建立的意义和选择的标准。
8. 什么是货币政策传导机制?简述货币政策传导的基本途径。
9. 影响货币政策有效性的因素主要有哪些?
10. 什么是货币政策时滞?货币政策时滞长短主要取决哪些因素?
11. 试分析货币政策与财政政策、收入政策和产业政策的协调与配合。

拓展阅读

# 第十三章

# 金融发展

 **本章提要**

　　金融发展在一个国家或地区经济发展过程中发挥着重要作用。本章主要介绍金融发展的内涵、金融发展与经济发展的关系；金融抑制的表现、根源、主要手段及其产生的效应；金融深化的效应、政策措施及其对发展中国家的影响；金融创新的动因、内容和影响；金融危机的类型、成因及防范措施。

# 第十三章 金融发展

## 第一节 金融与经济发展的关系

金融发展是指在金融体系规模和金融工具数量、种类不断扩张、金融结构合理优化的基础上,金融效率不断提高的过程。金融发展与经济发展的关系可表达为:二者紧密联系、相互融合、互相作用。具体来说,经济发展对金融发展起决定作用,金融发展则居从属地位,不能凌驾于经济发展之上;金融发展在为经济发展服务的同时,对经济发展有巨大的推动作用,但也可能出现一些不良影响和副作用。

**一、经济发展决定金融发展**

经济发展对金融发展的决定性作用集中表现在两个方面:一是金融产业是商品经济发展的产物,并随着商品经济的发展而不断发展;二是商品经济的不同发展阶段对金融的需求不同,商品经济发展的程度决定着金融发展的阶段、结构、规模和层次。

(一)金融发展依附于商品经济

金融业是依附商品经济发展的一种产业,是在商品经济的发展过程中产生并随着商品经济的发展而发展的。货币的产生是商品生产和商品交换发展的产物,信用也是随着商品经济的发展而逐步发展完善的。因为只有在以交换为基本关系的商品经济中,才存在着为交换而生产的劳动产品或为交换而提供的劳动服务,才需要货币来体现各自平等独立的商品生产者之间等价交换原则;才会出现货币信用的各种形式和工具来解决交换过程中价值盈余和赤字部门之间的调剂、债权债务关系的频繁变换以及清算支付等困难;才形成银行等各类专门经营货币信用业务的金融机构;才有必要建立宏观金融管理机构,来协调解决全社会商品交换的价值总量平衡问题等。因此,商品经济越发展,交换关系越复杂,金融就越发达;脱离了商品经济,金融就成了无源之水。

(二)经济发展决定金融发展的结构、规模和阶段

商品经济的不同发展阶段对金融的需求不同,金融发展的条件也不同,由此决定了金融发展的结构、规模和阶段。

**1. 经济发展的结构决定了金融结构**

从结构上来看,宏观经济的部门结构决定了金融结构,如现代部门与传统部门并存的二元经济结构决定了二元金融结构;经济中开放部门与非开放部门的结构决定了金融业的开放比例;企业的组织结构和商品结构决定了金融的业务结构;市场结构决定了金融体系的组织结构和金融总量的结构等。

**2. 经济规模决定了金融规模**

从规模上来看,由于货币需求量取决于社会总供给,而货币供给量的依据主要是货币需求量,因此,一定时期的货币供给量主要受制于当期的商品可供量;而当期信用总

量或金融总量的多少与经济发展的规模成正比。此外,一国金融机构的数量、从业人员的数量一般也都与该国的经济规模直接相关。

### 3. 经济发展的阶段决定了金融发展的阶段

从阶段上来看,在经济发展的低级阶段,只有简单的金融需求,金融活动只能解决货币流通、资金融通和支付清算等基本金融问题,金融发展亦处于初始阶段。而当经济发展进入发达的高级阶段时,则产生出许多复杂的金融新需求,金融规模也随之日益扩大,金融机构必须通过产业现代化的途径才能向社会提供各种金融产品与服务,金融市场上必须推出大量的新工具和新交易才能满足广大投资者和筹资者的需求。金融当局也必须不断完善金融宏观调控与监管体系,才能调控金融总量和结构,保持金融运作的安全与秩序,金融发展也因此而进入高级阶段。

## 二、金融发展对经济发展的推动作用

金融在随着经济发展而日益发展的过程中,产业能力不断提高,在推动经济发展中的作用日益增大,突出地表现为对经济发展的推动力日益增强。金融对经济发展的推动作用主要是通过以下途径来实现的:

### (一)通过金融运作为经济发展提供条件

现代经济是高度发达的货币信用经济,一切经济活动都离不开货币信用因素,所有商品和劳务都以货币计价流通,各部门的余缺调剂都要借助各种信用形式,各种政策调节实施也都与货币信用相关。而金融正是通过自身的运作特点为现代经济发展服务,如提供货币促进商品生产和流通、提供信用促进资金融通和利用、提供各种金融服务便利经济运作,等等,为现代经济发展提供必要的条件。

### (二)通过金融的基本功能促进储蓄

金融通过其基本功能促进储蓄并将其转化为投资,为经济发展提供有力的资金支持。如金融通过吸收存款和发行有价证券、向国外借款等为经济发展组织资金来源;通过发放贷款、贴现票据、购买有价证券等为经济发展提供资金投入。因此,金融对经济发展的推动与其筹集资金和运用资金的能力正相关。

### (三)通过金融机构的经营运作节约交易成本

金融机构通过其经营运作节约交易成本,促进资金融通,便利经济活动。如金融通过对科技提供资金支持和金融服务,促进技术进步和科技成果的普及应用,从而大幅度提高社会生产率;通过金融市场上的资本集中、转移和重组,合理配置资源,节约交易成本,提高经济发展的效率。

### (四)通过金融业自身的产值增长直接为经济发展作贡献

目前,国际上衡量一国经济发展状况的一个重要指标就是国民生产总值或国内生产总值,主要由农业、工业和服务业的产值构成。随着现代市场经济的发展,金融业获得了快速发展,金融业的产值大幅增加,在国民生产总值中占比也在不断提高。金融业产值的快速增长,直接增加了国民生产总值,提高了经济发展的水平。

### 三、现代经济发展中金融可能产生的不良影响

在货币信用高度发达的现代市场经济中,金融的作用力和影响力越来越大,但这种作用力和影响力不完全是正面的,现代金融业的快速发展在有力推动经济发展的同时,出现不良影响和副作用的可能也越来越大。当这种可能变为现实时,其就会阻碍甚至破坏经济发展。总体而言,在现代市场经济发展中金融可能出现的不良影响主要有:

一是因金融总量失调,可能出现通货膨胀(通货紧缩)、信用膨胀(信用紧缩),导致社会总供给与总需求失衡,妨碍经济发展;二是因金融业体制不健全,经营运作不善,使金融风险增大,一旦爆发金融危机,将破坏经济发展的稳定性和安全性,引发经济危机;三是因信用过度膨胀产生金融泡沫,膨胀虚拟资本,割断了金融资本与实体经济的联系。

正因为现代经济发展中金融可能带来的不良影响又巨大的破坏性,所以当代各国都十分重视金融宏观调控和金融监管,力图通过有效的宏观调控实现金融总量与经济总量的均衡,通过有效的外部金融监管、内部控制、行业自律和社会监督来控制金融机构的经营风险,防止金融泡沫,保持金融安全、稳健和高效运行,为经济发展营造一个良好的货币金融环境。

## 第二节 金融抑制

### 一、金融抑制的内涵

金融抑制是指市场机制的作用没有得到充分发挥的发展中国家,普遍存在过多的金融管制政策,从而阻碍经济发展的现象。麦金农和肖等人将金融抑制(financial repression)归结为:发展中国家存在的金融资产单调、金融机构形式单一、市场机制未充分发挥作用、存在较多的金融管制(包括利率限制、信贷配额、汇率及资本流动管制等),致使金融效率低下的现象。

他们认为,金融发展与经济发展之间有在相互推动和相互制约的关系。一方面,健全的金融体制能有效地将储蓄资金动员起来并引导到生产性投资上去,以促进经济发展;另一方面,稳步发展的经济也会通过国民收入的提高和社会公众对金融服务需求的增加而刺激金融业的发展,二者间形成一种良性循环。但在大多数发展中国家,金融体制的落后和效率低下,使经济发展受到束缚,停滞的经济反过来限制了资金的积累和对金融服务的需求,制约了金融业的发展,这样,二者间就呈现一种恶性循环。

## 二、金融抑制的主要表现

在发展中国家中受到抑制的金融体系有以下几个显著表现。

### (一)金融工具形式单一,规模有限

这主要表现在银行等储蓄机构不仅只开办存款、贷款业务,而且期限单一,利率僵硬,无法满足储蓄和借贷双方对金融资产流动性、盈利性和安全性等方面的需要;因商业信用不佳,商业票据无法广泛流通;证券交易品种有限,投资者缺乏选择金融资产的机会。

### (二)金融体系存在着明显的"二元结构"

即现代化金融机构与传统金融机构并存。现代化金融机构是以现代管理方式经营的大银行和其他金融机构(包括外国银行),它们主要集中在经济和交通发达的大城市;传统金融机构是以传统方式经营的钱庄、当铺、合会等民间金融机构,它们主要分布在经济落后的小城镇和广大农村地区。这种状况使得货币政策的传导机制受到严重扭曲,从而难以发挥预期的效应。

### (三)金融体系发展不平衡,效率低下

发展中国家的金融机构单一,商业银行在金融活动中居于绝对的主导地位,专业化程度不高,经营效率低下,而非银行金融机构极不发达,无法有效地发挥其功能。

### (四)金融资产价格严重扭曲

金融资产价格严重扭曲,无法反映资源的相对稀缺性。具体表现是政府对利率和汇率实行严格的管制,使实际利率偏低,本国货币的币值估值较高。

### (五)直接融资市场落后

发展中国家经济发展的严重不确定性压制了直接融资的发展,因而证券市场上的交易品种和数量十分有限,限制了通过多种渠道、多种方式大规模地组织和融通社会资金的能力,从而导致资本形成不足。

### (六)金融市场不健全

由于经济上的分割性,银行和非银行等金融机构多局限于在各自的传统领域活动,它们之间缺少一个完整的、有机的短期货币市场来连接,再加之同业拆借的资金量不足,使得金融市场效率非常低下。

## 三、金融抑制的根源

金融抑制现象的出现并不是偶然的,它有着复杂的经济、政治和社会历史根源。

麦金农认为,发展中国家的经济具有严重的"分割性":资金、技术、土地、劳动力等生产要素分散于零散的经济单位之中,国内市场也处在割裂状态,无法发挥其合理配置要素的功能,市场价格千差万别,生产效率和投资收益率也因时因地而异,这种"分割经济"也就决定了金融体制的割裂与脆弱。由于市场机制的不健全,资金很难通过统一的金融市场来流通,有限的金融机构不能充分发挥"导管"的作用,因而投资多局限于本行业之内,用于投资的资本也只能依靠企业内部的积累,而这种"内源融资"的盛行无疑又

减少了企业和个人的储蓄倾向,导致发展中国家的一个常见病——储蓄不足,进而影响到社会的再投资能力,造成全社会范围内效益的损失,延缓了经济发展,并且给一些发展中国家政府进行人为干预制造了"最佳"的借口。可见,经济的分割性是造成金融抑制的一个重要原因。

从政治方面看,因为大多数发展中国家是摆脱殖民统治后取得独立的,所以新政府对于国家主权有强烈的控制欲望。它们大多对宗主国实施的所谓"自由经济"政策给自己带来的恶果记忆犹新,自然对"市场"的作用持怀疑态度,加之本国经济的落后与割裂,因此它们宁肯相信政府干预的力量,而不愿将国家的经济命脉交由那只"看不见的手"来操纵。据此,这也许不难解释为什么发展中国家里存在如此众多的经济管理部门和管理政策,而这些恰恰是金融抑制的突出表现。

另外,对高利贷和通货膨胀的恐惧也是导致金融抑制的一个重要原因。对大多数发展中国家来说,高利贷就意味着剥削,意味着社会财富的分配不公,而支付了高额利息的生产商又会将这笔费用计入最终产品的价格中,从而导致通胀率的上升。因此在政府看来,高利率的借贷活动必须禁止并代之以政府的财政计划和信贷配给。这种做法的结果是硬性规定银行存贷款的利率上限,实际利率同名义利率相差甚远甚至为负数,金融体系对储蓄的吸引力日渐衰弱,而随配给制产生的特权与腐败现象却蔓延开来。实际情况往往是,发展中国家的金融体系的活动受到这样或那样的限制,而流通中的名义货币量却未受到有效控制,通胀的阴影依旧笼罩在人们的头上。

**四、金融抑制的主要手段**

金融抑制虽然与发展中国家经济落后的客观现实、存在二元经济结构有关,但发展中国家政府所实行的金融抑制政策更是起直接作用。发展中国家的政府都想积极推动经济发展,但面对的现实是经济发展水平低,政府财力薄弱,外汇资金短缺。为获得资金实现发展战略,政府常常对金融活动的强制干预,例如:政府为获得资金以实现发展战略,对存贷款利率、汇率、信贷资金的配置、金融机构的市场进入等实行严格的限制和干预。这种压抑性的金融政策主要体现在以下几个方面。

(一)利率管制

利率作为资金的价格,反映着资本的社会稀缺程度,并能够灵活地调节社会资金的供求关系。但是,很多发展中国家为了降低公共部门的融资成本,扶持国有经济的发展,通过设定存贷款利率上限来压低利率水平,不允许利率自由浮动,使利率不能正确反映发展中国家资金供求市场的信息和资金短缺的现象。同时,政府为弥补巨额财政赤字,常常不得不依靠通货膨胀政策,使通货膨胀率居高不下,在政府规定的低利率水平下,往往使得名义存款利率低于通货膨胀率,导致实际存款利率为负数,进而阻碍了金融体系吸收社会闲置资金的能力,进入金融体系的社会资金减少;而另一方面,较低的利率又刺激了更多的社会资金需求,甚至是投机活动,导致资金需求远远大于供给,从而加剧了资金供求矛盾。

## （二）信贷配额

这是利率管制所导致的必然结果。在资金短缺的情况下，为了解决资金供求的失衡，金融当局不得不使用"信用配额"的方式进行资金分配。这种情况下，能获得优惠利率信贷的大部分是享有特权的国有企业，或与官方金融机构有特殊关系的私营企事业机构。但这些借款人的投资并非总能获得较高的收益，它们往往不能偿还贷款。可见，信贷配给政策导致一些高效益的投资项目无法获得贷款，贷款不讲经济效益、资金集聚的困难和使用效率的低下严重阻碍了经济和金融的发展。与此同时，大多数民营企业因得不到信贷配额而不得不转向传统的金融机构如高利贷者、当铺等组织进行融资，使其发展受到严重影响。这种游离于金融体系之外的融资反过来又加剧了金融管制的盛行，政府会更加坚定地认为"市场机制会带来无效和混乱"，并采取诸如信贷配给的办法来分配有限的社会资本，进一步加剧了资金分配的不平等和分配效率的低下。

## （三）汇率管制

发展中国家为了降低进口机器设备的成本，常常通过官方汇率人为地高估本币的汇率，使其严重偏离均衡的汇率水平。但是，本币高估不可避免地会造成外汇市场的供不应求。在高估本币币值的情形下，外汇供给只能通过配给来满足，能以官定汇率获得外汇的只是一些享受特权的机构和阶层，这不仅助长了黑市交易活动，使本已缺乏的外汇使用不当，而且使持有官方执照的进口商能利用所享受的特权赚取超额利润，从而刺激进口需求。另一方面，国内出口业将受到损害，尤其是农副产品及其他初级产品的出口。因为过高的本币汇率使出口商按国际市场价格出售商品后收回的外汇兑换成本币的收入远远低于在国内市场上销售的收入，并使本来就处于弱势的发展中国家出口产品的国际竞争力更弱，出口受到极大损害，这又进一步加剧了外汇短缺状况以及官定汇率与均衡汇率的偏离。因此，当低估外汇价格时，只利于进口与消费，而不利于出口与储蓄，并将使本国经济的发展进一步增强了对外援与进口的依赖。

## （四）对金融机构的限制

在发展中国家，政府出于对金融体系和资金分配进行控制的目的，对金融机构的设立及经营活动严加管制，现代金融机构不足，商业竞争无法充分展开。政府通常鼓励直接为政府服务、其活动易被政府掌控的部门与机构的发展，而限制民间私营金融机构的发展，形成金融业的高度垄断；各种金融业务必须由规定的机构在批准的业务范围内进行，结果形成金融市场的分割；对金融机构要求很高的法定准备金率和流动性，以便于政府有效地集中资金；同时，还限制股票、债券等资本市场工具的发展，使整个金融业效率低下。

### 五、金融抑制产生的负效应

由于金融与经济的密不可分性，金融抑制会对经济发展产生一些负效应，主要表现为以下方面。

## （一）负收入效应

一般来说，公众和企业所持有的实际货币余额越多，储蓄和投资就越多，而储蓄和投资的增加又会带来生产的增长和收入的提高。但在许多发展中国家,却出现了与此相悖的结果。因为许多发展中国家都处于金融抑制状态,同时大多数国家还存在着严重的通货膨胀,因此,人们为了逃避通货膨胀,就会减少以货币形式保有的储蓄,从而导致投资来源减少,进而使国民收入的增长受到影响。与此同时,这又会反过来制约储蓄与投资的增长,于是不可避免地形成恶性循环,最终将导致收入缓慢增长。

(二)负储蓄效应

在许多发展中国家,由于市场分割和经济货币化程度很低,以及收入水平低,加之金融工具的品种单调、数量有限,因此资产选择的余地就很小。在通货膨胀率很高的情况下,当存款低利率甚至负利率政策无法弥补物价上涨造成的损失时,人们被迫采用购买实物(物质财富)、增加消费支出,以及向国外转移资金的方式来回避风险,这样就会使国内储蓄率受到严重的影响。

(三)负投资效应

由于发展中国家急于实现"工业现代化",常常利用国家集权将有限的资金投向那些大规模、高技术的新型产业,但由于技术条件的限制,这些产业并不能带来较高的投资效率,使投资的边际生产力大大降低,造成资金的浪费。同时,将巨量资金耗费在重工业上的投资政策也在无形中限制了向其他传统部门的投资,特别是阻碍农业和轻工业的正常发展。这样不但增加了对粮食和原材料的进口需求,而且由于这种传统行业发展的限制又会进一步影响国家出口的增长,导致经济发展缺乏必要的投资动力。

(四)负就业效应

在金融压抑的条件下,由于缺乏必要的资金投入,传统部门与小规模生产受到限制,劳动密集型产业得不到发展,使得大量农村劳动力涌向城市。而城市中所发展的工业大都是资本密集型产业,其对劳动力的吸纳又是非常有限的,因此,那些大量的尤其是未受过专业训练的简单劳动力只能寻找更低工资的职业,甚至处于失业状态,从而形成了大中城市特有的贫民阶层与贫民区。即使那些已经就业的劳动者,随着生产的发展和技术的改进,也将面临着失业的可能性。

总之,金融抑制加剧了金融体系发展的不平衡,极大地限制了金融机构的业务活动,束缚了金融市场的形成和发展,阻滞了社会储蓄的应有程度和向社会投资的正常转化,造成投资效益低下,最终制约了国民经济的发展,并通过消极的反馈作用加剧了金融业的落后,从而陷入金融落后和经济落后的恶性循环。

## 第三节 金融深化

一、金融深化的内涵

罗纳德·麦金农与爱德华·肖等经济学家一致认为,金融抑制是发展中国家经济发展的一大障碍,妨碍了储蓄投资的形成,造成资源配置的不合理,从而阻碍了经济发展。针对金融抑制所产生的负效应,发展经济学家提出发展中国家必须通过金融深化政策来促进金融部门自身的发展,进而促进经济增长。

所谓金融深化是指政府放弃对金融体系与金融市场的过分干预,放松对利率与汇率的管制,使之能充分反映资金市场与外汇市场的供求状况,并实施有效的通货膨胀控制政策,使金融体系能以适当的利率吸引储蓄资金,也能以适当的贷款利率为各经济部门提供资金,并进一步引导资金流向高效益的部门和地区,以促进经济的增长和金融体系本身的扩展。

可以看出,金融深化主要是针对发展中国家实行的金融抑制政策,如对利率和信贷实行管制等而提出的。其实质就是放弃政府对金融领域的过度干预和保护,依靠市场机制的作用提高金融体系的效率,优化金融结构和金融资源的合理配置,形成正的投资、就业、收入和结构优化效应,从而建立起经济发展和金融发展的良性循环。

**二、衡量金融深化程度的指标**

金融的发展包括量的发展与质的发展。量的发展是指金融在数量或规模方面的扩大,具体表现为金融资产的增长、金融机构的增加、金融从业人员增多和金融市场的扩充;质的发展则主要指金融结构的优化,具体表现为金融工具的多样化。两者分别从总量与结构的角度体现了金融深化的程度。根据"金融结构论"与"金融深化论",衡量一国金融深化程度常用指标主要有以下几个。

(一)金融存量指标

金融存量指标即反映一国在某一时点的金融发展状况的指标体系,主要包括如下。

**1. 货币化率**

货币化率即社会的货币化程度,是指一定经济范围内通过货币进行商品与服务交换的价值占国民生产总值的比重。由于货币是金融资产的一个重要部分,用货币化率反映一个社会的金融发展程度,也是可行的。但随着经济的发展,人们认识到社会货币化仅仅是金融深化的初级表现,或者说社会货币化程度指标还不能全面而正确地反映一国金融发展和金融深化,因此当经济发展到一定程度之后,货币量和准货币量的增长便会趋缓,非货币性金融工具(如各类债券、票据、股票等)则会快速增长。例如,发达国家从 20 世纪 50 年代以来货币存量与名义收入的比值便基本停滞不动甚至趋于下降,而发展中国家的该项比值则大幅上升。若仍以该项比值作为依据来考察金融深化的程度,则将得出高估的发展中国家金融深化程度。

**2. 金融相关率**

金融相关率(Financial Interrelations Ratio,FIR)是由美国经济学家雷蒙德·W. 戈德史密斯(Raymond. W. Goldsmith)提出,是指某一日期一国全部金融资产价值与该国经济活动总量的比值。人们常用金融相关率(FIR)说明经济货币化的程度,而且将 FIR 的计算公式表述为 M2/GDP。金融资产包括非金融部门发行的金融工具(股票、债券以及各种信贷凭证);金融部门,即中央银行、存款银行、清算机构、保险组织和二级金融交易中介发行的金融工具(通货和活期存款、居民储蓄、保险单等)和国外部门的金融工具等。经济活动总量,在实际统计时,常常用国民生产总值或国内生产总值来表示。由于货币化率缺陷的存在,目前在学术界得到广泛认可的衡量方式是经济货币化,学术界普遍认为经济货币化更能反映一国的金融深化程度。

(二)金融流量指标

金融流量指标就是利用一个时段内的金融发展状况来反映一国的金融深化程度。这些指标包括:一是投资来源构成中财政所占的比重,爱德华·肖指出,随着金融深化的深入,投资中财政所占的比重应当逐渐减少;二是居民总储蓄中银行储蓄所占的比重。从理论上说,这一比例将随着金融深化程度的加深而减少;三是企业融资中银行贷款的比例变化。金融深化将使这一指标有渐趋缩小的趋势。

(三)金融工具的多样化

金融资产包括流通中的现金、金融机构存款余额、各种债券余额、股票筹资额和市价总额、保险费收入等。随着金融化程度的加深,广义货币会继续增长,但其在金融资产或金融工具中的比重会不断降低。因此,金融资产与广义货币的比值可以用来表示金融工具的多样化程度。金融工具的多样化能反映一国金融发展在质上的进步,或者说是金融深化的深层次体现。

(四)金融资产价格指标

金融资产价格指标就是用金融市场的各种价格水平来表征金融深化的程度,这是金融深化与否的最重要的表征。肖认为这一指标体系"也许是金融深化与否的最明显的表现"。它包括以下三个。

**1. 实际利率水平**

实际利率水平与金融深化程度是正相关的。在金融不够发达的经济中,金融资产的需求被低水平的实际利率所抑制,初级证券的供给被信贷配额所压制,甚至场外非法市场也被反高利贷法和政府的管制所压制。而金融深化则意味着,利率必须准确地反映客观存在的、能替代即期消费的投资机会的多少和消费者对延迟消费的非意愿程度。因此,实际利率通常比较高,而各种利率之间的差别则趋于缩小。

**2. 利率的期限结构**

金融深化会促使利率的期限结构渐趋合理并能反映消费者延迟消费的非意愿程度。

**3. 实际汇率水平**

金融抑制的另一个表现是:在官方的即期外汇市场上,本国货币的币值被高估,但是在黑市和远期外汇市场上,本国货币的贴水率却很高。而金融深化则意味着汇率的扭曲得以纠正,外汇黑市和远期外汇市场上本国货币的贴水率下降。

(五)金融体系的规模和结构

在金融发展不够充分的经济中,银行系统包揽了有组织的金融活动,其他金融活动则只能通过外汇交换及由高利贷者和互助团体组成的非法市场进行。而金融深化则会扩大金融体系的实际规模,同时给银行之外的其他金融机构,如证券交易商和保险公司,带来获利机会。因此,金融深化意味着金融市场和金融机构的专业化,同时相对于外汇市场和场外非法市场而言,有组织的国内金融机构和金融市场将有较大的发展。

### 三、金融深化的效应分析

罗纳德·麦金农和爱德华·肖通过对金融深化的分析,认为金融深化对经济的发展具有积极的促进和推动作用,他们分别从不同的角度论述了金融深化对经济增长的正效应。

(一)爱德华·肖的观点

爱德华·肖认为,以取消利率和汇率管制为主的金融深化政策具有储蓄效应、就业效应、收入效应等一系列正效应。

**1. 收入效应**

收入效应是指货币供应量的增加,使企业单位的货币余额增加,因而提高了社会生产力,引起收入的增长。但爱德华·肖认为,实际货币余额并不是社会财富,因而实际货币余额的增长也不是社会收入。因此他认为,收入效应实际上是指实际货币余额的增长引起社会货币化程度的提高,对实际国民收入的增长所产生的影响。同时他指出,这种收入效应是"双重的",既包括正收入效应,也包括负收入效应。正收入效应是指货币供应为国民经济服务所产生的促进作用;负收入效应则是指货币供应需要耗费实物财富和劳动,减少了可用于国民收入生产的实际资源。金融深化所指的收入效应正是那种有利于经济发展的正收入效应,而货币政策的目标正是在不断提高这种正收入效应的同时,相应降低其负收入效应。此外,金融自由化及其相关的政策,还有助于促进收入分配的平等。

**2. 储蓄效应**

储蓄效应是指金融深化和金融改革对储蓄所产生的刺激作用。罗纳德·麦金农认为,金融深化的储蓄效应由以下三部分组成。一是由收入效应引起的,即金融深化引起的实际国民收入的增加。在储蓄条件不变的情况下,社会储蓄总额将随国民收入的增加按一定比例相应地增加。二是由于政府实施金融深化和金融改革的各项措施(如抑制通货膨胀),提高了货币的实际收益率(实际利率),同时由于储蓄者资产选择范围的增加,从而私人部门储蓄的积极性将提高,致使整个经济储蓄倾向上升。三是汇率扭曲的纠正会使得在国际资本市场上进行融资更为容易,同时使得资金的外逃得以扭转,从而使国外部门的储蓄增加。

**3. 投资效应**

金融深化的投资效应也包括两个方面:一是储蓄效应的产生增加了投资总额;二是金融深化提高了投资效率。爱德华·肖认为,金融深化可以从四个方面提高投资的效率:一是金融深化通过统一资本市场,减少了地区间和行业间投资收益的差异,同时提高了社会平均收益率;二是促使金融深化的政策减少了实物资产和金融资产未来收益的不确定性,促使投资者对短期投资和长期投资做出较为理性的选择;三是金融深化促进了资本市场的统一,为劳动力市场、土地市场和产品市场的统一奠定了基础,有利于促进资源的合理配置和有效利用,获得规模经济的好处,进而提高投资的平均收益率;四是金融深化可以促使那些不易上市的实物财富,如建筑物、土地等通过中介机构或证券市场进行交易和转让,使之通过资本的自由转移提高投资效率。

**4. 就业效应**

落后经济中的失业,在某种程度上是金融抑制的结果。由低利率造成的低储蓄本来就不能为生产提供足够的资金,更为糟糕的是,由于利率的人为压低,这些和劳动力相比本来就十分稀缺的资金往往又被大量投资于资本密集型产业,从而使失业状况更为严重。而金融深化的结果会使实际利率水平提高和利率趋向市场化,投资者对资本的运用更加谨慎和注重资金的使用效率,从而促使有限的资本流向经济效益较高的部门,进而促使整个社会生产力水平的提高,使经济发展驶入良性发展的轨道,为社会增加更多的就业机会。

**5. 稳定效应**

金融自由化还有利于就业和产出的稳定增长,从而摆脱经济时走时停的局面。原因之一在于,通过采取适宜的金融自由化政策,国内储蓄流量和国际收支状况都可以得到改善,从而经济对国际贸易、国际信贷与国际援助等方面的波动就可以有较强的承受能力。更重要的一个原因还在于,由金融自由化带来的储蓄增加可以减少对爆发式通货膨胀和以通货膨胀税平衡财政预算的依赖,从而使稳定的货币政策成为可能。

**6. 减少政府干预带来的效率损失和贪污腐化**

爱德华·肖认为,在被抑制的经济中,政策策略的特征就是干预主义。由于货币变量难以控制、详尽的价格控制就显得很有必要了。由于汇率高估,因而要实行复杂的关税制度、进口许可证制度和对出口进行不同的补贴。由于储蓄缺乏,贷款就要逐项配给。一个丧失了边际相对价格灵活性的经济,必定要人为的干预政策来平衡市场,但这是行政机构不可能完成的任务,并且还要为之付出高昂的低效率和贪污腐化的代价。金融自由化的主要目的,就是用市场去代替官僚机构。

**(二)麦金农的观点**

麦金农从金融深化的导管效应和替代效应来解释金融深化对经济增长的促进作用。

**1. 货币与实物资本的互补性假说**

传统理论一般认为,货币和实物资本作为两种不同的财富持有形式,是相互竞争的替代品,而麦金农却认为上述理论不能成立,他提出了货币与实物资本的互补性假说。这一假说建立在两个假设前提基础上:第一,发展中国家金融市场不发达,所有经济单位必须依靠自我积累来筹集投资所需的资金,即只限于内源融资,从而储蓄者和投资者是一体的;第二,投资具有不可分割性,因为投资必须达到一定规模才能获得收益,所以投资者必须是在积累相应规模的货币以后才能进行一次性的投资,加之发展中国家基础设施薄弱,配套投资少,缺乏金融市场和金融工具,使投资前的货币积累量增大。基于这两个假设,麦金农认为,经济主体对实物资本的需求越高,其货币需求也越大,所以货币和实物资本是互补品而不是替代品。

**2. 发展中国家的货币需求函数**

根据货币与实物资本的互补性假说,麦金农提出了以下适用于欠发达国家的货币需求函数:

$$(M/P)d = L(Y, I/Y, d-P^*) \quad 式(13.1)$$

上式中,$(M/P)d$ 为实际货币需求,$M$ 是名义货币存量(指广义货币,包括定期存款、储蓄存款、活期存款及流通中的通货等),$P$ 是价格水平,$L$ 为需求函数,$Y$ 代表收入;$I$ 指投资,$I/Y$ 为投资率;$d$ 为各类名义存款利率的加权平均数,$P^*$ 为预期的通货膨胀率,$d-P^*$ 代表实际利率。

$L$ 的所有偏导数都是正数,这表明解释变量与实际货币需求都是正相关关系:货币需求与收入正相关,这与传统理论相同;$I/Y$ 与实际货币需求是正相关关系,表明投资率越高,实际货币需求越大;存款的实际利率 $d-P^*$ 与货币需求也是成同向变动,因为在严重的利率压制和通货膨胀的情况下,存款的实际利率往往为负数,这制约了货币需求,如果采取金融深化政策,使存款货币的实际利率提高并转为正值,则持有货币有实际收益,就会引致实际货币积累的不断增长和货币需求的增加。

**3. 金融深化的导管效应(Tube Effect)**

麦金农在以上分析的基础上导出了发展中国家的投资函数,其表达式为:

$$I/Y = f(r, d-P^*) \quad 式(13.2)$$

在 13.2 式中,$r$ 是实物资本的平均回报率,它与投资率成正向关系;货币存款的实际利率 $d-P^*$ 对投资率的影响分为两种不同的效应,即"导管效应"与"替代效应"。当货币存款的实际利率低于投资的实际回报率时,由于货币需求与实际利率成正相关,实际利率的上升,就会提高人们以货币的形式进行内部储蓄的意愿。在投资不可分割的假设下,内部储蓄的增加,导致内源融资型投资上升。麦金农将实际利率对投资的这种正向影响称为"导管效应",即货币在一定条件下是资本积累的一个导管,而不是实物资本的替代资产。当实际利率超过实物资本的平均回报率 $r$ 以后,"替代效应"开始发挥作用,即经济主体将持有货币,而不愿进行投资,货币与实物资本成为相互竞争的替代品,利率与投资的关系由同向变动转化为反向变动关系。麦金农的上述观点可用图 13-1 表示。

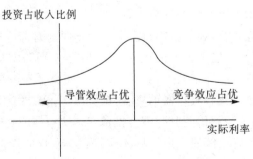

图 13-1 实际利率与投资

## （三）金融深化的负面效应

麦金农和肖等经济学家认为金融深化对发展中国家具有积极的正面效应，但与此同时，金融深化也会产生一些负面效应，主要体现在以下方面。

**1. 冲击银行体系的稳定性**

以金融自由化为特征的金融深化将把银行体系置于广阔的市场风险之中，金融深化的短期金融市场利率和资本市场利率（公司债券与股票市场利率）、国际业务汇率被随市场供求而变动的自由利率所替代，提高了金融业务预期收益的不确定性和风险性。金融深化为企业开辟了更多的直接融资渠道，银行间的金融业务竞争加剧，从而使银行利润下降。若银行储备金中的一部分来自利润，就会减少银行应付呆账、坏账贷款的储备金，削弱银行战胜金融危机的能力；若银行欲获取短期内的最大化利润，就会助长银行的非生产性和潜在不稳定性的投机行为，把银行置于破产倒闭的危险之中。金融深化往往使实际利率高于市场出清的均衡利率。当利率上升时，所有投资项目的回报率下降，低风险项目可能不获利，激励效应会引致公司转而追求更具风险的项目。因为信息是不对称的，即借款者比贷款者知道更多有关拟建项目的信息，所以若银行把利率作为审查标尺，又无完善的对借贷人行为的监督机制，则可能使银行因可贷资金的过度供给而产生风险。

**2. 债务危机**

一些发展中国家在未能有效控制财政赤字、实现预算平衡的情况下急于推行金融深化战略，从而提高了实际利率。一方面，政府为了避免财政赤字所导致的通货膨胀，往往以高于市场利率的利率在国内大量举债，这势必增加政府负债的融资成本；另一方面，政府为推动经济起飞而大量从国外融资，为国内经济运行注入资金，但因微观经济活力不足、投资收益率低下，因而难以征收足够的税收来弥补政府赤字、偿还债务。债务高利率的累积效应将使债务与其GDP的比例上升到无法控制的地步，从而引发债务危机。

**3. 经济滞胀**

金融深化可能导致投资和产出的增加，可能导致实际利率高于均衡利率，居民的边际储蓄倾向提高，银行可贷资金供给增加。但是也存在如下问题：一是居民的边际消费倾向下降，减少了拉动投资的社会总需求；二是高利率增加了企业流动资金的成本和融资成本，降低了投资收益率，甚至使企业无利可图或亏损，从而制约了企业的投资动力；三是短期外国资本流入和追求高利润常导致更多的消费信用等。所有这些，加上政府为控制赤字而减少支出所产生的投资减少乘数效应会大规模收缩经济，使经济出现停滞和衰退。

**4. 可能导致破坏性的资本流动**

金融深化使国内存款利率高于世界金融市场的利率水平，而其间的利差往往不能通过国内货币的预期贬值而抵消；资本的边际生产力通常较高，国内企业能从国外大量融资；政府为扩张经济而大量吸引外资，因此过早地放松或取消了对资本流动的限制。这些都会导致大规模的短期资本流入，破坏中央银行控制货币流通基数的能力，引起严重通货膨胀。一旦抑制经济过热，又会引起资本大量流出，导致经济迅速衰退。

### 四、金融深化的政策

爱德华·肖和罗纳德·麦金农的金融发展模型从不同角度揭示了金融深化对经济增长产生的正效应，并得出了相同的政策结论，那就是发展中国家应该采取金融深化政策，减少政府干预，解除金融压制，促进经济发展。根据理论分析与发展中国家的现实，要打破金融抑制状态，实施金融深化战略，发展中国家应实施以下几方面的金融政策。

**（一）取消对存放款利率的人为限制，使利率真实地反映资金供求状况**

在发展中国家，为了更多地吸引储蓄资金转入投资，实际利率必须为正数，因为只有正的实际利率才有利于更多地吸引储蓄资金并转化为投资，而负利率会阻碍资本的形成。因为从发展中国家看，由于储蓄率低，资金极度缺乏，经济中的投资机会极多，资本的预期收益率也较高，因而较高的名义利率或正的市场利率并不会严重影响投资，但其对储蓄资金的形成有着积极的刺激作用。而且较高的名义利率或正的市场利率也可以限制资金的过分集约化投入和消费性使用，有利于劳动密集型产业的发展，扩大社会就业机会，提高资金的边际效率。要将负利率转变为正的市场利率，可采取两种方法：一是提高名义利率，使之高出实际的通货膨胀率；二是通过有效抑制通货膨胀，降低通货膨胀率而使实际利率为正。而抑制通货膨胀不仅有提高实际利率的作用，还有稳定货币，促进经济稳定增长的作用。

**（二）减少对金融业的干预，促进金融业的发展与竞争**

发展中国家的金融管制导致金融业的高度垄断，引起了金融业的低效率与服务质量低劣。要改变这种状况，一是要彻底进行金融体制改革，放松金融业的进入限制，允许非国有、非银行金融机构的存在和发展，放宽金融机构开业的条件，改变国家高度垄断金融业的状态，促进金融业的市场竞争；二是要鼓励与促进民营金融事业的发展，特别是在农村地区及非发达地区，政府应大力支持有关金融机构的发展，如农业银行、农村信用合作社、农业贷款协会等，促进农村地区与落后地区金融机构的发展；三是要放宽对金融市场的管理和限制，放宽对金融工具发行流通的控制，发展规范化的金融市场体系，培育有组织的金融市场主体，允许资本工具的市场流通，使金融市场成为分配资金，调节资源配置的重要渠道。

**（三）放弃以通货膨胀促进经济增长的做法**

金融深化理论认为，经济增长与金融状况是紧密相连的。在金融抑制的条件下，经济增长受阻，此时实行通货膨胀政策，既不利于社会储蓄，也不利于实际投资的增加，会使金融抑制和经济停滞的恶性循环加剧。因此，政府应通过平抑物价与稳定货币的政策，为金融体系有效地吸收存款和发放贷款创造条件。这样，一方面社会储蓄率上升，可增加储蓄资金；另一方面，在市场利率均衡条件下，储蓄资金的增加可极大地促进实际投资的增长和国民收入的提高，使得经济在非通货膨胀情况下稳定地增长，形成金融与经济发展相互促进的良性循环，即通过金融深化来促进经济增长。在具体的措施上，可采用紧缩通货控制货币供应量的政策,也可采用逐步提高存款利率,以增强对货币的需求的政策。

(四)放松对汇率的管制,使汇率能真正反映外汇市场的供求状况

汇率的自由浮动是外汇市场发挥积极作用的基本条件。发展中国家因顾虑国际收支的平衡与本国经济的国际竞争力,往往管制汇率,不让其反映外汇市场的供求状况,结果导致官方汇率与市场供求的严重脱节与越来越严厉的封闭,对国内经济的发展带来严重的抑制作用。金融深化要求政府当局放松对外汇的管制与汇率的控制,逐步形成汇率的市场形成机制与自由浮动,使其真实地反映外汇市场的供求状况。外汇管制的放松,可使高估的本币价值自然回落,有利于鼓励本国产品的出口竞争与外资的流入,同时汇率自由浮动以后,更接近于市场汇率,也能抑制不必要的进口,从而有利于国际收支状况的改善。当然,由于发展中国家经济基础较为薄弱,承受力较差,因此,外汇和汇率的管制应逐步放开,以免引起本币的过度贬值和由此造成的国内经济震荡。

(五)努力发掘本国资本潜力,减少对外资的依赖

金融深化理论认为,经济发展的优先策略是依靠本国的资金来发展经济,而不是依赖外资来消除资金紧张的状态。因为发展中国家内部有可支配资金的潜力,应该可以通过金融深化来求得资金上的"自助",避免过分和长期地依赖外国资金。当然,这还需要通过贸易自由化、财税体制改革等政策的配合,才能开拓国内资金来源,促进经济发展。

(六)实行财税体制的改革与外贸体制的改革

因为财税政策的扭曲可导致收入分配的不公,减少社会的金融资产,降低金融资产质量。因此,金融深化要求改革财税体制,一是要求消除财政赤字,抑制通货膨胀;二是财政放弃对金融活动的干预,减少财政性投资、直接拨款和行政性的资金调拨分配,以发挥金融系统的资金调节分配功能;三是实行税制改革,简化税种和降低税收管理成本,并放弃对金融资产收入的歧视性税收政策。在外贸体制改革方面,在汇率自由浮动与外汇市场放松管制的条件下,应逐步取消进出口的歧视性关税,推进对外贸易的自由化。

**五、对金融深化理论的评价**

(一)金融深化理论的贡献

金融深化理论为发展中国家促进资本形成、带动经济发展提供了一种全新的视角和思路。经过40多年不断的补充和发展,金融深化理论日臻完善,而它的贡献和影响也是极其深远的,主要表现在以下几个方面。

**1. 揭示了现代市场经济中金融与经济发展之间相互影响的重要关系**

凯恩斯以后的货币经济理论虽然认识到了货币对经济所产生的影响,但未能正确认识金融制度在经济增长与发展中的双向作用。以罗纳德·麦金农和爱德华·肖为代表的西方经济学家提出的金融深化理论对这一问题有了独到见解,明确提出了金融与

经济发展之间双向作用的理论,特别是强调了金融体制和政策在经济发展中的核心地位,在经济和金融理论中第一次把金融业和经济发展密切地结合起来,克服了传统经济发展理论对金融部门的忽视。该理论认为:金融部门和经济发展息息相关,它有利于被抑制经济摆脱徘徊不前的局面,加速增长。但如果金融被抑制或扭曲,它就会阻碍经济发展。这一理论比较详细地分析了金融部门对经济发展的各种影响,把金融发展摆到了经济发展战略中的重要位置上。

**2. 在货币和金融理论方面,该理论针对发展中国家进行了系统地分析**

在传统的经济理论中,总是以货币与实物资本是相互竞争的替代品为假设建立理论模型,而金融深化论则根据发展中国家的现实情况对这一理论基础进行了深刻的批判,指出只有当实际利率超过了一定限度后,人们不愿意把货币转化为真实资本时,两者才能成为替代品。因为在发展中国家,由于经济发展水平所限,"内源融资"盛行,只有进行大量的货币积累才是有效增加投资和扩大生产的前提,因此货币与真实资本还在很大程度上是互补品。它还批判了落后经济中盛行的结构性通货膨胀学说,认为在经济发展和结构演变中,通货膨胀是可以避免的,金融体系和实际经济完全可在物价稳定的环境中同步发展。

**3. 剖析了依赖外资和外援的危害性**

金融深化理论指出过多的外资和外援反而会削弱本国的经济基础,加剧对本国金融的抑制和扭曲,带来周期性的市场波动。在此基础上,它提出了自由发展的主张,对发掘发展中国家的内部资金潜力抱乐观态度。它认为只要经过金融改革,充分发挥金融机构的作用,发展中国家就完全可以在本国市场上筹集到所需的资金。

**4. 主张关注中小企业的改造和提高**

金融深化理论指出在发展中国家的"割裂性"经济结构中,资本的报酬率在不同部门、不同地区和不同规模企业之间,存在着社会差异,经济发展就是要消灭这种生产力的差异,以提高资本的平均社会报酬。因此,该理论反对把经济发展看作"生产力均等的同质资本的积累",其暗含的意义是,发展中国家应多关注中小企业的改造和提高,而不能只重视现代大企业。

**5. 金融政策的突破**

在金融政策方面,凯恩斯学派把利率视为投资的成本,并认为只有低利率才能刺激投资。货币学派则过分注意货币供应量的控制,而忽视了利率政策作用。金融深化理论既不同于凯恩斯学派的低利率刺激投资的政策,也不赞同货币学派过分倚重控制货币发行的办法,而是主张通过金融自由化和提高利率,在增加货币需求的同时,扩大投资规模,优化投资分配,以保持经济持续稳定增长。除此之外,还提出财政、外贸政策配套改革的一系列建议,要求尽量减少人为干预,发挥市场的调节作用,这些对发展中国家的经济改革都具有重要的参考价值。

**(二)金融深化理论的局限性**

尽管金融深化理论无论是在理论上还是在政策上都为发展中国家的金融体制改革提出了极有价值的指导性建议,但该理论原则上只重视经济发展中金融业的改革,而忽

视了其他重要的因素,因而仍存在着不足之处,主要表现在以下几方面:

**1. 过分夸大金融在经济发展中的作用,忽视了发展中国家经济结构严重失衡的问题**

金融深化论者重视金融制度对于经济发展的促进作用,认为只要发展中国家大力度地进行金融体制改革,便可改变自身的金融抑制现象。但是,他们却忽视了发展中国家经济结构严重失调的现实。事实上,过分强调金融在经济发展中的作用很可能出现误导,使得发展中国家忽视社会物质生产能力的提高、社会真实资本的增长和经济结构的改善,热衷于刺激金融机构和金融市场的扩大、虚拟资本的增长,极易导致信用危机或金融危机。因此,发展中国家金融体制改革必须与经济体制改革相配套,才能取得显著的成效;否则,则不可能收到预期的效果。

**2. 过分强调金融自由化,忽视了政府对金融体系的必要干预**

金融深化论者在主张金融体制改革时,其核心观点和政策主张是要全面推行金融自由化,取消政府对金融机构和金融市场的一切管制与干预。事实上,即使在高度发达的市场经济体制下,政府仍需对商业银行等金融机构和金融市场实施适度的监督和管理,规范金融运作和金融秩序,以防止银行等金融机构的管理不善或其他原因而触发金融危机。当然,发展中国家为了促进金融和经济的迅速发展,解除不合理的管制或过度干预十分必要,但因此要求实行完全自由放任的金融政策则欲速不达。这是因为大多数发展中国家的市场经济体制和运作机制还不完善,市场运作中的制约机制、调控机制、自我稳定机制都不健全,在对外开放中的议价能力、竞争能力和抵御外部冲击的能力脆弱,全面实行金融自由化的条件不充足。因此,为了保证金融业的安全营运和稳健发展,发展中国家不仅要审慎对待金融自由化问题,还需要强化对金融业的有效监管。这也是 20 世纪 90 年代以来,爆发金融危机的发展中国家共同的经验教训之一。

**3. 忽视了引进外资的必要性**

金融深化论者认为,只要发展中国家实行金融体制改革,就可从本国资本市场筹集全部发展资金。事实上,由于大多数发展中国家的国民收入极低,即使实行利率改革也很难吸收到足够的储蓄作为建设发展资金。所以发展中国家在工业化初期,不仅要通过自力更生筹集所需资本,同时还要适当地利用外援,引进外资就显得十分必要。

### 六、金融深化改革对发展中国家的影响

金融深化论的政策主张对于发展中国家的金融改革具有较强的影响,在一定程度上促成了开始于 20 世纪 70 年代中期、并且在 80 年代发展成为一股强劲浪潮的金融自由化改革。卷入这个浪潮的,主要包括智利、阿根廷、韩国、新西兰等发展中国家。

**(一)阿根廷、智利、乌拉圭和新西兰的金融深化改革**

阿根廷、智利和乌拉圭三国在 20 世纪 70 年代中期进行了金融自由化改革的试验。其改革措施主要有四项:取消对利率和资金流动的限制;取消指导性信贷计划;对国有银行实施私有化政策;减少本国银行和外国银行登记注册的各种障碍。

智利的金融改革开始后,通货膨胀率从 1974 年的 600% 下降到 1981 年的 20%,阿根廷和乌拉圭两国的通货膨胀率仍旧居高不下;智利的实际利率水平在 1980—1982 年

分别为 12.1%、38.8%和 35.7%,阿根廷和乌拉圭虽然不时出现负利率,但这两个国家的利率在许多时期还是相当高的。

在改革过程中,许多私营企业发生财务困难。20世纪80年代初,一些金融机构濒于破产。上述三个国家的金融当局为了救助这些破产银行,曾采取扩张货币的措施。但这些救助措施同时也造成了宏观经济的不稳定。在这种情况下,阿根廷和智利被迫对金融重新采取直接控制措施。在直接控制实施一段时间后,才又逐渐恢复了自由化政策。

新西兰曾经被认为是发展中国家从严格管制的金融体系向主要依靠市场机制的金融体系过渡的范例。在1984年之前,新西兰政府对金融的干预还十分普遍,主要表现在:大部分金融机构的利率受到管制;信贷按指令分配给住宅业、农业等优先部门;强制要求金融机构以低于市场的利率购买政府公债券等。这些措施刺激了住宅业、农业的投资,为政府提供了弥补赤字的廉价资金来源,但由于减少了对效益较高的金融活动的资金供应,因此延缓了经济增长,并削弱了金融的稳定性和货币政策的有效性。在1984年,新西兰政府采取了新的市场经济政策,主要内容是:在金融部门中,政府取消了全部的利率管制和信贷指令;允许汇率自由浮动;采取销售政府公债的市场定价和支付方法,并建立一套控制货币的新体系;政府对新银行的建立采取鼓励态度,并扩大了允许进行外汇交易的机构的范围,以推动金融机构间的业务竞争,等等。这些措施大大增加了资金的供给,稳定了货币,促进了经济的稳定增长。

### (二)亚洲国家和地区的金融自由化改革

大多数亚洲国家和地区的金融改革是依照金融自由化理论来进行的,核心在于更多地依靠市场的力量来提高金融体系的效率和充分发挥货币政策的作用。

亚洲各国和地区实行金融自由化的速度和范围差别很大。香港地区长期以来奉行自由、宽松的经济政策,因此基本上不存在放松管制的问题。新加坡政府一直把建立国际金融中心作为目标,从20世纪70年代中期就开始了较为广泛的金融自由化改革。而亚洲其他国家和地区的金融自由化则始于20世纪80年代。概括起来,金融自由化改革的内容主要有以下几个方面。

**1. 利率自由化**

这是金融深化的核心内容,放松对利率的管制几乎是所有国家和地区金融改革最显著的特征。新加坡在20世纪70年代中期就放开了利率;印度尼西亚、菲律宾和斯里兰卡在20世纪80年代初已完全放开对利率的管制;韩国、马来西亚、泰国则采取渐进的方式,对受控利率放宽浮动幅度,取消了部分利率的上限并经常对利率加以调整。到1995年11月,韩国几乎所有的存贷款利率都已实现了完全的自由化;1987年,马来西亚货币当局宣布减少行政指导,使银行利率更为灵活,存款利率实现自由浮动,到1992年2月,马来西亚政府最终完全取消了对商业银行贷款利率的限制;1992年1月,泰国国内所有的存款利率实现自由浮动,1992年6月,取消了对贷款利率的限制,标志着利率自由化的完成。

利率自由化再加上通货膨胀率降低,使得大多数国家和地区的实际利率由负变正,

金融深化指标 $M_2/GDP$ 在 20 世纪 80 年代都有了显著的上升。

**2. 减少信贷控制**

几乎所有的亚洲国家和地区都减少或取消了对银行信贷总规模的直接控制,并逐步减少按部门配置信贷的比例。不过由于间接调控工具尚不完善,在面临货币失控和宏观经济失调的情况下,许多国家往往仍要依靠某种程度的直接控制。如印度尼西亚在 1987 年放弃了选择性信贷政策,但中央银行仍向对优先部门提供贷款的银行提供优惠性再贴现;韩国在 20 世纪 80 年代末经常使用非正式的直接控制手段来抵消国际收支盈余过大对货币供给量的影响。

**3. 促进金融机构之间的竞争**

为了提高金融体系的效率,亚洲各国和地区都采取了鼓励竞争的措施,包括鼓励新建金融机构、扩大金融机构的业务范围、放宽市场准入限制和对外资金融机构的限制、国有银行民营化以及给予金融机构更大的自主权等等。另一方向,政府加强了对金融机构的监管,将监督范围扩大至所有的金融机构,统一并完善了金融管理体系,建立了存款保险制度,对经营不善和违规操作的金融机构进行改组。以韩国为例,到 1983 年,韩国六大商业银行中的 5 家实现了民营化;20 世纪 80 年代初,韩国立法允许新银行建立,同时对建立非银行金融机构的要求降低。从 1982 年到 1992 年,韩国商业银行从 6 家增至 14 家,并新成立了 44 家储蓄公司和 10 家金融投资公司。

**4. 减少资本控制,增加汇率的灵活性**

到 20 世纪 80 年代初,印度尼西亚、新加坡已基本取消了对资本流动的限制;马来西亚对非本地筹资的国际资本流动限制极少,只控制资本输出,对资本输入几乎不予以控制。汇率方面,新加坡在 1975 年放弃了固定汇率制,实行浮动汇率制,1978 年完全解除了汇率控制,使名义汇率与实际汇率趋于一致;其他亚洲国家和地区则从 20 世纪 80 年代开始,逐步从固定汇率制转向更为灵活的汇率安排。

(三)发展中国家金融深化的经验和教训

发展中国家金融深化改革的进展是相当不平衡的。在已经进行的改革中,既有成功的经验,也有失败的教训。世界银行《1989 年世界发展报告》中总结的经验教训有以下几点:

**1. 以金融自由化为基本内容的改革一定要有稳定的宏观经济背景**

在那些宏观经济不稳定的国家里,实行金融自由化政策,高的通货膨胀很容易导致高利率和实际汇率浮动,从而使得资金出现不规则的流动,进而引起许多企业和银行的破产,使得经济的不稳定加剧。因此,在进行金融深化改革之前,必须首先创造稳定的宏观经济背景,只有这样金融改革才能避免出现上述种种经济不安定状况。

**2. 金融自由化的改革必须与价格改革或自由定价机制相配合**

如果一国的价格仍然是保护价格或管制价格,在这种价格信号扭曲的条件下实行金融自由化,并不能改善资金分配的结构,反而会使资金在价格信号扭曲的条件下被错误的价格信号误导,出现新的资源配置失调。

**3. 金融自由化改革并不是要完全取消政府的直接干预,而是改变直接干预的方式**

具体地说,就是要以法律和规章的干预取代人为的行政干预。从一些发展中国家金融改革的经历看,改革的一项主要内容就是放松对金融体系的管制,但在放松管制的过程中若不注意建立一套适合本国国情的谨慎的监管制度,就会在信贷的分配方面出现失控或营私舞弊等现象,严重时会使许多银行丧失清偿能力并面临破产威胁。而金融业的混乱经营和失控将会危及国家的金融体系和经济的安全。

**4. 政府当局应采取一些过渡性措施,以减轻社会震荡**

在推行金融自由化改革和价格改革政策时,利率和汇率变动会引起各行业和企业集团利益关系的变动。虽然这种相对价格和利益的调整从长期来看是完全必要的,但出于公平原则和政治均衡要求的考虑,政府应充分考虑到原有利益关系的调整,预先判断金融自由化改革和相对价格变动对不同集团利益的影响,并适当采用经济补偿手段或降低金融深化可能引起的社会震荡。

## 第四节 金融创新

自货币和信用关系出现以来,伴随着经济的发展,金融发展从低级走向高级,从初始走向发达。在不同历史阶段,金融发展都有明显的层次和级别差异,都有特定的条件和特定的因素,但是创新这条脉络始终贯穿于金融发展的全部历史过程之中。金融创新始于20世纪60年代,全面发展于20世纪70年代,成熟于20世纪80年代,目前,金融创新已成为国际金融领域的显著特征。金融创新是金融发展的核心动力,它不仅极大地推动了金融深化和金融全球化的进程,促使金融业自身不断地向前发展,而且还促进了整个世界经济的发展。

### 一、金融创新的内涵

金融创新是指金融业内部通过各种要素的重新组合和创造性变革所创造或引进的新事物。具体来说,金融创新就是指金融机构和金融管理当局出于微观利益和宏观效益的考虑,在金融机构设置、金融业务品种、金融工具以及金融制度安排等方面所进行的创造性变革和开发活动。这一内涵包括四个方面的内容:金融创新的主体是金融机构和金融管理当局;金融创新的本质是金融要素的重新组合;金融创新的根本目的是微观上金融机构追求更高的盈利,宏观上金融管理当局旨在提高金融业的效率;金融创新的表现形式金融机构、金融业务、金融工具和金融制度的创新。总括起来对于金融创新的理解主要有以下三个层面。

一是宏观层面的金融创新。宏观层面的金融创新时间跨度长,将整个货币信用的发展史视为金融创新史,金融发展史上的每一次重大突破都视为金融创新;金融创新涉及的范围相当广泛,不仅包括金融技术的创新、金融市场的创新、金融服务、产品的创新、金融企业组织和管理方式的创新、金融服务业结构上的创新，还包括现代银行业产生以来有关银行业务、银行支付和清算体系、银行的资产负债管理乃至金融机构、金融市场、金融体系、国际货币制度等方面的历次变革。

二是中观层面的金融创新。它主要是指20世纪60年代初以后，金融机构特别是银行中介功能的变化，它可以分为技术创新、产品创新以及制度创新。技术创新是指制造新产品时，采用新的生产要素或重新组合要素、生产方法和管理系统的过程。产品创新是指产品的供给方生产比传统产品性能更好、质量更优的新产品的过程。制度创新则是指一个系统的形成和功能发生了变化，而使系统效率有所提高的过程。

三是微观层面的金融创新。它仅指金融工具的创新，大致可分为四种类型：一是信用创新型，如用短期信用来实现中期信用，以及分散投资者独家承担贷款风险的票据发行便利等；二是风险转移创新型，它包括能在各经济机构之间相互转移金融工具内在风险的各种新工具，如货币互换、利率互换等；三是增加流动创新型，它包括能使原有的金融工具提高变现能力和可转换性的新金融工具，如长期贷款的证券化等；四是股权创造创新型，它包括使债权变为股权的各种新金融工具，如附有股权认购书的债券等。

**二、金融创新理论**

自1912年著名经济学家熊比特提出创新理论并用它来解释经济周期和社会过渡问题以后，从20世纪50年代开始，特别是在70年代以后，面对西方金融领域大规模和全方位创造或引进新事物并导致金融业巨变的现实，一些西方学者开始把创新理论引入金融研究中，从不同角度对金融创新发表了各自有价值的见解，形成了不同理论流派。

**（一）技术推进理论**

技术推进理论的主要代表人物是经济学家韩农（J. H. Hannon）和麦道威（J. M. McDowell）。这种理论认为，新技术革命的兴起，特别是现代电子通信技术和设备在金融业的广泛应用是促成金融创新的主要原因。高科技在金融业的广泛应用出现了金融业务的电子计算机化和通讯设备现代化，为金融创新提供了物质和技术上的保证。例如，信息处理和通讯技术的新成果应用于金融业后，大大缩短了时间和空间的距离，加快了资金调拨的速度，降低了资金调拨的成本，使全球金融市场一体化、24小时的全球性金融交易成为现实。又如，自动提款机和终端机极大地方便了客户，拓展了金融服务的时间和空间。

**（二）货币促成理论**

货币促成理论的主要代表人物是货币学派经济学家米尔顿·弗里德曼（Milton Friedman）。这种理论认为，20世纪70年代的通货膨胀和汇率、利率反复无常的波动是金融创新的重要成因。金融创新是作为抵御通货膨胀和利率波动的产物而出现的，因此金融创新主要是由于货币方面因素的变化促成的。例如，20世纪70年代出现的可转让支付命令账户（1970年）、浮动利息票据（1974年）、浮动利息债券（1974年）、与物价指数挂钩的公债(70年代中期)、外汇期货(1972年)等对通货膨胀率利率和汇率具有高度敏感性的金融创新工具的产生便是为了抵御通货膨胀利率和汇率波动造成的冲击,使人们在不安定因素干扰的环境下获得相对稳定收益的金融创新的产物。

### (三)财富增长理论

财富增长理论的主要代表人物是格林鲍姆(S. I. Greenbaum)和海沃德(C. F. Haywood)。这种理论认为经济的高速发展所带来的财富迅速增长是金融创新的主要原因,其理由是财富的增长加大了人们对金融资产和金融交易的需求,促发了金融创新活动,以满足日益增长的金融交易需求。

### (四)约束诱导理论

约束诱导理论的代表人物是美国经济和金融学家威廉·L.西尔柏(W. L. Silber)。这种理论认为金融机构之所以发明种种新的金融工具、交易方式服务种类和管理方法,其目的在于摆脱或规避其面临的种种内部和外部制约因素的影响。内部制约指的是金融机构内部传统的管理指标,外部制约指的是政府和金融管理当局的种种管制和约束以及金融市场上的一些法律法规约束。当经济形势的变化使这些内外制约因素严重阻碍了金融机构实现其利润最大化的终极目标时,势必迫使他们探索新的金融工具、服务品种和管理方法,寻求最大程度的金融创新。

### (五)制度改革理论

制度改革理论的主要代表人物是制度学派的诺斯(D. North)、戴维斯(L. E. Davies)、塞拉(R. Scylla)、韦思特(R. Cwest)等。这种理论认为金融创新是一种与社会经济制度紧密相关、相互影响、互为因果的制度改革。金融体系的任何因制度改革而引起的变动都可以视为金融创新。政府为稳定金融体制和防止收入不均而采取的一些措施,如存款保险制度也是金融创新。该理论认为金融创新的成因是降低成本以增加收入或稳定金融体系以防止收入不均的恶化。

### (六)规避管制理论

规避管制理论的主要代表人物是美国经济学家凯恩(E. J. Kave)。这种理论认为金融创新主要是由于金融机构为了获取利润而回避政府的管制所引起的。该理论认为许多形式的政府管制与控制,实质上等于隐含的税收,阻碍了金融机构从事已有的盈利性活动和获取利润的机会,因此金融机构会通过创新来逃避政府的管制。而当金融创新可能危及金融稳定与货币政策时,金融当局又会加强管制,新管制又会导致新的创新,两者不断交替形成一个相互推动的过程。

### (七)交易成本理论

交易成本理论的主要代表人物是希克斯(J. R. Hicks)和尼汉斯(J. Niehans)。这种理论认为金融创新的支配因素是降低交易成本,即交易成本的变化,主要是交易成本的降低是金融创新的主要动因。其理由是交易成本是作用于货币需求的重要因素,降低交易成本是金融创新的首要动机。交易成本的高低决定了金融业务和金融工具的创新是否具有实际价值,金融创新实质上是对科技进步导致交易成本降低的反应,因此不断地降低交易成本就会刺激金融创新,改善金融服务。

### 三、金融创新的动因

(一)商品经济发展的客观要求

金融创新反映了商品经济发展的客观要求,当今世界商品经济处于不断发展的进程之中。特别是日新月异的技术进步,使商品经济的发展不断突破时间、地域以及各种社会传统的界限,涌现出更多、更新的为人类文明生存与发展所需的行业、部门、模式和手段。在这种形势下,当然就会从不同角度、不同层次对于为之服务的金融业提出新的要求。

(二)规避金融风险的需要

当代西方经济金融发展的内在矛盾冲突,导致了价格、利率、汇率的易变性和不定性大大增加,日益上升的金融风险成为矛盾的焦点,使得转移风险、增加流动性方面的金融需求极为旺盛。20世纪80年代初的国际债务危机,加深了国际金融的不稳定性,对发达国家和发展中国家的经济都产生了极大的影响,这一重大变化客观上要求金融业务与其相适应,作为教训,债权债务双方都采取并创造了许多新的解决债务问题的方法。从而导致了大批新的融资方式的诞生,促进了金融创新的形成。

(三)金融管制的放松

金融管制是一把"双刃剑",一方面它能有效地维护金融体系的稳定,另一方面它在一定程度上束缚了金融机构的手脚,造成资金的闲置和利润的损失。在20世纪70年代的金融自由化思潮支配下,金融业强烈要求当局放松战后设置的种种限制和管制,并不约而同地通过金融创新逃避管制,形成了金融自由化浪潮。而各国当局在金融自由化思潮影响下,一方面主动放弃了一些明显不合时宜的管制;另一方面被迫默认了许多规避性创新的成果,放松了金融管制的程度,进一步促进了金融创新。

(四)科学技术的进步

新技术的应用使得金融机构可以以直接或间接的方式,及时地为过去在分散、孤立的市场中进行商业活动的用户提供他们需要的、跨国界的各种服务。电子计算机和通信技术的普遍应用已为西方世界创造了一个全球性的金融市场。计算机和信息处理技术的发展使得市场创造者不断设计出复杂的金融工具,并计算出其价格,连续监视这些新金融工具产生的风险,然后设计出针对这些风险的相应的保护措施。

### 四、金融创新的内容

金融创新是为了适应金融资源分配的需要,以提高金融效率。因此,金融创新内容应该正确反映提高金融资源配置效率的各个主要方面和主要渠道。以此为标准,金融创新应包括金融制度创新、金融技术创新和金融产品创新三个方面内容。

(一)金融制度创新

金融制度创新是为了适应金融效率提高的要求,而在金融资源分配制度方面发生的变革和创新,它是一国经济制度的必要组成部分。金融制度创新是通过金融资源分配和金融交易的某种制度变革或制度安排,增强制度交易的活力、降低金融交易成本、改善金融资源分配状况、扩大金融交易规模,最终达到提高金融效率的目的。金融制度创新涉及金融体系的组织与构造、金融市场的组织与结构、金融活动的监管与调节等方面的变革。而且广义上,金融制度创新还应包括金融交易主体的产权制度创新和内部组织制度创新。

### (二)金融技术创新

金融技术创新是指伴随着科学技术和管理技术的发展,为了降低金融交易成本、提高金融交易效率而在金融交易手段、交易方法和物质条件方面发生的变化与革新。金融技术创新既是金融效率提高的物质保证,同时还是金融创新的内在动力之一。正是由于科学技术,特别是电子计算机技术在金融交易中的广泛应用,才使得金融制度与金融交易工具发生了深刻的变化。可以说,金融技术创新是传统金融资源分配模式与现代金融发展的根本区别。

### (三)金融产品创新

金融产品创新是指金融资源的分配形式与金融交易载体发生的变革与创新。金融产品创新是金融资源供给与需求各方金融要求日益多样化、金融交易制度与金融技术创新的必然结果。一方面,通过金融产品的创新活动最大限度地动员和分配了可支配的金融资源,满足了社会经济发展对金融资源的需要;另一方面,金融产品创新适应了社会财富不断增长背景下,金融投资者对投资产品的多样化需要和投资风险管理的各种要求。因此,金融产品创新从金融资源供给与需求两个方面改善了金融资源的分配状况,提高了金融效率。此外,金融产品创新还使金融产业不断适应金融交易对金融中介服务的需要,适时进行金融结构的调整,并在金融结构变化中获得不断发展。

## 四、金融创新的影响

金融创新的影响有两方面:一方面,金融创新增加了社会效益,推动了金融和经济的发展,另一方面,金融创新模糊了货币和其他金融资产的界限,影响宏观政策的效用,威胁金融市场的稳定性。

### (一)金融创新的积极影响

金融创新使银行和其他金融机构有了自主融资的渠道,打破了金融机构之间分业经营的限制,加强了市场竞争,提高了金融业的效率。金融创新增加了金融资产之间的替代性,增加了企业、居民对金融资产选择的可能性,降低了融资成本,提高了投资效益,推动了经济发展。金融创新为单个企业和金融机构提供越来越多的工具和手段,提高了回避风险的能力。金融创新推进了金融自由化的进程。金融自由化表现为利率自由化、外汇交易自由化、资本流动自由化、金融业务自由化,最终推进全球金融市场一体化,从而在更大范围内提高资源配置效率。

### (二)金融创新的消极影响

金融创新的消极影响首先体现在对货币政策的影响上,它对传统的货币政策工具、中介指标和传导机制带来了挑战。它改变了银行体系的行为,使货币需求和资产结构处于多变状态,国际资本的流动使原有的货币供应模型不再适用,货币供应过程变得极为复杂和难于控制,货币政策和宏观调控变得十分困难和复杂,提高了社会管理成本。金融创新使金融业的金融风险加大。虽然金融创新可使单个金融机构的收益增加,抵御风险的能力增强,但它只能转移和分散风险,并不能消除风险,而金融创新工具本身也包含风险,因而金融创新产生了新的风险。金融创新使金融体系的稳定性下降,有可能导致金融危机。金融创新工具一般具有高度的杠杆作用,获利高,风险大,投机性强,吸引大量投资沉淀于金融领域,容易引起金融泡沫,爆发金融危机。而在全球金融市场一体化的情况下,金融危机极易传递蔓延给全球经济并带来危害。

## 第五节 金融危机

金融本身具有脆弱性,从而容易引发金融危机。金融脆弱性是指金融体系本身就具有不稳定的性质,一遇有外部冲击就可能触发金融危机。自18世纪以来,金融危机总是在不同时期改头换面,以不同的姿态出现在人类社会,给经济发展和居民生活带来了极大的破坏性。20世纪90年代,在国际范围内,相继发生了墨西哥金融危机、亚洲金融危机、俄罗斯金融危机、阿根廷金融危机,2007年又发生了美国次贷危机,并于2008年演变为全球性金融危机。要防范金融危机,首先必须深入了解造成危机的原因,然后才能采取各种措施防患于未然。

### 一、金融危机的内涵

金融危机是指全部或大部分金融指标——短期利率、资产价格、汇率和金融机构倒闭数——超出社会经济体系承受能力的急剧恶化。例如,股票市场的暴跌使本来腰缠万贯的富翁一夜之间倾家荡产,利率的突然大幅飙升导致债券价格急剧下跌,使持有大量债券的机构遭受巨额损失。这些都会极大地扰乱原有的金融秩序。

对金融危机的认识角度不同,内涵也可能不一样,从形成角度看,金融危机是金融风险大规模积聚爆发的结果。有人认为,金融危机是由于信用基础破坏而导致的整个金融体系的动荡和混乱。或者是指始于一国或一个地区乃至整个国际金融市场或金融系统的动荡超出金融监管部门的控制能力,造成其金融制度混乱,进而对整个经济造成严重破坏的过程。

### 二、金融危机的类型

金融危机分为四类:货币危机、银行危机、债务危机和资本市场危机。

货币危机是指人们丧失了对一国货币的信心,大量抛售该国货币,从而导致该国货币的汇率在短时间内急剧贬值的情形。例如,1994年墨西哥比索与美元的汇率和1997

年泰铢兑美元的汇率骤然下跌,都属于典型的货币危机。

银行危机是指出于某些原因导致人们丧失对银行的信心,从而大量挤提存款,银行系统的流动性严重不足,出现银行大量倒闭的现象。如2008年的国际金融危机。

外债危机是指一国政府不能按照预先约定的承诺偿付其国外债务,从而导致对该国发放外债的金融机构遭受巨大的损失。20世纪80年代拉美就爆发了债务危机;1982年,墨西哥宣布无力偿还当年到期的国际债务,由此爆发了一场国际债务危机;2009年欧洲的希腊等国发生了主权债务危机。

资本市场危机是指人们丧失了对资本市场的信心,争先恐后地抛售所持有的股票或债券等,从而使股票或债券市场价格急剧下跌的金融现象。例如,1929年华尔街股票市场的崩溃。道·琼斯指数在短短的时间里下跌了80%;1999年后,美国纳斯达克股票市场的指数也急剧下跌,从原来的6000多点跌至2002年9月底的1150点。

现实中真正发生的金融危机,往往并不是这四种表现形式之中的一种,而是多种危机融合在一起,形成系统性金融危机。系统性金融危机是指银行、汇率和资本市场等所有金融领域都同时爆发危机,从而对实体经济产生较大的破坏性影响。1929年的大危机中,不仅股票市场急剧下跌,美国还有超过10000家的银行破产或倒闭。1997年的亚洲金融危机就是典型的系统性金融危机。当时,泰国、印度尼西亚、马来西亚、韩国等国的货币汇率大幅度贬值,同时股票及债券价格也暴跌,许多银行都纷纷陷入了破产的境地。

### 三、金融危机的成因

#### (一)金融交易主体的过度交易和理性预期行为

金融交易主体的各种行为有可能会导致金融危机的产生。一是过度交易。持有这种观点的代表人物是经济学家金德尔伯格(P. C. Kindleberger)。随着经济的增长,人们会产生投机性交易需求,争相把货币转换为实物资产和金融资产,从而形成过度交易。过度交易会导致人们的恐慌和经济崩溃,形成金融危机。二是理性预期也可能导致金融危机的爆发,也就是说,金融危机具有预期自致的特性。这一观点的代表人物是奥布斯特菲尔德(Maurice Obstfeld)。公众对于金融体制的不同预期会产生不同的均衡结果,即使政府不采取与某种体制相抵触的宏观经济政策,如果人们预期这种体制将会崩溃,那么他们会采取相应的措施来避免自己的损失、这种行为恰恰可能会导致真正的崩溃。例如,在实施固定汇率制度的国家,政府根据成本—收益分析来决定是否继续坚持固定汇率。当人们普遍预期汇率会贬值时,政府会发现坚持固定汇率的成本大于收益,从而放弃维持固定汇率制的努力,货币大幅度贬值,金融危机爆发。

#### (二)金融内在脆弱性的逐渐积累

大部分经济学家认为,应当从金融系统内部的运行中来寻找金融危机的来源,认为金融内在脆弱性的逐渐积累会由于某些因素的刺激而爆发,形成金融危机。

一是债务——通货紧缩过程在金融危机中发挥着重要的作用。托宾认为,在经济繁荣时期,企业对未来充满信心,从而会过度借债以进行投资。然而当经济陷入衰退时,企业归还债务会发生困难,这可能会导致债权人遭受损失。因此,债权人为了自身的安全,将不愿提供贷款,并且向债务人要求清偿债务。这将使得经济体陷入经营困难——低价抛售——经营更加困难——更低价格抛售的债务—通货紧缩循环,引起大量企业亏损甚至破产,并导致连锁反应,使得脆弱的金融体系崩溃。

二是银行经营中的风险是金融危机的直接来源之一。持此观点的代表人物有经济学家以戴蒙德(Diamond)和戴维格(Dybvig)。银行的基本功能是将流动性较弱的资产转化为流动性较强的资产,为金融市场提供流动性。银行吸收的存款主要是人们的短期存款,而发放的贷款中大部分则是而对企业的中长期贷款。因此,当某些借款人的经营陷入困境,从而对贷款的偿还发生困难时,将使得银行经营的风险增大。这时存款人对银行的信心可能会发生动摇,一旦存款人对银行丧失了信心,就会向银行要求提款,而其他的存款人为了避免自己的损失,也会争相涌向银行要求提款。这种挤兑就使得银行立即陷入流动性危机,甚至破产,并产生连锁反应,最终导致银行体系乃至整个金融体系陷入危机。

三是信息不对称导致了金融体系的脆弱性,当它恶化到一定程度时,会引发金融危机。米什金(F. s. Mishkin)就十分重视信息不对称在金融危机形成过程中的关键作用,并且他认为金融危机的爆发又会加剧信息不对称问题,从而金融危机具有自我膨胀的特点。麦金农较早地提出了道德风险对金融危机的推进作用,而克鲁格曼认为道德风险正是亚洲金融危机的原因之一。政府为了维护金融体系的稳定,会对银行提供显性(如存款保险制度)或隐性(如"大而不倒")的保险,从而银行更倾向于发放收益较高但是风险也较高的贷款,存款人则放心地向银行提供存款。在封闭经济中,国内投资对资金的需求会使得利率升高,从而可以避免过度投资。但是当经济开放后,国内的金融机构可以在世界市场很方便地融资,利率将不再能够制约投资需求,形成过度投资。从而使得金融体系的风险增大,一旦触发,将形成金融危机。

(三)政府宏观经济政策的影响

政府宏观经济政策对金融危机的作用也万万不可忽视,只要政府的政策失当就有可能会使金融系统陷入危机。

一是财政赤字可能会导致金融危机,尤其是在实行固定汇率制度的国家,容易引起货币危机。克鲁格曼认为,如果一个固定汇率制国家存在着大量的财政赤字,那么为了弥补赤字,国内的货币供给必然会过度扩张,这会使得利率下降。过低的利率将诱使资本外流,从而人们对本币贬值的预期会增大,于是在外汇市场上抛售本币,买入外币。中央政府为了维持固定汇率,会利用外汇储备在外汇市场上买入本币,卖出外币。当政府的外汇储备降低到一定程度时,投机者预期政府将无法继续维持固定汇率,于是对该国货币进行更猛烈的攻击,导致政府放弃努力,货币大幅贬值,形成全面的货币危机。

二是政府货币政策的失误容易引起金融危机尤其是银行业危机。弗里德曼认为,导致货币政策失误是导致金融动荡的根本原因。由于决定货币需求的主要因素是永久性收入,而永久性收入是较为稳定的,因此货币需求也相对稳定。于是,货币供给就决定了物价水平和产出。货币供给是政府通过货币政策进行调节的,所以金融动荡的根源在于货币政策。货币政策的失误可能会导致金融系统中的较小问题演化为金融危机,例如1929年美国的大危机就是因为联储错误地实施了紧缩性的货币政策所导致的。事实上,弗里德曼一向强调货币政策"单一规则",就是由于这样的原因。

布拉尔纳(Brunner)和梅尔泽尔(Meltzer)同样从货币政策的角度对金融危机的生成进行解释,他们认为货币存量增加的速度可能会导致金融危机。突发性的货币大幅度紧缩会迫使银行为了维持流动性所需的储备而大量出售资产,使资产价格下降,同时利率上升。利率的上升又增加了银行的融资成本,使得银行的偿付能力进一步减弱,存款人对于银行丧失信心。由此而导致的大批银行倒闭会降低银行体系的信用创造能力,使得货币供给进一步紧缩,进而导致全面的金融危机。

**四、金融危机的防范措施**

(一)健全宏观经济环境

健全的宏观经济环境和合理的产业结构是防范金融危机的必要宏观环境。健全的宏观经济环境主要包括适度的经济增长、较低的失业率、较稳定的物价水平、没有长期性的大规模的国际收支赤字、平衡的政府财政收支和适度的政府债务规模等。例如,过高的经济增长率可能导致人们过于乐观的预期,信贷急剧扩张,资产价格也迅速膨胀。另外,大规模的财政赤字和高失业率,都会造成货币供应量的过快增长,带来通货膨胀。这些都会给金融体系的稳定带来隐患。

(二)建立合理的公司治理结构

有效的公司治理结构是防范金融危机的微观基础。这是因为,有效的公司治理结构可以最大限度地防止融资中的道德风险和逆向选择。有效的公司治理结构包括对公司经理人员的激励和约束两个方面,如对公司经理人员利益的奖赏和不负责任行为的惩罚,促使经理人员采取有效率的行动。因此,合理的公司治理结构减少了给商业银行带来不良贷款的可能性,同时也会提高公司的盈利能力,从而给其投资者带来更高的回报,为股票价格的稳定上涨奠定良好的基础。

在多数情况下,如果公司治理结构不合理,内部人控制就会更加严重,管理层可能会转移公司的现金和其他资产,用于偿付管理层个人的债务,或将其直接存入在国外银行的账户,或者注入其他公司。在发生金融危机的亚洲国家,经理人员通过转移现金和其他资产来侵占其他股东的财产是非常普遍的事情。在中国,由于不合理的公司治理结构,在上市公司中,大股东作为控股股东非法侵占上市子公司资产的现象屡见不鲜,结果使上市子公司遭受巨额亏损,这给中国股票市场埋下了巨大的隐患。因此,合理的企业治理结构是防范金融危机的微观基础。

(三)选择合理的汇率制度和资本项目开放

不合理的汇率制度与资本项目开放可能带来货币危机。例如,选择固定汇率制度与资本项目开放就是一组错误的搭配。在固定汇率制下,一国货币的汇率往往会被高估,但由于资本项目开放、当该国货币汇率被高估后,就很容易受到投机冲击,从而使固定汇率制度崩溃,该国货币汇率大幅度地贬值,引发货币危机。

### (四)增强金融监管的有效性

有效的金融监管可以减少道德风险和逆向选择,同时,通过限制金融机构从事高风险的业务活动,也减少了金融机构发生坏账的可能性。从而增强了金融体系的稳定性。

### (五)完善金融机构的内控制度

在防范金融危机方面,金融机构的作用不可忽视。金融机构健全的内部控制制度可以防微杜渐,减少金融机构内部的道德风险。例如,科学的决策程序就可能避免导致严重不良后果的选择;严格的内部稽核或审计就可能及早地发现潜在的问题等。此外,金融机构内部良好的激励与约束机制使金融机构的业务人员在开展业务时更为审慎,减少高风险的活动。例如,商业银行良好的内控制度就可以鼓励信贷员发掘风险更低的潜在借款人,也防止了信贷员与借款者之间相互勾结骗取银行的信贷。巴林银行内控制度的不完善,在很大程度上导致了这家百年的英国商业银行破产,因为它在新加坡的交易员里森可以为所欲为地从事期货交易。金融企业只有拥有严格的内控制度,才能保证其业务的正常运营。防微杜渐是防范金融危机最安全的措施。

## 关键术语

金融发展  金融结构  金融抑制  金融深化  货币化率  金融相关率  金融创新  金融危机

## 复习思考题

1. 什么是金融发展?简述金融发展与经济发展的关系。
2. 什么是金融抑制?金融抑制的表现及其对经济增长的负效应有哪些?
3. 金融深化论的政策主张是什么?
4. 金融深化程度可以从哪些方面进行衡量?其中最重要的衡量标准又是什么?
5. 根据爱德华·肖的观点,金融自由化可以带来哪些正面效应?
6. 什么是金融创新?简述金融创新的动因、内容和影响。
7. 什么是金融危机?简述金融危机的类型、成因和防范措施。

拓展阅读

# 第十四章

# 金融监管

**本章提要**

金融监管是有效防范金融风险,维护金融体系安全稳健高效运行的重要手段之一。本章主要介绍金融监管的内涵、理论基础、历史演进、目标和原则、监管体制、监管内容和手段。

# 第十四章 金融监管

## 第一节 金融监管的内涵

金融监管有广义和狭义之分。广义的金融监管是指为了经济金融体系的稳定、有效运行和经济主体的共同利益,金融管理当局及其他监督部门依据相关的金融法律、法规、准则或职责要求,以一定的法规程序,对金融机构和其他金融活动的参与者,实行检查、稽核、组织、协调和控制。

狭义的金融监管是金融监督和金融管理的复合称谓。金融监督是指金融主管当局对金融机构实施全面的、经常性的检查和督促,并以此促进金融机构依法稳健地经营,安全可靠和健康地发展。金融管理是指金融主管当局依法对金融机构及其经营活动实行领导、组织、协调和控制等一系列活动。简言之,狭义的金融监管是指金融主管当局对金融机构及其经营活动的监督和管理。

## 第二节 金融监管的理论基础和历史演进

### 一、金融监管的理论基础

金融监管的理论基础是金融市场的不完全性。正是因为金融市场的失灵,政府才有必要对金融机构和市场体系进行外部监管。

(一)金融体系的负外部性效应

金融机构的破产倒闭及其连锁反应将通过货币信用紧缩破坏经济增长的基础。按照福利经济学的观点,外部性可以通过征税来进行补偿,但是个别金融机构的利益与整个社会的利益之间严重的不对称性使这种办法显得苍白无力。科斯定理从交易成本的角度说明,外部性也无法通过市场机制的自由交换得以消除。因此,需要一种市场以外的力量介入来限制金融体系的负外部性影响。

(二)金融体系的公共产品特性

一个稳定、公平和有效的金融体系带来的利益为社会公众所共同享受,无法排斥某一部分人享受此利益,而且增加一个人享用这种利益也并不影响生产成本。因此,金融体系对整个社会经济具有明显的公共产品特性。在市场经济条件下,私人部门构成金融体系的主体,政府主要通过外部监管来保持金融体系的健康稳定。

(三)金融机构自由竞争的悖论

金融机构是经营货币的特殊企业,它所提供的产品和服务的特性决定其不完全适用于一般工商业的自由竞争原则。一方面,金融机构规模经济的特点使金融机构的自由竞争很容易发展成为高度的集中垄断,而金融业的高度集中垄断不但在效率和消费者福利方面会带来损失,而且将产生其他经济和政治上的不利影响;另一方面,自由竞争的结果是优胜劣汰,而金融机构激烈的同业竞争将危及整个金融体系的稳定。因此,自从自由银行制度崩溃之后,金融监管的一个主要使命就是如何在维持金融体系的效率的同时,保证整个体系的相对稳定和安全。

### (四)信息的不完备性和不对称性

在不确定性研究基础上发展起来的信息经济学表明,信息的不完备和不对称是市场经济不能像古典和新古典经济学所描述的那样完美运转的重要原因之一。金融体系中更加突出的信息不完备和不对称现象,导致即使主观上愿意稳健经营的金融机构也有可能随时因信息问题而陷入困境。然而,金融机构又往往难以承受搜集和处理信息的高昂成本,因此,政府及金融监管当局就有责任采取必要的措施减少金融体系中的信息不完备和信息不对称。

## 二、金融监管的历史演进

### (一)20世纪30年代以前:最后贷款人制度

金融监管的出现与中央银行制度的产生和发展直接相联系,中央银行制度的普遍确立是现代金融监管的起点。为了避免由于金融机构不谨慎的信用扩张而引发金融体系的连锁反应,进而引起货币紧缩并制约经济发展,中央银行作为货币管理者,逐渐开始承担起信用"保险"的责任。中央银行作为众多金融机构的最后贷款人,为金融机构提供必要的资金支持和信用保证,其目的是防止因公众挤兑而造成银行连锁倒闭,使整个经济活动剧烈波动。

与现代金融监管的体系和内容相比较,最后贷款人制度虽然算不上真正的金融监管,但它却为中央银行后来进一步自然演变为更加广泛的金融活动的监管者奠定了基础。因为最后贷款是可以迫使金融机构遵从其指示的一个重要砝码,所以中央银行可以要求金融机构接受对其经营行为进行检查,但这种检查是基于贷款协议对借贷企业进行的财务及信用检查,而不是行政上或法律上的行为。

### (二)20世纪30—70年代:严格监管,安全优先

现代金融监管形成于20世纪30年代资本主义世界经济危机(1929—1933年)之后。这场从美国开始,席卷整个资本主义世界的经济危机爆发的直接原因是股票投机过度、信贷消费过度。1929年10月24日至29日,纽约股价狂跌,股票市场崩溃;各大小银行出现了疯狂挤兑的现象,大批银行倒闭;随之而来的是企业破产,失业人数激增;农产品价格猛跌,大量农产品被销毁,国民经济陷入绝境。

这场经济危机后,主张国家干预经济、重视功能财政政策的凯恩斯主义取得了经济学的主流地位。这一时期金融监管理论主要顺应了凯恩斯主义经济学对自由经济"看不见的手"的自动调节机制的怀疑,为了避免市场失灵,人们主张实施严格的金融监管,

放弃自由银行制度,由政府对金融机构的具体经营范围和方式进行规范和干预,直接管制。

(三)20世纪70—80年代末:金融自由化,效率优先

时至20世纪70年代,经过30—70年代广泛而深入的金融监管,特别是那些直接的价格管制和对具体经营行为的行政管制,严重束缚了金融机构的自主经营和自我发展,而在当时存款保险制度(美国根据《1933年银行法》建立联邦存款保险公司,FDIC)已充分发挥其稳定作用,银行挤兑现象大为减少。在这种情况下,人们主张提高金融业的活力和效率的要求日益凸现,自由经济理论和思想开始复兴。

金融自由化理论认为,政府实施严格的金融监管,降低了金融机构和金融体系的效率;金融监管作为一种政府行为,其实施过程中也受金融市场不对称信息的影响,出现政府失灵。因此,主张放松对金融机构的过度严格管制,特别是解除在利率水平、业务范围和经营地域选择等方面的种种限制,要求政府金融监督做出增进效率的制度安排。这一时期,效率优先甚至超越了安全性目标。

(四)20世纪90年代以来:安全与效率并重

20世纪80年代后半期至90年代初期,金融自由化达到了高潮。但之后,一系列区域性金融危机相继爆发,英国巴林银行倒闭(1995年)、日本大和银行巨亏(1995年)和山一证券破产(1997年)、东南亚金融风暴(1997年)、俄罗斯金融危机(1998年)、美国次贷危机(2007年)等都对经济造成严重打击,使人们重新关注金融体系的安全性。这一时期的金融监管理论演变的结果,既不是效率优先的"松监管",也不是安全稳定优先的"严监管",而是注重监督与自由两者的融合和平衡,即安全与效率并重的金融监管理论。

## 第三节 金融监管的目标和原则

### 一、金融监管的目标

金融监管的目标是指金融监管行为所取得的最终效果或达到的最终目标。它是实现金融有效监管的前提和监管当局采取监管行动的依据。金融监管的目标可分为一般目标和具体目标。其一般目标为:维护金融体系的稳定、健全和高效;保证金融机构和金融市场健康的发展,从而保护金融活动各方特别是存款人的利益,推动经济和金融发展。

由于各国的历史、经济、文化发展背景和发展水平不一,一国在不同的发展时期经济和金融体系发展状况不一,因此,金融监管的具体目标会有所不同。不但各国的具体目标不一样,而且一国在不同历史时期的具体目标也会有所调整和变化。美国金融监

管的具体目标为:维持公众对一个安全、完善和稳定的银行系统的信心;建立一个有效的、有竞争力的银行服务系统;保护消费者;允许银行体系适应经济的变化而变化。而中国金融监管的具体目标则为:保证金融机构的正常经营,维护金融体系的安全和稳定;防范和化解金融风险,保护存款人、投资人、投保人和其他债权人的利益;创造公平竞争的环境,促使金融业在竞争的基础上提高效率;保障金融货币政策和其他宏观经济政策的有效实施。

### 二、金融监管的原则

**(一)监管主体的独立性原则**

独立性原则要求金融监管机构要有明确的责任和目标,并应享有操作上的自主权和充分的资源。同时,为了监管的有效性,还应提供一些条件,这些条件主要有:稳健且可持续的宏观经济政策;完善的公共金融基础设施;有效的市场约束;高效率解决金融问题的程序;提供适当的系统性保护的机制。

**(二)依法监管的原则**

依法监管包含三重含义:一是对金融机构进行监管必须有法可依;二是金融监管当局必须依法实施监管;三是金融机构必须依法接受监管。只有以法律、法规为依据,监管才具有权威性、严肃性、强制性和一贯性,从而保证监管的有效性。

**(三)适度竞争的原则**

实施金融监管的目的是维护金融市场和金融业的安全有序、公平高效、健康稳定的发展。因此,金融监管既要避免由于排斥竞争的高度垄断而丧失金融效率和活力,又要防止过度竞争而危害金融安全和稳定,保持适度竞争,做到管而不死、放而不乱。

**(四)内控和外控相结合的原则**

如果被监管对象不配合、不协作,而且设法逃避,那么外部强制监管就难以收到预期的效果;如果仅仅依靠金融机构自觉自愿地自我约束,则难免存在种种冒险经营与道德风险发生的可能性。因此,需要"内控"和"外控",即自我约束和外部强制相结合。

**(五)安全稳健与风险预防原则**

金融监管要以保证金融部门的稳健运行为原则,为此,监管活动中的组织体系、工作程序、技术手段、指标体系设计和控制能力等都要从保证金融体系的稳健出发。当出现异常情况时,如有金融机构无力继续经营时,监管机构要参与促成其被接管或合并,如果这些办法都行不通以致金融机构不得不关闭,那么,监管机构也要有足够的能力保证在关闭这家金融机构时不影响整个金融体系的稳定。

**(六)母国与东道国共同监管原则**

这是金融全球化形势下的必然要求。一些金融机构实行跨国经营,对其监管必须由母国和东道国共同努力。母国和东道国之间可以达成相关的双边协议,做到信息共享、监管行为协调,共同对跨国金融业实行有效监管。

## 第四节 金融监管体制

金融监管体制是指一国金融监管的制度安排,包括金融监管当局对金融机构和金融市场施加影响的机制以及监管体系的组织结构。各国由于历史文化传统、政治体制、经济体制、经济发展水平、金融结构规模等方面的差异,形成了不同模式的金融监管体制。

### 一、金融监管体制模式

根据金融管理机构监管金融的行为方式划分,金融监管体制分为以下四种模式:双线多头监管体制、单线多头监管体制、集中统一监管体制和跨国金融监管体制。

(一)双线多头金融监管体制

双线多头金融监管体制是指中央和地方都对金融机构有监管权,同时每一级又有若干个机构共同行使金融监管职能。双线多头金融监管体制适用于地域辽阔、金融机构众多且存在较大差异的国家,或者联邦制国家,如美国和加拿大。

双线多头金融监管体制具有的优势为:防止金融权力过度集中,金融机构可以选择金融监管机构;有利于金融监管的专门化,提高金融服务的能力。其存在的缺陷为:监督管理机构设置重复、交叉重迭,易造成管理分散、重复检查和监管,增大监管机构之间的协调难度,影响金融机构正常业务活动;金融法规不统一,使金融机构逃避监管,形成监管"真空区",加剧金融领域的矛盾与混乱;降低货币政策与金融监管效率,不利于为金融机构提供平等、公开、公正的竞争环境。

(二)单线多头金融监管体制

单线多头金融监管体制是指全国的金融监管权集中在中央,地方没有独立的权力,在中央一级由两家或两家以上机构共同负责金融业监管的监管模式,如法国等。单线多头金融监管体制的优点为:有利于金融体系的集中监管和提高金融监管效率。同时,在采用这种监管体制的国家,人们习惯权力机构之间的制约,金融监管部门间的协作也卓有成效。其存在的缺陷为:在一个不善合作和立法不健全的国家中难以有效运行,存在监管冲突和对新现象监管缺位等问题。

(三)集中统一金融监管体制

集中统一金融监管体制是指由一家金融管理机构对国内所有金融机构进行监管的模式。这种模式分为两种情况:一是由中央银行行使监管职能;二是由专门监管机构行使监管职能。在一般情况下,由中央银行担当集中监管的比较多见。世界上多数国家采用集中单一金融监管体制,特别是绝大多数发展中国家选择集中单一金融监管模式。一般来说,有两类国家采用这种模式:一类是经济金融高度发达、基本上实现了经济金融一体化的国家,比如英国;另一类是发展中国家,由于市场体系不完备,金融制度比较简单,客观上需要政府通过中央银行统一干预,比如巴西、泰国等。

集中统一金融监管体制的优点在于:管理高度集中、法规统一,金融机构不容易钻监管的空子;克服其他模式的相互扯皮、推脱责任的弊端,有助于提高货币政策和金融监管的效率,为金融机构提供良好的社会服务。其缺点在于:易使金融管理部门养成官僚化作风,滋生腐败现象。

### (四)跨国金融监管体制

跨国金融监管体制是指对经济合作区域内的金融机构实施统一的监督和管理的体制,比如欧洲中央银行。1998年6月2日开始运行的欧洲中央银行是顺应世界经济全球化、国际金融一体化形势的需要,其最终目的是建立欧盟国家。自1999年1月欧元启动以来,欧盟金融机构之间的竞争进一步加剧,这就要求具有高度独立的欧洲中央银行来加强区域内金融机构的统一监管。

跨国金融监管体制的优点在于:建立跨国中央银行进行统一金融监管,有利于成员国家的区域性联合,维护经济、金融稳定。其缺点在于:该模式运行成功的关键是成员国的合作,一旦成员国之间出现利益冲突,就会给金融业带来混乱;成员国的金融管理政策可能会失去独立性。

## 五、中国的金融监管体制

### (一)中国金融监管体制的形成和发展

从1983年中国人民银行专门行使中央银行职能开始,到1992年10月中国证券监督管理委员会成立之前,中国的金融监管体制为典型的高度集中统一模式,由中国人民银行对全国金融业实行统一监督管理。

1992年10月,国务院决定成立专门的国家证券监管机构——国务院证券委员会,对全国证券市场进行统一宏观管理,同时成立证券委的监管执行机构——中国证券监督管理委员会。

1998年4月,中国人民银行向中国证监会移交对证券经营机构的监管权;1998年11月18日,中国保险监督管理委员会正式成立,中国人民银行将其对保险市场和保险经营机构的监督管理权移交给中国保险监督管理委员会。

2003年3月10日,中国银行业监督管理委员会成立;2003年4月28日,中国人民银行向中国银监会移交对银行业的监管权,银监会正式履行职责。至此,中国正式形成了"三权分立"式的金融监管体制。

2017年11月,经党中央、国务院批准,国务院金融稳定发展委员会成立;2018年3月,十三届全国人大第一次会议决定,将中国银行业监督管理委员会和中国保险监督管理委员会的职责整合,组建中国银行保险监督管理委员会,作为国务院直属事业单位。

### (二)中国现行的金融监管体制

目前,中国形成了国务院金融稳定发展委员会统筹抓总,"一行两会一局"和地方分工负责的金融监管架构。即由中国人民银行、中国证券监督管理委员会(简称中国证监会)和中国银行保险监督管理委员会(简称中国银保监会)、国家外汇管理局、地方金融监督管理局共同构成的现行金融监管格局。目前,中国人民银行主要负责对货币市场(同业拆借市场、银行间债券市场、票据市场)、黄金市场以及其他与其履行职能有关业务的监管;中国证券监督管理委员会主要负责对证券期货市场、证券期货经营机构的监督管理;中国银行保险监督管理委员会依照法律、法规对全国银行业和保险业进行统一监督管理,主要负责对银行、资产管理公司、信托公司、财务公司、金融租赁公司、汽车金融公司、消费金融公司、信用合作社、保险公司等金融机构和全国保险市场的监管;国家外汇管理局主要负责对外汇市场和外汇管理相关业务的监督管理;地方金融监督管理局主要负责对小额贷款公司、融资担保公司、融资租赁公司、典当行、商业保理公司等类金融公司的监督管理。

## 第五节 金融监管的主要内容和手段

**一、金融监管的主要内容**

**(一)市场准入监管**

市场准入监管是金融监管的首要环节,市场准入监管是指金融监管当局根据法律、法规的规定,对金融机构进入市场、业务经营范围和从业人员素质实施管制的一种行为。各国对金融机构的监管都是从市场准入监管开始的,市场准入监管是为了防止不合格的金融机构进入金融市场,保持金融市场主体秩序的合理性。市场准入监管的最直接体现是对金融机构开业登记、审批的管制,其主要内容集中在对注册资本最低限额、业务范围、高级管理人员的任职资格、组织机构和管理制度等方面的审批或核准。其中,注册资本最低限额是一项重要指标。例如,在中国,设立全国性商业银行的注册资本最低限额为十亿元人民币;设立城市商业银行的注册资本最低限额为一亿元人民币;设立农村商业银行的注册资本最低限额为五千万元人民币;设立保险公司,其注册资本最低限额为二亿元人民币。

**(二)市场运作过程的监管**

金融机构经审批开业后,金融监管当局还要对其业务运作过程实施有效监管。中国目前实行的是分业经营、分业监管,中国银保监会、中国证监会分别对银行业、保险业和证券业的金融机构或金融市场实施监管。

**1. 商业银行日常运营的监管**

(1)资本充足性监管。银行资本是指可以自主取得以抵补任何未来损失的资本部分,主要包括核心一级资本、其他一级资本和二级资本。资本充足性的最普遍定义是指资本对风险资产的比例,是衡量银行机构资本安全的尺度,一般具有行业的最低规范标准。按照《商业银行资本管理办法(试行)》的规定,要求商业银行核心一级资本充足率不得低于5%,一级资本充足率不得低于6%,资本充足率不低于8%。衡量资本充足性还有其他许多标准,如资本存款比率、资本对负债总量的比率、资本对总资产的比率等。

(2)资产安全性监管。衡量银行资产好坏程度的方法较多,以传统的业务贷款来讲,采取风险分类方法划分信贷资产质量,即根据贷款风险发生的可能性,将贷款划分成不同的类别。国际通行的做法是分为五类:即正常贷款、关注贷款、次级贷款、可疑贷款、损失贷款,通常认为后三类贷款为不良贷款。资产安全性监管是监管当局对银行机构监管的重要内容。资产安全性监管的重点是银行机构风险的分布、资产集中程度和关系人贷款。资产安全性监管的具体内容主要有:其一,分析各类资产占全部资产的比例,以及各类不良资产占全部资产的比例;其二,监测银行机构对单个借款人或者单个相关借款人集团的资产集中程度,又称为大额风险暴露;其三,监测银行机构对关系人的贷款变化。关系人通常是指银行的高级管理人员及其亲属、自己的公司等;其四,监测银行坏账和贷款准备金的变化。

(3)流动性监管。银行机构的流动能力分为两部分:一是可用于立即支付的现金头寸,包括库存现金和在中央银行的超额准备金存款,用于随时兑付存款和债权,或临时增加投资;二是在短期内可以兑现或出售的高质量可变现资产,包括国库券、公债和其他流动性有保证的低风险的金融证券,主要应付市场不测时的资金需要。对银行机构的流动性监管主要有:其一,银行机构的流动性应当保持在适度水平;其二,监测银行资产负债的期限匹配,银行监管当局必须对银行机构的流动性资产、流动性负债,长期资产和长期负债以及资产负债的总体结构情况进行监督,使之保持在规范标准的水平;其三,监测银行机构的资产变化情况,包括对银行的长期投资、不良资产和盈亏变化的监督。

(4)盈利性监管。银行机构一切业务经营活动和经营管理过程的最终目的,在于以最小的资金获得最大的财务成果,银行对自身资产质量和贷款风险的管理,也在于确保其资产的盈利性,收益正是银行机构业务经营成果的综合反映。盈利是其生存和发展的关键,只有盈利,银行机构才能有积累资金,才能增强抵御风险的实力,才能设想未来的业务扩展。亏损的积累将导致银行机构财务状况的恶化,削弱清偿能力,出现支付危机。对银行机构的财务监管主要有:其一,对收入的来源和结构进行分析,可以了解收入的主要来源,以及生息资产、非生息资产的结构,从而判断银行的资产构成是是否合理、资产质量的优劣;其二,对支出的去向和结构进行分析,可以了解银行利息支出、经营成本的高低,判断银行负债结构是否合理;其三,对收益的真实状况进行分析,主要包括应收利息、应收未收利息、应付利息、应付未付利息、呆账准备金和坏账准备金的提取等。监管当局必须注意应收未收利息的实际情况,因为按照权责发生制的原则,在一定期限内的应收利息计入当年损益,比例过高会存在收益风险;同时应注意应付未付利息的提取情况,应付未付利息提取不足,潜在支出会影响银行未来收益;同时还应当注意呆账、坏账准备金的提取状况,其提取比例过低,会使财务状况失真,虚增银行利润。

(5)内部控制有效性监管。商业银行内部控制体系是商业银行为实现经营管理目标,通过制定并实施系统化的政策、程序和方案,对风险进行有效识别、评估、控制、监测和改进的动态过程和机制。根据2005年2月1日起施行的《商业银行内部控制评价试行办法》,中国银行监督管理机构对银行内部控制的评价应从充分性、合规性、有效性和适宜性等四个方面进行。充分性是指过程和风险是否已被充分识别;合规性是指过程和风险的控制措施是否遵循相关要求、得到明确规定并得以实施和保持;有效性是指控制措施是否有效;适宜性是指控制措施是否适宜。

内部控制评价应该遵循以下六个原则。一是全面性原则,评价范围应覆盖商业银行内部控制活动的全过程及所有的系统、部门和岗位。二是统一性原则,评价的准则、范围、程序和方法等应保持一致,以确保评价过程的准确及评价结果的客观和可比。三是独立性原则,评价应由银行监督管理机构或受委托评价机构独立进行。四是公正性原则,评价应以事实为基础,以法律法规、监管要求为准则,客观公正,实事求是。五是重要性原则,评价应依据风险和控制的重要性确定重点,关注重点区域和重点业务。六是及时性原则,评价应按照规定的时间间隔持续进行,当经营管理环境发生重大变化时,应及时重新评价。

内部控制评价采取评分制。对内部控制的过程和结果分别设置一定的标准分值,并根据评价得分确定被评价机构的内部控制等级。内部控制过程评价的标准分为500分,其中:内部控制环境100分、风险识别与评估100分、内部控制措施100分、信息交流与反馈100分、监督评价与纠正100分。上述五部分评价得分加总除以5,得到过程评价的实际得分。

**2. 保险公司日常运营的监管**

保险公司监管主要集中在公平和风险控制方面,主要包括以下三方面内容。

(1)保险条款和保险费率的监管。保险条款规定了保险双方的权利和义务关系,是保险合约的重要组成部分,包括保险责任范围、保险期限、责任免除、赔偿处理、争议处理等。由于保险条款的技术性和专业性非常强,一般人难以全面正确的熟悉其主要内容。为了保护被保险人的合法利益,保证保险条款的公平性和公正性,主要险种的保险条款和费率通过审批或备案实施监管操作。

(2)保险资金运用的监管。保险资金是指保险公司的资本金、保证金、营运资金、各种准备金、公积金、公益金和未分配盈余资金等,其运用一般受到监管当局的严格限制。保险公司的资金运用必须稳健,遵循安全性原则,并保证资产的保值增值。目前,中国保险公司的资金运用渠道主要有银行存款、买卖政府债券、金融债券、中国银保监会指定的中央企业债券、同业拆借、证券投资基金、股票、投资不动产和国务院规定的其他资金运用形式。

(3)保险保障基金的监管。为了保障被保险人的利益,支持保险公司稳健经营,中国保险监督管理机构规定寿险和非寿险公司应提取相应的保险保障基金,对最低偿付能力、未到期责任准备金和未决赔款准备金等作了详细规定并实施监管。

**3. 证券市场的监管内容**

(1)发行审核监管。发行审核主要包括注册制和核准制。

注册制即所谓的"公开原则",是指证券发行者在公开募集和发行证券前,需要向证券监管部门按照法定程序申请注册登记同时依法提供与发行证券有关的一切资料,并对所提供的资料的真实性、可靠性承担法律责任。在注册制下,监管部门的权力仅限于保证发行人所提供的资料无任何虚假的陈述或事实。

核准制即所谓的"实质管理原则",是指证券发行者不仅必须公开所发行证券的真实情况,而且所发行的证券还必须符合公司法和证券法中规定的若干实质性条件,证券监管机关有权否决不符合实质条件证券的发行申请。

核准制在信息公开的基础上,又附加了一些规定,从而把一些低质量、高风险的公司排除在证券市场门外,在一定程度上保护了投资者的利益,减少了投资的风险性,有助于新兴的证券市场的发展和稳定。但是,它很容易导致投资者产生完全依赖的安全感,而且监管机关的意见未必完全准确,尤其是它使一些高成长性、高技术和高风险并存的公司上市阻力加大,而这些公司的发展对国民经济的高速发展具有巨大的促进作用。综上所述,核准制比较适合于证券市场历史不长、经验不多、投资者素质不高的国家或地区。对这些国家或地区来说,核准制有助于新兴的证券市场健康、有效、规范的发展。

(2)对证券商行为的监管。对证券商的行为监管是指对证券商的经营活动及其从业人员、管理人员的行为进行的监督管理。证券交易所、证券交易同业公会为规范证券商的行为一般都会实行比较严格的自律监管。证券商最容易出现的欺诈舞弊行为有:扰乱证券市场价格;散布虚假信息;故意炒作;内外勾结;与交易所管理人员共同作弊;隐瞒实际收入;利用证券信用进行投机;骗取客户资金为自己牟利。自律组织制定规章制度从道义上建立起一种证券商彼此监督、彼此制约的机制,最大限度地防止证券交易中的欺诈行为。

证券商自律组织对证券商违规行为的处罚。证券商违规行为主要指不道德的、有意识和破坏正常交易的行为(违法行为由法律制裁或交政府证券监管机构处理)。在西方证券业同业公会等自律组织均有较大的自治权,包括对证券商的惩戒权力。证券商出现违规行为,自律组织有权处罚,处罚的主要措施有:警告、要求证券商撤换从业人员、罚款、直至开除会员席位。对证券商的处罚通常由仲裁委员会作出,仲裁委员会一般由会员选出,必要时采取投票的方法对议案进行表决,表决结果为最终决定。

(3)信息披露的监管。为了降低由信息不对称所引起的道德风险和逆向选择,证券监管机构要求上市公司必须承担全面及时披露必要信息的义务。监管内容包括证券发行及上市时的初次信息披露和上市后的持续信息披露。前者主要披露招股说明书和上市公告书;后者主要披露财务定期报告和临时报告。

**(三)市场退出的监管**

金融机构市场退出一般是指金融机构由于不能偿还到期债务,或者发生了法律法规和公司章程规定的必须退出事由,不能继续经营而必须进行解散、拯救或破产清算的过程。金融机构市场退出按原因和方式可以分为主动退出与被动退出两类。主动退出是指金融机构因分立、合并或者出现公司章程规定的事由需要解散,因此而退出市场。其主要特点是主动地自行要求解散。被动退出则是指由于法定的理由,如由法院宣布破产或因严重违规、资不抵债等原因而遭关闭,监管当局将金融机构依法关闭,取消其经营金融业务的资格,金融机构因此而退出市场。

### 二、金融监管的手段

金融监管的手段可以分为法律手段、经济手段、行政手段和技术手段。法律手段是金融监管的基本手段,金融监管的依据是国家的法律、法规,金融监管部门依法对金融机构及其经营活动进行监督、稽核和检查,并对违法违规者进行处罚。金融监管部门依法监管,金融机构依法经营并接受监管,这是金融监管的基本点。世界各国普遍遵循这一准则。经济手段是指金融监管部门通过经济利益方面的奖惩来推行监管,这在大多数情况下也是依据法律、法规,所以实际上是法律手段的辅助。行政手段是通过行政命令的方式进行监管,这在某些特殊时期、特定环境下采用,效果比较明显。一些市场机制、法律法规体系还不健全的发展中国家和体制转轨国家,经常会采用这一手段。但是,市场经济是法制经济,无论监管者还是被监管者,都要依法行事。为了维护金融监管的权威性和公正性,必须依法监管。因此,从发展趋势来看,行政性监管手段将逐步取消,最终过渡到完全依据法律、法规来实施金融监管。技术手段是指金融监管部门运用电子计算机和先进的通讯系统实现全系统联网,实施金融监管。这样不仅可以加快和提高收集、处理信息资料及客观评价监管对象的经营状况的速度和能力,而且还可以扩大监管的覆盖面,提高监管频率,及时发现问题和隐患,快速反馈监控结果,遏制金融业的不稳定性和风险性。

在金融监管实际操作中,非现场监管和现场检查是具体的监管手段。非现场监管是指监管部门对金融机构报送的数据、报表和有关资料,以及通过其他渠道(如媒体、定期会谈等)取得的信息,进行整理和综合分析,并通过一系列风险监测和评价指标,对金融机构的经营风险做出初步的评价和早期预警。现场检查是指监管人员通过实地查阅金融机构经营活动的账表、文件、档案等各种资料和座谈询问等方法,对金融机构的风险性和合规性进行检查、分析、评价和处理的一种监管手段。通常是以非现场监管为主,现场检查为辅,两者有机结合,对金融机构和其他金融活动参与者实施有效监管。

### 关键术语

金融监管  金融监管目标  金融监管体制  双线多头监管体制
单线多头监管体制集中统一监管体制  跨国金融监管体制  市场准入监管
市场运作监管  市场退出监管  非现场监管  现场检查

### 复习思考题

1. 什么是金融监管?简述金融监管的必要性、目标和原则。

2. 简述金融监管体制模式的类型。
3. 试比较分析双线多头金融监管体制与单线多头金融监管体制的优缺点。
4. 简述中国现行的金融监管体制。
5. 简述金融监管的内容和方法。

拓展阅读

# 主要参考文献

[1] 黄达,张杰.金融学(第四版)[M].北京:中国人民大学出版社,2017.
[2] 张尚学.货币银行学(第三版)[M].天津:南开大学出版社,2014.
[3] 胡庆康.现代货币银行学教程(第六版)[M].上海:复旦大学出版社,2019.
[4] 曹龙骐.金融学(第五版)[M].北京:高等教育出版社,2016.
[5] 姚长辉,吕随启.货币银行学(第五版)[M].北京:北京大学出版社,2018.
[6] 戴国强.货币金融学(第四版)[M].上海财经大学出版社,2017.
[7] 米什金.货币金融学(第十一版)[M].北京:中国人民大学出版社,2016.
[8] 艾洪德,范立夫.货币银行学(第二版)[M].大连:东北财经大学出版社,2017.
[9] 李成.金融学(第三版)[M].北京:科学出版社,2016.
[10] 郑道平,张贵乐.货币银行学原理(第六版)[M].北京:中国金融出版社.2009.
[11] 李健.金融学(第三版)[M].北京:高等教育出版社,2018.
[12] 易纲,海闻.货币银行学[M].上海:上海人民出版社,2004.
[13] 殷孟波.货币金融学[M].北京:中国金融出版社,2004.
[14] 韩汉君,王振富,丁忠明.金融监管[M].上海:上海财经大学出版社,2003.
[15] 王广谦.中央银行学(第四版)[M].北京:高等教育出版社,2017.
[16] 孔祥毅.中央银行通论(第三版)[M].北京:中国金融出版社,2009.
[17] 曹龙琪.中央银行概论[M].成都:西南财经大学出版社.2003
[18] 刘锡良,曾志耕,陈斌.中央银行学[M].北京:中国金融出版社,1997.
[19] 张亦春,郑振龙.金融市场学(第五版)[M].北京:高等教育出版社,2017.
[20] 霍文文.金融市场学教程(第二版)[M].上海:复旦大学出版社,2010.
[21] 谢百三.金融市场学(第二版)[M].北京:北京大学出版社,2009.
[22] 郭茂佳.金融市场学[M].北京:经济科学出版社,2005.
[23] 夏德仁,王振山.金融市场学[M].大连:东北财经大学出版社,2002.
[24] 杨胜刚,姚小义.国际金融(第四版)[M].北京:高等教育出版社,2016.
[25] 魏华林,林宝清.保险学(第四版)[M].北京:高等教育出版社.2018
[26] 张洪涛,郑功成.保险学(第三版)[M].北京:中国人民大学出版社.2008.
[27] 李志辉.商业银行业务经营与管理[M].北京:中国金融出版社,2004